에릭 슈미트
새로운 디지털 시대

THE NEW
DIGITAL

에릭 슈미트
새로운 디지털 시대

ERIC SCHMIDT
JARED COHEN

에릭 슈미트·제러드 코언 지음 | 이진원 옮김

A G E

알키

인터넷의 초월적 연결성이 만들어낸 가상세계는 많은 것들을 동시다발적으로 빠르게 변화시키고 있다. 저자인 에릭 슈미트와 제러드 코언은 탁월한 경험과 통찰을 통해 현실세계와 가상세계 사이에서 벌어지는 수많은 상호 작용들이 개인과 국가, 문화, 정치, 경제, 역사 등 인류의 모든 삶의 영역에서 어떻게 새로운 미래의 모습을 만들어내는지 구체적으로 제시하고 있다. 디지털 기술이 보여주는 미래의 비밀, 그 판도라의 상자를 열 수 있는 열쇠가 바로 이 책 속에 있다. 미래가 궁금하다면 이 책을 보라.

표현명 | KT 사장

사회과학자들도 이제 온라인과 오프라인 사이의 상호 관계를 이해하지 못하고는 미래의 정치·사회 변화와 역동성에 대한 예측을 제대로 할 수 없는 시대가 도래했다. 국가의 정치적 아젠다, 혁명, 테러리즘 그리고 국가 간의 갈등 및 전쟁과 같은 권력투쟁 현상은 온라인과 오프라인의 상호 관계 속에서 증폭되고, 소멸되고, 다시 생성되기도 하기 때문이다. 이 책이 사회과학의 지평을 넓히는 데 중요한 통로 역할을 해준다는 사실을 믿어 의심치 않는다.

최연혁 | 스웨덴 쇠데르턴대학교 정치학과 교수

'노를 젓다가 / 노를 놓쳐버렸다 // 비로소 넓은 물을 돌아다보았다.'
고은 선생의 시詩다. 우리는 이른 아침부터 저녁 늦게까지 인터넷과 모바일이라는 '노櫓'를 저으며 하루하루를 항해하느라, 우리가 얼마나 놀라운 '노'를 가지고 있는지, 또 얼마나 위험한 바다를 건너고 있는지 잘 알지 못하고 있다. 이 책은 우리가 사는 현재뿐 아니라 미래라는 넓은 물을 비로소 돌아볼 수 있게 해주는 커다란 기회다.

강신장 | IGM 세계경영연구원 원장이자 《오리진이 되라》 저자

우리는 인터넷과, 웹 그리고 최근의 스마트 모바일이 가져온 변화에 적응하느라 숨 가쁜 나날을 보내고 있다. 그런데 이 책에서 두 저자들은 아직 디지털 시대가 제대로 시작도 되지 않았다고 단언한다. 그들에 따르면, 조만간 전 인류가 연결되는 시대가 도래하면서 엄청난 변화의 태풍이 불어 닥칠 것이다. 이 완전히 새로운 미래가 어떨지 알고 싶다면, 이 책이 답을 줄 것이다. 강력히 추천한다.

이병태 | KAIST 경영대학장

이 매력적인 책을 통해 에릭 슈미트와 제러드 코언은 그들만의 독특한 경험을 바탕으로 오늘날 우리가 올바른 선택을 했을 때 생길 수 있는 일들, 즉 소득이 늘어나고, 참여율이 높아지고, 진정한 공동체 의식을 느낄 수 있는 미래를 보여주고 있다.

빌 클린턴 | 전 미국 대통령

디지털 시대가 세상에 어떤 영향을 미칠지를 주제로 한 책들 가운데 가장 중요한 메시지를 던지는 매력적인 책이다. 생생한 사례와 뛰어난 분석이 가득 담긴 이 책은 인터넷 등의 커뮤니케이션 기술이 어떻게 개인에게 권력을 건네주고, 국가와 기업들의 운영방식을 전환시켜놓는지 보여준다. 각기 다른 사회에서 어떻게 사생활, 자유, 통제, 안보 그리고 현실 및 가상세계 사이의 관계를 둘러싸고 거래를 하는 것일까? 현실적이면서 몹시도 낙관적인 이 책이 이 질문의 답을 알려줄 것이다. 이 책은 대단히 지혜로우며 놀라우리만큼 읽을 만한 가치가 있다.

월터 아이작슨 | 아스펜 연구소 CEO이지 《스티브 잡스Steve Jobs》 저자

정말 기다려왔던 책이다. 기술이 전쟁, 평화, 자유, 외교에 미치는 영향을 간결하고 설득력 있게 묘사하고 있는 이 책은 인류의 미래를 깊게 이해하고 있는 두 명의 전문가가 쓴 '미래로 인도하는 안내서'이다. 매 페이지마다 통찰이, 모든 장마다 놀라운 결론과 질문들이 들어있다. 에릭 슈미트와 제러드 코언은 전문가나 일반독자 모두 꼭 읽어야 할 책을 썼다.

매들린 올브라이트 | 전 미국 국무부 장관

마침내 기업인, 혁명가, 정치인 그리고 보통 시민들 모두에게 미래가 어떤 의미를 갖는지 알려주는, 다음 세대를 위한 똑똑한 안내서가 등장했다. 슈미트와 코언은 새로운 디지털 혁명이 어떻게 우리의 삶을 바꾸고 있는지를 매력적으로 엿볼 수 있게 해준다. 이 책은 지금까지 내가 읽은 책 중에서 가장 통찰력 있는 미래 세계 탐구서다. 책을 읽기 시작한 후 절대 손에서 내려놓을 수가 없었다.

리처드 브랜슨 | 버진그룹 회장

디지털 혁명의 깊이를 제대로 이해하고자 하는 사람이라면 꼭 읽어야 할 책이다. 슈미트와 코언은 각기 컴퓨터 과학자와 사회과학자로서, 좀처럼 보기 힘든 방식으로 기술적·인간적·과학적·정치적 소재들을 섞어놓았다. 거의 매 페이지가 독자들의 상상력을 자극한다. 가상세계와 현실세계의 공존, 지울 수 없는 기록을 갖게 된 1세대 인간, 리더보다 유명인사를 더 많이 키워내는 디지털 환경, 그로 인해 결의안 없이 일어나는 혁명의 증가 등이 어떤 영향을 초래할까? 이러한 질문은 이제 막 나오고 있을 뿐이다. 계속 읽어라.

마이클 헤이든 | 전 CIA 국장

이 책은 인터넷이 창조하고 있는 신세계의 본질과 도전과제를 정의하면서, 현재 진행 중인 기술혁신에 대해 말해주고 있다. 혁신에 어떻게 대처하느냐는 수많은 국가와 공동체 사회, 시민들에게는 하나의 거대한 도전이다. 에릭 슈미트와 제러드 코언보다 그 도전의 의미를 더 잘 설명해줄 수 있는 이들은 없을 것이다.

토니 블레어 | 전 영국 총리

세계의 질서와 기술에 관한 날카로운 통찰을 제시하는 책이다. 그들이 내린 결론에 일부 공감하지 못한다 해도 이처럼 시사하는 바가 큰 책을 읽고 나면 많은 걸 배우게 된다는 점을 인정할 수밖에 없을 것이다.

헨리 A. 키신저 | 전 미국 국무부 장관

에릭 슈미트와 제러드 코언보다 새로운 디지털 세계를 상상하고 세우기 위해 더 많은 일을 하고 있는 사람은 거의 없을 것이다. 이들은 미래를 내다보는 수정 구슬을 직접 만들어, 모두가 함께 볼 수 있도록 전 세계 사람들을 초대하고 있다.

마이클 블룸버그 | 뉴욕 시장이자 블룸버그 통신 창업자

가상세계의 질서와 국가 중심의 질서가 어떻게 상호 교류할 수 있을지에 관한 생각과 통찰을 흥미롭게 보여주는 책이다. 두 저자는 기술이 만병통치약은 아니지만, 기술에 의지해서 지금과 다른 세상을 만들 수 있다고 설명한다. 이 책은 이러한 새로운 연결성이 갖는 실질적인 의미를 놓고 시민과 정책 수립가, 사회와 정부 사이에 벌어질 중대한 논쟁의 단초가 될 것이다.

로버트 졸릭 | 전 세계은행 총재이자 미국 국무부 차관

기술세계의 끊임없는 진화로 인해 어떻게 우리 인생의 거의 모든 면이 바뀌었는지를 예리하게 진단해놓은 연구결과를, 나는 오랫동안 기다려왔다. 이 책이 바로 그것이다. 에릭 슈미트와 제러드 코언은 중요한 만큼이나 잘 쓴 이 재미있는 이야기를 통해, 미래의 의미를 엄격히 해독하는 방법을 소개한다.

브렌트 스코크로프트 | 전 국가안보 보좌관

이 책은 '인터넷은 인류가 만들어놓고도 제대로 이해하지 못하는 몇 안 되는 것 중 하나'라는 단순하면서도 강력하고 무시무시한 관찰로부터 시작한다. 이 매력적인 책은, 놀랍도록 자극적이면서 훌륭한 여행으로 우리를 인도한다. 책을 통해 디지털 시대에 대한 개념, 세상이 돌아가는 방식, 미래에 벌어질 일 등의 의미를 다 같이 재고해볼 수 있을 것이다. 이 놀랍고도 통찰력이 가득한 책을 읽고 수혜를 입기 위해 굳이 기술에 관한 지식이 많을 필요는 없다. 저자들은 검증된 재능과 큰 성공경험을 십분 활용하여, 디지털 시대가 시민과 정부, 현실과 가상세계, 선과 악 사이의 균형을 어떻게 빠르게 재편하고 있는지를 상세하고 멋지게 설명해준다. 원하든 원치 않든, 기술은 모두의 상호 교류 및 상호 의존 방법을 근본적으로 바꿔놓고 있다. 그리고 이러한 변화는 그 규모와 범주를 가늠하기 힘들 만큼 빠르게 일어나고 있다. 현재와 미래 세대의 안녕을 결정하는 데 중대한 역할을 할 근본적인 구조적 변화를 충분히 이해하고, 그것에 대응하려는 사람이라면 반드시 읽어야 할 책이다.

모하메드 엘 에리언 | 세계 최대 채권운용회사인 핌코의 CEO

새로운 미래를 목격하다

인터넷은 인류가 만들어놓고도 제대로 이해하지 못하는 몇 안 되는 것 중 하나다.[1] 애초 방 하나 크기의 컴퓨터에서 그만한 크기의 또 다른 컴퓨터로 전자정보를 전송하기 위해 만들어진 인터넷은, 우리 주변에 편재하면서 인류의 에너지와 표현을 무궁무진하게 발산할 수 있는 다면적인 출구로 변신했다. 인터넷은 무형이며 지속적인 변화 상태에 놓여 있다. 그것은 매 순간마다 점점 더 커지고 복잡해지고 있다. 엄청난 선善과 무시무시한 악惡의 근원일 수 있는 인터넷. 우리는 그것이 전 세계 무대에 미치는 영향을 이제 막 목격하기 시작했다.

인터넷은 무정부 상태를 수반하는 역사상 최대 규모의 실험이라 할 수 있다. 현실세계의 법적 구속을 받지 않는 온라인 세계 속에서, 수억 명의 사람들이 매 분미다 방대한 양의 디지털콘텐츠를 생산하고 소비한다. 이러한 자유로운 표현과 정보이동 능력으로 인해 오늘날 우리가 알고 있는 풍요로운 가상환경 virtual landscape이 창조되었다. 당신이 지금까지 방문했던 모든 웹사이트, 보냈던 모든 이메일, 온라인에서 읽었던 모든 이야기, 배웠던 모든 사실 그리고 엉터리임을 직접 밝혔던 모든 허구를 생각해보라. 이런 플랫폼을 거쳐 구축된 모든 관계, 계획해온 모든 여행, 찾아본 모든 일자리 그리고 상상하고 키우고 실현시켰던 모든 꿈을 생각해보라. 상명 하달식 통제가 사라지면서 새로이 허용된 것이 무엇인지도 생각해보라. 그런가 하면 온라인 사기, 폭력과 집단 따돌림, 증오집단의 웹사이트, 테러리스트들의 대화방이 등장했다. 이것이 바로 통제되지 않는 세계 최대의 공간, 인터넷이다.

인터넷 공간이 점점 더 커질수록 일상생활의 시시콜콜한 것에서부터 신원, 관계, 심지어 개인의 보안에 관한 보다 근본적인 문제에 이르기까지, 우리 삶의 거의 모든 면에 대한 이해가 바뀔 것이다. 기술이 가진 힘에 의해 지리, 언어, 제한적 정보 등 인류의 상호 작용에 방해가 되는 해묵은 장애물들은 무너지고, 인류의 창조성과 잠재력을 내재한 새로운 물결이 확대되고 있다.

인터넷의 대량 보급은 역사상 가장 흥미로운 사회적·문화적·정치적 변화를 주도하고 있다. 이전 시대의 변화와 달리, 이번 변화가 미치는 영향은 단연코 전 세계적이다. 역사상 그토록 많은 장소에서, 그토록 많은 사람들이, 손끝에 그토록 많은 힘을 가졌던 적은 없었다. 이것이 우리 역사상 일어난 최초의 기술 혁명이라고 말하긴 힘들지만, 거의 모든 사람들이 중개인을 거칠 필요 없이 실시간 콘텐츠를 소유하고, 개발하고, 확산시킬 수 있게 된 것은 확실히 이번이 처음이다.[2] 사실 우리는 아직 제대로 시작도 안 했다.

이것이 우리의 미래다

커뮤니케이션 기술이 전례 없는 속도로 확산되고 있다. 21세기 첫 10년 간 인터넷으로 연결된 전 세계인의 숫자는 3억 5,000만 명에서[3] 20억 명 이상[4]으로 늘어났다. 같은 기간 동안 휴대전화 가입자 수는 7억 5,000만 명에서 50억 명이 훌쩍 넘는 수준으로 증가했다(지금은 이 숫자가 60억 명이 넘는다). 이런 기술은 지구 오지로까지 확산·보급되고 있으며, 일부 지역에서는 그 전파속도가 엄청나다.

2025년이 되면 사실상 여과되지 않은 정보에 접근하지 못했던 전 세계인 대부분이 손바닥에 쏙 들어가는 기기를 갖고서 온 세상의 모든 정보에 접속할 수 있게 될 것이다. 지금과 같은 속도로 기술혁신이 이루어진다면 그때는 약 80억 명에 이를 것으로 추정되는 세계 인구 대부분이 온라인에서 활동할 것이다.[5]

사회 모든 계층에서 '연결성connectivity'은 계속 더 경제적·실용적으로 변할 것이다. 사람들은 어디서나 지금보다 훨씬 저렴한 무선 인터넷 네트워크에 접속할 수 있을 것이다. 우리는 더 효율적이고, 더 생산적이고, 더 창조적으로 변할 것이다. 개발도상국에서는 개방형 무선기지국과 가정용 초고속 네트워크가 시너지효과를 내면서, 오늘날 유선전화조차 없는 지역의 사람들에게까지도 온라인 경험을 확대시켜줄 것이다. 사회는 전체 기술 세대보다 더 빨리 도약할 것이다.

우리가 오늘날 놀라워하는 기계 장치들은, 유선전화가 그러했듯이 머 잖아 벼룩시장에서 골동품으로 팔리게 될 것이다. 이러한 장치들은 보급이 확대될수록 속도와 계산 능력이 향상될 것이다. '무어의 법칙Moor's Law'에 따르면 모든 계산 기기의 근간을 이루는 소형 회로판인 반도체의 처리속도는 18개월마다 2배로 빨라진다. 이는 2025년이 되면 컴퓨터의 처리속도가 2013년에 비해 64배 빨라진다는 의미다. 미래를 예측하는 또 다른 법칙인 포토닉스photonics▪법칙은 우리에게 가장 빠른 연결 형식인 광섬유 케이블을 통해 나오는 데이터의 양이 약 9개월마다 2배로 늘어난다고 말해준다. 이러한 법칙들이 태생적 한계를 지녔더라도, 폭발적인 성장속도는 온라인 경험을 실제 삶만큼 사실적으로 혹은 심지어 그보다 더 낫게 만들어줄 그래픽과 가상세계virtual world의 가능성을 촉발시킨다. 영화 〈스타트렉Star Trek〉에 나오는 홀로덱holodek을 갖게 됐다고 상상해보자. 홀로덱이 스타트렉 선원들에게는 컴퓨터와 영상으로 둘러싸인 가상현실 환경 virtual-reality environment이었지만, 당신에게는 해안풍경은 물론 유명가수 엘비스 프레슬리의 공연을 보게 해줄 수도 있다. 실제로 기술발전의 다음 순간은 공상과학소설에 나와서 인기를 끌었던 다수의 개념을 과학적 사실로 전환시켜줄 것을 약속한다. 그런 개념들로는 무인자동차, 생각으로 조종하는 로봇 모션, 인공지능Artificial Intelligence, AI 그리고 디지털 정보를 시각적으로 겹쳐 볼 수 있게 해주는 증강현실▪ 등이 있다. 이러한 기술들은 우리가 사는 자연세계와 만나 이 세계의 많은 요소들을 발전시켜줄 것이다.

이것이 우리의 미래다. 그리고 이런 놀라운 일들은 이미 일어나고 있다. 오늘날 기술 산업 분야에서 일하는 것이 그토록 흥미로운 이유도 이 때문이다. 놀라운 장비를 개발할 수 있는 기회가 있어서, 혹은 우리의 기

포토닉스
광섬유를 통해 정보를 전송하면서 광자photon를 활용하는 기술.

증강현실
현실세계의 배경에 3차원의 가상 이미지를 덧입혀 겹쳐 보여주는 기술.

술적·지적 도전의 규모 때문에 그런 것만은 아니다. 그보다는 이러한 발전들이 이 세상에 끼칠 영향과 그 의미 때문에 더 흥미로운 것이다.

커뮤니케이션 기술은 기술혁신뿐만 아니라 문화혁신의 기회를 의미하기도 한다. 우리의 상호 작용 방식, 우리가 우리 자신을 바라보는 방식은 계속해서 주위의 온라인 세계로부터 영향을 받고 그것에 주도될 것이다. 우리는 선별적 기억 성향으로 인해 새로운 습관을 재빨리 받아들이고, 과거에 했던 방식을 잊어버릴 것이다. 요즘 휴대전화 없이 산다는 건 상상하기 어렵다. 어디서나 누구나 스마트폰을 쓰고 있다. 이는 망각에 대비해 보험을 든 것과 같다. 또한 우리는 온갖 아이디어를 접할 수 있다(일부 정부가 그렇게 하기 힘들게 만들고 있지만). 그렇게 할 수 있는 아주 유용한 방법을 찾기가 여전히 어렵긴 하지만, 우리에게는 항상 관심을 쏟을 무언가가 있다. 스마트폰은 말 그대로 '똑똑하다.'

전례 없는 속도로 전 세계가 연결되고 있는 가운데, 이런 변화에 적응하지 못하는 과거의 많은 제도와 위계질서들은 현대사회에서 부적절하고 쓸모없는 것들이 되고 말 것이다. 우리가 오늘날 목격하고 있는 많은 기업들의 분투는, 다가올 사회로의 극적인 변화를 보여준다. 커뮤니케이션 기술은 안팎에서 우리의 제도를 바꿔놓을 것이다. 우리는 점점 더 우리의 활동범주와 언어집단으로부터 훨씬 더 벗어난 사람들과 접촉하고 관계를 맺으면서, 생각을 나누고 사업을 하고 진정한 관계를 구축할 것이다.

동시에 두 가지 세상의 통제를 받으면서 살고, 일하고, 존재하는 사람들이 크게 늘어날 것이다. 가상세계에서 우리는 모두 다양한 수단과 도구를 통해, 아주 빠르게 연결성을 경험할 것이다. 현실세계physical world

에서는 여전히 지리와 무작위적인 출생(어떤 아기들은 부자나라에서 부자로 태어나지만, 다수는 가난한 나라에서 빈민으로 태어날 것이다)에 따른 불운, 인간성의 긍정적·부정적 측면들과 씨름해야 할 것이다. 우리는 이 책을 통해 가상세계가 현실세계를 더 좋거나 더 나쁘게, 아니면 그냥 다르게 만들 수 있는 여러 가지 방법을 보여주려고 한다. 어떤 경우 이 두 세계는 서로 제약할 것이고, 어떤 경우 이 두 세계는 서로 충돌할 것이다. 또 어떤 경우 두 세계는 정도의 차이가 종류의 차이로 변할 수 있도록 다른 세상에서 일어나는 현상을 강화하고, 촉진하고, 악화시킬 것이다.

세계 무대에 커뮤니케이션 기술의 전파가 미치는 가장 큰 영향은 국가와 기관에 쏠린 권력을 재분배하고 개인에게 이전하는 것을 돕는 방식일 것이다. 새로운 정보기술은 역사적으로도 종종 왕이건 교회건 엘리트건 상관없이 전통적인 실세로부터 권력을 빼앗아 국민에게 돌려주곤 했다.6 따라서 정보와 새로운 커뮤니케이션 채널로의 접근이 가능하다는 것은, 그때나 지금이나 우리가 참여하고, 책임을 추궁할 수 있는 힘을 갖고, 더 강력한 기관과 함께 우리가 삶의 경로를 이끌어갈 수 있는 새로운 기회를 얻는다는 것을 의미한다.

무엇보다 인터넷 사용이 가능한 휴대전화를 통해 연결성이 확대되었다는 사실은 그 규모만 보더라도 권력의 이동을 드러내는 가장 평범하면서도 가장 심오한 현상이 분명하다. '디지털 권능화 digital empowerment'가 어떤 사람에게는 태어나 처음으로 겪는 일이 될 것이다. 순전히 호주머니에 들고 다닐 수 있는 작고 저렴한 기기 하나 덕분에, 이제 우리의 목소리가 알려지고, 진지하게 받아들여질 수 있게 되었다.

결과적으로, 독재국가들은 새로이 연결된 국민들을 통제하고, 억압하고, 영향을 미치기가 더욱 어려워졌다는 사실을 깨달을 것이다. 민주국가들은 국정활동에 더 많은 목소리(개인, 조직, 기업이 내는 목소리)를 반영할 수밖에 없게 될 것이다. 정부는 분명 자신에게 유리하도록 새로운 차원의 연결성을 활용하는 방법을 찾겠지만, 현재 네트워크 기술의 구성방식상 그것은 항상 시민의 편이 될 수밖에 없다. 왜 그런지는 나중에 살펴보겠다.

개인으로의 권력이동이 궁극적으로 더 안전한 세상을 만들까 아니면 더 위험한 세상을 만들까? 기다려보는 수밖에 없다. 우리는 연결된 세상의 현실을 이제 막 접하기 시작했을 뿐이다. 그중에는 좋은 것도, 나쁜 것도 그리고 걱정스러운 것도 있다.

우리 두 사람은 서로 다른 관점에서 이 질문을 탐색했다(한 사람은 컴퓨터 과학자이자 기업의 임원으로서, 다른 한 사람은 외교정책 및 국가안보 전문가로서). 물론 우리는 이 질문의 답이 미리 정해져 있지 않았다는 것을 알고 있다. 미래는 국가, 시민, 기업, 기관들이 새로이 맡은 책임을 어떻게 다하느냐에 따라 결정될 것이다.

국제관계 이론가들이 국가의 야망을 주제로 논쟁을 벌인 적이 있다. 어떤 이론가들은 국가가 힘과 안보를 최대한 증진하는 것을 목표로 국내 정책과 외교정책을 펴나가야 한다고 주장했다. 반면, 또 다른 이론가들은 거래와 정보교환 같은 별개의 요소들 역시 국정운영에 영향을 미치게 해야 한다고 제안했다. 국가의 야망은 변하지 않을 것이다. 하지만 그런 야망을 성취하는 방법에 대한 생각은 바뀔 것이다. 국가는 국내 정책 및 외교정책을 각각의 두 가지 버전으로 실행해야 할 것이다. 하나는 현실세계를 위한 버전이고, 다른 하나는 온라인상에 존재하는 가상세계를 위한 버전이다. 이러한 정책들이 가끔 상호 모순적인 것처럼 보일 수도 있다. 정부가 한 영역에서는 탄압하면서, 다른 영역에서는 어느 정도의 행동을 용인할지도 모른다. 국가는 사이버 공간에서는 전쟁을 치르면서도, 현실세계에서는 평화를 유지할지도 모른다. 다만 국가는 연결성 때문에 자신의 권한에 가해지는 새로운 위협과 도전거리를 해결하기 위해 애쓸 것이다.

시민들에게는 온라인 세계에 발을 내딛는다는 것이 현실세계와 가상세계에서 다양한 신원을 갖게 된다는 사실을 의미한다. 많은 면에서 가상신원virtual identities은 모든 다른 신원들을 대체할 것이다. 자신의 흔적이 온라인에 영구히 아로새겨진 채 남겨질 것이기 때문이다. 게다가 온라인상에서 자료를 올리거나 공유하고, 이메일과 문자를 주고받는 행동이 가상공간 내 타인들의 신원에 영향을 주기 때문에, 새로운 형식의 집단적 책임이 동반되어야 할 것이다.

조직과 기업에게는 전 세계적 연결성에 발맞춰 새로운 기회와 도전과 제가 생겨날 것이다. 새로운 차원의 책임감이 생겨나, 행위 주체들이 기존 관행을 재고해본 후 미래에 맞는 계획을 수립하고, 사업관행과 대중에게 비춰지는 모습을 수정하게 될 것이다. 그들은 또한 기술이 폭넓게 확산·수용되면서 정보와 기회 획득의 장이 평평해짐에 따라 새로운 경쟁자를 만나게 될 것이다. 미래에는 가장 강력한 힘을 가진 자부터 가장 약한 힘을 가진 자에 이르기까지, 누구나 역사적으로 의미 있는 변화로부터 소외되지 않을 것이다.

기술이 만들어내는 엄청난 가능성

우리 두 사람은 2009년 가을, 쉽게 친해질 수 있는 분위기에서 처음 만났다. 우리는 같이 바그다드에 머물면서 '사회의 재건을 돕는 데 기술을 어떻게 활용해야 하는가?'라는 중대한 질문을 가지고 이라크 국민들과 고민하고 있었다. 우리는 장관들, 군 지휘관들, 외교관들, 이라크 기업인들과 만나 바그다드 주위를 돌아다니면서, 회복 가능성은 보이지 않고 미래의 성공도 요원해 보이는 나라를 경험했다. 에릭은 〈포천Fortune〉 선정 500대 기술 기업의 CEO로서는 처음 이라크를 방문한 것이었기 때문에, 왜 구글 관계자가 그곳에 왔는지를 두고 많은 질문이 나왔다. 당시에는 심지어 우리들조차 구글이 그곳에서 무엇을 경험하거나 성취할 수 있을지 전적으로 확신하지 못했다.

그러나 해답은 즉시 분명해졌다. 어디를 둘러보건 우리 눈에는 휴대전화가 들어왔다. 참으로 놀라운 일이었다. 당시 이라크는 사담 후세인의 몰락 이후 6년 넘게 전쟁에 휘말려 있었다. 전체주의 편집광이었던 후세인은 휴대전화 사용을 금지했었다.[7] 전쟁은 이라크의 물리적 인프라를 초토화시켰고, 이라크 국민 대부분이 음식, 물, 전기를 제대로 구할 수 없었다.[8] 기본적인 일용품조차 엄두도 내기 힘들 정도로 가격이 비쌌다. 어떤 곳에서는 몇 년 동안 쓰레기가 수거되지 않고 있었다.[9] 결정적으로, 국민의 보안이 보장되지 않았다. 그것은 고위관료건 평범한 가게주인이건 모두 마찬가지였다. 따라서 휴대전화 구입은 이라크 국민이 해야 할 너무 많은 일들 가운데 가장 후순위처럼 보였다. 그러나 우리는 이라크 국민이 고달픈 현실적 문제에도 불구하고 휴대전화를 최우선 순위로 장만했다는 것을 깨닫게 되었다.

이라크 국민은 휴대전화를 가지고 있을 뿐 아니라, 소중하게 여겼다. 그리고 그것이 전쟁으로 찌든 이라크에서의 삶과 운명을 개선해줄 엄청 난 잠재력을 가진 물건이라고 생각했다. 우리가 만난 많은 엔지니어들 과 사업가들은 스스로 아무 일도 할 수 없다는 데 상당한 좌절을 느끼고 있었다. 그들은 자신에게 무엇이 필요한지 이미 잘 알고 있었다. 바로 신 뢰할 수 있는 전기, 빠른 연결을 위한 대역폭bandwidth[■], 활용 가능한 디지털 기기, 구상을 실현시켜줄 만큼 충분 한 벤처 자본 등이었다.

대역폭
일반적으로 네트워크에서 신호를 전달하기 위해 사용 하는 최고 주파수와 최저 주 파수의 차이.

에릭은 앞서 교전 지역을 방문해본 적이 없었으나 제 러드는 셀 수 없이 많았다. 하지만 우리 두 사람은 그곳에서 이 세상에 무언가 중대한 변화가 일어나고 있다는 사실을 실감했다. 전쟁에 찌든 이라크 국민조차 기술의 가능성을 보고, 그것으로 하고 싶은 것이 무엇 인지 알고 있다면, 과연 기술에 대한 욕구와 기본지식을 갖고 있어도 기 술에 접근하지 못하는 사람이 전 세계적으로 얼마나 있을 것인가? 제러 드는 당시 여행을 통해 정부들이 위험할 정도로 변화 예측에 뒤처져 있 으며(또한 그들은 변화를 두려워하기도 했다), 새로운 도구가 각종 도전과 제를 해결해줄 수 있는 가능성을 보지 못하고 있다고 확신했다. 에릭은 모두가 알고 있는 수준 이상으로 기술 산업에는 해결해야 할 문제와 상 대해야 할 고객이 많다는 자신의 생각을 재확인했다.

여행을 마친 후 몇 달 뒤, 기술을 이해하는 사람들과 세계에서 가장 까 다로운 지정학적 문제의 해결을 위해 나선 사람들 사이에 거대한 협곡

이 존재함에도, 양쪽을 연결하는 다리를 놓을 사람이 아무도 없다는 사실을 절감하게 되었다. 하지만 기술 산업, 공공부문, 민간사회 사이의 협력 가능성은 무궁무진하다.

우리는 전 세계로 퍼지는 연결성에 대해 생각하는 동안, 우리 스스로가 이런 차이로 인해 생긴 여러 문제들에 사로잡혀 있음을 알게 되었다. 미래에는 누가 더 힘이 세질까? 시민일까, 국가일까? 기술은 테러의 수행을 더 쉽게 만들까, 더 어렵게 만들까? 사생활과 보안 사이에는 어떤 관계가 있으며, 새로운 디지털 시대의 일원이 되기 위해 우리는 얼마나 많은 것을 포기해야 할까? 모든 사람들이 연결됐을 때 전쟁, 외교, 혁명은 어떻게 변화할 것이며, 우리에게 유리한 쪽으로 어떻게 그 변화의 밸런스를 조정할 수 있을까? 무너진 사회를 재건하는 데 기술은 어떤 역할을 할 수 있을까?

우리는 먼저, 이라크에서 느낀 교훈에 대해 힐러리 클린턴Hillary Rodham Clinton 전 미국 국무부 장관에게 보낼 메모를 같이 작성했고, 이후로도 그녀와 친구로서 다시 협력했다. 우리는 기술 플랫폼이 가진 잠재력과 그것에 내재하는 힘에 대한 생각을 공유한다. 이는 구글 안팎에서 우리가 하는 모든 일에 영향을 미친다. 우리는 구글, 페이스북, 아마존, 애플 같은 현대의 기술 플랫폼들이, 대부분의 사람이 생각하는 것보다 더 강력하다고 믿는다. 우리의 미래 세계는 모든 사회에서 그 기술 플랫폼들을 어떻게 성공적으로 수용하느냐에 따라 크게 달라질 것이다. 이 플랫폼들은 텔레비전의 발명에 버금가는 진정한 패러다임의 변화를 의미한다. 이것들이 지금과 같은 힘을 갖게 된 것은 성장 능력, 구체적으로 말해 성장하는 속도 때문이다. 기술 플랫폼들은 빠르고, 효율적이고, 공격적으로 확산될 수 있다. 이러한 속도로 인해 이것들을 세우고, 통제하고, 활용하는 사람들 역시 강력한 힘을 갖게 된다. 지금까지 순간적으로 반응하는 네트워크를 통해 이처럼 많은 사람들이 연결된 적은 결코 없었다. 공동의 온라인 플랫폼들을 통해(소비자, 창조자, 기여자, 운동원 등 기타 모든 방식을 통해) 집단적 행동이 가능해졌다는 것은 진정 획기적인 변화가 아닐 수 없다. 바이러스처럼 퍼지는 뮤직비디오에서부터 국제 전자상거래 플랫폼에 이르기까지, 오늘날 우리에게 친숙한 규모의 효과 scale-effect는 향후 도래할 일만을 암시해줄 뿐이다.

디지털 플랫폼에 의해 주도되는 규모의 효과 때문에 새로운 디지털 시대에는 모든 일이 지금보다 훨씬 더 빨리 일어날 것이며, 그런 변화는 정치·경제·미디어·비즈니스·사회규범을 포함한 사회의 전 영역에 영향을 미칠 것이다. 이처럼 빠르게 커지는 규모가 인터넷 기술이 조장하는 '상호 연결성interconnectedness'과 결합될 때 비로소 새로운 세계화(제품과 아이디어의 세계화) 시대가 등장할 것이다. 기술 분야에서 활동하는 사람들로서, 우리는 우리 산업이 하는 일이 사람들의 생활과 사회에 미칠 영향을 충분히 그리고 정직하게 탐구하는 게 주된 임무라 믿는다. 이제 정부는 점점 더 빠른 속도로 움직이면서 가끔 법이 따라갈 수 없을 정도로 빨리 경계를 밀어내는 개인 및 기업들과 시너지효과를 낼 수 있는 규정을 만들어야 하기 때문이다. 그들이 지금 선보이는 디지털 플랫폼, 네트워크, 제품들은 국제적 차원에서 거대한 효과를 발휘한다. 따라서 정치·비즈니스·외교와 그 외 다른 중요한 분야의 미래를 이해하고 싶다면, 그런 분야에서 기술이 어떻게 중대한 변화를 주도하는지부터 이해해야 한다.

어떤 미래를 만들어갈 것인가

　우연인지 몰라도 우리가 미래에 대한 생각들을 공유하기 시작했을 때, 우리가 논쟁하고 있던 개념과 문제의 사례가 될 수 있는 획기적인 사건들이 전 세계적으로 잇달아 일어났다. 중국 정부는 구글과 다른 수십 개 미국 기업들을 상대로 정교한 사이버 공격을 개시했다. 위키리크스Wikileaks가 갑자기 등장해서 수십만 건의 디지털 비밀기록을 누구나 볼 수 있게 개방해버렸다. 아이티와 일본에서는 대지진이 발생하여 여러 도시들이 초토화됐지만, 혁신적인 기술을 기반으로 적절한 대응이 이루어졌다. 그리고 일명 '아랍의 봄 Arab Spring'은 그 속도와 강력한 전염성을 통해 전 세계를 뒤흔들었다. 이런 각각의 혼란스러운 상황들은 우리가 생각해봐야 할 미래에 대해 새로운 시각과 가능성을 열어주었다.

위키리크스
정부와 기업, 단체의 불법이나 비리와 관련된 기밀문서를 폭로하는 웹사이트. 해커 출신의 줄리언 어산지Julian Paul Assange가 설립자로 밝혀졌다.

아랍의 봄
2010년 튀니지에서 시작돼 중동 국가와 북아프리카로 퍼져나간 반정부 시위. 집권세력의 부패, 빈부격차, 청년 실업으로 인한 젊은이들의 분노가 폭발하여 전례 없는 규모로 커졌다.

　우리는 이런 사건들의 의미와 결과를 토론하는 데 엄청난 시간을 보내면서, 향후 추세를 예측해보고, 가능한 기술 중심의 해결책들을 이론화했다. 이 책은 그렇게 나눈 대화의 산물이다.

　앞으로 우리는 우리가 예측하는 미래를 탐구해보고자 한다. 그것은 전 세계적인 연결성의 확대로 인해 도전과제와 해결책을 모두 삿고 있는 미래이며, 무엇보다 시민권, 국정운영 기술, 사생활, 전쟁 등 전 세계적으로 복잡한 이슈들이 가득한 미래다. 우리는 세상에 정보를 주고, 밀려드는 신생 기술 도구들이 풍요로운 세상을 만드는 데 쓰일 수 있게 유도하는 방법이 무엇인지도 설명하려고 한다. 기술이 주도하는 변화를 피할 수는 없다. 하지만 매 변화의 단계마다 그것의 전개방식에 상당한 통제력을 가할 수는 있다. 이 책에서 읽게 될 예측 중 일부는, 앞으로 드론Drone(상용화된 무인정찰기) 전쟁이 벌어질 것이란 논리적인 결론처럼, 당신이 오랫동안 의심해왔지만 인정할 수는 없던 것들이자 다른 사람에게는 완전히 새로운 것들이다. 우리는 우리의 예측과 권고가 당신의 관심을 끌고, 당신을 생각하게 만들었으면 한다.

실용적 도구나 스마트폰 애플리케이션, 인공지능에 관한 이야기를 담긴 했어도, 이것이 책의 주제는 아니다. 이 책은 기술에 관한 것이자, 한 걸음 더 나아가 인간과 인간이 현재와 미래에 각자 처한 환경에서 어떻게 기술과 소통하고, 기술을 개발하고, 기술에 적응하고, 기술을 이용하느냐를 다룬 책이다. 무엇보다 새로운 디지털 시대에 사람들의 손이 어디로 향해야 할지를 안내하는 문제의 중요성을 다룬 책이다. 커뮤니케이션 기술이 가진 여러 가능성에도 불구하고, 그것이 선이나 악 중 어떤 목적을 위해 쓰일지는 전적으로 사람들의 손에 달려있다. 기계가 세상을 장악할 것이라는 이야기는 전부 잊어라. 미래에 일어날 일은 전적으로 우리에게 달려있다.

에릭 슈미트, 제러드 코언

1

OUR FUTURE SELVES

인간의 미래

연결성의 발달은 개인의 삶을 뛰어넘어 큰 영향을 미칠 것이다. 즉, 현실세계와 가상세계가 공존하고 충돌하고 상호 보완하는 방식은 향후 수십 년간 시민과 국가의 행동 방식에 엄청난 영향을 줄 것이다. 물론 모든 뉴스가 반드시 좋지는 않을 것이다.

곧 지구상의 모든 사람들이 서로 연결될 것이다. 앞으로 50억이 넘는 인구가 가상세계에 합류할 예정인 가운데[10], 디지털 연결 붐은 생산성·건강·교육·삶의 질은 물론 현실세계의 다른 수많은 분야의 생산성까지 제고할 것이다. 이것은 최고의 엘리트 사용자들에서부터 경제 피라미드의 밑바닥에 있는 사람들에 이르기까지, 모든 이들에게 현실이 될 것이다. 하지만 '연결됐다'라는 말은 사람마다 서로 다른 의미를 가질 것이다. 사람마다 해결과제가 크게 다르기 때문이다. 어떤 사람에게는 가격이 20달러도 안 되는 스마트폰을 구입하는 것처럼 삶의 질이 약간 개선되는 정도의 문제가, 누군가에게는 무인자동차를 타고 출퇴근하는 것만큼 중대한 문제일지도 모른다.

현실세계에서는 계속해서 중대한 차이들이 존재하겠지만, 가상세계에서는 서로 연결됨으로써 똑같은 기본 플랫폼, 정보, 온라인 자원에 접근하게 되므로 사람들이 보다 평등해진다는 느낌을 받게 될 것이다. 물론 연결성이 교육이나 경제적 기회의 불평등과 같이 다루기 힘든 몇몇 문제의 심각성을 다소 완화시켜줄 수는 있어도 소득 불평등 문제를 해결해주지는 못할 것이다. 따라서 우리는 혁신을 그 자체의 맥락 속에서 인정하고 찬양해야 한다. 모든 사람들이 연결성을 통해 수혜는 입겠지만 그것이 똑같지는 않을 것이다. 그러한 수혜의 차이가 사람들의 일상생활 속에서 어떻게 드러나는지야말로 바로 여기에서 우리가 집중할 문제다.

효율성의 확대

가상세계에서 더 많은 일을 할 수 있게 됨으로써, 현실세계의 메커니즘은 보다 효율적으로 변할 것이다. 디지털 연결성이 전 세계 구석구석에까지 영향을 미치면서, 새로운 사용자들은 가장 발전한 사회와 가장 발전하지 못한 사회에서 모두 이를 비효율적인 시장, 시스템, 행동들을 개선하는 데 활용할 것이다. 그래서 얻게 되는 효율성과 생산성의 제고는 특히 기술적 고립과 엉터리 정책 때문에 오랫동안 성장과 발전이 지연된 개발도상국에서 더욱 가시화될 것이다. 이에 따라 그곳 사람들은 더 적은 걸 가지고서 더 많은 일을 하게 될 것이다.

전화기와 태블릿PC를 비롯하여 저렴해진 스마트 기기를 더 쉽게 구할 수 있게 되면서, 이들 국가는 큰 변화를 겪을 것이다. 오늘날 콩고의 여성 어부들에게 기본기능만 갖춘 휴대전화가 미치는 영향을 생각해보자.[11] 과거에 그들은 매일 잡은 물고기들을 시장에 갖다 놓고 하루하루

지날수록 서서히 상하는 물고기들을 지켜봐야 했지만, 이제는 물고기를 잡아 강에 넣어두었다가 고객으로부터 전화가 오기만 기다리면 된다. 주문이 들어오면 강에서 물고기를 꺼내 매수자에게 배달할 준비를 한다. 이제는 값비싼 냉장고도, 밤에 물고기를 지켜야 할 사람도 필요 없다. 물고기가 상해서 가치가 떨어지고 고객을 식중독에 걸리게 만들 위험도 없으며, 물고기를 불필요하게 많이 잡을 필요도 없다. 이런 여성 어부들이 만든 시장규모는 주변지역에서 활동하는 다른 어부들과의 전화통화를 통해 그녀들이 협력에 나서면서 더욱 확대될 수 있다. 이러한 여성 어부들이나 아니면 더 넓게 봤을 때 지역공동체 입장에서는, 개발되는 데 오랜 시간이 걸리는 공식적인 '시장경제' 대신 휴대전화가 나쁘지 않은 차선책인 셈이다.

휴대전화는 개발도상국 국민들이 정보에 접속하고 활용하는 방법에 일대 변화를 일으키고 있다. 휴대전화 보급률도 치솟고 있다. 이미 아프리카의 휴대전화 사용자 수는 6억 5,000만 명을 넘어섰고,[12] 아시아 전역으로 따지면 이 숫자는 30억 명에 이른다.[13] 사용자들 중 다수는 음성통화와 문자메시지만 되는 기본기능의 휴대전화를 쓴다.[14] 이들 국가에서는 데이터 비용이 천문학적인 수준이어서 인터넷이 가능한 전화기나 스마트폰을 살 여력이 있는 사람들조차 그런 휴대전화를 사서 쓰기에 버겁기 때문이다. 이런 모습은 이제 바뀔 것이며, 그렇게 바뀔 때 스마트폰 혁명은 이들 국민에게 상당한 혜택을 안겨줄 것이다.

오늘날 수억 명의 사람들은 평균수명이 60세 미만(심지어 어떤 곳에서는 50세도 채 안 된다)이다.[15] 이들은 정치적·경제적 상황이 조만간 크게 개선되기 힘든 국가에서 자신의 조부모가 살았던 삶을 그대로 살고 있다. 그들의 삶과 미래에 있어 새로운 것은 바로 연결성이다. 그들은 유선 모뎀 같은 이전의 기술들을 건너뛰고, 초고속 무선 연결 기술로 직행할 기회를 갖고 있다. 즉, 연결성이 가져다 줄 변화가 선진국에서 일어났던 것보다 훨씬 빨리 일어날 것이다. 휴대전화의 도입은 생각보다 훨씬 더 변혁적인 성격을 띤다. 사람들은 온라인에 접속함으로써 한 장소에서 모국어를 통해 전 세계의 거의 모든 정보에 접근할 수 있게 되었다. 이는 탄자니아 북서부의 초원 세렝게티에서 소를 사육하며 살고 있는 문맹의 마사이족(그들의 모국어인 마아어Maa는 글로 쓸 수 없다)에게도 마찬가지일 것이다.[16] 이들은 구두로 오늘의 시장가격을 묻고, 다양한 사람들에게 근처 포식동물의 위치를 묻고, 휴대전화로 음성 답변을 받을 수 있다. 휴대전화는 고립된 채 살아가던 사람들이 아주 멀리 떨어져 있는 타인들과 연결되도록 도와줄 것이다. 경제적 측면에서는 앞서 콩고의 여성 어부들이 기본기능을 가진 휴대전화로 그렇게 했듯이, 사업을 확장하고 사업의 효율성을 높이고 수익을 최대한 늘리기 위해 이 새로운 도구를 마음껏 활용할 수 있는 방법을 찾아낼 것이다.

휴대전화 이상으로, 연결성은 데이터를 수집 및 활용할 수 있는 능력을 가져다준다. 데이터 자체가 하나의 도구다. 특히 건강과 교육, 경제학과 국민의 욕구에 대한 신뢰할 수 없는 통계가 성장과 발전을 중단시킨 곳들에서는, 효율적으로 데이터를 수집할 수 있는 기회가 '게임 체인저game changer ■'에 해당한다. 모든 사회인들이 디지털 데이터로부터 수혜를 입는다. 정부는 정부 프로그램의 성공 여부를 보다 잘 평가할 수 있으며, 언론 등 정부 외의 다른 조직은 자신이 하는 일을 지원하고 사실을 확인하기 위해 데이터

게임 체인저
어떤 일에서 결과나 흐름의 판도를 뒤바꿔놓을 만큼 중요한 역할을 한 인물이나 사건.

를 활용할 수 있다. 예를 들어, 미국의 종합 온라인 쇼핑몰 아마존은 상인들에 대한 데이터를 수집한 후, 알고리즘을 활용하여 그들에게 맞는 맞춤형 대출상품을 개발할 수 있다. 전통적인 은행들이 완전히 영업을 중단했을 때라도 이는 가능하다. 더 커진 시장과 더 좋아진 평가방법은 더 건강하고, 생산적인 경제를 창조하는 데 도움을 줄 수 있다.

개발도상국들 역시 전자 기기와 기타 최첨단 기계의 발전으로부터 소외되지 않을 것이다. 진공청소기처럼 가사를 대신 맡아줄 로봇이나 세련된 스마트폰의 구매가격이 비싸더라도, 중국 산자이山寨에서 시작하여 널리 확산된 소위 '짝퉁' 전자제품이 거래되는 불법시장은 이런 격차를 메워줄 모조품들을 생산하고 유통시킬 것이다.[17] 부유한 선진국을 배경으로 생겨난 기술들은 개발도상국에서 새로운 목적을 찾을 것이다. 적층가공additive manufacturing▪ 내지는 3D 인쇄 분야에서 활용되는 기계는 사물에 대한 3차원적인 데이터를 기초로 액체 플라스틱이나 기타 재료를 이용해서 사물의 전체 모양이 구현될 때까지 아주 얇게 층층이 사물의 윤곽을 베껴낸다.[18] 이러한 프린터들은 고객 맞춤형 휴대전화, 기계부품, 실물과 같은 크기의 모형 오토바이를 포함하여 다양한 물건들을 생산해왔다.[19] 이 기계들은 분명 개발도상국들에 영향을 미칠 것이다. 가난한 국가에서 공동으로 사용되는 3D 프린터는, 미리 제조된 고가의 물건들이 힘들고 불확실한 경로를 따라 배달되기 전에 사람들이 오픈소스 템플릿 open-source templates▪을 활용해 도구나 물건을 만들 수 있게 해줄 것이다.

적층가공
프린팅 기법의 일종으로, 고체의 열가소성 플라스틱 재료를 압축 성형하는 FDM기술과 광경화성 수지 재료를 미세한 두께의 층으로 분사해 조형하는 잉크젯 기반 기술로 나뉜다. 재료를 분사하여 한 겹씩 차곡차곡 쌓아나가 실제 모양과 같이 입체적으로 만들어 디자인의 시제품 제작이 가능하다.

오픈소스 템플릿
편집된 소스 형태로, 무료로 얻을 수 있는 디지털 정보.

부유한 국가들에서는 3D 인쇄가 선진화된 제조업 분야의 완벽한 파트너가 될 것이다. 인터넷으로 특별 사양과 요구를 전달하면 그에 맞추어 섬세하게 훈련받은 기사가 기계를 조작하여 새로운 제품을 제작할 것이다. 이것이 많은 산업에 방대하게 퍼져있는 대용량·저비용 제조방식을 대체하지는 못하겠지만, 선진국에서 사용되는 제품의 다양성을 전례 없을 정도로 확대시키긴 할 것이다.

정보시스템은 일상적으로 처리해야 할 많은 소소한 일들을 효율적으로 처리할 수 있게 해줄 것이다. 예를 들어, 통합적인 의류 기계integrated clothing machines(세탁, 건조, 접기, 압착, 분류 등을 한꺼번에 하는 기계)는 깨끗한 옷을 보관하고 있다가 알고리즘에 따라 사용자의 일정을 감안하여 입을 옷을 추천해줄 것이다. 이발도 마침내 기계가 자동으로 정확하게 해줄 것이다. 휴대전화, 태블릿PC, 노트북은 모두 무선 충전이 가능해지면서, 충전케이블을 들고 다녀야 하는 번거로움이 사라질 것이다. 우리생활의 많은 부분들이 사용하기 쉽고 가히 직관적이라 할 수 있는 정보관리 및 의사결정 시스템에 통합됨으로써, 인간과 기술의 상호 작용은 전혀 힘들지 않게 느껴질 것이다. 사생활을 보호하고, 데이터 손실을 막을 수 있는 안전장치가 마련되어 있는 한, 이러한 시스템은 심부름, 할 일 목록, 갖가지 '감시' 작업처럼 오늘날 우리에게 스트레스를 주고 종일 집중하지 못하게 하는 많은 자질구레한 일로부터 우리를 해방시켜줄 것이다. 무언가를 망각하고 놓치게 만드는 우리의 신경학적 한계는, 우리의 욕구를 채워주도록 설계된 정보시스템에 의해 보완될 것이다. 대표적인 사례 두 가지가 '일정 다시 알림'과 '할 일 목록' 등 기억력 보조장치와, 당면한 모든 일에 대해 적절한 경험을 해본 친구들과 즉시 연결해주는 사회적 보조 장치다.

인생의 모든 측면에 영향을 줄 이러한 통합적 시스템에 의지함으로써, 사람들은 매일 주어진 시간을 보다 효율적으로 활용할 수 있게 될 것이다. 이 시간에 깊은 성찰을 하건, 중요한 프레젠테이션 준비를 하건, 차질 없이 아이의 축구경기를 참관하건 상관없다. 사용자가 찾는 것을 찾도록 돕는 '제안 엔진suggestion engines'은 우리의 사고과정을 부단히 자극하여 궁극적으로 창의성을 높여주며, 특히 효율성 제고에 유용한 도움을 줄 것이다. 물론 세상은 여러 장치와 가상의 나를 다른 곳에 있게 해주는 홀로그램과 무궁무진한 양의 콘텐츠로 가득하기 때문에, 당신이 해야 할 일을 미루게 해주는 방법도 많아질 것이다. 하지만 중요한 것은, 당신이 생산적이고자 할 때 더 큰 잠재력을 발휘하면서 그렇게 할 수 있는가 하는 문제다.

그 밖에 로봇공학, 인공지능, 음성인식 같은 분야에서 곧 등장할 다른 발전은 당신이 일상생활 속에서 기술과 더 매끄럽게 상호 작용할 수 있게 해줌으로써, 삶을 더 효율적으로 만들어줄 것이다. 대부분의 사람들은 가격 때문에, 당장은 뛰어난 인공지능을 갖춘 채 100퍼센트 자동으로 움직이는 인간 닮은 로봇을 구입할 수 없을지 모르지만, 조만간 미국의 평범한 소비자들도 몇 가지 다목적 로봇 몇 대 정도는 충분히 살 수 있게 될 것이다. 가정용 로봇 분야의 창시자 격인 아이로봇iRobot이 2002년에 선보인 로봇 청소기 룸바Roomba의 기술은 앞으로 더 세련되어지고 다목적화될 것이다. 미래에 출현할 다양한 가정용 로봇들은 사사노동과 진기작업, 심지어는 배관작업까지도 비교적 쉽게 처리할 수 있을 것이다.

뛰어난 음성인식 소프트웨어가 일상생활에 미칠 영향 또한 간과할 수 없다. 지금보다 더 개선될 음성인식 기술은 온라인에서 정보를 검색하고 로봇에게 명령하는 것(지금도 이 두 가지 일은 가능하다) 외에도 이메일, 메모, 연설, 학기말 리포트 등을 모두 음성으로 작성할 수 있게 해줄 것이다. 대부분의 사람들은 타자속도보다 훨씬 더 빠르게 말하기 때문에, 이런 기술은 수근관 증후군carpal tunnel syndrome■에 걸리지 않게 도와주는 것은 물론, 대다수의 시간을 절약해줄 것이 분명하다. 음성 중심의 필기로 전환된다면 서면 자료의 세계는 당연히 바뀔 것이다. 우리가 단락으로 말하는 법을 배우게 될까, 아니면 우리의 글이 언어 패턴을 답습하기 시작할까?

동작인식 기술은 일상적인 사용이 가능해지고 있다. 마이크로소프트의 키네틱kinetic■은 발매 첫 엿새 만에 800만 대가 넘게 팔리면서 2011년 역사상 가장 빨리 팔린 가전제품으로 기록되었다. 이러한 동작인식 인터페이스는 곧 게임과 엔터테인먼트 분야에서 벗어나 보다 기능적인 영역으로까지 확대될 것이다. 영화 〈마이너리티 리포트Minority Report〉에서 배우 톰 크루즈가 컴퓨터로 범죄를 해결하기 위해 동작인식 기술과 홀로그램을 사용했던 장면에 등장하는 정보 스크린은 시작에 불과하다. 사실 우리는 이미 그런 수준을 뛰어넘었다. 오늘날 정말로 관심을 끄는 작업은, 아이가 명령하는 동작을 취하면 가만히 앉아있는 장난감 개처럼, 인간의 동작을 인식하고 그에 따라 반응하는 '소셜 로봇social robots'을 만드는 것이다.[20]

향후 일어날 일을 예측해보면, 사실 이러한 로봇들을 조작하려고 몸을 움직일 필요가 없을지도 모른다. 지난 몇 년간 생각만으로 동작을 지시하고, 생각으로 통제되는 동작감지 기술이 획기적인 발전을 이루었

수근관 증후군
장기간의 신경 압박에 의한 손과 손가락 통증.

키네틱
동작인식이 가능한 엑스박스360 비디오 게임 콘솔의 핸즈프리 센서 장치.

다. 2012년 일본의 로봇공학연구소 내 한 팀은 기능적 자기공명영상functional Magnetic Resonance Imaging, fMRI 장비에 누워있는 사람이 신체의 각기 다른 부분을 움직이는 상상을 하는 것만으로도, 수백 마일 밖에 있는 로봇을 통제할 수 있다는 사실을 성공적으로 입증했다.[21] 피실험자는 로봇의 머리 위에 부착된 카메라 덕분에 로봇의 시각에서 볼 수 있었다. 그가 팔이나 다리를 움직이는 생각을 하면, 별개의 로봇은 거의 즉각적으로 같은 동작을 따라 했다. 로봇 같은 별개의 대용품이나 인공 수족 등이 모두 생각으로 움직일 수 있게 된다니, 정말 흥미롭다. 이는 특히 척수 부상을 입은 환자들과 수족이 절단된 사람들 그리고 현재의 몸 상태로는 남들과 소통하거나 움직일 수 없는 사람들처럼, 원활한 동작이 힘들거나 갇혀서 생활해야 하는 이들에게 희망을 준다.

기능적 자기공명영상
혈류의 변화에 따른 두뇌 활동을 측정하기 위한 스캔 기술.

더 많은 혁신, 더 많은 기회

연결성이 확대되면서 세계화가 꾸준히 빠르게 진행되고 있다. 여기에 심지어 가속도가 붙게 되더라도 놀랄 필요는 없다. 정작 당신은 몇 가지 발전된 기술이 국가 간 연결성과 상호 의존성 확대와 짝을 이루면서, 세상이 얼마나 작게 느껴지는지 인식하고는 놀랄지도 모른다. 순식간에 이루어지는 번역, 가상세계와 현실세계의 상호 작용 그리고 실시간 집단 편집(오늘날 위키wiki를 보면 가장 쉽게 이해할 수 있다)은 기업과 조직이 파트너, 고

위키
웹브라우저에서 간단한 언어를 이용하여 내용을 쉽게 추가하고 고치고 삭제할 수 있는 웹사이트.

객, 직원들과 상호 작용하는 방식을 재편할 것이다. 문화에 따른 뉘앙스, 표준시간대 같은 차이까지 100퍼센트 극복될 수는 없을 것이다. 하지만 공유 플랫폼 위에서 이질적인 장소에 있는 사람들과 거의 완전히 이해하며 상호 작용할 수 있는 능력은, 그러한 상호 작용을 믿기 힘들 정도로 친숙하게 느끼도록 만들어줄 것이다.

기업이나 다른 조직들의 공급망은 점점 분할될 것이다. 이는 제품 쪽에서뿐만 아니라 사람들 쪽과 관련해서도 마찬가지다. 국경과 언어를 초월한 보다 효과적인 커뮤니케이션이 전 세계의 열심히 일하는 인재들 사이에 신뢰를 구축하고, 그들에게 다양한 기회를 만들어줄 것이다. 프랑스의 한 기술 기업이 영업팀은 동남아시아에 두고, HR팀은 캐나다에, 엔지니어들은 이스라엘에 두고 활동하는 것이 이상한 일로 여겨지지 않을 것이다. 비자 제한과 송금 규제처럼 분산된 영업을 방해하는 오늘날의 관료주의적 장애물들은, 디지털 해법이 발견되면서 부적절해지거나 기피대상이 될 것이다. 아마도 심각한 외교적 제재를 받고 있는 국가에 직원을 둔 인권단체들은 직원에게 휴대전화 모바일머니mobile money 형태나 완전한 디지털 통화digital currency의 형태로 임금을 지급할 것이다.

사람이 꼭 있어야만 할 수 있는 일들이 줄어들면서, 재능 있는 인재들은 더 많은 선택권을 갖게 될 것이다. 우루과이의 숙련된 젊은이들은 미국 캘리포니아 주 남부 오렌지카운티에 있는 경쟁자들과 몇몇 종류의 일자리를 차지하기 위해 경쟁할 것이다. 물론 모든 일이 자동화될 수도 없고, 자동화되지도 않을 것이다. 그리고 모든 일을 원격으로 처리할 수는 없겠지만, 당신이 상상하는 것보다 더 많은 일이 그렇게 처리될 것이다. 하루에 몇 달러만 가지고 생활하는 사람들에게는 수입을 늘릴 기회가 무궁무진해질 것이다. 디지털 업무분담 플랫폼인 아마존의 미케니컬 터크Mechanical Turk■는 오늘날 기업이 소소한 일들을 어떻게 아웃소싱하고 있는지 보여준다. 이제는 이 플랫폼을 통해 인터넷에 접속한 누구나 불과 몇 센트만 받고 소소한 일들을 처리해줄 수 있다. 가상의 상호작용이 계속 질적 개선을 이루는 가운데, 다양한 분야의 직업들이 이 플랫폼의 고객 기반을 확대하고 있다. 즉, 누구나 다른 대륙에 있는 변호사의 도움을, 또 다른 대륙에 있는 부동산업자의 도움을 받을 수 있을지 모른다. 세계화를 비판하는 사람들은 이런 식의 지역독점 붕괴현상을 개탄하겠지만, 이를 받아들이지 않으면 안 된다. 앞으로도 사회는 이렇게 움직이면서 계속해서 혁신할 것이기 때문이다. 실제로 연결성의 확대는 국가들이 경쟁우위를 발견하는 데도 도움을 준다. 남아프리카에 위치한 국가 보츠와나에서 세계 최고의 그래픽 디자이너가 나올 수 있는데도, 세계는 아직 그럴 수 있다는 사실을 모를 뿐이다.

  이처럼 인재들의 활동 무대가 평준화되면, 그 영향이 아이디어 세계로까지 확대될 것이다. 결국 사람들이 새로이 연결됨에 따라 어려운 문제에 각기 가진 독특한 관점을 적용하면서 전통적인 성장의 보루 밖에 존재하던 주변부로부터 점점 더 많은 혁신이 등장, 변화를 추진할 것이다. 새로운 차원의 협업 그리고 분야를 초월한 지식과 사고의 전 세계적 교류로 인해, 최고의 아이디어와 해결책 중 다수가 정상까지 올라가 고려되고, 탐구되고, 자금지원을 받고, 채택되고, 축하받게 될 것이다. 어쩌면 현재 시베리아 서부의 노보시비르스크 주에서 교사로 재직 중인

미케니컬 터크
아마존에서 제공하는 웹 서비스로서 컴퓨터보다 사람이 더 잘해낼 수 있는 일은 사람에게 비용을 제공하고 시키자는 취지에서 업무와 사람을 매칭해주는 역할을 한다.

한 야심찬 러시아 프로그래머가 학생들에게 물리학을 가르치기 위해 제작 중인 교구들의 품질을 개선하고자, 대중적인 인기를 얻고 있는 모바일 게임 '앵그리버드'의 틀framework을 어떻게 활용할 수 있는지 알아다가, 그 게임의 기본기술을 새롭게 적용하는 방법을 찾아낼지도 모른다. 그는 이와 유사한 오픈소스 게임 소프트웨어를 찾아낸 다음, 그것에 살을 덧붙일 것이다. 전 세계적으로 오픈소스 운동이 속도를 내면서(정부와 기업들 입장에서 이는 비용이 적게 든다. 또한 기부자들은 인정을 받고, 지원 생태계를 개선 및 확대할 수 있는 경제적 혜택을 얻는다), 이 러시아의 교사 겸 프로그래머는 연구 과정 중에 배우고 활용할 수 있는 기술 계획들이 담긴 거대한 캐시cache(고속기억장치)를 갖게 될 것이다. 완전히 연결된 세상에서, 그는 적절한 사람들의 시선을 끌거나, 일자리나 친분관계를 제안받거나, 직접 만든 것을 다국적기업에 판매할 수 있는 가능성이 점점 더 커질 것이다. 최소한 그는 그런 기회의 문에 발을 들여놓을 수 있다.

혁신은 이처럼 밑바닥에서부터 시작될 수 있다. 하지만 모든 지역적 혁신이 큰 효과를 내는 것은 아니다. 몇몇 기업인과 발명가들은 각기 다른 처지에 있는 사람들의 아주 구체적인 문제를 해결하기 위해 혁신을 추진할 것이기 때문이다. 오늘날도 마찬가지다. 스물 네 살의 케냐 발명가 안토니 무투아Anthony Mutua를 예로 들어보자.[22] 그는 2012년 케냐의 수도 나이로비에서 열린 과학박람회에서 직접 개발한, 압력을 받을 때 전기를 생성할 수 있는 초박형 수정 칩을 선보였다. 무투아는 그 칩을 자신의 신발 밑창에 넣은 후 걷는 것만으로도 휴대전화를 충전하는 모습을 보여주었다.[23] 이 칩은, 신뢰할 만하고 저렴한 전기가 얼마나 부족한

지, 그리고 이보다는 덜 심각하지만 배터리 수명이 짧은 것이 많은 사람들에게 얼마나 나쁜 일이기에(그리고 일부 정부에서 전력망을 고치는 데 얼마나 많은 시간이 걸리기에) 무투아 같은 혁신가들이 사람들을 휴대용 충전소로 전환시키는 마이크로 칩을 개발하고 있는지를 상기시켜준다. 무투아가 개발한 칩은 이제 대량으로 생산될 예정이다.[24] 그로 인해 칩 가격이 성공적으로 내려간다면, 그는 개발도상국 밖에 있는 사람에게는 절대 필요하지 않을, 가장 똑똑한 디자인 가운데 하나를 개발한 셈이 된다. 불행하게도, 한 국가 인구의 기술접근 수준은 종종 외재적 요소에 의해 결정된다. 따라서 전력과 전기 문제가 정부나 시민에 의해 해결되더라도, 어떤 새로운 방해물이 나타나 특정 집단이 다른 집단과 같은 수준의 연결성과 기회를 얻지 못하도록 막을지는 알 도리가 없다.

새로운 교육경험의 탄생

연결성이 확대되면서 전통적인 관례가 바뀌고 새로운 학습기회가 제공됨에 따라, 혁신과 기회를 지탱하는 가장 중요한 기둥인 교육은 향후 수십 년 안에 엄청난 긍정적 변화를 겪을 것이다. 학교는 학습 계획에 기술을 도입할 것이며, 때때로 전통적인 과목을 없애고 더 많이 상호 작용할 수 있는 워크숍으로 대체할 것이다. 이에 따라 대부분의 학생이 기술적으로 높은 학식을 갖게 될 것이다. 학생이 교육에 맞추기보다는, 교육이 학생의 학습 스타일과 속도에 맞춰 보다 유연한 경험으로 변신할 것이다. 아이들은 여전히 실제 학교에 다니면서 사회화되고, 교사들로부터 지도도 받을 것이다. 그러나 그 이상은 아니더라도 적어도 그만큼의 학습은 오늘날 수천 편의 짧은 동영상(대다수가 과학과 수학 동영상이다)을 생산하여 온라인에서 무료로 공유하는 활동을 펼치는 칸 아카데미

칸 아카데미
온라인 교육가 살만 칸이 2006년에 설립한 인터넷 강의 사이트. 생물, 화학, 물리, 경제학, 역사 교육 관련 동영상을 무료로 공개하고 있다.

Khan Academy■의 정신을 계승하여, 신중하게 설계된 교육도구들을 활용해가면서 진행될 것이다. 칸 아카데미의 유튜브 채널 조회 수가 수억 회에 이르는 가운데, 미국의 교육자들은 칸 아카데미가 만든 자료들을 점점 더 많이 도입하고 있다. 또한 창업자인 살만 칸Salman Kahn이 개발한, 학생들의 욕구에 맞춘 모듈형 학습방식도 활용하고 있다. 어떤 교육가들은 심지어 집에서 시청할 수 있는 동영상들로 강의를 대체하고, 학교 수업 시간을 전통적인 숙제, 이를테면 수학 문제를 푸는 것 등에 활용하면서 기존 수업방식을 전면 개편하고 있다.25 위키피디아 같은 디지털 지식 도구가 기계적 암기의 중요성을 경감시키고 있는 가운데, 이제 많은 학교 시스템은 비판적 사고와 문제 해결 기술에 초점을 맞추게 될 것이다.

가난한 나라 아이들에게는 위에서 언급한 수준 정도는 아니더라도, 미래의 연결성이 곧 새로운 교육 도구의 활용 가능성을 의미한다. 교실은 낡은 상태 그대로일 것이다. 교사들은 계속해서 임금을 받긴 하겠지만, 교실에 나타나지는 않을 것이다. 책과 기자재는 여전히 부족할 것이다. 그러나 모바일 기기와 인터넷에 접속할 수 있는 아이들은 현실공간과 가상공간에서 학교를 경험하게 될 것이다. 가상공간에서의 학교경험이 비록 비공식적이고, 스스로 시간을 내야 하는 것인데도 말이다.

정부가 기본적인 욕구를 제대로 충족시켜주지 못하는 장소나 불안한 지역에서는, 휴대전화 같은 기본적인 디지털 기술들이 자식 교육에 신

경 쓰는 가족들에게 안전하고 저렴한 선택지를 제공해줄 것이다. 너무 멀거나 위험해서 혹은 수업료 문제 때문에 학교에 다닐 수 없는 아이는, 휴대전화에 접속할 수만 있으면 학습 세계로 연결된 생명선을 얻는 것과 다름없다. 데이터 요금제나 모바일 인터넷에 접근하지 못하는 아이들에게조차, 문자메시지와 음성 자동응답기술Interactive Voice Response, IVR 같은 기본적인 모바일서비스들이 교육 기회를 제공해줄 수 있다. 업체들이 태블릿PC와 휴대전화를 팔기 전에 고품질 교육 애플리케이션과 엔터테인먼트 콘텐츠를 깔아놓으면, 신뢰할 수 있는 연결성을 확보하지 못한 소위 '대역폭 푸어들bandwidth poor'이 여전히 이런 기기들을 이용해 분명한 혜택을 받게 될 것이다. 그리고 학생 수가 너무 많거나, 교사가 부족하거나, 교육 과정이 의심스러울 정도로 제한적인 곳에서 공부해야 하는 아이들의 경우, 모바일 기기를 통한 연결성은 그들의 기존 교육 방법을 대체해주는 한편, 그들이 출신과 상관없이 100퍼센트 잠재력을 발휘할 수 있게 도와줄 것이다. 오늘날 개발도상국에서는 아이와 성인들을 위한 기본적인 읽기와 쓰기, 제2외국어 그리고 대학의 상급과정을 포함한 폭넓은 과목을 가르치는 데 모바일 기술을 적극적으로 활용하는 수많은 시범 프로젝트들이 운영되고 있다. 2012년 매사추세츠공과대학 MIT 산하의 MIT 미디어랩MIT Media Labs ■26은 에티오피아에서 사전 지도나 수행교사들 없이 초등학생 또래의 아이들에게 미리 교육용 애플리케이션이 설치된 태블릿PC를 나눠주면서 이런 접근법을 시험해봤다.27 그 결과는 놀라웠다. 불과 몇 달 만에 아이들이 알파벳을 전부 외우고, 영어로 완전한 문장을 쓸 수 있었다. 물론 미래에는 어디에

MIT 미디어랩

세계적인 미디어융합 기술연구소. 니콜라스 네그로폰테Nicholas Negroponte 교수와 제롬 와이즈너Jerome Wiesner 전 MIT 총장 주도로 1985년에 설립되었다.

42
...

서나 연결성을 접하겠지만, 오늘날에는 어떤 노력들이라도 성취하는 데 한계가 존재한다.

세계 최고의 문맹률로 악명 높은 나라 중 하나인 아프가니스탄 같은 곳에서,[28] 이처럼 급성장하는 모바일 내지 태블릿 기반의 학습 플랫폼이 어떤 의미를 가질지 상상해보자. 단순한 모바일 형식이나 좀 더 세련된 온라인 방식 중 무엇이 되든 간에, 디지털 플랫폼은 궁극적으로 어떤 환경의 격변(정치적 불안, 경제적 붕괴, 심지어 악천후까지도)도 버텨내고 사용자들의 욕구를 지속적으로 충족시켜줄 수 있을 것이다. 따라서 현실 세계에서는 많은 사람들이 변동성 큰 교육경험을 갖겠지만, 가상경험 virtual experience이 점점 더 중요하고 예측 가능한 선택방안이 될 것이다. 제한적인 교과과정이나 기계식 암기만을 가르치는 학교 시스템에 묶인 학생들은 독립적인 탐구와 비판적 사고를 장려하는 가상세계에 더더욱 접근하려 할 것이다.

―

점점 높아지는 삶의 질

우리 일상의 광범위한 부분에서 기능적인 개선이 이루어지고 있다. 이에 발맞춰, 미래의 연결성은 당신에게 놀라운 '삶의 질 개선' 또한 약속한다. 당신은 더 건강하고, 더 안전하고, 더 참여적으로 변할 것이다. 이런 개선의 혜택을 상대적으로 적게 받는 사람들도 생기겠지만, 그렇다고 해서 그것의 의미가 퇴색되지는 않는다.

당신이 미래에 거주할 아파트에 설치될 기기, 스크린, 그 외 다양한 기계들은 단지 유용할 뿐만 아니라, 오락거리 지적·문화적 풍요로움, 휴식, 다른 사람과 무언가를 공유할 수 있는 기회 등 부차적인 목적까지 충족시켜줄 것이다. 향후 가장 중요한 발전은 '개인화personalization'다. 사람들은 자신의 욕구에 맞춰 기기(사실상 주위에 있는 많은 기술들)를 만들 수 있다. 단, 사람마다 처한 환경에 따라 선호하는 기기가 다를 것이다. 사람들은 자신의 인생담을 알릴 수 있는 더 좋은 방법을 갖게 될 것이다. 물리적인 사진첩과 온라인 사진첩 모두 계속 존재하겠지만, 더 이상 그 것들에 의존할 필요가 없다. 미래의 비디오 카메라 촬영과 사진 촬영이, 당신이 포착한 어떤 정적·동적인 이미지도 3차원 홀로그램으로 투사할 수 있게 해줄 것이기 때문이다. 더욱 놀라운 것은 당신이 저장하기로 한 어떤 사진, 동영상, 지리적 배경이라도 홀로그램 기기에 넣으면 거실을 순식간에 추억의 공간으로 만들 수 있다는 점이다. 이로써 건강 문제 때문에 결혼식에 오기 힘들었던 조부모를 위해 결혼식 장면을 재생해줄 수도 있다.

다양한 디스플레이(고품질 LCD스크린이나 홀로그래픽 투사 시스템이나 휴대용 모바일서비스 등)를 통해 TV방송사가 아니라 당신 스스로 무엇을 볼지 결정하게 될 것이다. 손가락만 까딱하면 전 세계의 귀중한 디지털 콘텐츠를 마음껏 이용할 수 있다. 이 콘텐츠는 당신이 좋아하는 음악, 영화, 쇼, 책, 잡지, 블로그, 예술작품 등을 찾을 수 있도록 지속적으로 갱신되고, 순위가 매겨지고, 범주화될 것이다. 청중을 붙잡아두기 위해서는 다른 비즈니스 모델이 필요할 것이다. 따라서 콘텐츠 생산업체들이 잘게 쪼개져 보호받던 것에서 벗어나 보다 통합되고 개방적인 모델로 전환하면서, 엔터테인먼트와 정보채널을 관리하는 개별 에이전시의 규

스포티파이
스웨덴에서 출발한 유럽의 인기 온라인 음악 스트리밍 서비스. 다운로드 방식이 아닌 스트리밍 방식으로 서비스를 제공한다. 일정한 사용료를 내거나 무료로 음악을 찾아서 들을 수 있다.

모가 예전보다 더욱 커질 것이다. 스포티파이Spotify▪ 같은 업체에서 제공하는 현대적인 서비스들은 우리에게 미래가 어떤 모습일지 감을 잡게 해준다. 미래에는 무한한 양의 콘텐츠를 시간에 구애받지 않고 사실상 모든 기기를 이용해서 무료 내지는 소액으로 이용할 수 있다. 그렇더라도 콘텐츠 제공자들의 저작권과 수익은 유지될 것이다.

오랫동안 콘텐츠 창조자가 되는 것을 가로막던 장애물들도 이제 허물어지고 있다. 오늘날 유튜브가 새로운 이력을 만드는 기회의 문을 열어준다는 말이 있듯이(적어도 유튜브는 그런 창조자들이 잠깐 동안이라도 유명세를 타게 해준다)*, 미래에는 지금보다 더 많은 플랫폼들이 전 세계 예술가, 작가, 감독, 음악가 등에게 더 많은 청중과 소통할 수 있는 기회를 제공해줄 것이다. 품질 좋은 콘텐츠를 창조하기 위해서는 여전히 기술이 필요하겠지만, 이를 위한 적절한 기술을 가진 팀, 예를 들어 한국의 만화영화 제작자와 필리핀의 성우, 멕시코의 스토리보더storyboarder(콘텐츠 제작 설계도를 그리는 사람), 케냐의 음악가 등을 소집하기가 훨씬 더 쉬워질 것이다. 그렇게 완성된 작품은 할리우드 블록버스터만큼이나, 광범위한 관객에게 다가갈 잠재력을 확보할 것이다.

미래의 엔터테인먼트는 보다 실감나고 개인화된 경험이 될 것이다. 영화 및 TV프로그램과 관련 파생상품들이 통합되면서, PPLProduct Placement▪이 오히려 수동적이고

PPL
영화나 드라마에 홍보 상품을 소품으로 등장시키는 간접광고 전략.

---

* 한국의 K팝스타 싸이는 자신의 〈강남스타일〉 뮤직비디오가 불과 석 달 만에 유튜브 사상 최다 조회 수를 기록하면서 순식간에 전 세계에 유명세를 떨쳤다.

심지어 어설프게 보일지도 모른다. 당신은 TV프로그램을 시청하면서 줄거리, 배우, 촬영장소 등 프로그램에 관한 모든 정보를 얻을 수 있다. 마찬가지로, 사고 싶은 스웨터나 요리할 때 쓰고 싶은 접시를 발견하면, 조리법이나 세부적인 구매조건이 포함된 정보를 모두 얻을 수 있을 것이다. 지루하거나 1시간 정도 휴식을 취하고 싶을 때, 홀로그래프 상자 holograph box를 열고 리우데자네이루에서 열리는 카니발을 보면 어떨까? 스트레스를 받았다면? 몰디브의 해안에서 잠깐 쉴 수도 있다. 아이들이 버릇없이 클까 봐 걱정된다면? 뭄바이의 다라비Dharavi 빈민가를 잠시 돌아보게 할 수 있다. 방송시간대가 맞지 않아 올림픽 방송을 보기 힘들다면? 적절한 돈을 주고 홀로그래픽 패스holographic pass를 사서, 여자 체조팀이 경쟁하는 모습을 눈앞에서 라이브로 보면 된다. 이처럼 가상현실 인터페이스와 홀로그래픽 투사능력을 통해 당신은 이런 활동들에 실시간으로 '참여'하면서, 진짜 그런 활동이 벌어지는 곳에 가 있는 것 같은 경험을 할 수도 있다. 어떤 것도 실제를 넘어서지는 못하겠지만, 이는 분명 실제에 버금갈 것이다. 경제적으로도 부담이 덜 된다. 이런 신기술들 덕택에 당신은 과거 그 어느 때보다 더 많은 자극을 받고, 더 많은 여유를 누리게 될 것이다.

또한 적어도 길거리에서 더 안전해질 것이다. 초음속지하철이나 우주공간에 진입해 지구를 돌지 않는 준궤도 우주비행선처럼 정말로 흥미로운 운송수단이 도입될 가능성은 여전히 요원하지만, 무인자동차는 조만간 아주 흔해질 것이다. 구글과 스탠퍼드대학 공학도들이 함께 만든 구글의 무인자동차는 사고 없이 수십만 마일을 주행했으며, 이외의 다른 모델들도 곧 길 위를 돌아다니게 될 것이다. 역으로 다음 개발 단계는 운전자를 완전히 대체하기보다는 운전자를 돕는 방식이 될 것이다. 즉, 항공기 조종사가 자동 항법장치를 켜는 것처럼, 자율주행self-driving 옵션을 활용할 수 있다. 정부는 이미 자율주행 자동차와 그것이 가진 잠재력을 속속들이 파악해놓은 상태다. 2012년에 네바다 주는 무인자동차에 면허증을 발급해주는 첫 번째 주가 되었고,[29] 같은 해 후반 캘리포니아 주 역시 무인자동차 면허증의 합법성을 인정했다.[30] 장거리 트럭운전을 상상해보라. 이제는 사람들이 30시간을 운전하며 생물학적 한계를 테스트하지 않아도 된다. 컴퓨터가 주요 책임을 떠맡아 운전사가 쉬는 동안 계속해서 트럭을 운전할 수 있다.

건강 혁명의 시대

가까운 미래에 보게 될 건강 및 의약 분야의 발전은 모든 획기적인 발전 중에서도 가장 중대한 의미를 가질 것이다. 게다가 연결성의 확대 덕분에 역사상 그 어느 때보다도 더 다양한 사람들이 이에 수혜를 입게 될 것이다. 디지털 기술의 확산 정도를 고려했을 때 질병 감지와 치료법의 개선, 의료기록 관리, 개인 건강 감시시스템은 앞으로 수십억 명의 사람들에게 건강관리와 건강정보에 보다 평등하게 접근할 수 있는 기회를 약속할 것이다.

휴대전화를 통한 진단기술은 낡은 뉴스가 될 것이다(물론 바코드를 스캔하듯이 신체 일부를 스캔할 수 있게 될 것이다). 조만간 당신은 혈압을 재고, 초기 심장병을 감지하고, 조기 암 검진을 해주는 초소형 로봇과 같이, 당신의 웰빙Well-being을 관찰하고 보살펴주도록 설계된 수많은 물리적 증강현실로부터 수혜를 받게 될 것이다. 할아버지의 새로운 티타늄 엉덩이 안에는, 계보기 기능을 하면서, 당뇨병 초기 단계 검진을 위한 인슐린 수치를 감시하고, 심지어 할아버지가 심하게 넘어져 도움이 필요할 때 자동으로 911에 전화를 걸어주는 칩이 들어갈 것이다. 또한 코에는 대기 중 독성물질과 초기 감기 증세를 감지하여 경고해주는 소형 기계를 삽입할 수도 있다.

결과적으로, 이러한 장비들은 인공심박동기(이것이 사람 몸에 최초로 삽입된 것은 1950년대였다)처럼 이례적인 것들이 될 것이다. 오늘날 사람들은 이미 스마트폰을 통해 운동결과를 기록하고, 신진대사율을 확인하고, 콜레스테롤 수치를 기록할 수 있게 해주는 개인 건강 감지 애플리케이션을 활용하고 있다. 이 기능이 더 발전하면 당연히 그러한 장비들이 탄생할 것이다. 실제로 식이용 건강 기술은 이미 등장했다. 미국 식품의약국Food and Drug Administration, FDA은 2012년 최초의 전자 알약을 승인했다.[31] 프로테우스 디지털 헬스Proteus Digital Health라는 캘리포니아 소재 생물의학회사가 개발한 이 알약에는 1제곱밀리미터 크기의 소형 센서가 들어가 있다.[32] 일단 이 알약을 삼키면 위산이 센서의 전기회로를 활성화시켜서, 몸밖에 부착해놓은 소형 패치에 신호를 보낸다.[33] 이어 패치는 휴대전화로 데이터를 전송한다. 패치는 체온과 심장박동, 기타 지표들을 통해 약에 대한 환자의 반응을 수집하고, 정상 상태일 때의 데이터를 의사에게 전달한다.[34] 심지어는 이 알약으로 사람이 먹은 음식까지 추적할 수 있다.[35] 만성질환을 앓는 사람들과 특히 노인들에게 이런 기술은 건강 상태의 상당한 개선을 보장한다. 이 기술은 그들에게 다양한 약품을 복용할 것을 자동으로 알려주고, 약이 환자의 몸속에서 어떻게 반응하는지 직접 평가하고, 풍부한 데이터를 확보한 주치의와 순식간에 디지털 피드백 루프feedback loop를 만들어준다. 모든 사람들이 이 정도 수준까지 자기 몸을 적극적으로 감시하고 싶지는 않겠지만, 아마도 의사들은 그러한 데이터에 접근하고 싶을지도 모른다. '똑똑한 알약'과 '코 삽입물' 등은 비타민이나 건강보조제처럼 누구나 쉽게 구입할 수 있을 만큼 가격도 내려갈 것이다. 조만간 우리의 모바일 기기에는 수많은 개인용 건강관리 시스템이 설치될 것이다. 이 시스템은 앞서 말한 증강현실을 통해 수집한 데이터에 기초하여 우리 몸의 이상 여부를 자동으로 감지하고, 가까이에 있는 의사와 약속을 잡게 도와주며, 우리의 동의하에 상담할 의사에게 증세와 건강지표에 대한 모든 적절한 데이터를 보내줄 것이다.

조직공학도들Tissue Engineers은 합성재료나 환자 본인의 세포를 이용해서 새로운 장기를 키워, 환자의 오래됐거나 병든 장기를 교체할 수 있을 것이다.[36] 처음에는 높은 가격 때문에 범용성이 떨어질 것이다. 현재 이루어지고 있는 합성 피부이식수술은, 화상환자 자신의 세포를 가지고 하는 피부이식수술로 대체될 것이다. 정밀한 기계로 해야 하는 섬세하고 지루한 작업이나, 광범위한 움직임이 요구되는 몇몇 수술의 어려운 부분은, 정교하게 제작된 기계가 대신 처리하는 일이 점점 많아질 것이다. 이에 따라 로봇이 지는 책임이 지금보다 더 늘어날 것이다.* 유전자 검사의 발전은 맞춤형 약 조제가 가능한 시대를 열 것이다. 정확한 테스트와 게놈 시퀀

게놈 시퀀싱
생물체의 유전 정보를 구성하는 DNA의 염기 나열 순서에 관한 정보를 해독하는 과정.

* 미국과 유럽에서는 이미 로봇 수술실을 운영하고 있다.

싱genome sequencing ■을 통해 의사와 질병 전문가들은 과거 그 어느 때보다도 환자에 대한 정보를 많이 얻게 될 것이다.[37] 환자를 도울 수 있는 방법에 대한 정보 역시 마찬가지다. 꾸준한 과학발전에도 불구하고 처방약의 심각한 부작용은 여전히 입원과 죽음의 첫 번째 원인으로 꼽는다. 의약회사들은 전통적으로 '두루 효과가 있는one-size-fits-all' 약품 개발전략을 추구하고 있지만, 약물이 유전에 미치는 영향을 연구하는 약물 유전학pharmacogenetics이란 새로운 분야가 계속 발전할수록 이런 전략도 변하게 될 것이다.[38] 유전자 검사의 발달로 부작용이 생길 가능성이 줄어들고, 환자의 생존확률이 높아지고, 의사와 연구원들은 더 많은 분석 데이터 및 활용 데이터를 얻게 될 것이다. 결과적으로, 처음에는 부자들만 그런 혜택을 누리겠지만, 시간이 지나면서 개인의 유전자구조에 맞춘 의약품 개발이 가능해져 DNA 정보 분석비용이 100달러 아래로 떨어질 것이다. 이에 따라 모든 생물학적인 것들의 분석이 가능해지면서 전 세계적으로 지금보다 훨씬 많은 사람들이 매우 구체적이면서 개인화된 진단의 혜택을 누릴 수 있게 된다.

개발도상국 국민들은 기본적인 연결성이 확대되고 가상세계로의 접근이 가능해지면서 삶의 질을 크게 개선할 수 있는 자원을 얻게 될 텐데, 특히 다른 어떤 분야보다도 건강 분야에서 이러한 현상이 두드러질 것이다. 물론 현실세계는 부적절한 치료, 백신과 약의 부족, 건강관리 시스템의 균열, 기타 건강의 위기를 야기하는 외인성 요인들(갈등으로 인한 국내 인구 이동 등)로 얼룩져 있는 것이 사실이다. 그러나 건강관리 분야에서는 침체된 시스템에 변화를 줄 기회를 잡은 다른 비정부조직 운동가들과 개인들에 의해, 혁신적인 휴대전화 사용이 일어나 많은 중대한 발전이 추진될 것이다. 우리는 이미 이런 일이 일어나는 것을 목격하고 있다. 오늘날 개발도상국에서는 전반적으로 다양한 신생 기술 업체들과 비영리조직, 기업가들이 기술 중심의 해결책을 가지고 난제 해결에 나서고 있는 가운데, 휴대전화가 환자와 의사를 연결해주고 의약품 유통을 감시하고 건강클리닉의 접근성을 높여주는 도구로 활용되는, 일명 '모바일 건강mobile health' 혁명이 일대 변화를 일으키고 있다.[39] 이제 휴대전화는 의약품의 유통경로를 추적하며 진품 여부를 확인하고, 장소적 한계 때문에 구하기 힘든 기본적인 건강정보를 공유하고, 환자에게 약물치료법과 진료 예약을 상기시켜주고, 정부관료와 비정부기구Non-Govermental Organization, NGO 및 다른 주체들이 프로그램 설계에 활용할 수 있는 건강지표 데이터를 수집하는 데 활용되고 있다. 따라서 인원이 부족한 클리닉, 원거리에 있어 충분한 치료를 받지 못하는 환자들, 의약품의 심각한 부족 내지는 비효율적인 유통, 백신과 질병 예방에 대한 잘못된 정보 등 가난한 지역에서 목격되는 중요한 문제들이 모두 연결성을 통해 적어도 일부는 해결될 것이다.

물론 휴대전화 자체가 질병을 치료할 수는 없다. 하지만 그것이 보급되면서 사람들은 자신의 건강을 새로운 차원에서 관리할 수 있게 되었다. 이제 사람들은 휴대전화를 이용하여 예방적 차원의 건강관리 및 회복 관련 정보에 접근할 수 있다. 엑스레이까지는 아니더라도 카메라와 음성녹음 애플리케이션처럼 휴대전화에 내장된 기본적인 진단 도구들을 활용할 수 있다.[40] 병변 사진을 찍거나 기침 소리를 녹음해놓고, 그 정보를 의사 등 전문가에게 보낸 다음, 그들과 원격으로 은밀히 교류할 수도 있다. 이와 같은 디지털 해법이 건강 분야의 완벽한 대안이 되지는 못하겠지만 그것들은 점점 더 커지고 고착화되고 있는, 다세대에서 겪는 문제들을 최소한 조금씩이라도 해결해줄 새로운 정보와 상호 교류의 기회를 제공할 것이다.

미래의 어느 날 아침

연결성은 모든 사람들에게 혜택을 준다. 연결성을 확보하지 못한 사람들은 어느 정도 연결성을 확보할 것이고, 많은 연결성을 확보한 사람들은 더 많은 연결성을 확보할 것이다. 정말 그런지 알아보고 싶다면, 당신이 지금으로부터 몇십 년 뒤 미국의 한 도시에 거주하는 젊은 전문가라고 상상해보자. 당신의 일상적인 아침은 다음과 같은 풍경일지 모른다.

알람시계는 없다. 대신 당신은 새로 끓인 커피 향을 맡고, 자동으로 커튼이 열리면서 방 안으로 쏟아지는 햇볕을 쬐고, 최첨단 침대가 제공하는 부드러운 등 마사지를 받으며 잠에서 깰 것이다. 매트리스 안에는 수면 리듬을 감시하면서 수면주기를 방해하지 않고 당신을 깨울 시점을 정확히 판단하는 특별 센서가 내장되어 있어, 보다 상쾌한 기분으로 일어날 가능성이 크다.

아파트는 전자 오케스트라가 되고, 당신은 지휘자가 된다. 간단한 손목의 움직임과 구두 지시만으로 당신은 온도, 습도, 음악, 조명을 소종할 수 있다. 오늘 중요한 회의가 있다는 것을 달력이 알려주자, 자동화된 옷장에서 깨끗한 양복이 나온다. 그동안 당신은 반투명 화면을 통해 그날의 뉴스를 훑어볼 수 있다. 아침식사를 하러 부엌으로 향하면, 당신이 복도를 따라 걷는 움직임을 감지하면서, 반투명 뉴스 디스플레이가 눈앞에서 투사되는 홀로그램 형식으로 당신을 따라 움직인다. 당신은 습도를 통제하는 오븐에서 완벽하게 요리된 신선한 페이스트리pastry를 커피에 곁들여 먹으면서, 눈앞에 투사된 홀로그래픽 태블릿PC로 이메일을 읽는다. 중앙컴퓨터 시스템은 오늘 당신의 가사 로봇이 해야 할 일의 목록을 제시한다. 당신이 승인한 일들이다. 로봇은 다음 주 수요일이면 커피가 떨어질 테니 현재 온라인에서 세일 중인, 대형 포장용기에 담긴 커피를 사면 어떻겠느냐는 제안을 한다. 당신이 마음에 안 들어 하자, 친구들이 즐기는 다른 커피들에 대한 최근의 몇 가지 평가를 전달해준다.

어떤 커피를 살지 고민하는 한편, 당신은 국외에 있는 중요한 신규고객을 대상으로 오늘 오후에 할 프레젠테이션에 필요한 내용을 정리한다. 사생활 및 직장생활에서 얻은 모든 데이터는 사실상 무한대의 저장능력을 가진 원격 디지털 저장시스템인 클라우드cloud에 저장된다. 클라우드는 다양한 기기를 통해 접근 가능하다. 당신은 종류는 달라도 번갈아 쓸 수 있는 몇 가지 디지털 기기를 갖고 있다. 하나는 태블릿PC 크기의 기기이고, 다른 하나는 회중시계 크기의 기기다. 변형 가능 기기flexible devices나 착용 가능 기기wearable devices가 있을지도 모른다. 모든 기기가 가볍고, 믿기 어려울 만큼 처리속도도 빠르다. 이것들은 오늘날 구할 수 있는 그 어떤 기기보다 강력한 프로세서를 사용한다.

당신은 오늘 프레젠테이션에서 고객들에게 깊은 인상을 심어줄 것이라 확신하며, 다시 커피를 한 모금 마신다. 회의가 가상—현실 인터페이스에서 진행되어왔기 때문에, 당신은 개인적으로 고객을 한 번도 만나

본 적이 없다. 하지만 그들을 잘 알고 있는 것처럼 느낀다. 당신은 고객의 동선과 말을 정확히 포착해내는 홀로그래픽 (아바타)와 상호 작용한다. 자동 언어번역 프로그램이 당신과 고객이 하는 말을 실시간으로 거의 완벽하게 번역해주기 때문에, 당신은 그들의 요구사항을 잘 이해한다. 이처럼 실시간으로 진행되는 가상 상호 작용은 서류와 다른 프로젝트들을 편집하고 통합하는 능력만큼이나 당신과 고객들 사이의 실제 거리를 무시해도 좋을 만큼 가깝게 느끼도록 만든다.

부엌을 돌아다니다가 발가락이 캐비닛 모서리에 강하게 부딪쳤다. 고통을 느낀 당신은 모바일 기기에 설치된 진단 애플리케이션을 켠다. 기기 안에는 엑스레이처럼 당신 몸을 스캔할 수 있는 파장 1밀리미터 이하의 저준위 방사선을 이용한 소형 마이크로 칩이 내장되어 있다.[41] 신속한 스캔 결과, 발가락은 골절되지 않고 멍만 들었다는 것이 확인된다. 당신은 인근 병원에서 다시 진단을 받아보라는 기기의 제안을 거절한다.

이제 출근할 때까지 남은 시간이 얼마 없다. 물론 직장까지의 출근은 무인자동차를 이용한다. 당신의 자동차는 일정을 파악하여 매일 아침 당신이 사무실에 몇 시까지 도착해야 하는지 계산한다. 또한 교통 데이터를 감안하여 집에서 출발하는 시간을 설정하고, 그로부터 1시간 전에는 손목시계로 카운트다운을 시작한다. 당신은 원하는 만큼 생산적으로 편안하게 출근할 수 있다.

집을 나서기 전, 당신의 기기는 얼마 남지 않은 조카의 생일선물을 사야 한다는 것을 상기시킨다. 시스템이 조카의 프로필과 관심사항을 고려하여, 익명의 다른 9세 소년들에 관한 데이터로부터 뽑은 선물을 몇 가지 제안하지만, 어느 것도 마음에 들지 않는다. 그때 당신은 조카의 부모들이 당신에게 해줬던, 불혹을 넘은 사람이라면 누구나 듣고 웃을 법한 이야기가 기억난다. 숙제를 못했을 때 선생님에게 "개가 제가 한 숙제를 물어뜯어 버렸어요"라고 했다는 오랜 변명거리를 들은 조카가, "개가 어떻게 클라우드 저장 드라이브를 물어뜯을 수 있어요?"라고 물어봤다는 이야기다.[42] 조카는 디지털 교과서와 온라인 학습 계획안이 등장하기 전에 학교를 다녀본 적이 없고, 숙제를 하려고 종이를 이용해본 적도 드물다. 대신 계속해서 클라우드 저장 드라이브를 사용해왔기 때문에, 개가 숙제를 물어뜯었다는 등의 변명을 댄다는 것 자체가 터무니없다고 생각한 것이다. 당신은 재빨리 로봇 개를 검색한 후, 올라타고 놀아도 되도록 뼈대를 티타늄으로 강화하는 등 조카가 좋아할 만한 특별한 기능을 몇 가지 덧붙인 다음, 단 한 번의 클릭으로 그것을 구입한다. 그리고 생일카드 입력란에 '혹시 필요할지 몰라서'라고 타이핑한다. 로봇 개는 당신이 선택한 배달시간에서 오차범위 5분 이내에 조카 집에 도착할 것이다.

커피 한 잔을 더 마실까 고민하고 있는데, 신발 뒤꿈치에 장착된 햅틱haptic ■ 기기가 당신 발을 살짝 자극한다. 더 이상 머뭇거리면 아침회의에 늦을지 모른다는 신호다. 아마도 당신은 사무실까지 차를 타고 가는 동안 뒷좌석에 앉아 먹으려고 집에서 사과를 가지고 나갈지도 모른다.

햅틱
컴퓨터의 기능 가운데 촉각과 힘, 운동감 등을 느끼게 하는 기술.

당신의 소득이 세계에서 상위권에 해당(부유한 서양 국가에는 이런 사람들이 상대적으로 더 많다)한다면 당신은 이러한 신기술들의 소유자가 되거나 혹은 신기술을 소유한 사람의 친구로서 이를 직접 경험해볼 수 있을 것이다. 당신은 이러한 아침 풍경으로부터 이미 상상했거나 경험해봤던 몇 가지를 인식할지 모른다. 물론 당신보다 훨씬 많이 이런 신기술을 활용할 수 있는 소위 슈퍼리치들은 항상 존재한다. 그들은 아예 자동차 대신 안정적인 움직임을 자랑하는 자동 헬리콥터를 타고 출근할 것이다.

———————

우리는 현실세계에서 여러 도전과제를 만날 것이다. 하지만 가상세계와 온라인에서 가능한 일들이 확대되고, 50억 명이 넘는 사람들의 생각이 합쳐지면, 완벽한 해결책은 아니더라도 도움이 되는 정보를 얻고 지원을 얻어낼 수 있는 새로운 방법을 알게 될 것이다. 우리들 사이에는 여전히 중대한 차이가 존재하겠지만, 상호 작용 기회의 확대와 더 나은 정책이 그러한 차이를 완화시키는 데 도움을 줄 것이다.

연결성의 발달은 개인의 삶을 뛰어넘어 큰 영향을 미칠 것이다. 즉, 현실세계와 가상세계가 공존하고, 충돌하고, 상호 보완하는 방식은 향후 수십 년간 시민과 국가의 행동방식에 엄청난 영향을 줄 것이다. 물론 모든 뉴스가 반드시 좋지는 않을 것이다.

이제 2장부터는 개인, 기업, NGO, 정부 등 모두가 어떻게 양쪽 세계에서 이런 새로운 현실을 감당할 것인지, 그리고 디지털 시대에 각 세계가 제공하게 될 최상과 최악의 것들을 어떻게 가장 잘 활용할 수 있을지 탐색해보겠다. 각 개인과 국가와 조직은 나름대로의 활용공식을 찾아야 할 것이다. 이런 다차원적인 세상을 가장 잘 항해해나가는 개인이나 국가, 조직은 분명 미래를 앞서가는 스스로를 발견할 수 있을 것이다.

2

THE FUTURE OF IDENTITY,
CITIZENSHIP AND REPORTING

신원, 시민권, 보도의 미래

시민들은 낯선 사람들이 존재하는 '망'에 자신의 삶을 얽어맴으로써 생기는 다양한 위험과 위기들을 걱정한다. 하지만 변화에 적응해나갈수록 우리는 가상세계와 현실세계가 서로 배타적이지 않으며, 한 세상에서 일어나는 일이 다른 세상에 영향을 미친다는 것을 깨닫게 될 것이다.

향후 10년간 가상세계에 거주하는 인구는 지구상에 실제 거주하는 인구를 넘어설 것이다. 사람들은 온라인에서 다양한 방식으로 모습을 드러낼 것이다. 특히, 세상을 반영하고, 우리를 풍요롭게 만들어줄 역동적인 이해관계들이 뒤섞인 다양한 커뮤니티를 창조할 것이다. 이 모든 연결은 대량의 데이터를 창조하고(이를 두고 어떤 사람들은 '데이터 혁명'이라고 부르기도 한다), 과거 상상해보지 못한 방식으로 시민에게 권력을 부여한다. 하지만 이러한 발전에도 불구하고 반드시 주의해야 할 것이 있다. 바로 이런 데이터 혁명 때문에 시민들이 가상공간에서 개인정보에 대한 통제력을 상당 부분 상실할 것이고, 그것이 현실세계에서 중대한 결과로 이어질 수 있다는 것이다. 이것이 모든 경우 혹은 모든 사용자에게 해당하지는 않을지 몰라도, 거시적인 차원에서 봤을 때 우리 세상을 크게 변화시킬 것만은 분명하다. 사람들은 사생활과 보안에 대한 통제력을 되찾기 위해 어떤 조치를 취할 것인지 결정해야 하는 시점에 와 있다.

오늘날 온라인 신원은 현실세계의 자아에 어느 정도 영향을 미치긴 하지만, 그렇다고 그것을 무색하게 만드는 일은 거의 없다. 사람들이 소셜네트워크에서 하는 말과 행위가 칭찬이나 조사의 대상이 될 수는 있겠지만, 대부분 정말로 민감하고 사적인 정보는 대중의 시야로부터 감춰져 있다. 인신공격과 온라인상의 불화는 일반시민이 아니라 공적인 인물과 관련되어 벌어진다. 미래에는 가상세계에서 하는 활동과 그곳에서 맺는 관계에 의해 일상생활 속의 신원이 더 많이 정의될 것이다. 대부분 문서화된 과거가, 우리의 미래는 물론 타인이 우리를 보는 시각에 영향을 미칠 것이다. 이를 통제하는 우리의 능력은 크게 감소할 것이다. 클라우드 기반의 데이터 저장방식*이 유행하면서, 다른 누군가가 우리의 온라인 신원 일부를 보거나, 공유하거나, 조작할 수 있는 가능성이 커질 것이다. 이와 같은 취약성을 보완하여 사용자의 신뢰를 얻기 위해, 기술기업들은 지금보다 더 열심히 일할 것이다. 그들이 사생활보호와 보안 차원에서 사용자들의 기대치를 뛰어넘지 못한다면, 그들 제품에 대한 사용자들의 반발 내지는 포기가 이어질 것이다. 기술 산업은 이미 비밀번호처럼 당신이 알고 있는 것, 모바일 기기처럼 갖고 있는 것 그리고 지문 중에서 두 가지 정보를 제공해야 개인 데이터에 접근할 수 있는 이중인증방식two-factor authentication 등 위험을 최소화시키는 창조적인 방법을

---

* 일반적인 언어를 쓰자면 클라우드 컴퓨팅은 사용자가 세밀히 관리할 필요 없이 인터넷에서 관리되는 소프트웨어를 일컫는다. 클라우드에서 문서나 콘텐츠를 저장한다는 것은 데이터가 지역 서버나 개인컴퓨터가 아닌 원격 서버에 저장되어, 다양한 네트워크와 사용자들이 그것을 이용할 수 있게 된다는 사실을 의미한다. 클라우드 컴퓨팅 덕분에 온라인에서의 활동은 더 빨라지고, 더 빨리 퍼지고, 트래픽 부하를 더 잘 감당할 수 있게 됐다.

찾기 위해 연구에 열을 올리고 있다. 세계 일류의 공학도들이 차세대 해결책을 찾기 위해 열심히 일한다는 사실은 정말 고무적이다. 또한 비록 완벽하지는 않더라도 지금보다 더 나은 해결책으로서 강력한 암호화encryption ■가 보편적으로 도입될 것이다.

암호화
데이터를 제3자가 이해하기 곤란한 형식으로 변환시켜, 데이터를 읽을 자격이 있는 특정인을 제외한 다른 사람들로부터 보호하기 위해 수행하는 과정.

온라인 신원의 기본도 바뀔 수 있다. 일부 정부는 추적과 인증이 불가능한 익명의 시민들, 이른바 '숨어 사는 사람들hidden people'의 숫자가 수천 명에 이르는 것을 아주 위험하다고 판단할 것이다. 정부는 각 온라인 계정과 관련된 사람이 누구인지 알려고 하면서, 가상세계에 대한 통제력을 확보하기 위해 국가적 차원에서 인증을 요구할 것이다. 미래에는 온라인 신원이 단순한 페이스북 페이지가 아니라, 모든 온라인 활동으로부터 확보된 입증 가능하고 정부에 의해 규제될 수도 있는 프로필의 집합이 될 것이다. 당신의 페이스북, 트위터, 스카이프Skype(인터넷에서 무료로 음성통화를 할 수 있는 프로그램), 구글 플러스Google+(구글의 소셜네트워크서비스), 넷플릭스Netflix(미국의 인터넷 DVD 대여 사이트), 〈뉴욕타임스The New York Times〉 계정이 '공식 프로필'과 링크되어 있다고 상상해보라. 온라인에서 인증된 프로필의 연관 정보는 그렇지 못한 콘텐츠에 비해 검색결과 내에서 더 높은 순위가 매겨질 것이다. 그 결과, 대부분의 사용자가 인증순위가 가장 높은 결과들을 클릭할 것이다. 따라서 익명일 때 치러야 할 진정한 비용은 '관련성의 부재irrelevance'일지도 모른다. 아무리 흥미로운 콘텐츠라도 그것이 익명의 프로필과 연결되어 있으면 심하게 순위가 낮아져 보기 힘들어지기 때문이다.

과거에는 오프라인에 신원을 만들어 온라인상에 투사하는 방식이었으나, 이제는 온라인상에서 신원을 만들어 오프라인에서 사용하는 방식으로 변화했다. 이 변화는 디지털 세상을 항해하는 시민, 국가, 기업들에게 매우 중요한 의미가 있다. 이러한 변화의 시기에 사람들과 기관들이 사생활과 보안 문제를 어떻게 해결하느냐에 따라, 장소불문 모든 시민들의 새로운 경계가 설정될 것이다. 우리는 여기에서 완전한 연결성이 미래의 시민들에게 어떤 의미를 갖고, 그들이 그것에 어떻게 대응할 것이며, 그것이 독재자와 민주주의자들에게 어떤 영향을 미칠지 탐구해 보려고 한다.

데이터 혁명이 선사하는
전례 없는 혜택들

데이터 혁명은 미래의 시민들에게 실로 엄청난 혜택을 선사할 것이다. 우리는 국내뿐만 아니라 다른 모든 사회에서 사람들이 어떻게 생각하고, 행동하고, 규범을 준수하거나 위반하는지에 대해 전례 없는 통찰을 얻게 될 것이다. 온라인을 통해 자국어로 된 정확한 정보를 무한대로 쉽게 획득할 수 있게 됨으로써, 과거 문화적으로 고립됐던 전 세계 사회에 '비판적인 사고'의 시대가 열릴 것이다. 연결성은 물리적 인프라가 취약한 사회의 사람들이 완전히 새로운 차원에서 사업을 하고, 온라인 상거래에 종사하고, 정부와 교류할 수 있게 해줄 것이다.

미래에는 그 어떤 선택도 할 수 있는 시대가 열린다. 시민들 중에는 최소한만 가상세계에 참여함으로써 자신의 신원을 관리하려는 사람도 있을 것이고, 또 새로이 열리는 기회에 뒤따를 노출 위험을 충분히 감수할 가치가 있다고 생각하고 그것을 잡고자 하는 사람도 있을 것이다. 휴대전화로 인터넷 접속이 가능한 사람이라면 누구나 책무성과 투명성 증진 활동에 참여할 수 있게 되면서, 시민의 참여도가 사상 최고 수준에 이를 것이다. 이를테면, 아프리카 동부 에티오피아의 수도 아디스아바바의 가게주인과 엘살바도르의 수도 산살바도르에 사는 조숙한 10대는 뇌물과 부패에 대한 정보를 확산시키고, 부정선거를 폭로하고, 정부에게 책임을 인정하라고 요구할 수도 있다. 시민들이 휴대하고 다니는 카메라폰은 아직 그렇게 못한다 해도, 경찰차에 장착된 카메라폰은 경찰관을 정직하게 만들어줄 것이다. 사실상 기술은 과거에는 불가능했던 창조적인 방법에 따라, 시민에게 경찰을 감시할 수 있는 힘을 줄 것이다. 고향의 모든 경찰관들 등급을 공개적으로 평가할 수 있게 해주는 실시간 감시시스템 등을 이용할 수 있는 것이다. 즉, 주요 기관들이 디지털 시대를 받아들이기로 결심하면서, 상거래, 교육, 건강관리, 사법제도는 보다 효율적이고, 투명하고, 포용적으로 변할 것이다.

종교나 문화, 민족성 등에 관한 신화를 영구화하려는 사람들은 새로운 정보를 습득한 사람들이 홍수를 이루는 상태에서 신념을 지키기 위해 애쓸 것이다. 데이터의 양이 늘어나면, 많은 사람들이 더 나은 판단과 이해의 준거 기준frame of reference을 갖게 된다. 동남아프리카 공화국 말라위의 주술사는 온라인에서 그의 권위를 부정하는 정보를 찾아 믿게 된 수많은 마을 사람들이 갑자기 자신에게 적대적으로 돌변하는 모습을 목격하게 될지도 모른다. 또 예멘의 젊은이들은 온라인에서 어린 신부에 대한 전통을 반대하는 목소리가 대세를 이루고 그것이 자신에게도 좋을 게 없다고 판단할 경우, 문제의 전통을 둘러싸고 부족 어른들과 마찰을 빚을지도 모른다. 인도에서 신성한 인물을 추종하는 이들은 인터넷에서 그 인물의 신뢰도를 교차 확인할 수 있는 방법을 찾아본 후, 그가 자신들을 호도한 것으로 드러나면 그를 떠날지도 모른다.

온라인상에 정보원이 넘쳐나면서 많은 사람들이 확증편향confirmation bias ▪을 걱정하고 있지만,[43] 최근 오하이오주립대학의 한 연구결과를 보면 적어도 미국 정치계에서는 이러한 편향의 강도가 생각보다 약하다는 것을 알 수 있다.[44] 확증편향은 적극적으로 정보원을 선택하려는 경향만큼이나, 수동적으로 받은 정보에 대한 반응과도 밀접하게 관련되어 있다. 따라서 수백만 명의 사람들이 온라인에서 활동하고 있는 지금, 우리는 미래의 사회적 변화에 대해 낙관할 만한 이유가 있다고 본다.

정부 역시 시민들 사이에 연결성이 확대되면서, 책략을 쓰기가 더 어려워졌다는 사실을 깨달을 것이다. 새로운 디지털 시대에는 문건 파기, 납치, 기념물 철거처럼 제한하고 억압하는 행동이 기능적·상징적으로 상당 부분 그 힘을 상실할 것이다. 그런 문건들은 클라우드에 저장되어 있다가 복원될 것이다. 정부는 누군가를 납치하거나 무한정 억류하려고 하기 전에 적극적이고 세계화된 인터넷 커뮤니티가 그것이 부당하다며 압력을 가하지나 않을까 노심초사할 것이다. 탈레반 정부 ▪는 여전히 바미안 석불Bamiyan Buddha ▪ 같은 기념물을 파괴할 수 있겠지만, 미래에 그런 기념물들은 가상기억virtual memory 속에서 석불의 모든 세세한 면까지 보

확증편향
의식적으로건 아니건 사람들이 자신의 생각과 일치하는 정보는 받아들이고, 맞지 않는 정보는 무시하는 경향.

탈레반 정부
1994년 아프가니스탄을 거점으로 만들어진 이슬람 원리주의 무장 세력. 엄격한 이슬람 율법 통치와 인권침해로 국제사회의 비난을 받았다.

바미안 석불
아프가니스탄 바미안 주의 힌두쿠시 산맥의 절벽 한 면을 파서 세워졌던 세계 문화유산인 불상. 2001년 3월 탈레반 정부에 의해 로켓탄으로 파괴되어 현재 흔적만 남았다.

관되어 나중에 3D 프린터로 재건되거나 아니면 홀로그램으로 투사할 수 있는 정교한 기술로 스캔을 받게 될 것이다. 아마도 유네스코UNESCO 본부 산하 세계유산센터World Heritage Center는 이런 관행들을 유산 복원 활동에 추가할 것이다. 예를 들어, 현재 수도 다마스쿠스 박물관에 보관 중인 시리아에서 가장 오래된 유대교회당synagogue의 구조는 홀로그램으로 투사되거나 3D 인쇄기술을 통해 그것이 원래 서 있던 장소인 두라 에 우로포스에 재건될 수 있을 것이다.

저렴하고 강력한 휴대전화 보급에 힘입어, 현재 대부분의 선진국에서 벌어진 사실들(정부가 하는 일이 사실인지 확인하고 조사하는 데 관심 많은, 적극적인 시민사회의 존재)이 거의 어디에서나 사실이 될 것이다. 보다 기초적인 차원에서 보면, 장소불문하고 누구나 자신과 자신의 생활방식을 전 세계 다른 시민들과 비교해볼 수 있을 것이다. 오늘날 원시적이라거나 퇴행적이라고 간주되는 관행들은 따라서 더욱 더 원시적이고 퇴행적으로 보일 것이다.

실제의 나 vs. 가상의 나

신원은 미래의 시민들에게 가장 가치 있고 유용한 것이 될 것이며, 주로 온라인상에 존재할 것이다. 온라인 경험은 출생과 더불어, 혹은 그보다 더 일찍 시작될 것이다. 우리의 생활은 모든 이들이 볼 수 있게 쉽사리 수면 위로 떠오를 것이다. 이에 따라 기업은 우리에게 우리의 정보를 보는 이들을 관리할 수 있는 목록 등을 포함하여, 정보를 통제할 수 있는 새로운 도구를 창조해주어야 할 것이다. 오늘날 사용하는 커뮤니케이션 기술은 급속히 확산되며 우리의 사진과 말, 친구들을 모아 검색 가능한 거대한 데이터를 만들어준다. 이러한 데이터는 외부 규제가 없을 경우, 동네 험담꾼들의 손쉬운 표적이 될 수 있다. 트위터 내용이 곧 우리가 되는 것이다.

모든 사람들이 실제 인생에서 얻을 기회를 온라인 신원과 가상인생 virtual lives이 제한하지 못하도록, 처음부터 그것들을 감시하고 그 영향을 면밀히 관리해야겠다고 자각할지도 모른다. 이상적인 이야기로 들리는 가? 당연히 이것은 불가능한 일이다. 아이, 어른 할 것 없이 공유하고자 하는 욕구는, 자기 노출로 인해 언젠가 겪게 될지 모르는 모호한 위험을 언제나 압도하기 때문이다. 그런 위험의 결과를 보여주는 중요한 사례들이 있음에도 그렇다. 사람이 불혹의 나이에 접어들면, 인생의 모든 단계에 걸친 종합적인 내러티브, 모든 진실과 허구, 모든 잘못과 승리를 축적해서 온라인에 저장해두게 될 것이다. 소문조차 그 수명이 영원해질 것이다.

사회적인 모독이 심각하게 간주되는 골수 보수사회에서는 개인의 온라인 신원을 선제적으로(비행으로 간주되는 행동을 폭로하거나 아니면 허위정보를 심어놓음으로써) 혹은 후행적으로(실제로 일어났든, 아니면 상상에 의해 조작됐든 간에 그의 온라인 신원을 구체적인 범죄사실이 담긴 콘텐츠와 링크시킴으로써) 파괴하는 일종의 '가상 명예살인 virtual honor killing'을 목격할 수 있을 것이다. 온라인상에서 파괴된 명예가 실제 폭력으로 이어지지는 않을 수 있지만, 비난에 시달리는 젊은 여성은 디지털 '주홍글씨'에 의해 낙인이 찍힐지 모른다. 안타깝지만 예방할 수조차 없는 데이터 영구화의 현실 때문에 그녀는 결코 그 주홍글씨에서 벗어날 수 없을 것이다. 공개적인 망신을 당한 가족구성원 중 하나가 그녀를 죽일 수도 있다.

그렇다면 부모의 역할은 어떠한가? 아이를 둔 부모라면 알겠지만 부모 노릇은 이미 힘들다. 온라인 세상이 부모 노릇을 더욱 힘들게 만들었지만, 그렇다고 상황이 아주 절망적인 것은 아니다. 부모는 미래에도 지금과 똑같은 책임을 질 것이다. 특히, 아이들이 온라인상에서 미래에까지 피해를 미칠 수 있는 잘못을 저지르지 못하도록 적극적으로 개입해야 한다. 아이들은 신체적으로 성숙해지기도 전에 빨리 온라인생활을 시작하게 된다. 따라서 대부분의 부모는 성性에 관한 이야기를 나누기 훨씬 전에 사생활과 보안을 주제로 이야기를 나누는 것이 무엇보다 중요한 일임을 깨닫게 될 것이다. 물론 예전처럼 부모와 자식 간의 대화는 여전히 소중한 가치를 유지할 것이다.

학교 시스템은 중요한 역할 수행에 적응할 것이다. 부모와 교사 연합은 아이들 학교에서 성교육과 더불어 사생활과 보안교육을 하는 데 찬성할 것이다. 그러한 수업에서는 사생활과 보안환경을 최적화하는 법을 가르치고, 가상세계에서 해야 할 일과 하지 말아야 할 일이 무엇인지 파악하도록 훈련시킬 것이다. 교사들은 학생들이 초창기에 사생활과 보안 문제를 제대로 통제하지 못하는 바람에 실제로 일어난 사례들을 알려주면서, 학생들을 깜짝 놀라게 할 것이다.

분명 부모들 중에는 효과가 있을 수도, 없을 수도 있는 알고리즘 솔루션을 늘려서까지 시스템을 바꾸려는 이들이 있을 것이다. 아이 이름을 작명하는 과정이 그러한 예에 해당한다. 온라인 신원의 기능적 가치가 커지면서, 부모의 감시는 아이의 이름부터 시작해서 아이의 어린 시절

내내 중요한 역할을 이어갈 것이다. 《괴짜 경제학Freakonomics》의 저자 스티븐 레빗Steven D. Levitt과 스티븐 더브너Stephen J. Dubner는 인종별로 대중적인 이름들(특히 아프리카 출신 미국인 사회에서 흔한 이름들)이 어떻게 해서 아이들의 인생 성공 확률을 알려주는 지표 역할을 할 수 있는지 분석한 것으로 유명하다.[45] 미래에는 부모들도 온라인 검색순위가 아이의 미래에 미치는 영향을 고려할 것이다. 진정 전략적인 방법은 소셜네트워킹 프로필을 보관하고 도메인 이름(예를 들어 'www.JohnDavidSmith.com'처럼)을 돈 주고 사는 차원에서 벗어나, '온라인에서 아이들을 얼마나 쉽게 혹은 어렵게 찾을 수 있느냐'에 영향을 주는 이름을 선택하는 것이다. 어떤 부모는 아이들이 검색결과에서 높은 순위를 차지함으로써 직접적인 경쟁을 많이 경험하지 않아도 쉽게 노출 및 홍보가 될 수 있도록 일부러 독특한 이름이나 특이한 철자를 가진 이름을 선택할 것이다. 이와 정반대로, 비슷한 이름이 수천 개는 되는 제인 존스Jane Jones처럼 기본적이고 대중적인 이름을 지어주어, 아이들이 인터넷 색인으로부터 어느 정도 보호받으며 살 수 있게 해주는 부모도 생길 것이다.

사생활과 평판 문제에 대응하는 기업들도 넘쳐날 것이다. 이런 산업은 이미 존재한다. 예를 들어, 레퓨테이션Reputation.com 같은 기업은 인터넷으로부터 원하지 않는 콘텐츠를 제거하거나 희석시키기 위해 광범위한 선제적·대응적 전술들을 활용한다.* 2008년 경제위기 당시에는 몇몇 월스트리트의 은행들이 온라인 노출을 최소화하기 위해, 온라인 평판관리 회사와 계약을 맺고 서비스 대가로 매월 1만 달러를 지급한 것으로 알려졌다.[46] 미래에는 이런 산업의 수요가 폭발적으로 늘면서, 신원관리자가 주식중개인이나 금융설계사만큼 흔한 직업이 되고, 관련산업도 다각화될 것이다. 자신의 온라인 신원을 적극적으로 관리하는 일(예를 들어, 온라인 신원의 변화상태를 추적하는 신원관리자로부터 분기마다 보고서를 받는 식으로)이 명사뿐만 아니라 명사가 되기를 갈망하는 사람들의 새로운 표준이 될 것이다.

　새로운 보험도 출현할 것이다. 기업은 절도와 해킹, 사기성 비방, 오용, 도용 등에 맞서 당신의 온라인 신원을 보호해줄 것이다. 예를 들어, 부모는 아이들이 온라인에서 하는 행동 때문에 평판에 피해를 입을 것에 대비해 보험을 들지 모른다. 교사는 학생이 자신의 페이스북 계정을 해킹해서 프로필의 세부적인 내용을 바꿔, 자신에게 모욕을 주거나 자신을 당황스럽게 만드는 일에 대비해 보험을 들 수도 있다. 지금도 신원도용 방지 업무를 전문적으로 담당하는 기업이 존재한다. 미래에 보험회사들은 매우 구체적인 오용 사례에 맞서 고객을 보호할 것이다. 정말로 필요한 사람에서부터 피해망상이 가득한 사람에 이르기까지, 누구나 그러한 보험서비스에 관심을 가질 수 있다.

백 링크
외부 웹사이트에서 웹사이트로 들어오는 하이퍼링크.

클로킹
사용자로부터 코드나 내용을 숨기기 위해 검색엔진에 특별히 제작된 내용을 전달하는 데 사용되는 기능. 이때 스파이더와 최종 사용자가 보는 사이트 버전이 서로 달라진다.

---

* 이런 기술들 대부분은 검색엔진 최적화Search–Engine Optimization, SEO 과정의 일부에 속한다. 검색엔진의 순위 설정 알고리즘에 영향을 주기 위해 가장 흔하게 쓰는 방법은, 사람 이름 같은 대상과 관련해 긍정적인 콘텐츠를 뿌리고, 그것과의 링크를 조장하고, 가끔씩 그것을 업데이트하는 것이다. 그렇게 하면 스파이더spider라 불리는 검색엔진 로봇들이 이것을 새롭고 대중적인 것으로 인식하여, 더 오래되고 관련성 낮은 콘텐츠의 순위를 아래로 내릴 가능성이 커진다. 눈에 띄는 키워드를 사용하고, 인기 있는 사이트들에 백 링크backlink ■ 를 첨가해도 검색순위에 영향을 미칠 수 있다. 이것은 모두 합법적이면서 일반적으로 정당한 행위로 간주된다. 하지만 SEO의 이면에는 '극악한 SEO들'도 존재하는데, 이와 관련된 행위로는 검색순위를 조작하기 위해 고의로 다른 콘텐츠를 파괴하고(아동 포르노 같은 위험한 사이트를 링크시킴으로써), 숨겨진 문장을 추가하거나 클로킹cloaking ■ 을 하는 등 덜 합법적이거나 덜 공정한 관행들이 포함된다.

온라인 신원이 매우 강력한 통화通貨로 변신하면서, 우리는 사람들이 실제 신원이나 조작된 신원을 살 수 있는 새로운 암시장이 등장하는 광경을 보게 될 것이다. 시민과 범죄자들 모두 그러한 네트워크에 관심을 가질 것이다. 유명 마약 밀수업자의 신분을 속일 수 있는 가짜 신원이 반체제 성향의 인사를 보호해줄 수도 있기 때문이다. 신원은 조작되거나 도용될 것이고, 예전에 입력한 정보와 인터넷 프로토콜IP 활동 로그 activity log, 가짜 친구와의 교제 내용, 기타 신원을 믿을 만하게 만드는 다른 수단들이 완비될 것이다. 멕시코의 내부고발자 가족이 북부 도시 시우다드 화레스의 폭력에서 벗어나고 싶지만 그곳 범죄조직의 보복이 두렵다면, 가짜 온라인 신원이 분명 그들의 과거기록을 감추고, 그들에게 세탁한 경력을 제공해줄 것이다.

디지털 시대에 이런 종류의 탈출경로에는 당연히 높은 위험이 수반된다. 새로운 인생을 시작하기 위해서는 이전의 연줄들로부터 완전히 벗어나야 한다. 약간의 움직임만으로도 그 사람의 위치가 노출될 수 있기 때문이다. 아울러 가짜 신원을 사용하는 사람은 얼굴이 스캔당해서 이전의 프로필이 드러나지 않도록, 얼굴인식 기술이 가득한 장소들을 모두 피해 다녀야 할 것이다. 이러한 불법시장에는 숨을 수 있는 후미진 골목 따윈 없다. 모든 신원은 익명의 당사자들 사이에서 추적이 힘든 가상통화virtual currency를 가지고 암호화된 연결망을 통해 거래된다. 이러한 거래에서 중개업자와 매수자는 오늘날 암시장에서 활동하는 사람들이 접하는 것과 비슷한 위험에 노출될 것이다(가상세계에서는 거래가 익명으로 이루어질 가능성이 크기 때문에, 이러한 위험이 더 커질지도 모른다).

위키리크스 그리고
폭로의 미래

연결성과 풍요로운 데이터 환경이 야기하는 통제의 종말을 반기는 사람들이 생겨날 것이다. 그들은 정보가 자유롭게 풀리길 원하며, 모든 면에서 투명성이 확대되면 보다 공정하고, 안전하고, 자유로운 세상을 창조할 수 있다고 믿는다.* 위키리크스의 공동 창업자인 줄리안 어산지는 세계에서 가장 눈에 띄게 이런 명분을 지지한 사람이지만, 위키리크스와 그것이 옹호하는 가치를 지지하는 사람들은 우파 자유주의자, 좌파 진보주의자, 정치에 무관심한 열렬한 기술 지지자 등 그 성향이 다양하다.

이미 알려진 대로 이러한 운동이 몇몇 부정적인 결과를 초래했지만 (개인의 보안에 대한 위협, 평판 파괴, 외교적 혼란), 일부 정보 자유화 운동가free-information activist들은 '삭제' 버튼이 사라지면 궁극적으로 평등, 생산성, 자결권 확대로 향하는 인류의 발전이 더욱 탄력을 받을 것이라 믿는다. 그러나 우리는 이것이 위험한 모델이라고 생각한다. 항상 나쁜 판단을 하면서, 사람들을 죽게 만드는 정보를 흘리는 누군가가 존재하기 때문이다. 이러한 이유로, 정부는 어디까지를 비밀로 하고 어디부터 공개를 할 것인지 결정을 내리는 사람들을, 중요한 규제를 통해 계속 통제하는 것이다.

---

* '정보가 자유롭게 풀리길 원한다'라는 말은 잡지 〈호울 어스 카탈로그Whole Earth Catalog〉의 창립자이자 편집자인 스튜어트 브랜드Stewart Brand가 1984년 제1회 해커컨퍼런스Hackers' Conference에서 했던 말이다.

우리는 2011년 6월 어산지와 대화를 나눴다. 당시 그는 영국에서 가택연금 상태였다. 앞서 말한 우리 입장은 일단 제쳐놓고라도, 일단 정보자유화 운동가들이 미래에 무슨 일을 하려고 하는지부터 설명해야겠다. 그러한 면에서 어산지는 유용한 출발점이다.

오늘날 벌어지고 있는 논란을 되풀이해 거론하지는 않겠다. 이미 이러한 논란을 주제로 많은 책과 논문이 나왔다. 이 자료들은 주로 위키리크스에 대한 서양 세계의 대응, 위키리크스가 폭로한 내용, 그것이 얼마나 파멸적인 결과를 낳았으며, 폭로에 개입한 사람들에게 어떤 처벌이 기다리고 있는지 등에 초점을 맞추고 있다. 우리의 관심은 그보다 미래 그리고 다음 단계의 정보 자유화 운동(어산지 같은 사람들과 함께 시작되지만 굳이 그들만 할 수 있는 것은 아닌)이 '무엇을 성취하고 무엇을 파괴할 것인가'이다. 인터뷰 도중 어산지는 이 주제에 관련된 두 가지 주장을 제시했다.[47] 첫째는 인간문명이 우리의 완전한 지적 기록을 토대로 세워졌기 때문에, 기록이란 우리 시대에 영향을 주고 미래 세대에 정보를 주기 위해 최대한 방대해야 한다는 것이었다. 둘째는 다양한 행위의 주체들이 항상 사욕을 통해 역사를 파괴하거나 적어도 그중 일부를 은폐하려는 노력을 펼치고 있으므로, 진실을 찾아야 한다는 것이었다. 즉, 진실을 존중하는 사람이라면 최대한 기록에 접근해보고, 그것이 삭제되지 못하게 막고, 모든 사람들이 기록에 최대한 가까이 접근하고 검색할 수 있게 만들어야 한다는 것이다.

어산지는 비밀 유지 문화를 상대로 전쟁을 하겠다는 의도가 아니었다. 어산지는 그보다 대중에게 이롭지 못한 행동을 보호하는 비밀 유지 문화에 맞서 싸운다고 했다. 그는 이렇게 말했다. "권력이 없는 조직이 비밀 유지에 애쓰는 이유는 다양합니다. 내 눈에는 그것이 당연하게 보입니다. 그들에게는 힘이 없으니, 그런 비밀 유지가 필요한 것이죠." 그는 수사적으로 "강력한 조직들은 왜 비밀 유지를 하는 걸까요?"라고 질문을 던졌다. 그가 스스로 내린 해답은, 그런 조직의 경우 계획이 공개되면 반대파가 생기기 때문에 비밀 유지 정책을 추구해야 실행단계로 움직일 수 있는 것인데, 이 단계에서는 효과적으로 경로를 수정하기에 너무 늦는다는 것이었다. 어산지는 반면 대중의 반발을 사는 계획을 세우지 않은 조직은 이러한 부담을 지지 않으므로 비밀스럽게 행동할 필요가 없다고 덧붙였다. 그리고 결국 이 두 조직이 싸우면서 진정으로 대중적 지지를 받는 조직이 정상에 우뚝 설 것이라 예상했다. 그는 이어 "따라서 정보 공개가 대중이 지지하는 행동에 참여한 조직에게는 긍정적이지만, 대중이 지지하지 않는 행동에 참여하는 조직에게는 부정적입니다"라고 말했다.

이러한 비밀스러운 조직들이 오프라인에서 활동하면서 달갑지 않은 노출을 피할 수 있다는 주장에 대해, 어산지는 자신이 벌이는 활동이 그러한 움직임을 막을 수 있다고 확신했다. 그는 이렇게 말했다. "그런 일은 불가능합니다. 아무리 신중한 조직이라도 항상 증거가 되는 일련의 문서를 남기기 마련이죠. 부당한 짓을 체계적으로 하기 위해서는 많은 사람들이 관여해야 하기 때문입니다. 모든 참가자들이 계획에 100퍼센트 접근하지는 못하겠지만, 개별 참가자들은 맡은 일을 하기 위해 계획을 어느 정도 알고 있어야 합니다. 종이 위에 기록을 남기지 않고 그것을 전자 문서나 실제 문서 외의 다른 형태로 보관하는 조직은 부패하게 됩니다. 그렇기 때문에 어떤 조직에서나 리더의 지시가 담긴 문서의 흔적을 엄격하게 관리하는 것입니다" 그런 흔적은 지시가 제대로 수행됐는지 확인하는 기능을 한다. 어산지는 또한 "조직이 정보의 누출을 막기 위해 내부적으로 작게 분할될 수 있겠죠. 그러나 그렇게 되면 조직은 효율성 면에서 상당한 대가를 치르게 됩니다. 비효율적인 조직은 힘이 빠지기 마련이니까요"라고 말했다.

반면 어산지의 시각에서 개방성은 진실 추구 운동에 새로운 도전을 선사한다. "상황이 더 개방적으로 변하면 사람들은 머리가 더 복잡해지기 시작합니다. 그렇게 복잡해진 틈을 타서 자신이 하는 일, 즉 악행을 숨기기 때문이죠." 그는 이 주장과 관련된 분명한 사례로, 사실을 호도하기 위한 관료주의적인 이중화법과, 역외금융* 부문을 지적했다. 그는 이런 시스템들이 기술적으로는 개방되어 있지만, 실제로는 침투가 불가능하기 때문에 공격하기 어렵고, 더군다나 그것을 효율적으로 이용하기는 더더욱 힘들다고 주장했다. 복잡한 것이 합법이지만, 여전히 무언가 중요한 것을 은닉하는 이런 차원의 불명확함은 직접적인 검열보다 훨씬 더 해결하기 어려운 문제다.

역외금융
국외 자금시장에서 조달한 자금을 국외 거래처에 대출해주는 방식.

불행하게도, 어산지 같은 사람들과 위키리크스 같은 조직은 향후 10년간 일어날 몇 가지 변화를 자신들에게 유리하게 이용할 준비가 잘 되어 있을 것이다. 위키리크스에 대한 사례연구에서 벗어나 미래를 내다봤을 때, 그들이 하는 일의 지지자들조차 온라인에서 정보를 공개하는 방법과 그것의 파장에 관한 까다로운 의문에 맞닥뜨리고 있다. 가장 까다로운 질문 중 하나는 '재량권discretionary power'이다. 어떤 정보를 공개해도 좋은지, 어떤 정보가 편집되어야 하는지를 누가 결정하는가? 어떤 정보가 대중적인 관심을 받을지 결정하는 사람이 왜 하필 줄리안 어산지란 말인가? 그리고 이러한 결정을 내리는 사람이, 자신이 공개한 정보로 피해를 입은 무고한 사람을 내버려 둔다면 과연 무슨 일이 생길까? 대부분의 사람은 어떤 폭로 플랫폼이건 사회에서 긍정적인 역할을 수행하게 하려면 어느 정도의 감시가 필요하다는 데 동의할 것이다. 그러나 그러한 감시가 반드시 존재할 것이라고는 보장하지 못하겠다(온라인상에서 사람들의 개인정보를 대거 유출하는 해커들의 무분별한 행동만 봐도 그렇지 않은가*).

정보 자유화를 지원하는 중앙기구가 있다면, 그곳의 사람들은 자신의 생각과 편향을 바탕으로 정보 자유화 여부를 결정해야 한다. 컴퓨터가 아니라 인간이 이 세상을 돌아가게 하는 이상, 우리는 그런 플랫폼이 얼마나 투명하고 기술적으로 건전한지 여부와 상관없이 늘 이런 판단의 문제에 직면할 것이다.

미래에는 전 세계적인 연결성 확대로 인해 위키리크스와 유사한 플랫폼이 대거 등장할 거라고 생각할 수도 있다. 이러한 주장을 하는 사람들은 온라인상에 사용자가 많아지고 비밀정보가 늘어나면서, 그에 따른 수급 확대에 대응하기 위해 수십 개의 소규모 비밀 공개 플랫폼이 등장할 것이라고 주장한다. 이는 매력적이면서 무시무시한 생각이다. 그런데 결정적으로 틀렸다. 서로 공생 가능한 플랫폼의 숫자를 제한하는 외생적인 요인은 물론이거니와 폭로 전문 웹사이트 분야의 성장을 가로막는 자연스러운 장애물들이 존재하기 때문이다. 사람들이 위키리크스를

---

* 기술 커뮤니티에서 '해커'라는 단어는 무언가를 자발적인 분위기에서 개발하는 것을 의미하는 반면, 우리는 여기서 이 단어를 허가받지 않고 무단으로 시스템에 침투하는 사람들을 뜻하는 통상적인 의미로 썼다.

어떻게 생각하든 상관없이, 그것이 유명한 글로벌브랜드가 되기 위해 무엇이 필요했던가 생각해보자. 위키리크스는 첫째, 세계적 관심을 끌기 위해 지정학적으로 중요한 정보를 한 차례 이상 폭로했다. 둘째, 명분을 지키고 있다는 것을 보여주고, 대중의 신뢰를 얻고, 잠재적인 폭로자들을 보호해줌으로써 다른 폭로단체들에게 폭로의 동기를 부여해준 과거를 갖고 있다. 셋째, 어산지 자신이 직접 말했듯이, 조직을 상징하고 혼자서 비판을 감당할 수 있는 카리스마 넘치는 최고권위자를 두었다.[48] 뿐만 아니라, 위키리스크는 계속해서 대중의 관심을 얻기 위해 새로운 정보를 종종 대량으로 업로드했으며, 다양한 국가에서 정부 당국에 의해 사이트가 폐쇄되는 것을 막기 위해 내부유출자, 조직 내 직원, 대중들(이들은 모두 서로 익명으로 활동한다)이 유출된 정보를 처리할 수 있는, 광범위하게 분산되어 있으면서 기술적으로 정밀한 디지털 플랫폼을 운영하고 있다. 구성요소의 가치는 보통 다른 구성요소의 능력에 좌우되기 때문에, 그렇게 복잡한 대응시스템을 갖추기란 정말로 힘들다(정보를 유출하려는 동기가 없는 사람들로 그 정교한 플랫폼이 붐빈다면, 그리고 그런 정보들을 별도로 처리·분산시키는 시스템이 없는 상태라면, 소중한 비밀들이 전부 무슨 소용이겠는가?). 위키리크스가 대중의 관심, 사적인 폭로 그리고 기술적인 보호 사이에서 균형을 찾기까지 오랜 시간이 걸렸기 때문에, 미래의 신생 조직이나 파생 조직, 경쟁 조직들이 위키리크스보다 더 빨리 그들과 대등한 플랫폼과 브랜드 가치를 만들 수 있다고 상상하기는 어렵다. 특히 지금은 전 세계 정부 당국에서 그러한 조직이 가하는 위협을 잘 알고 있는 상황이라 더 그렇다.

아울러 새로운 조직이 그러한 플랫폼 구축에 성공한다 하더라도, 세상은 어떤 특정한 타이밍에 그중에서 겨우 몇 곳 정도만 지지해줄 가능성이 크다. 이렇게 생각할 수밖에 없는 몇 가지 이유가 있다. 첫째, 아무리 흥미로운 폭로라도 충격을 주기 위해서는 언론보도가 뒤따라야 한다. 비밀 폭로 웹사이트의 모습이 지나칠 정도로 분권화되어 있다면, 신문이나 방송 등 언론은 이러한 사이트들과 그들이 폭로한 내용을 추적하기 힘들 것이다. 또한 그들을 신뢰할 만한 정보원으로 평가하는 데 어려움을 느낄 것이다. 둘째, 비밀 폭로자들은 자신을 보호해주는 동시에 자신의 폭로가 최대한 영향력을 발휘하게 해주는 조직을 중심으로 자연스레 모일 것이다. 이러한 웹사이트들은 비밀 폭로자들을 확보하기 위해 경쟁하면서, 그들이 폭로한 내용을 더 잘 알리되 그들의 익명성을 보장하겠다고 약속할 것이다. 하지만 폭로자들은 성공적인 폭로 사례들을 찾고, 이전 폭로자들의 선례를 따르기 마련이다. 과연 누가 검증되지도 않은 집단에 자신의 운명이나 인생을 걸겠는가? 여기에 지속적으로 높은 수준의 비밀을 누설할 수 있는 사람들을 끌어모으지 못하는 조직은 관심과 자금지원이 끊길 것이다. 그 과정에서 천천히, 하지만 분명히 그 세력이 위축될 것이다. 어산지는 그가 이끄는 조직의 관점에서 이러한 역학을 긍정적인 것으로 평가했다. 위키리크스가 사업상 폭로자들을 확실히 지켜주면서 수익을 올릴 수 있다고 생각한다는 그는 "소식통들이 자기 발로 걸어 들어와서 말합니다. '우리는 시장의 힘에 따라 움직일 뿐이에요'"라고 주장했다.[49]

지역성은 다른 어떤 것보다 폭로 웹사이트들의 미래를 좌우할 것이다. 서양 정부와 기업들은 불확실한 사이버 보안이 얼마나 위험한지 잘 안다. 그들은 기록과 사용자 데이터와 인프라 보호를 강화하기 위해 공공과 민간부문에 모두 상당한 자원을 투자하고 있다. 대부분의 개발도 상국은 사정이 다르다. 향후 10년간 이들 국가의 국민들이 온라인으로 진출하면서 나름대로 위키리크스 현상을 경험하리라 예상할 수 있다. 즉, 그들은 새로이 디지털화된 기록에 접근할 수 있는 소식통들은 물론, 정치적 파장을 일으키기 위해 민감한 자료를 누설하려는 동기가 생겨나 는 현상을 경험할 것이다. 그로 인해 생길 폭풍의 영향력은 특정 국가나 지역에 한정될지 모르지만, 그럼에도 불구하고 그것은 건드리는 환경 마다 파괴하면서 의미심장한 결과를 낳을 것이다. 심지어 현실세계에 서 혁명이나 폭동을 일으키는 촉매제가 될지도 모른다. 그러한 사이트 들과 맞서 싸우기 위해 정부가 유사한 전술을 동원하리라는 것도 예측 할 수 있다(폭로단체들과 그들의 서버가 서로 다른 곳에 있더라도 말이다). 즉, 정부는 검열, 직접적인 공격, 경제적 봉쇄, 법적 기소 등의 방법을 쓸 수 있다.

하지만 결과적으로 이런 폭로 플랫폼들이 사용하는 기술은 매우 섬세 하기 때문에 그들을 효과적으로 봉쇄한다는 것은 불가능할 것이다. 위 키리크스가 일명 디도스Distributed Denial-of-Service, DDoS ▪라 불리는 분산서 비스 거부 공격과 2010년 홈페이지 접속서비스를 제공하 는 업체의 사이트 접속 차단으로 인해 주력 사이트 URL인 'WikiLeaks.org'를 잃게 되자,[50] 지지자들은 곧바로 'WikiLeaks.fi(핀란드)', 'WikiLeaks.ca(캐나다)', 'WikiLeaks. info' 같은 미러 사이트mirror site ▪를[51] 1,000개 이상 만들 었다. 위키리크스는 분산 시스템으로 설계되어 있었기 때 문에, 이 사이트에서 수행되는 작업들은 하나의 허브hub

디도스
여러 대의 컴퓨터를 일제히 동작하게 해서 특정 사이트 를 공격하는 해킹 방식의 하 나를 말한다.

미러 사이트
다른 사이트와 내용은 같으 면서 인터넷상 주소는 다른 웹사이트.

가 아니라 다른 많은 컴퓨터들로 분산되어 있었다. 따라서 플랫폼 폐쇄는 대부분의 사람들이 생각하는 것보다 훨씬 더 어려웠다. 미래의 폭로 전문 웹사이트는 분명 미러 사이트에서 벗어나, 정부 당국으로부터 스스로를 보호하기 위해 작업을 복제하고, 일부러 혼란스럽게 보이기 위한 새로운 방법을 동원할 것이다. 이런 목적을 이루기 위한 한 가지 방법은, 한 파일 디렉터리가 폐쇄됐을 때 파일들을 다시 조립할 수 있도록 파일 조각들이 복사 및 분산되는 저장장치 시스템을 창조하는 것이다. 이러한 플랫폼들은 또 잠재적 폭로자들이 익명으로 폭로할 수 있게 해주는 새로운 방법을 개발할 것이다. 위키리크스는 지속적으로 폭로방법을 갱신하는 한편, 보안이 충분하지 않다고 판단할 경우 사용자들에게 기존의 암호경로(예를 들어 SSL Secure Sockets Layer ■과 고도로 암호화된 토르 Tor ■ 네트워크를 사용하는 숨겨진 토르 서비스)를 사용하지 말라고 경고하기도 했다.

이러한 폭로운동에 앞장서는 사람들은 어떻게 될까? 미래에도 세상에는 어산지 같은 사람들이 여전히 존재하겠지만, 그들의 지지기반은 약한 수준에 그칠 것이다. 미래에 더 많은 환영을 받게 되는 폭로자들은 서양의 많은 사람들로부터 공감을 얻어낸 러시아 블로거이자 반부패 운동가인 알렉세이 나발니 Alexei Navalny 같은 인물일 것이다.[52] 진보적 성향의 러시아 야당에 환멸을 느낀 부동산전문 변호사였던 나발니는 주요 러시아 기업들의 부패 폭로를 전문으로 하는 블로그를 시작했다. 그는 처음에는 폭로 대상 기업들의 지분을 약간 취득한 후, 주주로서의 권리를 활용하여 기업들에게 정보를 공유하도록 압박하는 식으로 스스로 폭

SSL
온라인상에서 정보를 안전하게 주고받기 위한 표준 프로토콜.

토르
익명으로 인터넷 통신을 하기 위해 분산형 네트워크를 활용하는 시스템.

크라우드소스
사람들이 모여 각자의 지식을
이용, 문제를 해결하는 것.

로거리를 찾아냈다. 나중에는 크라우드소스crowed-source를 통해 지지자들에게 자기와 똑같이 해보라고 가르친 후, 어느 정도 성공을 거두었다. 결과적으로 그의 블로그는 완전한 폭로 플랫폼으로 성장했고, 그는 그곳 방문자들에게 온라인 결제서비스인 페이팔PayPal을 통해 운영비를 기부해달라고 청했다.[53] 특종 건수가 늘어나자 나발니의 영향력도 커졌다. 그중 가장 눈에 띄는 것은 2010년 국영 송유관회사인 트랜스네프트Transneft가 40억 달러의 돈을 유용했다는 사실이 기록된 문건 폭로 사건[54]이었다. 2011년 말이 되자 유명해진 나발니는 대통령선거 전 일어난 항의시위의 중심에 섰고, 블라디미르 푸틴 대통령이 속한 통합러시아당을 비난하면서 '사기꾼과 도적들의 당 the Party of Crooks and Thieves'[55]이라는 말을 처음으로 썼다. 그 말은 많은 사람들의 공감을 얻으면서 전국적으로 확산됐다.

적어도 저항 운동의 초기에 나발니는 독특한 전략을 구사했다. 폭로에 지대한 관심을 보이면서도, 푸틴을 폭로하는 데 집중하지는 않았던 것이다. 그의 폭로 대상은 대체로 비즈니스계 쪽이었다. 다만 러시아에서는 공공 및 민간부문이 항상 쉽게 구분되진 않았으므로, 폭로 대상에 일부 정부관리도 포함되어 있었다. 나발니는 체포되고, 수감되고, 감시받고, 횡령혐의로 조사를 받는 등 많은 괴롭힘을 당했지만[56], 오랫동안 자유의 몸으로 살았다. 그를 비판하는 사람들은 그를 거짓말쟁이, 위선자, CIA 앞잡이라 불렀으나, 그는 여전히 러시아에 남았고(다른 유명한 러시아 정부 반대파들과 달리), 그의 블로그는 검열을 받지 않았다.

어떤 사람들은 나발니가 러시아에 큰 위협을 주지 못했다고 생각한다. 그의 지지자들은 그의 인지도[57]가 상당히 낮지만, 이는 단지 러시아에 인터넷 보급률이 낮고, 관영 언론의 검열이 성공해서 그러한 것(나발니는 국영TV 출연이 금지됐다[58])이라 주장한다. 하지만 이보다 더 흥미로운 이론은, 적어도 일정시간 동안 나발니가 어떤 정보를 누구로부터 얻어 폭로하면 되고, 어떤 정보를 폭로하면 안 되는지를 알면서 반부패 운동가로서 적절히 활동하는 방법을 찾아냈다는 것이다. 현재 수감생활을 하고 있는 석유재벌 유코스Yukos의 회장 미하일 호도르코프스키Mikhail Khodorkovsky[59]와 최초 망명지인 영국에서 숨진 러시아 재벌 보리스 베레조프스키Boris Berezovsky[60]처럼 푸틴을 비판해온 인사들과 달리, 나발니는 중대한 위험에 빠질 수도 있는 지나치게 민감한 분야로까지 들어가지 않고, 부패추방 운동을 펼치면서 러시아 정부에 맞서는 방법을 찾아낸 것으로 보인다(친정부 성향의 신문에 나발니가 베레조프스키와 함께 웃고 있는 모습이 담긴 사진이 실린 적이 있다. 이 사진은 조작된 것으로 알려졌는데, 그 외 그가 푸틴을 비판하는 사람들과 관련되어 있다는 것을 보여주는 자료는 거의 없다). 2012년 7월까지 러시아 정부는 나발니의 활동을 참아왔던 것 같다. 하지만 그 이후 러시아 정부는 그를 횡령혐의로 정식 기소하면서[61], 그에 대한 사람들의 신뢰를 떨어뜨리기 위해 가능한 모든 방법을 동원했다. 나발니가 예전에 주지사의 자문관으로 활동했던 적이 있는 키로프 주에 소재한 국영 목재회사에서 그런 횡령을 저질렀다는 것이 정부의 주장이었다. 최대 10년형이 선고될 수 있는 이 혐의는 반정부 운동이 얼마나 위험하게 변했는지 보여주었다. 나발니의 접근법이 디지털 운동가를 겨냥한 공격을 어떻게 막아야 하는지 알려줄 수 있을까? 세상은 이를 알아내기 위해, 그와 같은 인물들의 동태를 계속해서 파악할 것이다.

또한 폭로 플랫폼과 디자인이나 설계는 같지만 동기는 전혀 다른 사이트가 탄생할 수도 있다. 그렇게 된다면 끔찍한 일이다. 그러한 플랫폼들은 폭로자들의 정보교환소 역할보다는 훔쳐낸 온갖 디지털콘텐츠의 보관소 역할을 할 것이다. 이러한 곳에는 모든 것을 엉망진창으로 만들자는 특별한 목적하에, 폭로된 군사작전들, 해킹된 은행계좌들, 훔친 비밀번호와 주소 등이 모인다. 이러한 사이트의 운영자는 이론가나 정치적 운동가가 아닐 것이다. 단지 혼란을 일으키는 사람들이다. 오늘날 해커와 정보범죄자들은 불법으로 얻은 정보를 무차별 살포하고 있다. 예를 들어, 2011년 룰즈섹LulzSec ▪이라는 해커 집단이 공개한 15만 명의 소니Sony 고객정보는 P2PPeer-to-Peer 파일공유 서비스를 통해 파일 형태로 누구나 쉽게 다운받을 수 있었다.62 미래에 해커들에게 위키리크스 수준의 보안성과 대중성을 갖춘 중앙집중화된 사이트가 생길 경우, 중요한 문제가 생길 것이

룰즈섹
2011년 4월, 소니 플레이스테이션 네트워크를 공격해 논란을 일으킨 바 있는 세계적인 해커 집단.

다. 이렇게 규제를 받지 않는 사이트들에서는 위키리크스와 그것의 미디어 파트너들이 실행했던 편집과 인증, 기타 예방조치들이 실행되지 않을 것이 분명하기 때문이다(실제로 어산지는 우리에게 경제적으로 그를 정말로 힘들게 했던 국제적 압력을 덜 받기 위해서만 정보를 편집했으며,63 사실 그러한 압력을 받지 않았다면 편집하려고 하지 않았을 것이라 주장했다). 그리고 민감한 자료에 대한 판단을 잘못하는 바람에 관련된 사람들이 피살 대상이 될지도 모른다. 정보범죄자들은 최대한 혼란을 조장하기 위해 정보를 대규모로 폭로할 것이다. 어떤 면에서 선택적인 폭로는 목적을 가지고 한다고도 볼 수 있지만, 대량의 자료를 방출하는 것은 사실상 안전한 정보시스템 전반을 비웃는 것과 다름없다.

폭로의 맥락 역시 중요하다. 위키리크스가 베네수엘라, 북한, 이란 등에서 훔친 비밀문건들을 공개했다면 특히 서양 정부들의 반응은 얼마나 달라졌을까? 미국 국무부의 기밀문서를 위키리크스에 폭로한 브래들리 매닝Bradley Manning이 북한 국경수비대이거나 이란혁명수비대의 탈영병이었다면, 미국의 정치인들과 전문가들은 그를 얼마나 다른 시각에서 보았을까? 만일 그러한 국가들에서 자행된 학대를 전문으로 하는 폭로 웹사이트가 대거 등장한다면, 서양 정치가들의 톤은 분명 바뀔 것이다. 버락 오바마 대통령이 초선 때 만들어놓았던 전례를 감안(미국 관리로부터 빼낸 기밀정보를 무단으로 폭로할 경우 무관용 원칙zero tolerance[64]을 적용하겠다는 것)했을 때, 미래의 서양 정부들은 결국 적대국에게는 디지털 폭로를 권장하면서, 자국 내에서는 그것을 가차 없이 고발하는 이중적인 입장을 취할 것으로 보인다.

주류 언론의 위기와
대안 언론의 확대

우리가 정보를 얻는 장소와 우리가 믿는 정보원 모두, 미래에는 우리 신원에 중요한 영향을 미칠 것이다. 인터넷 시대에 뉴스 분야에서는 훌륭한 보도기반이 마련될 것이며, 오늘날 우리가 목격하고 있는 수익창출 전략과 콘텐츠 신디케이션syndication 을 둘러싸고 벌어지는 싸움은 10년 후에도 계속해서 벌어질 것이다. 하지만 기술이 모든 산업의 진입 장벽을 낮춰놓고 있는 상황에서

신디케이션
독립적인 제작사가 완성된 프로그램을 방송사에 직접 공급하는 방식.

우리가 오늘날 알고 있는 언론 환경은 과연 어떻게 변할 것인가?

주류 언론은 전 세계 뉴스 보도에서 한 발 뒤처질 가능성이 점차 커지고 있다. 주류 언론의 기자들이나 비상근 통신원들이 아무리 유능하고 많은 소식통을 확보해놨더라도, 연결 시대에는 충분히 빨리 움직일 수 없다. 그보다는 트위터처럼 순식간에 누구나 쉽게 접근할 수 있는, 개방형 네트워크 플랫폼으로부터 계속해서 뉴스속보가 쏟아질 것이다. 세상 모든 사람들이 데이터 사용이 가능한 전화기를 갖고 있거나 그런 전화기를 이용할 수 있게 된다면(머지않은 미래에 이것이 현실이 될 것이다), 파키스탄 아보타바드에서 살던 한 민간인이 무심코 미군의 오사마 빈 라덴 은신처 공격과 그의 사망 사건을 트위터에 생중계한 후 깨달은 것처럼[65], 운이 좋고 기회가 있다면 누구나 뉴스속보를 보도할 수 있게 될 것이다.*

결과적으로 주류 언론이 기삿거리를 확보할 때까지 생기는 시차時差는 언론에 대한 사람들의 충성심의 성격을 바꿔놓을 것이다. 독자와 시청자 모두 더 빨리 정보를 전달받을 수 있는 방법을 찾고 있기 때문이다. 미래의 모든 세대는 이전 세대에 비해 더 많은 정보를 생산하고 소비할 수 있을 것이며, 일부 사람들은 속도를 따라올 수 없는 언론에 관용을 베풀지 않거나 아니면 아예 의존하려고도 하지 않을 것이다. 사람들이 유지하는 충성심은 언론이 제공해주는 분석과 관점뿐만 아니라, 무엇보다 언론에 대해 갖는 신뢰로부터 파생될 것이다. 이들은 정보의 신뢰성, 분석의 정확성, 새로운 기사들의 우선적 처리 능력을 신뢰할 것이다. 다시

---

* 파키스탄의 IT컨설턴트인 소하이브 아트하는 미국이 빈 라덴을 공습하던 밤에 트위터에 이런 말을 썼다. '새벽 1시에 아보타바드 상공에 헬리콥터가 떠다니고 있다(이례적인 일이다).'[66]

말해, 새로운 뉴스속보용 플랫폼과 그러한 속보 외의 기사를 쓰는 기존 언론 사이에서 사람들의 충성심이 갈릴 것이다.

언론사들은 많은 면에서 사회의 중요하고 핵심적인 역할을 지속하겠지만, 현재 방식을 고집할 경우 살아남는 곳은 많지 않을 것이다. 설사 생존하더라도 새로운 글로벌 시대에 변화하는 대중의 요구에 맞추기 위해 기존의 목표, 보도방법, 조직구성을 개편할 것이다. 언어장벽이 허물어지고 이동전화기지국들이 세워지면서, 새로운 목소리, 미래의 통신원, 시민기자, 아마추어 사진사들의 기고 물결이 끝없이 이어질 것이다. 이는 좋은 현상이다. 수많은 언론사들이 국외 지사를 중심으로 규모를 축소하려 하는 상황이기 때문에, 이러한 외부기고자들은 필요한 존재다. 전 세계인들 모두가 더 폭넓어진 이슈와 시각들에 노출되면서 수혜를 입을 것이다. 그토록 많은 새로운 행위자들이 광범위한 온라인 플랫폼을 통해 더 크고, 더 분산되어 있는 언론시스템과 연결됨으로써, 주류 언론의 보도 건수는 축소되고 입증 건수는 증가할 것이다.

이들의 보도 임무가 지금보다 훨씬 더 광범위하게 분배되고, 그로 인해 취재 범위가 넓어지겠지만, 기사의 질적 수준은 떨어질 가능성이 있다. 주류 언론은 아마도 정보를 수집·보호·입증하는, 한마디로 모든 정보를 거르고, 읽고, 이해하고, 신뢰할 만한 가치가 있는지 판단하는 '신뢰성 필터credibility filter' 역할을 할 것이다. 특히 기존 언론에 의지하는 성향이 강한 기업의 리더, 정책 당국자, 지식인 같은 엘리트들에게는, 설득력 있는 분석을 제공해줄 수 있는 능력만큼이나 '검증'이 언론의 중요한 능력으로 간주될 것이다. 사실상 이러한 엘리트들의 경우 아마도 대량의 저질보도와 정보가 넘쳐날 것이란 단순한 이유 때문에, 기존의 뉴스 언론에 대한 의존도가 상대적으로 더 높아질 수 있다. 트위터는 어떨까? 이는 셰익스피어의 작품을 타자로 칠 수 있는 능력이 없는 원숭이와 마찬가지로 분석력이 없다(다만 똑똑하고 신뢰할 만한 두 사람이 트위터를 통해 뜨거운 논쟁을 할 경우, 그 내용이 분석과 비슷해질 수는 있다). 규제를 받지 않는 개방형 정보공유 플랫폼들이 가진 장점은, 그들의 통찰이나 깊이가 아니라 반응성인 것이다.

주류 언론은 지금 전 세계에서 나오는 접근 가능한 새로운 목소리를 전부 통합시킬 수 있는 방법을 찾아야 한다. 이는 힘들지만 필요한 과제다. 이상적으로 봤을 때, 언론은 지금보다 정보를 덜 캐내더라도 서로 더욱 협력할 것이다. 예를 들어, 높아지고 있는 방콕의 조위潮位 ■를 소개하는 기사를 쓸 때 신문은 단순히 태국 유람선 사업자의 말을 인용·보도하

조위
조석에 의해 변화하는 수면의 높이.

는 데 그치지 않고, 기사를 사업자가 운영 중인 뉴스 플랫폼이나 그의 개인 실시간 인터넷 방송서비스에 링크시켜놓을 것이다. 물론 훈련을 받지 않은 새 목소리를 포함시킬 경우, 보도 내용이 틀릴 확률이 높아진다. 오늘날 존경받는 많은 기자들은 시민언론을 대거 포용했다간 언론 분야가 타격을 입을 것이라 믿고 있는데, 그런 걱정이 아예 근거 없는 것은 아니다.

전 세계로 연결성이 확대되면서, 완전히 새로운 기고자들이 보도망에 등장할 것이다. 지역의 암호화 전문가들로 구성된 네트워크가 새로운 하위범주로 등장하고, 이들 전문가들은 암호화 키를 독점으로 거래할 것이다. 그들은 기자에게 콘텐츠나 소식통 면에서 유용하다기보다 여러 당사자들 사이에 필요한 비밀 유지 메커니즘을 제공한다는 점에서 쓸모가 있다. 예를 들어, 오늘날 벨라루스와 짐바브웨 같은 억압적인 국가에서 활

동하는 반체제 세력은, 자신들의 이야기를 안전하게 익명으로 공유할 수 있다는 것을 알면 계속 그렇게 하려고 할 것이다. 많은 사람들이 잠재적으로 이러한 기술을 제공할 수는 있지만, 아무래도 신뢰가 중요하기 때문에 지역의 암호화 전문가들이 높은 가치를 인정받을 것이다. 오늘날 중동지역 전역에서 목격되는 현상도 이와 크게 다르지 않다. 그곳에서는 가상사설망Virtual Private Network, VPN▪ 딜러들이 다른 불법상품 거래상들과 함께 반체제 인사들이나 반동적인 젊은이들을 만나, 그

가상사설망
인터넷과 같은 공중망을 사설망과 같이 이용하는 통신 방식.

들이 갖고 있는 기기를 안전한 네트워크에 연결시켜주겠다는 제안을 하기 위해 분주하게 시장을 쏘다니고 있다. 국제적인 이슈를 다루는 언론사들은 뉴스의 취재영역을 넓히기 위해 외국에서 체류 중인 비상근 통신원들에게 의존하듯, 이처럼 생긴 지 얼마 안 된 산만한 가상사설망과 암호 거래상에게도 의존할 것이다.

새로운 유형의 비상근 통신원도 발달할 것이다. 오늘날 일반적인 비상근 통신원은 보통 국외나 불안한 국가에서 일하며 신문사로부터 돈을 받고 뉴스를 보도하는, 음지에서 일하는 기자들이다. 그들은 특정한 소식통이나 위험한 장소에 접근하기 위해 목숨까지 건다. 전문기자들은 그런 곳들에 갈 수 없거나 또는 들어가려 하지 않기 때문이다. 따라서 비상근 통신원의 또 다른 영역이 등장할지 모른다. 그들은 디지털콘텐츠와 온라인 소식통들을 독점적으로 다룬다. 따라서 직접 위험을 무릅쓰고 일하기보다는, 온라인을 통해서만 알고 있는 소식통들로부터 정보를 찾고, 정보에 관여하고, 정보를 얻어내기 위해 전 세계적으로 확대되는 연결성을 잘 이용할 것이다. 오늘날 그렇게 하고 있듯이, 그들은 기자와 소식통을 연결해줄 것이다. 가상세계는 거리상 한 차원 더 멀고 복잡하

기 때문에, 언론은 윤색 여부, 소식통의 신뢰도, 그들의 윤리 등에 대해 평소보다 훨씬 더 큰 주의를 기울여야 할 것이다.

셀러브리티 언론의 탄생

미래의 유명인사들이 본래부터 큰 관심을 갖고 있던 '특정 민족 간 갈등'을 다룬 온라인뉴스 포털portal을 직접 출범시켰다고 상상해보라. 아마도 그들은 주류 언론이 그러한 갈등을 알리는 데 충분히 힘쓰고 있지 않으며, 자신들이 잘못된 정보를 얻고 있다고 믿을지 모른다. 그들은 전통적인 중개인을 없애고, 대중에게 직접 기사를 전달한다. 이를 '브란젤리나Brangelina ▪ 뉴스'라고 부르자. 먼저 갈등지대에서 일할 사람들을 뽑는다. 또한 재택근무를 하는 직원들이 새로운 기사를 써서 플랫폼을 통해 알릴 수 있도록, 소재가 될 만한 일상적인 보도 내용을 제공한다. 이러한 온라인뉴스 포털의 간접비는 주류 언론의 그것에 비해 훨씬 낮다. 어쩌면 그들은 기자와 비상근 통신원에게 돈을 줄 필요가 없을지도 모른다. 그들 중 일부는 기사에 자기 이름이 올라가는 대신 무료로 일할 것이다. 그들은 눈에 드러나게 일할 뿐더러, 대중에게 진지한 자세로 일한다는 신뢰를 충분히 쌓았기 때문에, 곧바로 갈등지대에서 나오는 정보와 뉴스를 알려주는 유일한 소식통으로 부상할 것이다.

주류 언론은 미래에 그러한 새롭고도 심각한 경쟁자들(비단 트위터와 현지의 아마추어 기자들뿐만 아니라)을 만날 것이며, 그것은 언론계를 복

브란젤리나
원래는 할리우드의 유명 배우인 브래드 피트Brad Pitt와 앤젤리나 졸리Angelina Jolie 커플을 이르는 말.

잡하게 만들 것이다. 이미 말했듯이, 많은 사람들은 충성심과 신뢰 때문에 여전히 기존 언론사들을 선호하고 지지할 것이다. 또한, 언론의 진지한 활동(탐사보도, 심층 인터뷰, 복잡한 사건 결과 예측 등)은 계속해서 주류 언론의 영역에 남을 것이다. 하지만 어떤 사람들에게는 콘텐츠 소식통의 다변화가 '신중한 언론'과 '셀러브리티celebrity 언론' 가운데 선택의 여지가 생겼음을 의미한다. 미국, 영국, 기타 다른 나라에서 타블로이드성 콘텐츠를 향한 관심이 끊임없이 지속되고 있는 점을 감안했을 때, 많은 소비자들은 셀러브리티 언론을 선택할 가능성이 크다. 보도 내용의 일관성이나 강도가 아니라, 사람들 눈에 잘 띄는지 여부가 그러한 언론의 인기를 좌우할 것이다.

유명인사들이 오늘날 자선단체와 벤처기업을 통해 그렇게 하듯이, 그들 역시 자신의 '브랜드'를 확장하기 위한 순서로 자기만의 언론서비스를 시작하려고 할 것이다(우리는 이 책에서 '셀러브리티'란 단어를 최대한 광의적으로 사용하고 있다. 우리가 말하는 셀러브리티는 리얼리티TV에 출연해서 스타가 된 사람들에서부터 유명한 복음주의 신부에 이르기까지 누구나 될 수 있다). 분명히 말하지만, 이러한 새로운 언론 중 일부는 대중적 담론에 기여하겠다는 확실한 목표를 갖고 있을지 모르지만, 나머지는 대부분 무의미하게 활동하면서 사실상 제공하는 콘텐츠도 없이 자기 홍보만 하고, 상업적 명성만 쌓으려고 할지도 모른다.

우리는 새로운 가치를 지녔다는 이유로, 사람들이 이런 셀러브리티 언론에 몰리면서 추세에 편승하려는 시기를 목격할 것이다. 그것에 몰린 사람들은 셀러브리티 언론이 기존 언론과 비교해서 콘텐츠와 전문성이 몇 단계 떨어진다는 사실에 개의치 않을 것이다. 언론비평가들은 이러한 변화를 매도하는 한편 언론의 죽음을 개탄하겠지만, 이는 성숙하지 못한 생각이다. 일단 사람들이 셀러브리티 언론으로 옮겨갔다면, 보도의 부담 역시 같이 옮겨갈 것이기 때문이다. 셀러브리티 언론이 충분한 뉴스를 보도하지 못하거나 끊임없이 공개적인 잘못을 저지른다면, 사람들은 그곳을 다시 떠날 것이다. 언론에 대한 충성심은 변덕스럽다. 이 분야가 붐빌수록 더 그렇다. 충분한 숫자의 셀러브리티 언론이 사람들의 신뢰와 믿음을 잃어버린다면, 사람들은 그로부터 등을 돌리고 다시 신중한 언론, 즉 전문 언론으로 돌아갈 것이다. 그동안 전문 언론들은 자체적인 변화(정보 수집 강화, 취재 범위 확대, 대응시간 단축 등)를 겪었을 것이다. 떠난 사람들이 모두 돌아오지는 않을 것이다. 주류 언론에 반발하는 사람들이 모두 새롭고 트렌디한 정보원을 따라 낯익은 정보원을 버리지 않는 것과 같은 이치다. 결과적으로, 이러한 새로운 셀러브리티 언론들이 장기적으로 언론계에 얼마나 큰 영향을 미칠지는 더 두고 봐야겠지만, 시청자, 독자, 광고주들을 확보하는 게임 참가자로서 그들의 부상은 분명 논란을 일으킬 것이다.

암호화되는 신원, 밝혀지는 악행

연결성 확대는 언론에게 단순한 도전 이상의 것들을 약속한다. 그것은 특히 언론의 자유가 보장되지 않은 국가들에서의 언론 역할에 새로운 가능성을 열어준다. 부패한 관리, 강력범죄자, 그 외 사회악으로 분류되는 세력이 기소의 두려움 없이 계속해서 활동할 수 있는 것은, 그들이 언론을 소유하거나 발행인이 되는 식의 직접적인 방법 혹은 괴롭힘, 뇌물, 협박, 폭력 같은 간접적인 방법을 써서 지역 정보원을 통제하기 때문이다. 이것은 러시아처럼 주로 국영 언론만 활동하는 국가에서 특히 그렇다. 멕시코 같은 곳에서도 범죄조직이 엄청난 힘을 갖고 있다. 그 결과, 독립 언론이 부재하게 되는데, 이는 사람들이 악행을 알게 된 후 정치권에 압력을 가하여 정치인이 그러한 짓을 벌인 사람을 기소하게 만들 때 필요한 책임감과 뚝심을 약화시킨다.

연결성은 수많은 방식으로 그러한 힘의 불균형을 뒤집는 것을 도와줄 수 있다. 그중 가장 흥미로운 방식은 디지털 암호와, 그것이 지하조직 내지는 위험한 국가에서 활동하는 조직에게 시킬 수 있는 일과 관련된다. 기자로 활동하기 힘들거나 위험한 곳에서, 은밀한 보도활동을 하라고 장려하는 것이 주된 임무인 국제 NGO가 있다고 상상해보라. 이러한 조직은 감시단체나 비영리 언론의 후원자들과 달리 방금 말한 국가들 내에서 언론이 활용할 수 있도록 암호화된 플랫폼을 만든다. 이 플랫폼의 설계는 획기적이면서도 놀랍도록 단순하다. 보도망에 가장 많이 노출되는 기자들의 신원을 보호하기 위해, 특정 언론사의 모든 기자들은 고유 암호를 가지고 있어야만 플랫폼에 등록된다. 그들의 이름, 휴대전화번호 그리고 여타 식별 가능한 세부적인 정보들은 모두 암호화되고, 이 정보의 암호를 풀 수 있는 유일한 사람은 언론사 내 누구도 아닌, 국외에 소재한 NGO 본사의 핵심인사들뿐이다. 국가 내에서 기자들은 이러한 고유암호로만 알려져 있다. 그들은 이야기를 전송하고, 소식통 및 현지 편집장들과 교류하기 위해 그 암호를 사용한다. 예를 들어, 한 기자가 베네수엘라에서 선거 부정(2012년 10월 열린 대선 도중에도 공공연히 이런 부정행위가 저질러졌다)에 대해 보도한다면, 대통령이 한 비열한 짓을 앞장서서 주도했던 사람들은 기자의 신상정보를 구할 수 없을 것이다. 심지어 그 기자가 상대한 사람들 중 누구도 실제 그 기자의 신원을 모르기 때문에, 목표로 삼아야 할 사람이 누구인지 아무도 알 도리가 없다. 공격대상이 될 수 있으므로, 공식적인 사무실도 운영하지 않는다. 처음에는 반드시 기자의 신원을 조사해보겠지만, 일단 그 기자가 이 시스템에 들어오면, 그는 새로운 편집자로 역할이 전환되고, 그의 개인정보는 플랫폼 속으로 사라진다.

국외에서 활동하는 NGO는 안전한 거리를 두고 이러한 플랫폼에서 활동하기 때문에, 다양한 참가자들이 암호망을 통해 안전하게 소통할 수 있다. 이처럼 기자를 비밀 소식통과 같이 취급하는 일(그들의 신원을 보호하고, 그들이 생산한 기사를 지키는 것)이 전혀 새롭지는 않지만, 그들의 식별 가능한 데이터를 암호화하고, 익명의 뉴스 수집을 촉진하기 위한 온라인 플랫폼을 사용하는 능력은 이제야 비로소 가능해졌다. 기자가 들춰내는 이야기들과 다른 민감한 자료는 국외(법적으로 데이터를 철저히 보호하는 국가) 서버에 간단히 저장할 수 있기 때문에, 그 안에 있는 것은 폭로가 제한될 수 있다. 이 NGO는 아마 처음에는 이러한 플랫폼을 공짜 상품처럼 내놓고서 제3자로부터 기부받은 돈으로 여러 다른 언론사들을 위해 이것을 운영할 것이다. 그러다가 결국 작동하는 모든 플랫폼들을 합쳐서, 신원 확인이 불가능한 다국적 기자들로 이루어진 슈퍼 플랫폼을 구축할 것이다. 우리는 분명 익명으로 가려는 대중적인 움직임을 옹호하지는 않는다. 하지만 이번 경우, 절박함과 필요에 의해 이렇게 움직일 수밖에 없다고 전제한다. 뉴욕에서 활동하는 편집장은 플랫폼에 접속해 들어가서 우크라이나에서 활동하는 기자를 찾은 다음, 과거 언론보도 경력이 있는 누군가뿐만 아니라 심지어 옛 동료에 관한 정보를 찾을 수 있을 것이다. 그의 이름이 무엇인지도 모르는 상태에서, 편집장은 거기에서 구할 수 있는 이야기들과 그가 플랫폼에서 쌓아놓은 신뢰를 통해 그와 같이 일할지 여부를 판단할 수 있다. 편집장은 그 기자와 관계를 구축하기 위해, 역시 가능하면 플랫폼을 통해 그에게 암호화해서 연락해줄 것을 요청할 수 있다.

이런 식으로 분산된 익명의 뉴스 수집시스템을 구축 내지 유지하기는 어렵지 않을 것이다. 또한 기자나 편집장의 구체적인 개인정보를 암호화해놓고 원격 서버에 그들의 보도 내용을 저장해두면, 보다 독립적인 언론이 등장하면서 곤경에 빠질 것 같은 기자들의 활동반경은 점점 더 줄어들 것이다. 모든 사람이 모바일 기기로 뉴스를 읽을 수 있는 시대에 감히 누가 디지털 플랫폼을 상대로 보복을 한단 말인가? 오늘날 자유 언론이 부족한 많은 나라에서는 아직까지 연결성이 상대적으로 빈약하지만,[67] 그런 분위기가 바뀔 경우 민감한 사안에 대한 지역 보도의 범위는 사실상 국제적인 수준까지 확대될 것이다. 이러한 두 가지 경향, 즉 암호를 사용한 더 안전한 보도와 연결성 확대로 인한 독자층의 확대는, 한 국가의 법률시스템이 악행을 기소하기에 너무 부패했거나 부적절할 때 그것이 언론을 통해 온라인에서 공개적으로 심판받게 만들어줄 것이다.

콩고 동부에서 활동하는 군벌들이[68] 모두 국제사법재판소International Criminal Court, ICC로 불려나올 가능성은 없다. 하지만 신원 확인도 안 되고 접근도 불가능한 기자에게 그들의 일거수일투족이 포착되어 연대순으로 기록되고, 그들의 이야기가 온라인 세계 구석구석에 알려질 경우, 그들은 보다 불편한 삶을 살아가게 될 것이다. 다른 일이 없으면 그들과 비즈니스를 같이하려 했을 다른 범죄자들은 그들의 '디지털 방사능digital radioactivity' 때문에 그런 생각을 버릴 것이다. 그들이 바람직한 비즈니스 파트너가 되기에는 너무 쉽게 눈에 띄고, 너무 강력한 대중의 감시를 받게 된다는 의미다.

서로 다른 '사생활'의 의미

보안과 사생활 문제를 해결하는 것은 기업, 사용자 그리고 우리 주위에서 활동하는 기관들 사이의 공동책임이다. 구글, 애플, 아마존, 페이스북 같은 기업은 데이터를 지키고, 시스템이 해킹당하는 걸 막고, 사용자들이 사생활과 보안을 최대한 통제할 수 있게 해주는 가장 효과적인 도구를 제공해줄 것이란 기대를 받고 있다. 이러한 도구를 활용하지 않게 되면 날마다 데이터가 쌓이면서 사생활과 보안에 일정 부분 피해를 입게 될 것이다. 그럴 때 '삭제' 버튼 하나만 누르면 끝이라는 생각은 금물이다. 데이터를 삭제할 수 있다는 생각은 완전히 착각이다. 유실된 파일이나 삭제된 이메일, 지워진 문자 등은 최소한의 노력만으로도 복구가 가능하다. 컴퓨터에서 데이터가 지워지는 일은 좀처럼 드물다. 운영시스템은 다른 것을 저장할 공간이 필요할 때까지 파일의 콘텐츠를 그대로 보관하면서 내부 디렉터리에서 파일목록만을 지워버리는 경향이 있기 때문이다(심지어 파일이 덮어쓰기가 됐더라도 디스크 기억장치의 자성

磁性 때문에 가끔은 원래 콘텐츠의 일부를 복구할 수 있다. 컴퓨터 전문가들은 이렇게 지워도 남는 데이터를 '잔존 데이터data remanence'라고 부른다). 클라우드 컴퓨팅은 정보의 영구화에 힘을 실어주는 한편, 사용자정보를 원격으로 훨씬 잘 보호해준다.

이러한 유지 메커니즘은 컴퓨터를 다룰 때 생기는 부주의로부터 데이터를 보호해주기 위한 목적으로 설계됐다. 미래에 우리는 하드 드라이브 충돌, 컴퓨터 도용, 서류 분실 같은 위험에서 벗어나 우리의 가장 민감한 정보들을 저장해주는 기업에 신뢰를 보내면서, 물리적인 기계보다 은행 ATM 같은 클라우드 기억장치를 점점 더 신뢰하게 될 것이다. 이러한 다층적인 백업시스템으로 인해 온라인 상호 작용은 감정적으로 덜 시달리는 일, 나아가 더 효율적이고 생산적인 일이 될 것이다.

반영구적인 데이터 기억장치는 가상공간에서 벌어지는 시민들의 활동에도 중대한 영향을 미칠 것이다. 온라인에서 이루어지는 모든 활동과 관계는 기록될 것이며, 인터넷에 올라가는 모든 것들이 영원히 정보저장소에 보관될 것이다. 무심코 저지른 실수나 범죄에 의해 하루아침에 개인정보가 세상에 공표되고 알려질 가능성이 상존할 것이다. 사람들은 과거와 현재에 가상공간에서 맺는 관계에 책임을 져야 하고, 사람들의 온라인 네트워크가 현실세계의 네트워크에 비해 더 크고 더 넓게 분포되는 경향을 보이면서, 거의 모두에게 위험요소로 부각될 것이다. 지인知人의 좋은 행동과 나쁜 행동이 모두 자신에게 긍정적·부정적으로 영향을 줄 것이다(소셜네트워킹 사이트들의 사생활보호정책을 강화하는 것만으로는 이러한 현상을 막기에 부족할 것이다).

이제 지울 수 없는 기록을 남기는 1세대 인류가 탄생할 것이다. 리처

워터게이트 사건
닉슨 대통령의 재선을 위한
공작반이 워터게이트 빌딩의
민주당 전국위원회에 몰래 들
어가 도청장치를 설치하려다
밝혀진 사건.

드 닉슨Richard Nixon 전 미국 대통령의 동료들은 워터게이트 사건watergate Affair ▪에 대한 18분 30초짜리 녹음을 지울 수 있었을지 모른다. 하지만 오늘날에는 미국 대통령이 그의 블랙베리로 보낸 모든 이메일이 영구히 보존되고, 대통령기록법Presidential Records Act[69]에 따라 누구나 그것을 열어볼 수 있다.

정보란 스스로 자유로워지고 싶어하는 속성이 있기 때문에, 나중에 법정에서 상기되고 싶지 않거나 신문 1면에 인쇄되어 나오길 원하지 않는 것이라면 기록해서는 안 된다는 말이 있다. 미래에 이런 격언은 당신이 말하고 쓰는 것뿐만 아니라, 방문하는 웹사이트, 온라인 네트워크에 초대하는 사람, '좋아요like' 버튼을 누른 게시물 그리고 당신과 관련된 사람들이 행동하고, 말하고, 공유하는 것까지 포함하는 수준으로 확대될 것이다.

사람들은 개인정보의 저장 위치에 대해 편집광적으로 집착하게 될 것이다. 10초 뒤에 자동으로 사진이나 메시지를 삭제해주는 '스냅챗Snapchat' 같은 애플리케이션에서부터, 겹겹이 암호를 덧붙이고 10초 안에 사진이나 메시지를 삭제해주는 보다 창조적인 방법에 이르기까지, 여러 가지 솔루션을 제공하는 기존 기업과 신생 기업들이 대거 등장할 것이다. 그러한 솔루션들은 개인정보가 보다 광범위하게 방출되는 위험을 완화시켜주는 데 그칠 것이다. 바로 모든 메시지와 사진을 자동으로 스크린 샷 screenshot ▪ 해버리는 애플리케이션 같은 반反 혁신들 때문이다. 이때 메시지와 사진은 뇌가 손가락에게 기기를 조종하라고 명령을 내리는 것보다 더 빨리 전송되는데도 그렇다. 보다 과학적으로 말하면 개인정보를 감추려는 시도는 항상 '아날

스크린 샷
현재의 디스플레이 화면에 나
온 모습 그대로를 파일로 저
장하는 것. 즉 화면 캡처.

로그 홀Analog Hole ■’을 공격하는 쪽에게 패할 것이고, 이는 곧 정보가 소비되려면 궁극적으로 눈에 띄어야 한다는 사실을 규정한다. 이것이 사실인 이상, 다른 누군가가 당신의 콘텐츠의 스크린 샷을 찍거나 그것을 빠르게 퍼뜨릴 위험이 항상 존재할 것이다.

아날로그 홀
디지털 신호를 그대로 받아들일 수 없기 때문에 이를 TV로 전송하거나 표시할 때는 아날로그 신호로 변환이 이루어진다. 여기에 존재하는 보안상의 홀을 이르는 말.

인터넷에 접속해 있는 한 당신은 콘텐츠를 발표하고 있는 것이다. 이에 따라 공인이 될 위험성이 커진다. 이제 얼마나 많은 사람들이 어떤 이유로 그 콘텐츠에 관심을 갖느냐 하는 문제만 남게 된다. 개인은 여전히 소유한 것을 공유할지 결정할 약간의 재량권을 가지겠지만, 다른 사람들이 캡처하고 공유하는 것을 통제하는 것은 불가능할 것이다. 2012년 2월, 함자 카시가리Hamza Kashgari라는 이름의 한 젊은 사우디아라비아 신문 칼럼니스트는 개인 트위터 계정에 예언자 무하마드와 나눈 상상의 대화를 게재한 적이 있다.[70] 내용 중 ‘나는 당신이 가진 여러 면들을 사랑했고, 또 다른 면들을 증오했으며, 더 많은 면들을 이해할 수 없었다’라는 문장이 나온다. 그의 트위터 내용은 즉각적으로 공분을 일으켰다(어떤 사람은 그가 올린 글을 신성모독 내지는 배교背教의 징조로 간주했다. 이 두 가지 모두 보수적인 이슬람교에서는 중죄에 해당한다). 그는 게재 후 불과 6시간 만에 문제의 트위터 내용을 삭제했지만,[71] 이미 수천 개의 분노성 댓글과 살해 협박을 하는 답글이 붙은 뒤였다. 심지어 ‘사우디 국민은 함자 카시가리의 처형을 요구한다’라는 이름의 페이스북 그룹이 등장하기도 했다.[72] 카시가리는 말레이시아로 도망갔지만, 3일 뒤 다시 사우디로 강제추방됐다.[73] 그곳에서는 중죄에 해당하는 신성모독 혐의가[74] 그를 기다리고 있었다. 사건 직후 그는 사과했고, 이어 2012년 8월 재차 사과했지만,[75] 사우디 정부는 그의 석방을 거부했다. 미래에는 이러한 메시지들이 6시간이든 6초든 얼마나 오래 공개되는지 중요하지 않을 것이다. 메시지의 전자 잉크가 디지털 종이에 묻는 순간, 곧바로 보관될 것이기 때문이다. 우리에게 조심하라는 경고를 날리는 카시가리의 사례는 많은 슬픈 이야기 중 하나에 불과하다.

이미 말한 것처럼, 데이터의 영구화는 끊임없이 어디서든 누구에게든 아주 다루기 힘든 도전으로 남을 것이다. 그러나 기존 정치시스템의 유형과 정부의 통제 수위에 따라 그것이 국민에게 미치는 영향은 크게 달라질 것이다. 이러한 차이를 자세히 알아보기 위해 개방형 민주국가, 억압적인 독재국가, 파탄국가a failed state를 모두 살펴보려고 한다.

자유로운 의사표현과 쌍방향적인 통치방식이 정보공유 욕구를 높여주는 개방형 민주국가에서는 동료를 평가하는 판사이자 배심원단으로서 시민이 갖는 역할이 점점 더 커질 것이다. 모든 사람의 데이터를 확보하는 것이 더욱 쉬워지면서, 오늘날 우리가 목격하는 추세들이 심화될 것이다. 다시 말해, 팽창적인 성격을 가진 가상공간 속에 여러 의견들이 자리를 잡을 것이며, 실시간 업데이트는 사회·민간 영역의 활동을 극대화시킬 것이다. 소셜네트워크의 편재현상은 모든 사람이 유명인사, 파파라치, 관음주의자 역할을 한 번씩 해볼 수 있게 만들어줄 것이다. 개인별로 과거와 현재, 좋아하는 것과 선택한 것, 소원과 습관 등 자기 자신에 대한 광대한 양의 데이터를 생산할 것이다. 지금도 그렇지만, 이런 데이터의 상당수는 '옵트인opt-in ■' 방식을 따를 것이다. 하지만 일부 데이터의 경우 그러한 선택이 불가능할 것이다. 또한 지금도 그렇듯이, 많은 온라인 플랫폼들이 사용

옵트인
미리 받아보겠다고 동의한 사람에 한하여 전자 우편을 보내는 광고 방식.

자가 확실히 모르는 상태에서 그들의 활동정보를 기업과 제3자에게 전달해줄 것이다. 따라서 사람들은 잘 알지도 못하는 사이에 자신의 개인정보를 타인과 공유하게 될 것이다. 정부와 기업에 이처럼 확대되는 데이터 세트_{data set} ▪는, 특정 인구를 정확히 겨냥한 서비스를 제공해주고, 미래가 어떤 모습일지 예측하고자 하는 시민과 고객의 관심에 더욱 잘 대응할 수 있게 해준다.

데이터 세트
컴퓨터상의 데이터 처리에서 한 개의 단위로 취급하는 데이터 집합.

지금껏 그토록 많은 사람들이, 그토록 많은 데이터를 구해서 이용할 수 있던 적은 없었다. 시민들은 소셜미디어 링크드인LinkedIn 같은 합법적인 경로와, 오래 전 올려놓고 잊어버린 유튜브의 악성 댓글 등 온갖 출처를 통해 얻은 정보를 가지고 다른 사람에 대해 평가할 것이다. 온라인에 남아있던 과거의 잘못된 행적이 세상에 드러나면서 중도낙마할 정치인 지망생의 수도 적지 않을 것이다. 시간이 지나면 지도자의 부정이나 과거 마약복용 같은 행적에 대한 대중의 태도가 누그러지는 경향이 강해질지 모른다(다만 "대마초를 피우긴 했어도 들이마시지는 않았다"라고 했던 빌 클린턴 전 대통령의 말을 누가 잊어버리겠는가?). 유권자들은 후보자가 미성년자 시절에 언어도단言語道斷적인 글이나 사진을 올렸다는 것을 기록으로 확인하더라도, 이를 대수롭지 않게 여길 것이다. 인터넷에 남아있는 젊은 시절의 무분별한 행위에 대해 대중은 몇 걸음 더 나아가 관용을 발휘하겠지만, 이는 고통스러운 과도기를 거쳐야 비로소 가능할 것이다. 어떤 면에서 이는 영웅이 사라진 시대가 맞게 될 당연한 단계다. 대중매체와 워터게이트 사건으로 시삭된 이러한 현상은 새로운 디지털 시대에도 지속될 것이다. 이 시대에는 시시콜콜한 생활데이터가 더 자주 감시대상에 오를 것이다. 인간이 평생 저질러온 잘못에 관한 구체적인 정보가 끊임없이 온라인으로 흘러 들어오면서, 신화적인 영웅의 지위가 무너질 것이다.

특히 신뢰가 중시되는 자리에 오르고자 하는 전문가라면, 누구나 자신의 과거에 대해 설명해야 할 것이다. 만약 당신 가족의 주치의가 이민자를 반대하는 장문의 글을 쓰면서 주말을 보냈다면, 아니면 당신 아들을 지도하는 축구코치가 20대 때 방콕의 홍등가에서 여행가이드로 활동한 이력이 있다면, 그것이 당신에게 중요한 문제일까? 우리 동료나 리더에 대한 이런 자세한 정보는 예상치 못한 결과를 야기할 것이다. 문서로 기록된 과거는 일터와 일상생활에서 많은 사람들에게 영향을 미칠 것이다. 누군가는 언제 온라인에 무슨 소식이 또 등장할지 몰라 전전긍긍하면서, 순탄치 않던 인생의 어느 시기에 대해 신경을 곤두세우며 살아갈 것이다.

완전한 시민참여의 시대에 민주주의국가에서는 부패, 범죄, 개인적 추문을 그냥 넘기기가 점점 더 힘들어질 것이다. 공적 영역으로 들어온 사람들의 정보는 수상한 시민들을 내버려두지 않을 것이 분명하다. 사회 운동가, 감시집단, 민간인들이 힘을 합쳐 리더에게 과거 행적에 대한 해명을 요구할 것이며, 그들은 정부의 말이 진실인지 아닌지를 판단할 수 있는 도구를 갖게 될 것이다. 처음에는 리더에 대한 대중의 신뢰가 줄어들지도 모른다. 그러나 다음 세대의 리더가 이러한 변화된 사회상을 적극적으로 받아들이기 시작하면서 리더에 대한 신뢰는 더욱 공고해질 것이다.

이러한 변화들이 광범위하게 추진됐을 때, 오늘날의 우리보다 훨씬 더 큰 목소리로 '사생활보호를 위해 적극적인 조치를 취하라'며 정부를 상대로 시위하는 시민들이 늘어날 것이다. 법이 디지털 정보의 영구화

현상을 바꿔놓을 수는 없겠지만, 원하는 시민에게는 어느 정도 사생활 보호를 해주는 합리적인 규제들이 도입될 수 있다. 오늘날의 정부관리들은 몇몇 예외를 제외하고는 인터넷의 구조나 여러 가지 활용방법을 이해하지 못하고 있다. 이러한 현상은 바뀔 것이다. 향후 10년 내에 커뮤니케이션 기술이 어떻게 작동하고 그것이 시민과 다른 비정부조직 운동가에게 어떻게 힘을 줄지 이해하는 정치인이 지금보다 훨씬 늘어날 것이다. 그 결과, 사생활, 보안, 사용자 보호 같은 이슈에 대해 더 많은 정보를 갖고 논의할 수 있는 정부 내 인사들이 등장할 것이다.

민주적인 제도와 기술이 상대적으로 덜 발달한 개발도상국 가운데 민주주의를 표방하는 국가에서는 정부의 사생활 규제가 더 임의적인 성격을 띨 것이다. 미국에서도 그러했듯이, 각 국가마다 특정 사건이 촉매제가 되어 사생활 규제에 대한 관심과 보호 요구가 크게 늘어날 것이다. 1994년, 한 스토커에 의해 유명 여배우가 피살되는 사건[76]을 포함해서 정보 유출로 인해 빚어진 일련의 사건들에 국민의 이목이 쏠리자, 자동차 담당 정부부서들의 개인정보 공유를 금지하는 연방법이 통과됐다. 1988년에는 대법원 임명과정에서 고인이 된 로버트 보크Robert Bork 판사의 비디오 대여 정보가 유출되자[77], 미국 의회는 고객의 동의 없이는 기업이 비디오 대여 정보를 공개할 수 없게 하는 '비디오 사생활 보호법Video Privacy Protection Act'을 통과시켰다.*

이러한 모든 디지털 혼돈digital chaos이 민주사회의 골칫거리가 될지는

---

* 흥미롭게도 2008년 텍사스에서 이 법이 효력을 발휘한 적이 있다. 당시 한 여성이 온라인 비디오 대여회사인 블록버스터Blockbuster가 사전동의 없이 자신의 비디오 대여 및 판매 기록을 페이스북에 올렸다면서, 회사를 상대로 집단소송을 제기했다. 소송은 원고와 피고 당사자 간 합의로 마무리되었다.[78]

몰라도, 그것이 민주주의체제를 파괴하지는 못할 것이다. 약간 손상되긴 하더라도, 제도와 정책은 그대로 유지될 것이다. 또한 민주주의가 이러한 새로운 추세를 규제 및 통제할 수 있는 적절한 법규를 만든다면, 그로 인해 사회계약이 강화되고, 사회의 효율성과 투명성이 확대되는 등 긍정적인 개선도 가능할지 모른다. 하지만 그렇게 되기까지는 시간이 걸릴 것이다. 규범이라는 것이 순식간에 바뀌는 게 아니고, 각각의 민주주의마다 적응속도도 다를 것이기 때문이다.

점점 불안해지는 정국

데이터 혁명으로 인해 사람들이 사생활 정보에 접근하기가 더 쉬워지면서, 일부 독재정권은 이를 이용하여 시민의 활동을 억압하는 위험한 짓을 저지르고 있다. 우리는 우리가 이 책에서 논의한 여러 가지 발전에 의해 이러한 나쁜 결과가 해소되기를 바란다. 그렇더라도 우리는 독재정권하에 사는 시민들이 자신의 사생활과 보안을 위해 더 격렬하게 투쟁해야 한다는 사실을 이해해야 한다. 디지털 억압digital repression 속에 생활하는 시민을 지켜주기 위한 도구와 소프트웨어의 수요는, 관련 산업의 강력한 성장을 도모할 것이다. 그것이 이 새로운 정보 혁명이 가진 힘이다. 다시 말해, 모든 부정적인 것에 맞서 긍정적인 효과를 낼 수 있는 맞대응이 벌어질 것이다. 세상에서 가장 억압적인 곳에서조차 사생활과 보안을 통제하려는 시도에 맞서 그것을 위해 싸우는 사람이 더 늘어날 것이다.

하지만 독재정권도 이 사악한 싸움에서 선전할 것이다. 그들은 시민이 무방비로 당하기 쉬운 환경을 만들기 위해, 모바일 및 인터넷 서비스 제공업체들을 통제하는 등 정보의 영구화를 위해 최대한 애쓸 것이다. 그나마 얼마 없던 약간의 사생활조차 오랫동안 사라질 것이다. 독재정권은 사람들이 늘 가지고 다니는 휴대전화를 감시도구로 이용할 것이다. 기술 분야에 조예가 깊은 특별한 소수만이 이를 막는 기술을 쓸 텐데, 실상 이는 그들을 잠시 동안만 보호해주는 데 그칠 것이다.

이러한 정권은 휴대전화가 팔리기 전에, 사람들이 통화하고 문자메시지를 보내고 공적·사적으로 공유하는 정보에 모두 접근할 수 있도록 기기를 조작해놓을 것이다. 시민들은 비밀을 털어놓으면 얼마나 위험해질 수 있는지를 의식하지 못할 것이다. 그들은 우연히 유용한 첩보를 공유할지도 모른다(특히 인터넷에서 적극적인 사회활동을 하는 시민이라면 그럴 가능성이 더 크다). 그러면 국가는 그들이 누구이며, 어떤 일을 할 수 있을지에 대한 꼼짝 못할 증거를 얻기 위해 그 첩보를 이용할 것이다. 국가 주도의 멀웨어malware ■와 인간의 실수는 이들 정권에게, 디지털 외의 방법을 써서 수집했던 것보다 더 많은 시민 관련 첩보를 수집할 수 있게 해줄 것이다. 국가로부터 넉넉한 인센티브를 제시받은 시민 네트워크는 동료 네트워크에 대한 정보를 누설할 것이다. 정권이 노트북컴퓨터에 붙은 카메라를 조작한 후, 사실상 아무도 모르게 반체제 인사의 집에 침입하여, 그곳에서 나온 말과 행동을 모두 청취 및 감시하는 기술은 이미 등장한 지 오래다.

억압적인 정부는 누가 휴대전화나 집에 감시 방지 애플리케이션을 설

멀웨어
바이러스처럼 프로그램에 해를 입히고, 시스템 전체를 망가뜨리고자 설계된 악성 소프트웨어.

치했는지를 파악할 수 있게 될 것이다. 이에 따라 그저 불법으로 미국 드라마 〈소프라노스The Sopranos〉를 다운받으려고만 했던 일반국민에게까지 감시가 확대될 것이다. 국가는 사람들이 휴대전화에 암호를 걸어두거나 프록시 소프트웨어proxy software ■를 설치했는지 알아보기 위해 무작위적인 검문을 실시할 것이다. 그랬다는 것이 확인될 경우 벌금을 부과하거나, 구금하거나 아니면 정부의 불순 세력 데이터베이스에 입력해놓을 수 있다. 정부의 감시를 막

프록시 소프트웨어
보안을 강화하고자 외부의 침입을 방지할 때 이용되는 소프트웨어.

기 위한 애플리케이션을 다운로드한 것이 알려진 사람들은, 갑자기 살기가 더욱 힘들어질 것이다. 그들은 대출을 받거나, 자동차를 렌트하거나, 온라인 쇼핑을 할 때마다 어느 정도 괴롭힘을 당할 것이다. 정부 관계자들은 모든 초·중·고등학교 교실과 대학교 강의실을 뒤지고 다니면서, 휴대전화에 그런 소프트웨어를 다운받은 적 있는 모든 학생을 추방시킬 것이다. 심지어 이런 학생들의 가족과 친구에게까지 벌금이 확대되면서, 국민이 그런 행동을 하지 못하도록 점점 더 감시대상의 범위를 확대해나갈 것이다.

이보다는 덜한 전체주의적 독재국가에서는 정부가 국민에게 자신이 인정한 '공식적인' 프로필을 쓰라고 지시하는 일은 없을 것이다. 하지만 분명 법과 감시기술을 통해 기존의 온라인 신원에 영향을 주고, 국민을 통제하려고 할 것이다. 그들은 사용자를 쉽게 감시하기 위해 소셜네트워킹 프로필에 집주소와 휴대전화번호 같은 특정한 개인정보를 포함시키도록 요구하는 법안을 통과시킬 수 있다. 그들은 요구한 정보가 누락되거나 부적절한 콘텐츠가 존재하는지 찾아보기 위해, 시민들이 공개한 프로필을 뒤질 수 있는 정교한 컴퓨터 알고리즘을 구축할지도 모른다.

국가들은 이미 은밀하게 이런 행동을 취하고 있다. 시리아의 반정부 민중봉기가 2013년까지 계속 이어지고 있는 가운데, 시리아 야당의원들과 국제 구호 운동가들[79] 다수는 그들의 노트북이 컴퓨터바이러스에 감염됐다고 보고한 적이 있다(그들 대부분은 온라인 비밀번호가 갑자기 비활성화될 때까지 이런 사실을 깨닫지 못했다). 국외 IT전문가들이[80] 디스크를 확인해본 결과, 그곳에는 시스템을 파괴하거나 정보를 유출하는 등 악의적 활동을 수행하기 위해 의도적으로 제작된 멀웨어가 설치되어 있다는 것이 확인됐다. IT전문가들에 따르면, 이번 경우에 멀웨어는 정보와 비밀번호를 훔쳐가고, 타이핑 내용을 기록하고, 스크린 샷을 찍고, 새로운 프로그램을 다운받아 원격으로 웹캠과 마이크를 켠 다음 모든 관련정보를 다시 국영인 시리아 전기통신공사Syrian Telecommunications Establishment에 속한 IP주소로 내보내는 트로이목마Troyan Horse 바이러스(합법적으로 보이는 것 같지만 사실은 악의적인 프로그램)의 한 유형이었다. 이 스파이웨어는 실행파일(사용자가 개별적으로 이 파일을 열었을 때 바이러스가 다운로드되었다)을 통해 들어왔지만, 그렇다고 해서 감시대상인 사람들이 부주의했다는 뜻은 아니다. 시리아에서 한 국제 구호 운동가는 신원이 검증된 것은 물론 인도주의적인 활동에 앞장섰던 야당 운동원(이라 여긴 인물)과 온라인으로 대화를 나누던 중 데드링크dead link ■로 보이는 파일을 하나 다운받았다. 그런데 대화가 끝난 다음에야 그녀는 원통하게도 자신이 정부의 첩자와 대화를 나눈 것 같다는 사실을 깨달았다. 그 첩자는 비밀번호 주인에게 강제로 비밀번호를 빼앗았거나 훔친 것이었다. 실제 비밀번호 주인인 반체제 운동원은 당시 수감 중이었다.

데드링크
죽은 링크 혹은 깨진 링크라고도 불린다. 이처럼 영구적으로 이용할 수 없는 페이지나 서버.

이런 환경에서 생활하는 사람들은, 정부와 부패한 기업들의 공조에 맞서 저항하는 상황에 처하게 될 것이다. 정부는 자체적으로 만들 수 없는 것을, 만들 의사가 있는 납품업체에게 하청을 줄 수 있다. 이러한 감시시스템이 도입되면 범죄인과 특정한 관계에 있는 모든 사람들에게 연대 책임을 지우고 처벌하는 연좌제가 새로운 의미를 띨 것이다. 당신이 어떤 사람의 사진 배경에 우연히 찍혔다고 하자. 이때 정부의 얼굴인식 소프트웨어가 그 사진 속 주인공이 유명한 반체제 인사라는 것을 알아낸다면, 문제는 완전히 달라진다. 사진이건 목소리건 IP주소건 상관없이 잘못된 시간에 잘못된 장소에 있었다는 사실이 문서로 남아, 아무 상관도 없는 시민조차 원치 않은 주목을 받을 수 있다. 상당히 부당한 이런 시나리오가 너무 자주 들어맞는 것은 아닐지, 그리하여 사회 전반에 자기 검열이 권장되는 것은 아닐지 심히 우려된다.

연결성은 국가의 힘을 강화시키면서 국가가 좋은 위치에서 은밀하게 시민의 데이터를 캐낼 수 있게 해주는 한편, 뉴스의 확산을 통제하는 국가의 능력을 위축시킨다. 정보 통제, 선전 그리고 정부가 정해준 '공식적인' 역사는 외부 정보를 구하려는 시민들의 움직임을 당하지 못할 것이다. 국가의 은폐 노력은 많은 정보를 갖고 연결되어 있는 시민들에 의해 거꾸로 공격당할 것이다. 정부가 할 말이나 해야 할 일을 결정하기 전에, 시민들은 어떤 사건을 포착하고, 공유하고, 그에 대해 의견을 개진할 수 있을 것이다. 더불어 저렴한 휴대전화가 확산되면서, 시민의 힘은 심지어 매우 큰 국가의 구석구석으로까지 꽤 공평하게 배분될 것이다. 세계에서 가장 지대한 영향력을 가진 정교한 검열시스템 중 하나를 구축한 중국에서도, 정권에 위협이 된다고 판단되는 기사를 은폐하려는 노력이 성과를 거두지 못하는 빈도가 점점 더 늘어나고 있다.

2011년 7월 중국 저장浙江 성 남동부의 도시 원저우溫州에서는 초고속 열차 충돌로 40명이 목숨을 잃는 사고가 일어났다. 이 사고는 중국의 인프라 프로젝트가 적절한 안전검사를 받지 않은 상태에서 너무 서둘러 추진되는 것이 아니냐는, 이미 광범위하게 퍼져있던 우려에 더욱 무게를 실어주었다. 하지만 당시 사고는 관영 언론들에 의해 그 의미가 축소 보도됐고, 중국 내 언론들도 이 사건을 적극적으로 축소 보도했다. 웨이보weibo에 이 사건과 관련된 수천만 건의 글이 올라온 다음에야,[81] 비로소 중국 정부는 당시 사고가 앞서 보도됐던 대로 기상악화나 정전이 아니라 설계 결함[82] 때문이라는 것을 인정했다. 아울러 정부가 사고가 일어난 즉시 언론사들에 감독관을 급파하여[83] "사고 원인을 찾아내지 마라. 권위 있는 기관이 발표한 성명서를 보도해야 한다. 성명서 내용을 의심하는 것은 금물이다. 추가적인 문제는 터지지 않을 것이다. 개개인의 마이크로블로그microblogs에 본 사건과 관련된 추측이 올라오거나 유포되는 것을 금지한다!"라고 경고한 것이 밝혀졌다. 정부는 또한 기자들에게 "지금부터 원저우 기차사고에 대해서는 '중대한 재난 앞에 목격된 크나큰 사랑'이라는 주제로 기사를 써야 한다"면서, 독자들이 '좋은 기분을 유지할 수 있는 톤'으로 기사를 쓰라고 지시했다. 주류 언론은 이런 정부의 압력에 굴복했다. 반면, 마이크로블로거들은 그렇지 않았다. 결국 중국 정부는 이 일이 심각하게 황당한 사건이었음을 시인할 수밖에 없었다.

중국 같은 국가에서는 기술 기기로 무장한 시민들의 적극적인 활동과 정부의 통제가 뒤섞이면서, 이례적일 만큼 불안한 상황이 연출되고 있다. 국가가 모든 사건에 대해 철저히 통제를 한다면, 이를 무력화시키는 모든 사건(카메라폰에 찍힌 모든 실수와 외부 정보로 잘못되었다는 것이 드러난 모든 거짓말 등)은 국민들 사이에 반체제 운동 분위기를 확산시키는 의심의 씨앗을 뿌리기 마련이다. 그로 인해 정국은 광범위한 불안에 빠져들 수 있다.

파탄국가의 기회주의자들

오늘날 통치력을 상실하여 국가로서 일체성을 유지하기 힘든 소위 파탄국가들은 소수에 불과한데, 이들은 권력 공백 속에서 연결성이 어떤 역할을 할 수 있는지 보여주는 흥미로운 모델을 제시한다. 실제로 전기통신은 실패한 파탄국가에서 번성할 수 있는 유일한 산업인 것 같다. 소말리아의 전기통신회사들은 정보, 금융서비스, 심지어 전기까지 공급해주면서, 수십 년 동안의 전쟁이 만든 소말리아 사회의 수많은 공백을 메워주고 있다.[84]

미래에는 파탄국가에서 저렴한 스마트폰의 사용자 수가 급증함에 따라 시민들이 더 많은 일을 할 수 있는 기회를 찾을 것이다. 전화기는 정부가 제공할 수 없는 교육, 건강관리, 보안, 상거래 기회를 얻는 데 도움을 줄 것이다. 또한 모바일 기술은 주변 환경에 심리적으로 큰 충격을 받고 있는 사람들에게 정말로 필요한, 지적이고 사회적이며 오락적인 발산 수단을 제공할 것이다. 연결성만으로 파탄국가들의 상황이 개선되지는 않겠지만, 최소한 그것은 시민들이 처한 상황을 나아지도록 할 수 있다. 나중에 논의하겠지만, 지역사회가 갈등의 해결과 갈등 후 도전과제 (이주자 사회에서 가상제도virtual institution를 구축하고 숙련된 노동자 데이터 베이스를 개발하는 것 등)의 해결을 지원하는 새로운 방법들이 생겨나, 지역의 회복속도가 단축될 것이다.

하지만 권력 공백 상태에서는 기회주의자들이 넘쳐날 것이다. 이들에게도 연결성이 매우 강력한 무기가 될 수 있다. 파탄국가에서 새로이 연결된 시민들은 모두 삭제되지 않은 데이터에 약점을 노출하게 되겠지만, 그들을 이러한 위험으로부터 보호해줄 보안장치는 존재하지 않을 것이다.

똑똑한 군벌, 착취자, 해적, 범죄자들은 다른 사람의 데이터를 편취해서 자신의 힘으로 통합시키는 방법을 찾을 것이다. 그들은 아무런 책임도 지지 않은 채, 부자나 영향력 있는 종교 지도자 등 특정인을 더욱 정확하게 겨냥하여 공격할 수 있게 될 것이다. 모바일머니 플랫폼의 자금 이체 기록 같은 온라인 데이터를 통해 어느 대가족이 외국에 있는 친척들로부터 거액의 돈을 받았다는 사실을 지역 폭력배들이 알게 된다면, 그들은 당장 개입해서 조공을 요구할 수도 있다. 물론 그 조공도 모바일머니 플랫폼으로 보내라고 할 것이다.

오늘날 군벌들은 자신들이 모든 종류의 값나가는 자원이 통과하려면 반드시 거쳐야 하는 관문인 양 굴면서 점점 더 부유해지고 있다. 미래에는 마약, 광물, 돈이 계속해서 중요하겠지만, 개인정보 역시 같은 가치를 지닐 것이다. 미래의 군벌들은 자신이 갖고 있는 데이터를 직접 사용하는 대신, 웃돈을 주고 그것을 살 용의가 있는 제3자에게 팔지도 모른다. 무엇보다 중요한 사실은 이런 기회들이 지금보다 더 은밀하게, 익명으로 등장할 것이라는 점이다. 불행히도 그들은 일반인이 할 수 없는 방식으로 익명성을 얻는 방법을 찾아낼 것이기 때문이다.

기술은 중립적이지만 사람은 그렇지 않다

실리콘밸리에서 일하는 많은 사람들이 듣기엔 '권력 공백', '군벌', '파탄국가'란 단어들이 자기와 아무런 관련 없는 것처럼 들릴지 모른다. 하지만 이러한 생각은 조만간 바뀔 것이다. 오늘날 기술 기업들은 가상세계의 시민들에게 열심히 집중하면서 책임을 지려 하고 있다. 하지만 50억 명의 새로운 시민이 온라인 세상에 들어오면서, 기업은 이들의 문제가 처음 이 세상에 들어온 20억 명의 문제에 비해 훨씬 복잡해졌다는 것을 깨달을 것이다. 이 50억 명 중 다수가 가난하며, 검열을 받아야 하는 불안한 환경 속에 산다. 접속, 도구, 플랫폼의 제공자로서 기술 기업이 진정 책임감 있는 정책을 펴나가고 싶다면, 이들이 온라인에서 활동하는 동안 이들이 사는 현실세계의 부담을 일부 떠맡아야 할 것이다.

기술 기업들은 사생활과 안전을 보장함에 있어 고객의 기대치를 뛰어넘어야 할 것이다. 가상세계의 구조에 책임을 지고 있는 기업들이, 우리 미래에 전개될 일들에 대해 상당 부분 비난을 감당해야 한다는 게 놀랍지만은 않다. 기술 기업을 겨냥한 일부의 분노는 정당화되겠지만(결과적으로 이런 기업들은 신속히 네트워크를 팽창함으로써 이득을 볼 것이다), 그중 상당수는 잘못된 분노일 것이다. 개인적 책임의 한계를 인정하기보다는, 기술의 사악한 적용 사례를 콕 집어서 하나의 제품이나 기업을 비난하기가 훨씬 쉬운 법이다. 물론 이익창출 욕구에 눈이 멀어 사용자에 대한 책임을 소홀히 하는 기업도 일부 존재할 것이다. 다만 그러한 기업은 미래에 지금보다 성공하기 더 힘들어질 것이다.

어떤 기술 기업은 사용자들과 전 세계 온라인 커뮤니티를 위해 자신들이 짊어져야 할 책임을 다른 기업보다 더 잘 알고 있다. 오늘날 온라인으로 제공되는 거의 모든 제품과 서비스들이, 사용자들로 하여금 계약 조건을 수용하고 요구를 지키도록 의무화하는 이유도 일부 이 때문이다. 사람들은 소비자로서 또 개인으로서, 정보를 공유하기 전 사생활과 보안에 대한 회사의 정책과 입장을 읽어둬야 할 책임이 있다. 기업의 숫자가 계속 늘어나면서 시민은 더 많은 선택권을 갖게 될 것이고, 그 어느 때보다 꼼꼼한 확인이 중요해질 것이다. 똑똑한 소비자라면 제품의 품질뿐 아니라 그 제품이 얼마나 쉽게 당신의 사생활과 보안을 통제할 수 있게 해주는지도 살펴봐야 한다.

하지만 법의 지배가 취약하여 여론과 환경이 심판자가 되는 곳에서는 이렇게 미리 정해진 계약조건들이 중요하지 않을 것이다. 우리는 향후 수십 년간 그런 제품과 서비스의 제조 및 유통업체들에 더욱 많은 관심이 집중되리라 예측한다.

이러한 추세는 격동의 시기가 도래했을 때, 기술 기업들의 형성 및 성장 방식에 영향을 줄 것이다. 특히 부정적인 눈초리에 시달리는 기술 산업의 몇몇 하위 업종들은 엔지니어를 채용하거나 사용자를 끌어모아 제품을 파는 데 애를 먹을 것이다. 사용자들이 그런 업종을 기피한다고 해서 문제가 해결되는 것은 아닌데도 말이다(오히려 이렇게 되면 그들은 혁신이 주는 모든 혜택을 포기함으로써 사용자 커뮤니티에 피해만 갈 것이다).
도래할 디지털 시대에 기술 기업들은 둔감해질 필요가 있다. 사생활과 보안, 사용자보호 등에 대한 대중의 걱정에 포위될 것이기 때문이다. 이러한 논의를 기피한다고 해서 될 일도 아니며, 그렇다고 이러한 이슈들에 대한 입장을 유보할 수 있는 것도 아니다.

그들은 변호사 수를 늘려야 할 것이다. 이미 대형 기술 기업들에서는 현재도 지적 재산권, 특허, 사생활, 기타 이슈들을 둘러싼 법적 다툼이 끊이질 않고 있다. 앞으로도 진정한 법적 개혁이 이루어지기 전에 소송부터 진행되는 일이 허다할 것이다. 구글은 종종 저작권법과 본국법 위반 혐의로 전 세계 국가들로부터 소송을 당한다. 구글은 사용자들에게 구글이 법적 테두리 안에서 일하면서, 사용자들의 이익을 최우선적으로 고려하고 있다는 믿음을 주기 위해 열심히 노력한다. 하지만 정부에게 소송을 당할 때마다 모든 제품 개발을 전면 중단해버린다면, 구글은 어떤 것도 만들지 못할 것이다.

기업은 그들 제품의 가능성과 한계에 대한 대중의 기대를 어떻게 관리해야 할지 배워야 한다. 기술 기업은 정책을 수립할 때 정부와 마찬가지로 점점 더 정치적으로 위험해지는 환경, 국가 사이의 외교관계, 시민들의 삶을 지배하는 규칙 같은 모든 종류의 국내외 역학을 더 많이 반영해야 할 것이다. '기술은 중립적이지만 사람은 그렇지 않다'는 기술 산업의 모토는 이 모든 소음 속에 주기적으로 잊히겠지만, 디지털 시대의 시민들로서 우리가 발전하기 위해선 그 사실을 망각하지 않는 것이 중요하다.

기업, 법, 사회, 개인의 대응전략

전 세계인들과 기관들은 혁신적인 민간 및 공공 분야의 대응전략을 토대로 새로운 도전과제 해결을 위해 일어날 것이다. 우리는 그들을 개략적으로 기업, 법, 사회, 개인 등 네 가지 범주로 나눠보았다.

기술 기업은 정부의 규제와 압박으로 인해 산업이 활력을 띠지 못하는 사태를 맞고 싶지 않다면, 사생활과 보안 문제에 대하여 합당한 수준, 그 이상의 책임을 지기 위해 노력해야 할 것이다. 기업은 이미 사용자가 특정 플랫폼으로부터 자신의 모든 데이터를 자유롭게 해주는 디지털 '이젝트 버튼eject button'을 제공하고 있고, 관심 설정 관리자preferences manager를 두고 있으며, 제3자나 광고주에게 개인정보를 팔지 않고 있다. 하지만 사생활과 보안 문제가 광범위하게 발생하고 있는 오늘날에는 여전히 처리해야 할 과제가 많다. 아마도 기업들은 다 같이 제3자에게 데이터를 팔지 않기로 서약하는 일종의 조약을 체결할지도 모른다.

두 번째 대응전략은 법적 선택에 집중될 것이다. 데이터 혁명의 영향력이 자리를 잡게 되면서, 인터넷에는 영구적인 정보가 올라오고 시스템에는 새로운 취약성이 발견되고 있다. 정부는 이와 같은 문제로부터 시민들을 보호하라는 압력을 점점 더 강하게 받을 것이다. 민주주의국가에서는 이것이 곧 새로운 법의 제정을 의미한다. 법은 불완전하고, 지나치게 이상적이며, 가끔은 너무 서둘러 제정되기도 하겠지만, 그것은 연결성이 야기하는 혼란스럽고 예측 불가능한 변화들에 효과적으로 대

이젝트 버튼
플로피 디스크, CD 비디오 카세트 등을 장치에서 꺼낼 때 조작하는 꺼냄 버튼.

응하기 위해 사회가 벌이는 최선의 시도를 의미할 것이다.

앞서 논의한 바와 같이, 미래에 우리의 온라인 신원을 만들게 될 정보의 흔적은 어떤 시민이 그 정보를 이해하기 위해 판단을 내리기 훨씬 이전부터 이미 시작될 것이다. 향후 10년간 젊은이들이 겪게 될 철저한 감시의 수준은 지금껏 봐온 것과 차원이 다를 것이다. 이러한 변화는 대부분의 사람들에게 영향을 줄 것이다. 따라서 디지털 시대에 걸맞은 새로운 법을 광범위하게 제정하라는 대중의 압력과 정치적 의지가 등장할 것이다.

청소년기에 저지른 온갖 무책임한 일들이 디지털 문서화되는 가운데 미래 세대가 완전한 성인기에 접어들게 되면, 가상공간에 저장된 청소년 시절의 기록을 봉인해야 한다는 주장이 강력하게 제기될 것이다. 미성년자 시절의 모든 정보는 이제 봉인되어 활용할 수 없게 될 것이다. 그런 정보를 대중적으로 공개할 경우, 벌금을 물거나 심지어 투옥되는 일이 생길 수도 있다. 법은 어떤 고용주, 법원, 주택 당국, 대학이라도 그런 콘텐츠를 고려대상으로 삼는 것을 불법으로 규정할 것이다. 물론 이러한 법은 강제로 실행하기 어렵겠지만, 그러한 법이 존재하는 것만으로도 규범을 수정하는 데 도움이 될 것이다. 온라인을 통해 청소년기 때 저지른 작은 잘못이 드러나더라도, 그것을 사회에서 '시험 삼아 약물을 복용하고 술을 마셔본 것' 정도로 여기도록 만들어주려는 것이다.

사생활을 보호하고 비밀정보를 유출하는 사람들에 대한 처벌을 강화하기 위해 다른 법이 등장할지도 모른다. 휴대전화를 훔치는 행위는 신분을 훔치는 것에 버금가는 행위로 간주될 수 있고, 온라인 침입(비밀번호를 훔치고 계정을 해킹하는 행위)을 하면 무단침입과 같은 수준의 처벌

을 받을 수 있다.[85]*

국가마다 어떤 종류의 정보가 공유될 수 있는지, 어떤 종류의 정보는 공유하기에 부적절한지 결정하는 자체적인 문화적 기준이 마련되어야 한다. 인도 정부가 외설이나 포르노라고 생각하는 콘텐츠를 프랑스 정부는 재고하지 않고 그냥 통과시킬지도 모른다. 남의 사생활에 관심이 많은 것은 물론, 카메라가 장착된 스마트폰과 장난감매장 어디서나 살 수 있는 저렴한 '카메라 드론camera drone ■'이 넘쳐나는 사회의 경우를 생각해보자. 파파라치를 위해 존재하는 영역('공적' 공간 대 '사적' 공간)이 모든 사람들에게 확대 적용될 것이고, 따라서 촬영대상의 동의가 있

카메라 드론
무선전파로 조종하여 움직이는 무인비행체를 드론이라고 하는데, 여기에 비디오와 녹음 장치가 장착된 것을 가리킨다.

어야 사진을 찍을 수 있는(사우디아라비아의 경우 여성의 사진을 찍을 때 그 여성의 남성 보호자로부터 동의를 받아야 한다) 몇몇 안전지대가 지정될 것이다. 사람들은 촬영 허락을 받기 위해 휴대전화에 특정 애플리케이션을 설치할 것이고, 디지털 사진은 촬영기록과 '디지털 워터마크digital watermark'를 생성하여 누가 불법으로 사진을 찍었는지 쉽게 확인할 수 있을 것이다. 디지털 워터마크란 어떤 파일에 대한 저작권 정보(이름, 날짜, 권리 등)를 식별할 수 있도록 디지털 이미지나 오디오 및 비디오 파일에 삽입한 비트bits 패턴을 말한다. 이는 눈에 보이지는 않지만 특정 소프트웨어로 추출 및 해독이 가능하기 때문에, 조작이 의심될 경우 전문가들이 나서서 해당 파일이 원본인지 아닌지 판단할 수 있다. 따라서 조작을 미연에 방지한다.

세 번째 대응전략은 사회적 차원의 전략이다. 먼저 커뮤니티와 NGO

---

* 미국에서는 이미 몇몇 경우에 한해, 사이버 공간에서의 '무단침입죄'를 적용한 적이 있다.

같은 '비국가 활동세력non-state actors'이 데이터 혁명의 결과에 어떤 식으로 대응할지 질문해야 한다. 우리는 향후 10년간 연결된 시민들을 정부 및 다른 시민들로부터 보호해주는 시민—사회 조직이 속속 등장할 것이라고 본다. 강력한 로비그룹이 나타나 콘텐츠 및 사생활보호법을 옹호할 것이다. 억압적인 감시 전략들에 관한 자료를 갖고 있는 인권단체들은 시민보호의 확대를 요구할 것이다. 삭제되지 않는 데이터로 인한 문제를 해결하는 데 도움을 주는 지원단체들도 등장할 것이다. 교육단체는 취학 아동이 과도하게 공유를 하지 못하도록 애쓸 것이다('낯선 사람에게 개인정보를 주어선 안 된다'는 식의 교육). 최근 미국에서 벌어지고 있는 '사이버 불링cyber bulling'을 막기 위한 운동은 다가올 일을 예고한다. 앞으로 대중은 사이버 불링의 문제를 광범위하게 인정할 것이고, 그에 대한 경각심을 높이기 위해 시민—사회 운동을 펼치겠지만 정치권은 이 문제의 확산을 억제하기 위해 미온적인 노력만을 기울일 것이다. 학교에서는 교사 등 관리자들이 사이버 불링을 실제 괴롭힘과 같은 수준의 처벌로 다스릴 것이다. 이제 학생이 무단결석했을 때만 교장실로 불려가는 것이 아니라, 집에서 전날 밤 온라인상에 올린 글 때문에 불려갈 수도 있는 것이다.

사이버 불링
사이버 상에서 특정인을 집단적으로 따돌리거나 괴롭히는 사이버 폭력.

　　비국가 활동세력은 연결된 세상의 부작용을 완화시키는 것 외에도, 이러한 기술변화를 더 좋은 방향으로 이용하기 위한 아이디어를 내야 하는 책임도 지게 될 것이다. 개발도상국에서는 구호단체들이 이미 전 세계적인 연결성 확대를 토대로 혁신적인 시범 프로젝트를 앞장서 추진하고 있다. 2011년 동아프리카에 기근이 몰아닥쳤을 때 미국 국제개발처United States Agency for International Development, USAID의 라지프 샤Rajiv Shah

처장은 폭력적 이슬람 단체인 알 샤바브al-Shabaab를 피해 기근에 시달리는 소말리아인들을 지원하고자, 모바일머니 플랫폼과 '하왈라hawala■'라는 아랍세계의 전통

하왈라
전 세계 조직망을 이용하여 은행을 거치지 않고 자금을 유통하는 이슬람식 송금 시스템.

적인 비공식 송금방법을 섞어서 활용하고 있다고 보고했다.[86] 소말리아 내에 휴대전화 보급 및 기초적인 연결성이 빠른 속도로 확대되면서, 그곳 국민뿐 아니라 도움을 구하는 사람 모두에게 새로운 기회의 문이 열렸다.[87] 특히 NGO와 자선단체들은 새로운 디지털 시대에 기술 주도의 솔루션이 갖는 한계를 계속해서 뛰어넘을 것이다. 그들은 정부기관보다 훨씬 더 유연하고, 일반기업보다 위험을 더 잘 흡수할 수 있어, 이런 일에 아주 적합하다.

대응전략의 네 번째 범주는 개인적 차원이다. 시민들은 익명의 P2P 커뮤니케이션을 더 많이 이용하게 될 것이다. 삭제 버튼이 없는 세상에서, P2P 네트워킹은 감시망을 피해 몰래 활동하려는 사람이라면 누구나 의존하게 되는 활동수단이 될 것이다. 블루투스bluetooth■ 같은 모바일 P2P기술은 두 대의 기기가 인터넷을 거치지 않고도 서로 연결되어 소통할 수 있게 해준다. 이는 인터넷에서 운영되는 비트 토렌트Bit Torrent■ 같은 P2P 파일공유 네트워크와는 다르다. 다만 이 두 가지 P2P 기술의 공통점은, 사용자들이 고정된 제3의 서비스를 사용하지 않고, 각기 공급자와 수취인 역할을 하면서 서로 연결된다는 것이다. 미래에는 P2P 네트워킹을 통해 즉각적인 커뮤니케이션이 가능한 동시에 제3자의 통제 내지 감시로부터 벗어나는 것 역시 가능해질 것이다.

블루투스
노트북, 휴대폰, 이어폰 등의 휴대용 기기를 서로 연결해 사진이나 벨소리 등 파일을 전송하는 근거리 무선통신 기술 표준.

비트 토렌트
전 세계적으로 자료를 공유하는 P2P 파일 전송 프로토콜의 이름 혹은 이를 이용한 응용프로그램.

이머징 마켓
떠오르는 시장. 개발도상국 가
운데 높은 경제성장률과 빠른
산업화를 특징으로 하는 국가
들의 신흥시장을 일컫는다.

오늘날 모든 스마트폰에는 어떤 형식으로건 P2P 기능이 내장되어 있다. 게다가 향후 10년간 이머징 마켓 emerging market ▪에서 저렴한 스마트폰이 봇물 터지듯 쏟아짐에 따라, 점점 더 뛰어난 기능을 갖춘 기기를 잘 이용할 수 있는 사람들이 늘어날 것이다.

아주 기본적인 기능만 갖춘 휴대전화에도 블루투스 기능이 있는 경우가 종종 있어서인지, 개발도상국에도 이미 블루투스는 널리 대중화되어 있다. 휴대전화 보급속도가 컴퓨터와 인터넷을 이용하는 인구의 성장속도를 크게 추월한[88] 서아프리카 내 대부분의 지역에서는 많은 사람들이 휴대전화를 마치 스테레오 전축처럼 취급한다.[89] 휴대전화만 가지고 있어도 쉬운 P2P 파일공유 기능을 통해 음악을 저장, 교환, 청취할 수 있기 때문이다.

아프리카 사하라 사막 서부에 있는 국가 말리의 국민들은 특정 인프라 문제로 모바일 주크박스를 사용할지 모르나, 다른 모든 곳에 있는 사람들은 개인적인 이유(지울 수 없는 기록에 대한 불편함)나 실용적인 이유(안전한 커뮤니케이션) 때문에 P2P 네트워크를 선호하기 시작할 것이다. 억압적인 국가에 거주하는 시민들은 정부의 감시를 피해 소통하고자, 이미 통상적인 P2P 커뮤니케이션 플랫폼과 함께 리서치인모션Research in Motion, RIM이 제작한 블랙베리 메신저BlackBerry Messenger, BBM 같은 암호화된 메시지 교환시스템을 사용하고 있다. 또한 미래에는 P2P 모델을 활용한 새로운 형식의 기술도 쓸 수 있게 될 것이다.

P2P 기술의 명암

오늘날 '착용 가능 기술Wearable technologies'에 대한 논의는 주로 명품시장에 초점이 맞춰져 있다. 예를 들어, 알람시계가 꺼졌을 때 진동하는 손목시계(이미 이런 기능을 갖춘 손목시계가 여러 종류 등장했다), 혈압을 감시하는 귀걸이 등이 있다.*

증강현실 기술을 새롭게 적용하면 보다 풍부한 기술 착용을 경험할 수 있다.[90] 2012년 구글은 '프로젝트 글래스Project Glass'[91]라는 새로운 증강현실 시제품을 공개했다. 이것은 디스플레이가 한 쪽 눈 위에 장착된 안경인데, 이 디스플레이는 정보를 전달하고, 음성명령을 통해 메시지를 처리하고, 카메라를 통해 동영상을 촬영 및 기록할 수 있다. 다른 회사들도 이와 유사한 기기를 준비 중이다.[92] 미래에는 이런 증강현실 기술이나 P2P 커뮤니케이션 기술이 만나, 흥미롭고 유용한 기기들이 개발될 것이다. 이를 위해 감각 정보sensory data, 수많은 데이터 채널, 안전한 커뮤니케이션 수단들이 통합될 것이다. 예를 들어, 종교 경찰religious police ■이나 첩자들이 공공장소를 배회하는 국가에서는 우수한 공간지각 능력이 무엇보다 중요하다. 따라서 착용 가능 기술의 개발자는 정부 요원이 가까이 있는 것을 감지하면 주위의 다른 사람들에게 경고 진동

종교 경찰
사우디아라비아 전역에서 이슬람 종교적 질서 확립을 위해 활동하는 경찰. '미덕 증진과 악행 예방을 위한 위원회'라는 공식 명칭을 가진 무타와인을 가리킨다.

---

* 착용 가능 기술은 이와 유사한 햅틱 기술과 겹치는 부분이 있다. 하지만 두 기술이 똑같지는 않다. 햅틱은 일반적으로 맥박이나 압력에 반응하는 사용자의 촉감에 따라 작동하는 기술이다. 착용 가능 기술에도 햅틱 요소가 다수 포함되곤 하지만, 그것에만 국한되지는 않는다(사이클 선수를 위한 불 들어오는 야간용 상의 등). 또한 모든 햅틱 기술이 착용 가능한 것도 아니다.

을 보내는 손목시계를 설계할 것이다. 감각 정보를 둘러싼 완전히 새로운 비음성 언어가 등장할 것이다. 이를테면, 진동 신호가 두 번 오면 주변에 정부 요원이 있다는 것이고, 세 번 오면 '도망가라'는 것일 수도 있다. 이 시계는 또한 GPS 데이터를 사용해서 착용자의 장소를 다른 사람과 공유할 것이다. 그들은 요원이 어떤 방향에서 다가오고 있는지 파악할 수 있는 증강현실 안경을 쓰고 있을지도 모른다. 이 모든 커뮤니케이션은 P2P 방식을 따를 것이다. 이는 인터넷에 연결해야 하는 기술보다 더욱 안전하고 신뢰가 간다.

　당신의 기기는 당신이 자력으로는 절대 모를 사실, 즉 주변에 사람들이 어디 있고, 그들은 누구이며, 그들의 가상 프로필에는 무슨 내용이 담겨 있는지 등에 대해 알고 있을 것이다. 오늘날 사용자들은 이미 와이파이 네트워크Wi-Fi networks를 통해 아이튠스 도서관을 공유하고 있는데, 미래에는 더 많은 자료를 공유하게 될 것이다. 10대들의 이성교제를 제한하는 등 보수적인 사회규범을 갖고 있는 예멘 같은 국가에서는, 젊은이들이 집이나 학교에 있을 때는 P2P 네트워크에서 자신의 개인정보를 숨기지만, 공원과 카페, 파티 등에 있을 때는 그것을 드러낼지도 모른다.

　P2P 기술은 이렇게 수많은 이점을 갖고 있지만, 풍부한 자료와 편리성을 특징으로 하는 인터넷의 대안으로서는 그 기능이 제한적이다. 우리는 종종 자신의 활동과 커뮤니케이션 내용을 저장해놓고 검색하기 위해 기록이 필요하다. 나중에 무엇인가를 공유하거나 참고해야 할 때 더욱 그렇다. 게다가 P2P 커뮤니케이션조차도 침입과 감시로부터 우리를 완벽하게 보호해주지는 못한다. 정부 당국이나 범죄단체들이 대화에 참

여한 한쪽의 신원을 파악할 수 있다면, 그들은 보통 대화상대의 신원도 찾아낼 수 있다. 문자메시지, 구글 보이스Google Voice나 스카이프 같은 인터넷전화, 화상대화 역시 마찬가지다. 사용자는 자신이 안전하다고 생각하겠지만, 대화가 암호로 진행되지 않는 한, 네트워크의 중간부분에 접근할 수 있는 사람은 모두 대화 내용을 엿들을 수 있다. 예를 들어, 와이파이 기지국을 소유한 사람은 그것에 연결된, 암호화되지 않은 사용자들의 대화를 모두 엿들을 수 있다. P2P 사용자가 겪을 수 있는 가장 은밀한 형태의 사이버 공격 중 하나는 '중간자 공격man-in-the-middle attack'으로 알려져 있다. 제3자가 보이지 않는 중개인처럼 굴면서, 자신을 공격하는 사람이 실은 자신의 대화 상대라고 믿게끔 각각의 대화자를 속이는 것이다. 문자, 음성, 화상 등 어떤 형태로든 대화가 진행될 때, 제3의 공격자는 뒤에 앉아 대화를 구경하면서 종종 중간에 정보를 가로챈 다음 그것을 다른 곳에 저장하곤 한다(혹은 대화 도중 잘못된 정보를 집어넣는, 보다 악의적인 수법을 동원할 수도 있다). 이처럼 중간자 공격은 P2P 커뮤니케이션뿐 아니라 모든 프로토콜에서 일어나지만, 유독 P2P 커뮤니케이션에서 더 악의적으로 일어나는 것 같다. P2P 플랫폼 사용자들이 스스로를 더 안전하다고 믿기 때문이다.

심지어 암호화라는 보호수단도 안전을 장담하기 힘들다. 특히 현실세계에 여전히 존재하는 몇 가지 견제장치들 때문에 더 그렇다. 미국에서 FBI와 일부 의원들은 이미 블랙베리와 스카이프 같은 커뮤니케이션 서비스들이 법집행관의 도청 명령에 따라 메시지에 개입하는 방법을 알려주거나 암호화된 메시지를 해독하는 방법을 제공하도록 만드는 법안을 도입할 가능성에 대해 시사한 바 있다.[93]

P2P 네트워크는 민주국가에서는 저작권 문제를 중심으로(파일공유 사이트인 냅스터와 파이어럿 베이Pirate Bay) 그리고 독재국가에서는 정치적 저항을 위해(토르) 정부에 도전해온 역사가 있다. 미국에서는 최초의 P2P 파일공유 사이트인 냅스터가 네트워크 내에 저작권이 걸린 모든 자료의 거래를 금지하라는 명령에 따라 2001년 폐쇄됐다[94](냅스터는 저작권이 걸린 자료의 전송 차단율이 99.4퍼센트에 이른다고 주장했지만, 법원은 그 정도 수준으로는 충분하지 못하다고 판시했다[95]). 사우디아라비아와 이란의 종교 경찰들은 젊은이들이 블루투스가 가능한 전화기를 사용하여 교신 범위 내에 있는 낯선 사람들과 문자메시지를 주고받고 통화하는 행위를 막는다는 것이 극도로 힘든 일임을 깨달았다.[96] 젊은이들은 장난삼아서 혹은 가까이 있는 반정부 시위자들과 협력하기 위해 교신하곤 했다. 사우디 내의 모든 모바일 기기가 압수되지 않는 한(비밀경찰조차 이것이 불가능하다는 것을 깨달았다), 서로 추파를 던지는 사우디와 이란의 젊은이들은 국가가 후원하는 '보모들'에 비해 적어도 한 가지 자그마한 우위優位를 갖게 된 셈이다.

블랙베리의 모바일 기기는 암호화된 커뮤니케이션과 전화서비스를 제공한다. 이렇게 사용자에게 독특한 암호를 제공한다는 이유로, 많은 정부에서 이들을 직접적으로 겨냥하고 있다. 2009년 아랍에미리트의 전기통신회사인 에티살랏Etisalat(정부가 지분 일부를 소유하고 있다)은 15만 명에 이르는 자사의 블랙베리 사용자들에게[97] 서비스 품질개선을 위한 필수 업데이트 정보를 전달했다.[98] 그리고는 업데이트를 구실로, 사용자들의 휴대전화에 저장된 개인정보에 무단접근할 수 있는 스파이웨어를 설치했다(이 사실이 세상에 알려지자, 블랙베리 제조사인 RIM은 에티살랏과

거리를 두게 되었고[99], 블랙베리 사용자들에게 문제의 소프트웨어를 제거하는 방법을 알려주었다). 불과 1년 뒤, 아랍에미리트와 이웃국가인 사우디아라비아는 암호화 규약을 이유로 들며, 블랙베리 전화기의 사용을 전면 금지했다.[100] 인도 역시 RIM에게 암호화된 커뮤니케이션에 접근할 수 있게 해주지 않으면 서비스를 정지시키겠다는 최후통첩을 날리면서 이두 나라의 움직임에 동조했다(결국 그런 일은 일어나지 않았다).[101]

억압적인 국가들은 P2P 커뮤니케이션을 금지하거나 통제하는 데 주저하지 않을 것이다. 민주국가들은 보다 신중하게 행동해야 할 것이다. 2011년 8월 영국에서 일어난 폭동은 이러한 사실을 분명히 보여준다. 당시 시위대는 영국의 동남부 도시 토테남에서 경찰의 총격으로 사망한 마크 더건Mark Duggan을 추모하며 정의를 요구하는 시위를 벌였다. 그로부터 며칠 뒤, 시위대가 과격하게 변하면서 상점, 경찰차, 버스 등에 불을 붙이기 시작했다. 이후 저녁마다 폭력과 약탈행위가 일어나면서 버밍엄과 브리스톨 등 전국으로 폭동이 퍼져나갔다. 당시 폭동으로 5명이 숨지고,[102] 3억 파운드(미화 4억 7,500만 달러)의 재산 피해[103]가 발생한 것으로 추정됐으며, 시민들은 엄청난 혼란에 빠졌다. 경찰과 정부는 이 전국적으로 일어난 무질서의 규모뿐 아니라 확산속도에도 제대로 대비하지 못했다. 트위터, 페이스북, 블랙베리 같은 커뮤니케이션 도구들이 폭동 확산의 주된 요인으로 꼽혔다. 폭동이 일어나는 동안 토테남 출신의 의원은 폭도들이 서로 연락을 주고받지 못하도록 저녁 시간대에 블랙베리 메시지서비스를 중단해야 한다고 주장했다.[104] 폭력이 수그러들자 데이비드 캐머런David Cameron 영국 총리는 의회에 출석, 특정 지역에서 "사람들이 폭력과 무질서와 범죄행위를 모의하고 있다는 걸 알게 될 때[105]"

이러한 서비스들을 완전히 차단하는 방안을 고려하고 있다고 밝혔다. 그는 자신의 목표가, 기업들이 "경찰에게 트위터나 블랙베리 메신저를 통해 사람들을 추적하는 기술 혹은 서비스 자체를 폐쇄하는 기술을 넘기게 하는 것"[106]이라고 밝혔다(그는 업계 대표들을 만난 후 법 집행을 위한 업계의 협력만으로 충분하다고 추후 입장을 바꿨다).[107]

아랍에미리트와 영국의 사례는 정부가 갖게 되는 실질적인 걱정이 무엇인지 보여준다. 이런 걱정은 암호화나 소셜네트워킹과 관련되어 있다. 그러나 미래에는 모바일 P2P 네트워크에서도 커뮤니케이션이 일어날 것이다. 즉, 시민들은 인터넷에 의존하지 않고도 네트워크로 연결될 수 있다(아랍에미리트와 영국의 경우에는 그렇지 않았다). 가장 민주화가 덜 된 국가에서부터 가장 민주적인 국가에 이르기까지, 모든 국가는 '기기 간device-to-device' 커뮤니케이션의 성장에 맞서 싸우려고 할지 모른다. 당연하다. 정부는 특정한 제한조치나 함정을 쓰지 않고서는 범죄자와 테러리스트들을 체포해서 기소하기가 점점 더 어려워질 것이다. 반면 범죄를 모의하고 실행하는 것은 더 쉬워질 것이다. 개인이 공공장소에서 아무런 책임감 없이 남을 비방하거나, 잘못된 정보 혹은 해로운 정보를 공개할 가능성은 더 커질 것이다. 민주정부는 통제할 수 없는 중상과 폭로를 두려워할 것이고, 독재정부는 내부의 저항을 두려워할 것이다. 정부에게 불법행위가 주된 걱정거리라면, 도전거리는 따로 있다. 바로 불법행위가 이루어지는 실제 장소를 익명의 네트워크가 은폐하고, 여기에 가상통화까지 사용되는 현상이다. 일례로, 범죄자들은 이미 토르 네트워크에서 온라인 결제수단인 비트코인Bitcoin[108]을 받고 불법으로 마약을 판매하고 있다. 즉, 현금과 은행에 전혀 의존하지 않는다. 저작권 침해를 저지르는 자들도 동일한 네트워크를 사용할 것이다.

이런 종류의 도전거리를 해결하는 데 흑백논리가 사용되어서는 안 된다. 맥락이 중요하기 때문이다. 예를 들어, 멕시코의 마약범죄조직들은 P2P와 인터넷을 모두 활용해서 익명의 암호를 가장 효과적으로 사용하는 곳에 속한다. 2011년 우리는 당시 멕시코의 경제부 장관이던 브루노 페라리Bruno Ferrari를 만났는데, 그는 우리에게 멕시코 정부가 마약범죄조직과의 싸움에 국민을 참여시키는 데 얼마나 애를 먹고 있는지 설명해주었다. 보복당할지 모른다는 두려움 때문에 사람들은 범죄행위를 신고하지 못했다. 심지어 이웃에서 벌어지고 있는 마약범죄조직의 활동조차 제보하지 못하고 있었다. 경찰의 부패와 이로 인해 생긴 경찰에 대한 불신은 시민들에게 다른 선택권을 주지 않는다. 페라리는 우리에게 "익명이 전제되지 않는다면, 사람들이 경찰을 믿고 마약조직을 신고하도록 할 방법이 없습니다. 시민들이 문제 해결에 동참하게 만들려면 진정한 익명성을 확보해주는 것이 중요합니다"라고 말했다. 마약범죄조직은 이미 익명으로 커뮤니케이션을 해왔으므로, 익명성은 공평한 경쟁 분위기를 조성한다. 페라리는 말했다. "익명을 조장하는 암호화를 제한하자는 주장은 일리가 있습니다. 하지만 멕시코에서는 안 됩니다."

경찰국가 2.0

모든 걸 고려해봤을 때, 시민과 정부 사이의 힘의 균형은 정부가 얼마나 많은 감시 장비를 사서, 유지하고, 운영할 수 있느냐에 좌우될 것이다. 진정한 민주국가들은 데이터 혁명으로 촉발된 사생활보호 문제와 통제력 상실 문제를 해결하느라 고생할지 모른다. 그러나 결과적으로 더 강한 힘을 가진 시민들, 더 역량 있는 정치인들, 더 강력한 사회계약이 등장할 것이다. 불행히도, 현재 지구상에는 민주적이지 않거나 이름만 민주적인 국가들이 상당히 많다.[109] 연결성이 이러한 국가의 시민들에게 미치는 영향은 긍정적·부정적 차원에서 모두 다른 곳보다 훨씬 클 것이다.

커뮤니케이션 기술은 장기적으로 봤을 때 독재국가가 가진 힘을 조금씩 갉아먹을 것이다. 이미 목격되고 있는 것처럼, 정보공유를 기피하는 억압적인 정권은 개개의 '사실 확인 기기fact-checking devices'로 무장한 채 강력한 힘을 갖게 된 시민들을 상대로 불리한 처지에 놓여있다. 이들의 처지는 황당한 사건이 터질 때마다 점차 더 악화되고 있다. 오늘날 독재국가 대부분이 세상에서 가장 연결이 덜 된 사회에 속하는 것은 우연의 일치가 아니다.[110] 그러나 단기적으로 보면, 그러한 정권은 현재 법과 언론을 상대로 하듯, 확대되는 연결성을 자신들에게 유리하게 이용할 수도 있다. 두려움 때문에 정보 기술을 금지하기보다, 차라리 연결성과 데이터가 가진 힘을 이용하려는 경향을 보인다는 것이다. 이는 기자 윌리엄 J. 돕슨William J. Dobson이 명저 《독재자의 학습 커브The Dictator's Learning Curve》에서 지적한 '노골적인 전체주의'에서 '보다 교묘한 통제 형태'로의 전환을 의미한다. 돕슨은 이렇게 설명했다. '오늘날 독재자와 권위주의자들은 과거와 비교해서 훨씬 더 섬세하고, 똑똑하고, 민첩해졌다.[111] 그들 중 가장 똑똑한 자들은 확대되는 압력에 맞서 더 강력한 경찰국가로의 전환이나 세계와의 단절을 선택하지 않았다. 그보다 배우고, 적응했다. 수십 곳의 독재정권에서 민주주의의 발전으로 인해 생긴 도전은 곧 실험, 창조성, 교활함으로 이어졌다.'

돕슨은 근대 독재자들이 합법을 가장해서 권력의 통합을 시도하는 수많은 경로를 파악했다.[112] 예를 들어, 준 독립적인 사법시스템, 겉보기에만 국민들이 선출한 의회, 선별적으로 적용되는 애매모호한 법규, 정권의 반대자들이 묵시적인 한계가 어디인지 이해하는 한 반대 언론을 용인하는 언론 환경 등이 그것이다.

돕슨은 과거의 독재국가나 '왕따 국가들pariah states'과 달리, 근대의 권위주의 국가들authoritarian states은 '인간이 의도적으로 만든 것이며, 특히 신중하게 세워지고, 다듬어지고, 강화된 프로젝트들'[113] 이라고 주장했다. 하지만 그는 소수의 사례연구만을 다루고 있기 때문에, 그것만으로 새로운 디지털 시대가 모든 독재국가에게 그러한 혜택을 줄 것이라 확신할 수는 없다. 독재자들의 미래는 그들이 새로운 디지털 시대에 연결성을 어떻게 다루느냐에 따라 달라질 것이다. 특히 그들이 통치하는 국가가 세계 무대에서 지위와 비즈니스를 위해 경쟁하기를 원한다면 더욱 그렇다. 권력의 중앙집중화, 지지와 억압 사이의 섬세한 균형, 대외에 투사되는 국가의 모습 등 독재정권을 만드는 모든 요소는, 그들의 국민이 거주하는 가상세계에 정권의 통제력이 얼마만큼 미치느냐에 따라 달라질 것이다.

향후 10년간 전 세계 독재국가에서는, 온라인 세계에서 활동하는 시민들이 소수에서 다수로 바뀔 것이다.[114] 또한 계속해서 권력을 유지하고자 하는 독재자들은 격동적인 변화를 경험할 것이다. 하지만 '다행스럽게도' 온갖 종류의 반체제 에너지를 감시하고 통제할 수 있는 시스템의 구축은 쉽지 않으며, 그것을 위해서는 매우 전문화된 솔루션, 몸값 비싼 컨설턴트, 범용화될 수 없는 기술 그리고 거액의 자금이 필요할 것이다. 정보를 저장하기 위해서는 대형 데이터 센터, 기지국, 서버, 마이크가 필요할 것이고, 수집한 데이터를 처리하기 위한 특별 소프트웨어도 필요할 것이다. 또한 이 모든 걸 작동하기 위해 훈련받은 사람들이 있어야 하고, 전기와 연결성 같은 기본적인 자원을 계속해서 풍부하게 구할 수 있어야 한다. 독재자들이 감시국가를 세우려고 한다면 그만한 대가를 치러야 할 것이다. 우리는 그들이 그 대가를 감당할 수 없길 바란다.

국민은 가난해도 거래할 수 있는 석유나 광물, 기타 자원이 풍부한 독재국가들이 몇 곳 있다. 우리는 기술은 빈약하지만 자원이 풍부한 국가(예를 들어, 적도기니 같은 나라)와 기술은 풍부하지만 자원은 빈약한 국가(중국이 확실한 예에 해당한다) 사이에 기술—광물 거래가 확대되는 모습을 상상해볼 수 있다. 이런 종류의 거래를 성사시킬 수 있는 국가는 많지 않지만, 그래도 그러한 거래가 가능한 국가들조차 지금 갖고 있는 것을 유지하거나 효과적으로 운영할 수 없게 되길 바란다.

일단 인프라가 갖춰진 이상 억압적인 정권들은 슈퍼컴퓨터의 도움으로 얻게 될 정보의 과잉 문제를 관리해야 할 것이다. 일찌감치 연결성이 구축된 국가들의 경우, 기술을 수용하는 속도나 기술발전의 속도가 다소 점진적이어서, 생산되는 여러 종류의 데이터에 시민들이 익숙해질 수 있는 시간이 있었다. 그러나 최근 새롭게 연결된 국가들은 그런 호사를 누리지 못할 것이다. 데이터를 효과적으로 관리하고 싶다면, 빠르게 데이터 활용에 나서야 한다. 이런 문제를 해결하기 위해 그들은 일반 노트북에 비해 훨씬 더 빠른 처리 능력을 갖춘 강력한 '컴퓨터 은행computer banks'을 구축할 것이다. 또한 그들이 원하는 데이터 마이닝■과 실시간 감시를 원활하게 해주는 소프트웨어를 구입하거나 만들 것이다. 사실 지금도 무시무시한 디지털

데이터 마이닝
데이터 사이의 상관관계를 찾아 필요한 정보와 지식을 얻어내는 것.

경찰국가를 세우는 데 필요한 모든 것들을 돈 주고 구할 수 있다. 게다가 이것들에 대한 수출 제한조치 역시 현재 충분히 실행되지 않고 있다.

일단 한 정권이 감시국가를 세웠다면, 그들은 배운 지식을 다른 국가들과 공유할 것이다. 알다시피, 독재정부들끼리는 정보, 통치전략, 군사장비를 공유한다. 또한 한 국가가 만든 체제는 (그것이 효과적이라는 가정하에) 그 나라의 우방국과 여타 국가들 사이에 빠르게 확산되기 마련이다. 데이터 마이닝 소프트웨어나 감시 카메라 등을 파는 기업은 새로운 계약을 따내기 위해 정부와 같이하고 있는 일들을 과시할 것이다.

독재자가 수집할 수 있는 가장 중요한 데이터 형식은 페이스북 게시물이나 트위터 댓글이 아니라 바이오메트릭biometric■ 정보다. 지문, 사진, DNA 판독결과 등이 모두 오늘날의 흔한 바이오메트릭 정보다. 실제로 당신이 다음에

바이오메트릭
사람마다 가진 고유한 물리적·생물학적 특성을 통해 신원 파악에 활용할 수 있는 정보.

싱가포르를 방문한다면, 공항의 보안요원들이 세관 심사서류를 다 쓰는 것은 물론, 목소리를 필수로 스캔해야 한다고 요구하는 것을 보고 깜짝 놀랄지도 모른다. 미래에 등장할 목소리 및 얼굴인식 소프트웨어는 정확성과 활용성 면에서 이전 형태의 소프트웨어를 모두 크게 능가할 것이다.

오늘날의 얼굴인식 시스템은 사람들의 눈, 코, 입을 집중적으로 관찰하여 양미간 사이의 정확한 간격 같은 얼굴 이미지의 핵심적인 면들을 묘사해주는 숫자 집합인 '특징 벡터feature vector'를 추출한다(결국 디지털

이미지는 숫자에 불과하다는 사실을 명심하라). 이 숫자들은 수많은 얼굴이 담겨있는 거대한 데이터베이스에 입력되어 맞는 얼굴을 찾아낸다. 많은 사람들에게 이런 말은 공상과학소설에 나오는 얘기로 들릴지 모른다. 물론 오늘날에는 이런 소프트웨어의 정확성에 한계가 있지만(무엇보다도 프로필에 올라온 사진들을 기준으로 봤을 때), 지난 몇 년간 이 분야에서 이루어낸 발전은 가히 놀라울 정도다. 카네기멜론대학의 한 연구팀은 2011년 실시한 한 연구에서, 클라우드 컴퓨팅과 같은 기술 분야의 발전 덕분에, 기성 얼굴인식 소프트웨어와 온라인에서 쉽게 구할 수 있는 데이터를 합쳐 아주 빨리 수많은 얼굴들의 짝을 맞춰볼 수 있다는 것을 증명해보였다.[115] 한 실험에서는 통계적으로 의미심장한 결과가 나왔다. 사람들이 종종 가명을 사용하는 데이트 장소에서 신원이 확인되지 않은 사진들을 찍은 후, 검색엔진에서 누구나 쉽게 접근할 수 있는(즉, 로그인이 전혀 필요하지 않은) 소셜네트워크 사이트들에 들어가 프로필 사진들을 얻어 양쪽을 대조해보았다. 클라우드 컴퓨팅을 통해 이 작업을 수행했더니, 수백만 개의 얼굴을 대조하는 데 불과 몇 초밖에 걸리지 않았다. 인간의 손으로는 이런 검색을 할 수 없다. 온라인에 자기 사진을 많이 올려놓은 사람들의 경우, 대조의 정확도가 높아지는데, 사실 페이스북 시대인 요즘에는 누구나 온라인에 사진을 많이 올려놓는 법이다.

기술의 발전과 마찬가지로, 종합적인 바이오메트릭 데이터는 고질적인 사회·경제적 문제에 대해 혁신적인 해결책을 약속한다. 이는 독재자들이 군침을 흘리게 만든다. 하지만 국민을 더 효율적으로 억압하려는 용도로 바이오메트릭 데이터를 수집하는 정권이 있는 반면, 개방적이고 안정적이고 발전적인 국가들은 이와 매우 다른 이유로 유사한 투자를 할 것이다.

인도의 전자 주민증Unique Identification, UID 프로그램은 전 세계에서 가장 큰 바이오메트릭 식별 시스템이다. 2009년 처음 시작된 UID는[116] '근거'나 '지원'을 의미하는 '아드하르Aadhaar'라고 불린다.[117] 이는 12억 명이 넘는(그리고 지금도 계속 늘어나는) 인도 국민들에게 12자리 신원번호가[118] 들어간 카드와, 지문 및 홍채인식 결과를 포함한 개인별 바이오메트릭 데이터가[119] 담긴 내장형 컴퓨터 칩을 제공하는 것을 목적으로 한다. 이런 방대한 규모의 UID 프로그램은 기존 시스템의 비효율성, 부패, 고질적인 사기 문제를 해결하기 위한 한 가지 방법으로 간주되었다. 인도에서는 여러 사법기관의 업무가 중복되다 보니 지방 및 국가 기관마다 많게는 열두 가지의 각기 다른 신분증을 발급하고 있는 실정이다.

인도에서는 아드하르가 발전할수록 정부기관과 구호단체로부터 소외된 시민들이 도움을 받을 수 있을 것이라 믿는 이들이 많다. 사회경제적으로 최하계급에 있는 사람들에게, 아드하르는 공공주택과 식량배급 같은 국가의 지원 혜택을 누릴 수 있는 기회를 제공한다. 이는 과거에도 기술적으로는 가능했지만, 신원 확인의 어려움 때문에 다수의 잠재적인 수혜자들이 누리지 못했던 혜택들이다. 신분증 발급에 어려움을 겪어온 이들도 아드하르 덕분에 은행계좌를 열고, 운전면허를 따고, 정부의 지원을 신청하고, 세금을 납부할 수 있게 될 것이다. UID 번호를 등록한 사람은 그것과 연계된 은행계좌 개설이 가능할지도 모른다.[120] 이렇게 되면 정부는 더 쉽게 보조금과 혜택을 추적할 수 있게 된다.

바이오메트릭 데이터의
전략적 가치와 위험성

정치권의 부패에 시달리는 것도 모자라 전 국민의 소득세 납부율이 3퍼센트도 안 되는 바람에 세수 부족에 시달리는 인도 같은 국가에서는, 이런 노력이 모든 정직한 이들에게 상생하는 길을 열어줄 것처럼 보인다.[121] 가난한 시민과 시골에 사는 사람들은 신원을 확보하고, 정부시스템은 보다 효율적으로 변하고, 시민들 삶의 면면(투표와 납세를 포함)은 보다 투명하고 포용적으로 변할 것이다. 하지만 아드하르를 비난하는 사람들도 있다. 이들은 이 프로그램이 규모와 성격상 '전체주의적인 Orwellian' 성격을 띠며, 개인의 자유와 사생활을 보호하는 대가로 인도 정부의 감시 능력을 확대해주는 술책이라고 생각한다(실제로 아드하르를 통해 테러 용의자들의 동태, 전화통화 및 자금거래 내용을 모두 추적할 수 있다). 아드하르를 비난하는 사람들은 공공기관이 서비스를 제공한 후에야 비로소 아드하르 카드를 요구하는 것이 허용되기 때문에, 인도 국민이 이 카드를 갖고 다닐 필요가 없다고 지적한다. 인도 정부가 시민의 자유를 침해할 것이라는 우려는, 2006년 영국에서 이와 유사한 신분증 법 Identity Cards Act이 추진됐을 때[122] 이를 반대했던 사람들이 했던 우려와 유사하다(당시 몇 년간 이 프로그램 시행에 애를 먹은 후 새로 선출된 연립정부는 2010년 이 프로젝트를 폐기했다[123]).

인도에서는 아드하르가 약속하는 혜택에 이런 우려가 밀리는 것 같다. 하지만 적어도 그런 논란이 있다는 것 자체가 이미 민주국가의 국민들 사이에 일종의 우려가 존재한다는 사실을 증명한다. 그 우려란 거대한 바이오메트릭 데이터베이스가 미칠 영향이 무엇이며, 그것이 궁극적으로 시민과 국가 중 누구에게 이익이 될까 하는 것이다. 만약 덜 민주적인 정부들이 열심히 바이오메트릭 데이터를 수집하기 시작한다면 무슨 일이 벌어질까? 많은 국가가 이미 여권에서부터 이와 같은 수집작업을 시작하고 있다.

국가만 바이오메트릭 데이터를 수집하려고 애쓰는 것이 아니다. 군벌, 마약범죄조직, 테러조직이 모두 조직원을 충원하고, 잠재적 희생자들을 주시하고, 조직 내부를 감시하기 위해 바이오메트릭 데이터베이스를 구축하거나 그것에 접근하기 위해 애쓸 것이다. 여기서도 독재자에게 적용되는 것과 똑같은 논리가 적용된다. 즉, 그들에게 거래할 '중요한 무엇'이 있다면, 그들은 그것에 필요한 기술을 얻을 수 있을 것이라는 얘기다.

이러한 데이터베이스의 전략적 가치를 감안했을 때, 국가는 대량살상무기를 안전하게 보호하려고 애쓰는 것과 마찬가지로 시민의 정보보호를 최우선시해야 할 것이다. 멕시코는 현재 법집행 기능을 개선하고, 국경 감시를 강화하고, 범죄자와 마약범죄조직 두목들의 신원을 파악하기 위해, 바이오메트릭 데이터 시스템을 도입하는 쪽으로 움직이고 있다. 하지만 범죄조직들이 이미 경찰과 국가기관 내부로 깊숙이 침투한 상태이기 때문에, 멕시코 국민들 사이에는 중요한 바이오메트릭 데이터에 권한 없는 자가 어떻게든 접근할지 모른다는 아주 심각한 두려움도 존재한다. 결과적으로, 몇몇 불법단체들은 정부로부터 바이오메트릭 데이터베이스를 훔치거나 불법으로 얻을 것이다. 그런 일이 벌어진 후라야 비로소 국가는 데이터 보호를 위한 높은 수준의 보안조치들에 전폭적으로 투자할 것이다.

모든 사회는 바이오메트릭 데이터가 특정 집단의 손에 넘어가지 않도록 막기 위한 협약을 체결할 것이고, 대부분의 사회는 개별 시민 역시 그러한 데이터에 접근하지 못하도록 할 것이다. 다른 종류의 사용자 데이터에 대해서도 마찬가지지만, 국가마다 규제가 다 다를 것이다. 이미 일련의 강력한 바이오메트릭 데이터베이스를 자랑하는 유럽연합European Union, EU에서, 회원국들은 사생활에 대한 개인의 어떤 권리도 법에 의해 침해되지 않도록 요구하고 있다. 국가는 바이오메트릭 정보를 시스템에 입력하기 전, 이에 대해 시민들로부터 충분한 동의를 얻어야 한다.[124] 시민들은 미래에 처벌받지 않고도 동의를 철회할 수 있는 선택권을 갖는다. EU 회원국들은 더불어 시민들의 불만에 귀 기울이고, 피해자가 생길 경우 책임지고 보상해야 한다.[125] 미국 역시 사생활에 대한 공통된 우려로 인해 이와 비슷한 법을 도입하겠지만, 억압적인 국가들에서는 그러한 데이터베이스를 내무부가 통제하면서 주로 경찰과 보안부대들의 활용도구로 만들 것이다. 그러한 정권 내의 정부관리들도 얼굴인식 소프트웨어, 시민들의 개인정보가 담긴 데이터 은행, 사람들의 기술 기기들을 통한 실시간 감시에 의존할 것이다. 비밀경찰들은 때에 따라 총보다 휴대전화가 더 중요하다는 사실을 깨달을 것이다.

———

지금까지 사생활과 보안을 주제로 심도 깊게 논의했지만, 우리는 "사람들은 무엇 때문에 인터넷을 걱정하는가?"라는 질문에는 제대로 답하지 않았다. 세계에서 가장 억압적인 사회에서부터 가장 민주적인 사회에 이르기까지, 시민들은 낯선 사람들이 존재하는 '망'에 자신의 삶을 얽어맴으로써 생기는 다양한 위험과 위기들을 걱정한다. 이미 그렇게 연결되어 있는 사람들에게는 현실세계 및 가상세계 속에서의 생활이 자신의 존재와 일의 일부가 되었다. 이러한 변화에 적응해나갈수록 우리는 두 세상이 서로 배타적이지 않으며, 한 세상에서 일어나는 일이 다른 세상에 영향을 미친다는 것을 깨닫게 될 것이다.

오늘날 보안과 사생활을 둘러싼 논란은 가상신원 및 시민들을 통제하고 그들에게 영향력을 미치는 주체가 누구인지를 묻는 질문으로 확대될 것이다. 민주사회는 대중의 지혜에 (좋은 식으로든, 나쁜 식으로든) 좀 더 많은 영향을 받게 될 것이며, 가난한 독재국가들은 가상세계에 효과적으로 통제력을 발휘하기 위해 필요한 재원을 얻고자 안간힘을 쓸 것이다. 그런가 하면 부유한 독재국가들은 시민들의 삶을 옭아매는 근대 경찰국가를 세울 것이다. 이러한 도전들은 새로운 행동과 혁신적인 법규에 박차를 가하겠지만, 관련 기술의 복잡성을 감안하면 대부분의 경우 시민들은 오늘날의 수많은 보호수단들을 상실하게 될 것이다. 국민, 민간산업, 국가가 다가올 변화를 어떻게 상대할 것인지는, 사회규범, 법적틀, 국가의 특성에 따라 결정될 가능성이 커질 것이다.

이제 전 세계적인 연결성이 국가가 기능하고, 협상하고, 서로 해결하려 애쓰는 문제에 어떤 영향을 미치는지에 대한 논의를 시작해보겠다. 민주주의는 새로운 디지털 시대에 대단히 흥미로운 양상을 띨 것이다. 국제적으로 부단히 파워 정치를 하고 있는 국가들은 현실세계의 전술과 가상세계의 전술이 늘 조화를 이루지는 않는다는 것을 깨닫고, 곧 그에 따라 국내외 정책들을 개편해야 한다는 사실을 실감할 것이다.

3

———

THE FUTURE OF STATES

국가의 미래

국가는 현실세계 속에서 국내외의 정책만 생각하면 됐던 시절을 간절히 바랄 것이다. 가상세계에서 이런 정책들을 단순히 복제해 쓰기만 해도 된다면, 아마 국가의 미래는 그다지 복잡하지 않을 것이다. 하지만 국가는 이제 국내에서 지배력을 유지하며 국외에 영향을 주기가 예전보다 훨씬 더 어려워졌다는 사실과 씨름해야 할 것이다.

인터넷에 관해 이야기할 때, 우리는 무슨 말을 하게 될까? 대부분의 사람들은 인터넷이 어떻게 작동되는지에 대해 막연하게 알고 있다. 대부분의 경우, 그 정도만 알아도 별로 문제가 안 된다. 인터넷 사용자들 대다수는 인터넷의 내부적인 구조나 해시 함수hash function ■가 어떻게 온라인 세상에서 유동적인 접속을 위해 작동하는지 이해할 필요가 없다. 하지만 국가의 권력이 인터넷에 어떻게 영향을 미치고, 또 영향을 받는지에 대한 논의로 들어가면, 이렇게 개념적으로 아주 어려운 시나리오들을 이해하는 데 몇 가지 기초지식이 도움을 줄 것이다.

해시 함수
문자열을 빨리 찾기 위해 주소에 바로 접근 가능한 짧은 값이나 키로 바꾸는 알고리즘을 수식화한 것.

처음 구상했던 대로, 인터넷이란 네트워크들의 네트워크다. 다시 말해, '특정 표준 프로토콜들specific standard protocols'을 이용해 정보를 전달하도록 설계된, 컴퓨터 시스템들의 거대하고 분권화된 그물망인 것이다. 일반사용자들이 보는 것들, 즉 웹사이트나 애플리케이션 등은 인터

패킷
통신망을 통하여 하나의
장치에서 다른 장치로
송신되는 정보의 단위.

라우터
네트워크와 네트워크를
연결해주는 장치.

넷 세상의 동식물과 같다고 할 수 있다. 그 아래에서는 수백만 대의 기계들이 광섬유 케이블과 동銅 케이블을 통해 믿을 수 없는 속도로 데이터 패킷packets ▪을 주고받고 또 처리한다. 온라인상에서 우리가 접하는 모든 것 그리고 우리가 만들어내는 모든 것은 결국 일련의 숫자들이다. 이 숫자들이 함께 묶여 전 세계에 편재한 라우터router ▪들을 통해 보내지고, 그 다음에는 그 반대편에서 재조합된다.

우리는 인터넷을 종종 지배받지 않는, 그리고 지배될 수 없도록 설계된 '무법 상태 lawless'의 공간으로 묘사한다. 인터넷의 분산된 구성과 끊임없이 변이를 일으키는 연결 구조는 이를 통제하려는 정부의 노력을 헛되이 만든다.

하지만 국가는 자국 내의 인터넷 메커니즘에 엄청난 영향력을 가지고 있다. 국가는 인터넷 연결에 필요한 송전탑이나 라우터, 변환기 등과 같은 물리적인 인프라의 지휘권을 갖고 있기 때문에, 인터넷 데이터가 들어오고 나가는 지점과 중간 저장소를 통제할 수 있다. 국가는 콘텐츠는 물론 사람들에게 어떤 하드웨어를 허용할지도 통제하며, 심지어 분리된 별도의 인터넷을 만들어내기도 한다.

국가와 국민은 모두 연결성을 통해 힘을 얻지만, 그 힘을 얻는 방법은 서로 다르다. 국민의 경우 무엇에 접속하느냐에 따라 얻는 힘이 달라지지만, 국가의 경우에는 '문지기gatekeeper'라는 위치 그 자체에서 힘을 얻을 수 있다.

지금까지 우리는 수십억 명 이상의 사람들이 온라인에 접속했을 때 무슨 일이 생길지에 대해 주로 이야기했다. 그들이 어떻게 인터넷을 이용하며, 또 어떤 기기를 사용할지, 그들의 생활은 어떻게 바뀔지 등에 초점을 맞추었다. 하지만 우리는 인터넷이 어떤 모습을 하게 될지, 국가가 다른 국가나 자국민들과 현실세계 및 가상세계에서 거래를 할 때 인터넷을 어떻게 최대한 활용할지에 대해서는 아직 이야기하지 않았다. 문자, 이해관계, 규범이 서로 다른 사람들끼리 연결되고, 정부가 그들의 이해관계, 불만, 재원에 영향을 미치게 되면서, 이는 앞으로 점점 더 중요한 쟁점이 될 것이다. 아마도 10년 뒤에는 가장 중요한 질문이, '사회가 인터넷을 사용해야 하느냐'가 아니라 '어떤 버전의 인터넷을 사용해야 하느냐'가 될 것이다.

　수많은 국가에서 온라인에 접속하는 국민이 점점 더 많아지고 있다. 국가는 내부적으로나 세계 무대에서나 그러한 움직임을 통제하기 위해 노력할 것이다. 일부 국가는 이러한 가상시대 virtual age로의 변화 과정에서 보다 큰 영향력을 갖추며 강력한 모습을 드러낼 것이다. 다른 국가가 기술적 변화를 따라가느라 어려움을 겪는 사이, 이들은 디지털 권력을 강력하게 규합하고 똑똑하게 이용하면서 수혜를 입을 것이다. 국가 간의 친선관계 및 동맹관계 그리고 반목은 가상세계로까지 확산되면서, 전통적인 국정운영에 새롭고 흥미로운 관점을 더해줄 것이다. 많은 면에서 인터넷은 '지도자가 없는 무정부 상태의 세상'이라고 하는 고전적인 국제관계이론이 궁극적으로 구현된 현실이라고 볼 수 있다. 이제부터 우리는 국가가 이러한 변화 속에서 타국과 자국민에 어떻게 대응할 것이라고 예측하는지 설명할 것이다.

인터넷의 발칸화

이미 언급한 것처럼, 이 세상의 모든 국가와 사회에는 그들만의 법과 문화규범, 일반적으로 허용되는 행동양식이 존재한다. 향후 10년간 수십억 명의 인구가 온라인에 접속하면서 많은 이들이 이런 경계를 시험할 생각과 말, 대화에서 새로운 독립성을 발견할 것이다. 반면 정부는 대체로 자신들의 물리적인 통제를 그대로 용인해주는 가상세계에서 이들과 만나기를 원할 것이다. 이해는 가지만, 이는 근본적으로 순진한 생각이 아닐 수 없다. 각 정부마다 인터넷을 규제하고, 자신의 이미지를 본따 그것의 모양을 만들려고 애쓸 것이다. 현실세계의 법을 가상세계에도 적용하고 싶어하는 욕망은 극단적인 민주주의국가에서건 극단적인 독재국가에서건, 모든 국가에서 보편적으로 생겨날 것이다. 국가는 자신이 싫어하는 사회적 요소나 법에 저촉되는 콘텐츠, 잠재적인 위협으로 간주하는 모든 것을 제외하고, 현실세계에서 만들 수 없는 것들을 가상공간에서 만들고자 노력할 것이다.

전 세계 대다수의 인터넷 사용자는 어떤 형태로든 검열(완곡한 표현으로 '필터링filtering'이라 알려진)과 맞닥뜨린다. 검열은 한 나라의 정책과 기술적인 인프라에 따라 실제 형태가 달라질 수 있다. 그러한 필터링이 전부 내지는 대부분 정치적인 검열은 아니다. 진보적인 국가들도 아동 포르노를 취급하는 사이트 등 일부 사이트를 일상적으로 봉쇄하고 있다.

일부 국가에서는 인터넷 접속을 위한 몇 가지 진입 지점이 있는데, 이를 소수의 민간 전기통신업체들이 규제를 동원하여 통제하고 있다. 또 어떤 나라에서는 인터넷에 접속할 수 있는 진입 지점이 국영화된 ISPInternet service provider■ 한 곳뿐이어서, 이를 통해 모든 트래픽이 흘러간다. 후자의 경우 필터링이 상대적으로 쉽고, 전자의 경우에는 보다 까다롭다. 이러한 인프라의 차이는 문화적인 특징 및 필터링의 목표와 합쳐져, 오늘날 전 세계 시스템들을 패치워크patchwork처럼 만든다.

대부분의 국가에서는 필터링이 ISP 차원에서 이루어진다. 정부는 일반적으로 국가와 연결되는 게이트웨이gateway■ 라우터들과 DNSDomain Name System■ 서버를 통제한다. 이렇게 하면 하나의 웹사이트를 완전히 막을 수도 있고(예컨대 이란에서 유튜브를 그렇게 하듯이)[126], DPIDeep-Packet Inspection■를 통해 웹 콘텐츠를 처리할 수도 있다. DPI를 갖고 있으면, 특수 소프트웨어가 라우터를 지나는 데이터의 패킷 내부를 볼 수 있고, 다른 것들 사이에 숨은 단어들도 찾을 수 있으며(이를테면, 정치인에 대한 부정적인 논평 등을 걸러내는 감정 분석 소프트웨어 같은 것), 그 후 부적절하다고 판단되는 정보를 차단할 수도 있다. 하지만 이런 기술도 완벽하지는 않아서, 사용자는 라우터를 속이는 프록시 서버proxy server■ 같은 우회 기술이나 안전한 'https' 암호화 프로토콜을 이용해(적어도 이론적으로는 해당 컴퓨터와 당신이 접속하고 있는 웹사이트를 다른 사람이 볼 수 없게 만들면서 개인 인터넷 통신을 가능히 게 해준다), 차단된 사이트에 접속할 수 있다. 게다가 DPI가 금지된 콘텐츠를 전부 다 찾아내는 일은 드물다. 국가는 매우 정교한 검열을 하기 위

ISP
인터넷 서비스를 제공하는 회사.

게이트웨이
사용자가 한 네트워크에서 다른 네트워크로 들어가기 위해 거쳐야 하는 입구.

DNS
인터넷에서 문자화된 도메인 이름을 컴퓨터가 처리할 수 있게 숫자로 바꿔주는 서비스.

DPI
기본적으로 패킷 내부의 콘텐츠까지 파악하는 기술.

프록시 서버
컴퓨터 사용자와 인터넷을 연결하여 데이터를 중계하는 서버.

해 이러한 시스템에 막대한 재원을 투자하고, 검열을 피하려는 자에게는 무거운 처벌을 내릴 것이다.

국가가 온라인을 규제하고 있고, 또한 온라인에 영향력을 행사하고 있음을 눈치채기 시작한 기술자들 중 일부는, 국가 차원의 필터링과 다른 제약조건들을 지적하며 한때 전 세계적으로 통용되던 개념인 '인터넷의 발칸화balkanization of the Internet ■'에 대해 경고했다.* 월드와이드웹World Wide Web은 균열되고 해체되어, 조만간 '러시아 인터넷'이나 '미국 인터넷'이 등장할 것이다. 이들은 모두 공존하고 가끔씩은 중복되겠지만, 중요한 부분에서는 서로 별개일 것이다. 인터넷은 국가별 특성을 띨 것이다. 정보는 대부분 국가 안에서만 흐를 텐데, 그 이유는 필터링이나 언어, 심지어 사용자의 선호도 때문일 것이다(실제로 대부분의 사용자가 온라인상에서 자기의 문화 영역 안에만 머무르려 한다는 사실을 보여주는 증거가 있다.[128] 여기에는 검열이라는 이유보다 공유할 수 있는 언어, 공통의 관심사, 편의성 등이 더 큰 이유로 작용했다. 아울러 온라인 체험은 네트워크 캐싱network caching ■이나 일시적으로 지역 데이터 센터에 콘텐츠를 저장함으로써 속도 면에서 빨라질 수 있다). 처음에는 인터넷 사용자들이 이러한 상황을 잘 인지하지 못하겠지만, 시간이 지나면서 상황은 고착화될 것이다. 그리고 결국 인터넷은 새로이 만들어질 것이다.**

이 과정의 첫 번째 단계, 즉 적극적이고 특징적인 필터링이 현재 진행

인터넷의 발칸화
구소련 체제가 무너진 후 발칸반도 국가들이 분화되면서 서로 다투는 현상을 빗댄 표현으로 국내에서는 주로 '사이버 발칸화'로 불린다.

네트워크 캐싱
사용자의 요청이 많은 콘텐츠를 별도 서버에 저장해 데이터를 전송하는 방식으로 네티즌에게 빠른 데이터 전송을 가능케 하는 기술.

---

* 이러한 시나리오에 대해 더 자세히 알고 싶다면, 책 골드스미스Jack Goldsmith와 팀 우Tim Wu가 함께 쓴 《인터넷 권력전쟁: Who Controls the Internet?》[127]을 읽어볼 것을 권한다.

중이다. 위에서 언급된 시나리오 중 일부가 실현될 가능성은 매우 크다. 하지만 어느 정도로 실현될지는 향후 10년간 새로이 연결된 국가들에서 어떤 일들이 일어나느냐(즉, 그들이 어떤 경로를 선택하고, 누구를 모방하고, 누구와 함께 일하고, 가이드라인이 어떻게 정해질 것이냐 같은 요인들)에 좌우될 것이다. 이러한 변화를 조금 더 들여다보기 위해, 오늘날 세계에서 벌어지는 필터링에 관한 몇 가지 접근법들을 살펴보기로 하자. 우리는 노골적인 필터링, 소극적인 필터링, 정치·문화적으로 용인되는 필터링이라는 최소 세 가지 모델을 찾아냈다.

세 가지 필터링

첫째, 노골적인 필터링이다. 중국은 세계에서 가장 적극적으로 열심히 정보를 거르는 국가다. 페이스북, 텀블러Tumblr ■, 트위터처럼 현재 전 세계에서 큰 인기를 끌고 있는 모든 플랫폼이 중국에서는 정부에 의해 막혀 있다. 이 나라의 가상공간에서는 이미 '파룬궁Falun Gong ■' 같은 특정한 용어들을 당최 찾아볼 수가 없다.129 이는

텀블러
블로그 겸 소셜네트워크서비스 사이트.

파룬궁
불교와 도교에 기공을 결합한 수련법으로 심신을 단련하는 집단. 그 규모가 커서 중국 정부로부터 탄압받고 있다.

** 우리가 말하는 인터넷의 발칸화는 인트라넷intranet과 다르다. 인트라넷도 똑같은 인터넷 프로토콜 기술을 사용하지만, 이는 다른 네트워크들 네의 네트워크라기보다는 조직이나 지역 내의 네트워크로 제한되어 있다. 기업 인트라넷은 종종 방어벽이나 다른 게이트웨이 메커니즘을 통해 외부로부터의 무허가 접속을 차단하곤 한다.. 하지만 SEO의 이면에는 '극악한 SEO들'도 존재하는데, 이와 관련된 행위로는 검색순위를 조작하기 위해 고의로 다른 콘텐츠를 파괴하고(아동 포르노 같은 위험한 사이트를 링크시킴으로써), 숨겨진 문장을 추가하거나 클로킹cloaking을 하는 등 덜 합법적이거나 덜 공정한 관행들이 포함된다.

공식적인 검열 혹은 이미 만연한 자기 검열에 따른 것이다. 중국의 인터넷에서는 천안문사태처럼 정치적으로 민감하고 중국 지도부를 당황하게 만들 수 있는 주제를 다룬 자료는 찾기가 어렵다. 티베트 독립운동, 달라이 라마, 또는 인권과 관련된 콘텐츠, 정치 개혁이나 주권에 관한 이슈를 다룬 자료도 마찬가지다. 이러한 주제들과 관련이 되면, 잘 알려진 서방 언론들 역시 검열의 희생자가 된다. 블룸버그 뉴스는 지난 2012년 6월 당시 부주석(현재는 주석)이던 시진핑 가족의 막대한 재산 문제를 보도한 뒤, 영문 사이트와 중문 사이트가 모두 폐쇄되었다. 이후 4개월 뒤에는 〈뉴욕타임스〉가 원자바오 전 총리와 관련해 비슷한 기사를 보도했다가 블룸버그와 비슷한 운명을 맞았다. 별로 놀랍지도 않지만, 중국에서는 검열을 피하는 방법에 대한 정보 역시 막혀 있다. 논란이 됐던 지난 2011년 에릭 슈미트 구글 회장의 중국 방문 이후,[130] 그의 모든 방문 흔적이 중국 인터넷에서 삭제되었던 적도 있다. 이를 보면 중국의 검열 당국이 얼마나 꼼꼼하면서도 포괄적인 영향력을 행사하고 있는지 알 수 있다. 이와 대조적으로, 그의 중국 방문에 대한 언론보도는 중국 이외의 곳 어디에서나 찾아볼 수 있다.

중국의 평범한 인터넷 사용자들에게는 이러한 검열이 아주 매끄럽게 이루어진다. 그들은 어떤 사건이나 생각에 대해 사전지식이 없는 상태에서, 그러한 사건이나 생각이 존재하지 않는다고 여길 수 있을지 모른다. 다만 좀 더 복잡한 문제는, 중국 정부가 온라인 콘텐츠에 보다 선제적인 접근법도 서슴없이 취하고 있다는 점이다. 지난 2010년에 제기된 한 추정에 따르면, 중국 내 공무원들이 거의 30만 명에 가까운[131] '온라인 논평자들online commenters'을 고용하여 상사나 정부, 공산당을 칭찬하는 글을 쓰게 만들었다고 한다(이것은 종종 아스트로터핑 Astroturfing■이라 불리며, 전 세계 PR 업체들이나 광고대행사, 선거캠프에서 자주 사용되는 전략이다).

중국의 지도자들은 이런 식의 엄격한 검열정책을 옹호하는 데 주저하지 않는다. 지난 2010년 발행된 한 백서white paper■에서132 중국 정부는 인터넷을 '인류 지혜의 결정체crystallization of human wisdom'라고 칭했지만, 동시에 '중국의 법과 규정은 국가권력을 전복시키려고 하거나, 국가통합을 저해하거나, 국가의 명예와 이익에 위배되는 콘텐츠가 포함된 정보의 확산을 분명하게 금한다'라고 명시했다. 나아가 인터넷 차단도구들의 집합체로 알려진 '만리장성 방화벽the Great Firewall of China■'은 단지 국가지위의 수호자일 뿐이라며, '중국 영토 내에서 인터넷은 중국의 통치 아래 있다. 중국의 인터넷 통치권은 존중받고 보호받아야 한다'라고 했다. 이처럼 검열에 대해 미안해하지 않는 뻔뻔한 태도는, 자연스럽게 강력한 권위주의적 성향의 국가들 혹은 외부의 영향을 쉽게 받거나 민족주의 성향이 강한 국가들의 관심을 끌기 충분하다(이들은 감정을 자극하는 외부 정보가 갑작스럽게 등장하는 것을 두려워할 것이다).

다음으로 소극적인 인터넷 필터링을 하는 곳들이 있다. 터키는 중국보다 훨씬 더 교묘하고 감지하기 힘든 방법을 사용했다. 터키 정부는 심지어 대중의 인터넷 자유화 요구에 대해 어느 정도 반응도 보였다. 하지만 그럼에도 불구하고, 터키의 온라인 검열정책은 상당히 혼란스럽게 지속되고 있다. 터키 정부는 인근 지역의 다른 국가보다는 훨씬 관대하

아스트로터핑
어떤 기관이나 단체가 자신들에게 호의적인 발언을 하도록 가짜 일반인Fake grassroots을 모집하여 대가를 지급하고 그 사실을 밝히지 않는 것.

백서
정부 부처들이 소관사항에 대해 제출하는 보고서, 영국에서 유래.

만리장성 방화벽
중국의 엄격한 인터넷 검열 체제를 빗댄 말.

지만, 유럽 우방국들에 비해서는 훨씬 엄격한, 한마디로 불안한 인터넷 개방정책을 추구해왔다. 터키에서는 필터링을 완전히 피한 채 인터넷 연결을 하기가 불가능하다. 이것은 터키와 다른 서양 국가들 사이의 중대한 차이점이다. 유튜브는, 터키 정부가 터키 건국의 아버지라 불리는 무스타파 케말 아타튀르크Mustafa Kemal Ataturk를 모욕했다는 이유로 동영상들의 삭제를 요구하자 이를 거부했는데, 그 뒤로 터키에서 2년 넘게 차단되고 말았다[133](아타튀르크에 대한 대중들의 모욕을 불법화한 1951 법 1951 law에 따라 유튜브는 이 해당 동영상들을 터키 내에서 차단하는 것에 동의했다.[134] 하지만 터키 정부는 유튜브가 전 세계적으로 영향력이 있는 만큼 이 동영상들을 모두 삭제해줄 것을 원했다). 이러한 검열조치는 분명히 눈에 보이는 것이었다. 하지만 그 이후의 검열은 보다 은밀해지고 있다. 지금까지 터키에서는 약 8,000곳의 웹사이트[135]가 공식적인 고지나 정부의 공식 확인 없이 차단되었다.

이 소극적인 모델은 국민의 신념과 태도, 관심사가 분열되어 있어서, 정부가 균형을 유지해야 할 때 주로 애용된다. 하지만 이러한 모델을 추구할 때 정부가 너무 지나치게 굴거나 숨겨진 계략을 드러낼 경우, 정부 자체가 사람들의 적이 될 수 있다.

최근 터키의 사례를 보자. 2011년 터키 정부는 전국적인 새 인터넷 필터링 정책을 발표했다. 이 정책은 국민이 스스로 원하는 수준의 필터링을 선택해야 하는 4단계 검열시스템(가장 엄격한 것부터 그렇지 않은 순서로 어린이child, 가족family, 가정domestic, 표준standard의 4단계로 이루어짐)을 특징으로 한다.[136] 터키의 정보통신기술당국The Information and Communications Technologies Authority(터키어 이니셜에 따라 BTK로 알려져 있다)은 당시 이 계획이 미성년자를 보호하기 위한 의도였다고 밝혔고, '표준'을 선택한 사람들은 아무런 검열도 받지 않을 것이라 약속했다. BTK가 내놓은 설명이 과연 투명한지 의심을 품었던 많은 사람들은 못 미더워했다. 실제로 이 계획은 국민들의 격렬한 항의를 불러일으켰다. 터키 전역의 삼십여 곳 이상의 도시에서 수천 명의 군중이 바뀐 정책에 항의하며 길거리를 점령했다.[137]

이 같은 압력에 결국, 터키 정부는 사용자가 자발적으로 채택할 수 있는 '어린이'와 '가족'의 두 가지 콘텐츠 필터만 도입하는 것으로 계획을 조정했다.[138] 하지만 논란은 여기서 끝나지 않았다. 언론자유단체들은 테스트 결과, 이 검열시스템이 BTK가 인정했던 것보다 더 적극적인 필터링 체제로 드러났다고 발표했다.[139] 또한 예상대로 포르노나 폭력 콘텐츠 등과 관련된 용어들이 제한되는 것 이외에도, 문화적으로 '자유민주적liberal'이거나 '서구적Western(예컨대, '게이gay'라는 단어가 포함된 모든 자료와 진화에 대한 정보 등)'인 콘텐츠, 이런 콘텐츠가 들어있는 일반 뉴스 웹사이트, 세계 최대 소수민족인 쿠르드족과 관련된 키워드도 새로운 시스템 하에서 모두 차단됐다는 것을 발견했다. 일부 운동가들은 쿠르드족 분리주의 조직에 대한 정보를 '어린이' 수준의 필터에서 차단하는 것은 터키의 사악한 의도를 보여주는 증거라고 주장한다. 국제 언론 감시단체인 국경 없는 기자회Reporters Without Borders는[140] 이러한 터키의 정책을 '뒷구멍 검열backdoor censorship'이라고 비난했다.

터키 정부는 이 새로운 시스템에 대한 대중의 우려에 일부 반응했다. 한 터키 신문이 과학적 진화에 관한 교육용 웹사이트는 차단됐지만 터키의 어느 유명한 창조론자의 콘텐츠는 그렇지 않다고 보도하자[141], 터키 당국은 즉각 문제의 교육용 웹사이트에 대한 차단조치를 철회했다. 하지만 어떤 콘텐츠가 정부의 정책에 따라 검열을 받는지 투명하게 밝혀지지 않은 까닭에, 터키 정부는 오직 시민들로부터 문제 제기를 받을 때만 대응하면 됐다. 이처럼 소극적인 필터링 모델은 압박이 최고조에 달했을 때만 건설적인 조치를 취하고자 하는 정부의 태도와 그들의 책임회피 능력을 드러낸다. 이러한 접근법은 시민사회가 성장하고는 있으나 강력한 국가기관들을 갖추고 있는 국가에게 매력적일 것이다. 신뢰할 만한 지지기반은 없지만 일방적인 결정을 내릴 수 있는 힘을 충분히 가진 국가들에게도 마찬가지다.

마지막 세 번째 접근법인 정치·문화적으로 용인되는 필터링은 한국과 독일, 말레이시아 등 다양한 국가에서 활용되고 있다. 이는 아주 특정한 콘텐츠에 대한 제한적이고 선택적인 필터링이며, 동시에 법을 바탕으로 한다. 게다가 검열 자체 혹은 검열 뒤에 있는 동기를 숨기려는 시도가 없다. 영외에 거주하는 국민은 이에 대해 투덜거릴지 모르지만, 대다수의 국민은 보안상의 이유나 공공의 안녕을 위해 이 필터링 정책에 동의하는 편이다.

예를 들면, 한국에서는 국가보안법에 따라 현실세계와 가상세계에서 모두 북한에 대한 지지를 공개적으로 표현하는 것을 명백한 불법으로 간주한다[142]. 한국 정부는 정기적으로 북한과 연계된 인터넷 콘텐츠를 필터링한다. 지난 2010년에는 한국 정부가 약 40개의 북한 관련 사이트와 북한 정부 지지 사이트, 잠재적으로 북한과 관계있는 페이스북이나 트위터 등 소셜네트워크 계정 10여 개의 접속을 차단했으며[143], 웹사이트 관리자들에게 4만 개 이상의 친북 성향 블로그 포스트를 삭제하라고 지시했다는 사실이 보도된 바 있다.

독일에는 홀로코스트Holocaust ■에 대한 부인이나, 신나치주의neo-Nazi에 대한 미사여구를 불법으로 간주하는 강력한 법이 있다. 독일 정부는 이런 견해들을 표현하는 독일 내 웹사이트들을 차단한다.

홀로코스트
제2차 세계대전도중 나치가
저지른 유대인 집단학살.

한편 말레이시아는 자국민에게 절대로 인터넷을 검열하지 않겠다는 약속(말레이시아 정부가 발행하는 보증서에까지도 그것을 성문화하고 있다)에도 불구하고[144], 지난 2011년 메가업로드Megaupload나 파이어럿 베이 같은 전 세계적인 파일공유 사이트들이 1987년 시행된 저작권법Copyright Act of 1987을 위반했다며 이들 사이트의 접속을 차단했다[145]. 말레이시아 통신멀티미디어위원회Malaysian Communications and Multimedia Commission는[146] 성명에서 '법을 준수하는 것을 검열이라고 해석할 수 없다'며 이런 움직임을 변호했다. 많은 말레이시아인들이 이에 동의하지 않았지만, 이런 검열은 정치적·법적으로 용인되고 있다.

운동가들은 세 가지 모델 중에서 세 번째 접근법이 전 세계 국가들의 표준규범이 되기를 기도하겠지만, 그렇게 될 가능성은 별로 없어 보인다. 오직 여기에 대해 많은 관심을 갖고, 또 잘 알고 있는 국민을 둔 국가에서만, 이러한 검열이 투명해야 하고 잘 억제되어야 한다고 느낄 것이다. 다른 많은 국가에서는 자국민이 인터넷에 많이 입장하기 전에 어떤 모델을 선택할지 결정을 내릴 것이다. 따라서 이들 국가는 정치·문화적으로 용인되는 필터링 모델을 적용하는 다른 국가들처럼 자유롭고 개방적인 인터넷 문화를 촉진해야 할 필요성을 거의 느끼지 못할 것이다.

집단 편집에 작용하는
힘의 논리

오늘날 우리가 보고 있는 트렌드들은 대부분 예측 가능한 방식으로 지속될 것이다. 모든 국가가 끊임없이 변화하며 자기 복제하는 인터넷을 상대로, 마치 승산 없는 싸움을 하고 있는 것처럼 느낄 것이다. 그리고 발칸화는 이러한 도전에 대응하는 일반적인 메커니즘으로 대두될 것이다. 많은 국가에서 이 과정의 다음은 '집단 편집collective editing' 단계가 될 것이다. 집단 편집이란 공유하는 가치와 지정학적인 요인들을 토대로 인터넷 세상을 함께 편집해감으로써 공통된 이해관계를 형성하는 것을 뜻한다. 현실세계에서건 가상세계에서건, 방대한 영토 곳곳에 영향력을 행사하는 데 재원이 부족하거나, 지리적으로 한계가 있거나, 역량이 부족하다는 사실을 깨달은 국가로서는 이러한 단체행동이 논리적인 움직임으로 여겨질 것이다.

발칸화가 이루어진다 해도 여전히 사이버 공간은 커버하기에 너무 방대하다. 그래서 일부 국가들이 서로의 군사력을 지렛대로 사용하여 현실세계의 영토를 안전하게 지켜내듯, 국가들은 가상영토virtual territory를 통제하기 위해 연합전선을 구축할 것이다. 덩치 큰 국가들 입장에서는 이러한 공동작업이 필터링 노력을 정당화시켜줄 것이며, 원치 않던 비판을 피할 수 있게 해줄 것이다("봐라, 다른 나라들도 이것을 하고 있지 않느냐"라는 변명). 상대적으로 작은 국가들 입장에서는 이러한 동맹을 통해 저렴한 비용으로 강대국들 비위를 맞출 수 있는 동시에, 자신들에게 부족했던 능력이나 유용한 기술을 잃을 수도 있다.

집단 편집은 아마도 기본적인 문화적 합의와 국가 간의 공통된 반감에서부터 시작될 것이다. 그들이 싫어하는 종교적 소수자집단들, 세계의 다른 부분을 보는 관점, 혹은 블라디미르 레닌Vladimir Lenin이나 마오쩌둥Mao Zedong, 무스타파 케말 아타튀르크 같은 역사적 인물들에 대한 문화적인 관점 등이 그 예가 될 수 있다. 온라인 세상에서는 공유하는 문화적·규범적인 감정들이 국가들(그렇지 않으면 함께 뭉칠 이유가 전혀 없는 국가들을 포함해) 사이에서 서로를 끌어당기는 중력으로 작용한다. 큰 국가들은 이미 기술적인 능력을 갖고 있기 때문에 작은 국가들에 비해 이런 일에 참여할 가능성이 작다. 따라서 이는 작은 국가들 위주로 진행될 가능성이 크다. 작은 국가들은 보유한 재원을 공동으로 이용할 텐데, 곧 이 방법이 유용하다는 것을 깨닫게 될 것이다. 독립국가연합Commonwealth of Independent States, CIS ■ 회원국 가운데 일부가 러시아어를 이 지역 전체의 표준어로 만들자는 러시아 측 주장에 진절머리가 났다면, 그들은 자국 인터넷에서 모든 러시아어 콘텐츠를 검열할 것이다. 이로써 자국민에게 러시아에 관한 정보가 노출되는 것을 제한할 수 있도록 공동노력을 기울일 수 있다.

> **독립국가연합**
> 옛 소련을 구성했던 15개국 중 발트 3국을 제외한 12개국으로 1991년 발족한 공동체.

이데올로기와 종교적인 도덕규범은 이러한 협업을 이끄는 강력한 동인이 될 수 있으며, 실제로 오늘날 검열의 주된 원인이 되고 있다. 사우디아라비아나 예멘, 알제리, 모리타니처럼 아주 보수적인 이슬람 수니파■가 주류를 이루고 있는 국가에서, 자신들의 공통 가치와 전략적 필요성에 따라 온라인 동맹을 형성하고, '수니 웹Sunni Web'이라는 것을 만들기

> **수니파**
> 이슬람교의 가장 큰 종파인 동시에 정통파로서 예언자 무함마드의 언행인 수나Sunnah를 따르는 사람을 뜻한다.

로 했다고 가정해보자. 이 수니 웹이 기술적으로는 넓은 인터넷 세상의 일부에 불과할지 몰라도, 이 국가에 사는 국민에게는 정보와 뉴스, 역사, 사회활동에 있어 주요 원천이 될 것이다. 몇 년간 인터넷의 발전과 확산은 오직 영어라는 언어 기준에 의해 주로 결정되었으나, 비非 로마자들로 쓰인 도메인을 사용할 수 있게 만들어준 다국어 도메인Internationalized Domain Names, IDN이 등장하여 지속적으로 이용되면서 이런 추세를 변화시키고 있다. 만일 사용자들이 자신들의 언어와 문자로 된 인터넷 버전에 접속할 수 있다면, 수니 웹처럼 국가적 차원에서 만든 인터넷들이 생겨날 가능성은 더욱 커질 것이다.

수니 웹 안에서는 누가 이 웹 개발에 참여했고, 그것을 주도했느냐에 따라, 이슬람 법률의 테두리 안으로 특정 인터넷 사이트가 들어갈 수 있는지 없는지가 결정될 것이다. 이슬람법에 따르면 그 누구도 이자를 요구할 수 없기 때문에, 전자상거래나 전자금융은 다른 모양을 띨 수 있다. 종교 경찰은 온라인 연설을 감시할 것이며, 위반사항을 보고하기 위해 자국 내 법집행기관과 협력할 것이다. 또 게이나 레즈비언 콘텐츠가 포함된 웹사이트들은 일제히 차단될 것이다. 온라인에서의 여성활동 역시 어떻게든 축소될 것이다. 종교적·민족적 소수자집단은 자신들이 면밀하게 감시받는 것은 물론, 자유로운 움직임을 방해받고 있다는 것을 발견할 것이다. 기계를 잘 아는 어느 현지인이 이러한 인터넷을 피해 글로벌 월드와이드웹에 접속하는 것이 가능할지 아닐지는, 그가 살고 있는 국가가 어디인지에 달려있다. 아프리카 북서부에 있는 공화국인 모리타니는 이러한 사람들을 막을 능력도, 그럴 생각도 없을 것이다. 반면, 사우디아라비아는 그럴 능력과 의지를 갖고 있다. 만일 모리타니 정부가 자국 내 인터넷 사용자들이 이 수니 웹을 우회 통과할까 봐 우려하게 된다면, 분명히 새로운 인터넷 파트너들 중 한 국가가 보다 높은 장벽을 쌓도록 도와줄 것이다. 집단 편집 동맹들 사이에서 덜 편집광적인 국가들은 (마치 텔레비전을 부모가 사전동의 형태로 통제하는 것처럼) 야만적인 권력을 사용하는 대신, 사용자가 안전한 맞춤 콘텐츠를 선호할 것으로 기대하면서 자국민이 양쪽 버전의 인터넷에 모두 접속하는 것을 허용할 것이다.

독재국가와 민주국가들이 함께 웹을 편집하는 사례도 있을 수 있다. 그러한 협업은 현실세계에서와 마찬가지로 온라인에서도 지정학적인 타협안을 만들어내기 위해 강압하는 강력한 독재국가들 인근에 힘이 약한 민주국가가 위치할 때 일어난다. 이는 물리적인 근접성이 가상사건virtual affairs에도 실제로 영향을 미치는, 보기 드문 사례 가운데 하나다. 예를 들어, 민주주의가 아직 덜 성숙된 국가인 몽골은 개방적인 인터넷을 가지고 있는데, 각자 독특하고 제한적인 인터넷 정책을 펴는 두 대국 러시아와 중국 사이에 위치하고 있다. 수호바타르 바트볼드Sukhbaatar Batbold 전 몽골 총리는 몽골이 다른 국가들처럼 정체성을 가질 수 있기를 바란다고 말한 적이 있다. 그는 이것이 몽골의 국내 문제에 주변국이 간섭하지 못하도록, 그들과 좋은 관계를 가져야 한다는 의미라고 설명했다. 그는 "우리는 각국이 스스로의 힘으로 자체적인 발전 방향을 선택하는 것을 존중합니다"라고 말했다.[147] 중국과 관련해서는 "우리는 티베트나 대만, 달라이 라마 관련 이슈에 관여하지 않을 것이며, 중국도 우리 문제에 간섭하지 않는다는 데 합의했습니다. 이는 우리가 오랫동안 관계를 이어온 러시아에도 똑같이 적용되는 원칙입니다"라고 말했다.

현실세계에서는 불간섭 원칙을 지키기 위해 중립적인 입장을 취하는 것이 비교적 쉽다. 반면 가상세계에서는 그러기가 상당히 어렵다. 온라인상에서는 정부가 아니라 사람들이 활동을 통제하기 때문이다. 중국과 러시아에 사는 사람 가운데 반체제 집단이나 소수민족에 대해 동정심을 가진 이들은 세력을 규합할 장소로 몽골이 아주 훌륭하다고 생각할 것이다. 중앙아시아의 투르크계 민족인 위구르족이나 티베트족 혹은 체첸 반군의 지지자들은 사람들을 동원하고 온라인 운동을 시작할 수 있는 근거지로 몽골의 인터넷 공간을 사용하고자 그 방안을 모색할 것이다. 이런 일이 일어난다면, 몽골 정부는 의심의 여지도 없이 외교적으로 압박을 받을 것이다. 이웃국가들의 사이버 공격을 견뎌낼 수 있는 인프라가 몽골에 형성되어 있지 않다는 점 역시, 몽골 정부가 주변국들의 압력에 시달리는 요인이 될 것이다. 주변국의 비위를 맞추기 위해 그리고 현실세계와 가상세계에서 모두 주권을 보호하기 위해, 몽골은 중국이나 러시아의 지시를 따르면서 뜨거운 쟁점과 관련된 인터넷 콘텐츠를 필터링해야 한다고 생각할 것이다. 자기 욕심을 채우려는 외세에 의해 이러한 타협이 이루어지면서 온라인 자유를 빼앗기는 몽골 국민만 피해자가 될 수 있다.

월드 가든과 하랄 인터넷

발칸화 과정에서 모든 국가가 다른 국가와 협업을 추구하지는 않을 것이다. 하지만 결과는 마찬가지다. 한 국가 내에서 인터넷과 가상세계의 국경은 뒤죽박죽 섞이게 될 것이다. 페이스북이나 구글 등 세계화된 플랫폼으로 향하는 추세에 따라, 보다 확산되기 쉬운 기술 시스템이 창조될 것이다. 이는 자신의 온라인 구조물을 만들 수 있는 공학 도구가 광범위하게 분배됨을 의미한다. 혁신을 저해하는 국가의 규제가 없다면, 이러한 추세는 매우 빠르게 성장할 것이다. 초기 단계에는 사용자가 다른 국가의 인터넷에 접속해 있을 때, 그 사실을 깨닫지 못할 것이다. 오늘날에도 그렇듯이 그런 경험은 아주 자연스러울 것이기 때문이다. 국가가 온라인 세상에서 자치권을 얻고자 노력하는 동안에도, 사용자들은 거의 변화를 체감하지 못할 것이다.

하지만 이런 항상성homeostasis이 지속되지는 않을 것이다. 처음 월드와이드웹으로 시작했던 온라인 세상이 내부 분열과 상이한 이해관계들로 가득 찬 세상처럼 보이기 시작한 것이다. 인터넷 세상에서도 마치 비자를 요구하는 것 같은 일이 일어날 수 있다. 이런 일은 사용자에게 한 국가의 인터넷에 접속하려면 반드시 등록하고, 특정 조건들에 동의하게 만들면서, 양방향으로의 정보흐름을 억제하는 방식으로 전자적으로 빠르게 일어날 수 있다. 만일 중국 정부가 모든 외국인이 중국 인터넷에 접속하려면 비자를 제시해야 한다는 결정을 내렸다고 하자. 이렇게 되면 시민운동나 국제적인 비즈니스, 조사가 필요한 보도 등이 심각한 영향을 받을 수 있다. 이는 지난 17세기 일본에서 단행되었던 쇄국정책의 21세기판이라 할 수 있다.

일부 국가는 외국 방문객을 모니터링하는 도구로 사용하기 위해, 또 비록 누군가의 온라인활동이 이 비자의 규정을 어긴다고 해도(정부는 쿠키cookie■나 다른 도구들

쿠키
사용자의 컴퓨터와 인터넷 웹사이트를 매개해주는 소량의 파일.

을 통해 이를 추적할 수 있다) 수익(한 국가의 인터넷에 접속할 때 자동적으로 아주 소액의 이용료가 부과될 수 있다)을 창출할 수 있다는 점 때문에 이러한 비자 요구를 시행할지도 모른다. 이러한 가상비자virtual visa는 사이버 공격과 관련된 보안 위협에 대한 대응으로 나타날 수 있다. 당신의 IP주소가 블랙리스트에 오른 국가에 위치한 것으로 나타난다면, 당신은 보다 강화된 검열과 모니터링에 직면하게 될 것이다.

반면 개방형 데이터에 대한 약속을 이행하고, 다른 국가도 자신의 사례를 따르도록 독려하기 위해, 비자를 요구하지 않는다는 것을 공개적으로 과시하는 국가도 생겨날 것이다. 지난 2010년 칠레는 세계 최초로 인터넷에서 중립을 보장하는 법을 통과시켰다.[148] 현재 칠레에서는 1,700만 인구 가운데 약 절반이 인터넷을 사용하고 있는데[149], 칠레 정부가 계속해서 기술적인 인프라를 발전시키고 있는 상황에서 이 같은 법제화는 미래 지향적인 통신정책을 지지하는 다른 정부로부터 환심을 살 것이 분명하다. 이제 온라인이 활성화되고 있는 국가들은 다른 모델과 이 칠레의 모델을 저울질할 것이다. 그들은 전자상거래나 다른 온라인 플랫폼을 둘러싼 거래관계를 구축하기 위해, 다른 국가로부터 온라인상의 셴겐조약Schengen Agreement ▪이라 할 수 있는 무비자no-visa 협정을 체결하도록 요구받을지 모른다.

셴겐조약
1985년 룩셈부르크의 셴겐에서 체결된 EU 회원국 간 무비자 통행을 규정한 조약.

이러한 조건이 유지된다면, 인터넷 망명 신청자가 생겨날지도 모른다. 독재정부하에서 다른 국가의 인터넷 접속을 차단당하고 있는 반체제 인사라면, 인터넷에서 자유를 얻고자 다른 국가에 실제 망명을 신청할 수도 있다. 또는 망명을 받아주는 국가가 정교한 프록시와 우회수단들을 활용하여 이 반체제 인사가 외부와 접속할 수 있도록 허용해주는, 과도기적 형태의 가상망명virtual asylum이 등장할 수도 있다. 가상망명의 인정은 실제 망명을 위한 중대한 첫 걸음이 될 수 있다. 이것은 100퍼센트 망명 신청 없이도 망명자를 신뢰해준다는 신호다. 또한 가상망명은 실제 망명 사례의 적법성을 검토하기 전, 사전심사 단계의 역할을 수행할 수 있다.

그러나 만일 극도의 확대조치가 단행된다면 가상망명은 작동하지 않을 것이다. 확대조치에는 국익을 증진하기 위해 대체 DNS를 생성하거나 시도 때도 없이 적극적으로 간섭하는 행위 등이 해당된다. 오늘날, 인터넷은 컴퓨터와 다른 기기를 관련 있는 데이터소스에 연결시키고 IP주소(숫자들)를 읽을 수 있는 이름으로 혹은 역으로 그 이름을 IP주소로 번역하기 위해 DNS를 이용한다. 인터넷의 활동성은 모든 컴퓨터와 네트워크가 똑같은 공식 DNS 루트DNS root(국제인터넷주소관리기구, 즉 ICANNInternet Corporation for Assigned Names and Numbers에 의해 운영된다)를 사용하느냐에 달려있는데, 이 DNS 루트란 '.edu', '.com', '.net' 등으로 끝나는 웹 주소처럼 최상위 도메인들을 포함한다.

하지만 대체 DNS 루트도 존재한다. 이것은 인터넷과 함께 작동할 뿐, 인터넷에 종속되지는 않는다. IT업계 사람들 대부분은 이 대체 DNS가 인터넷의 의미와 그것이 만들어진 이유, 즉 자유로운 정보공유와 관련된 모든 것에 불리하게 작용할 것이라 믿는다. 아직까지 어떤 정부도 이 대체 시스템에 이르지 못했다.* 만일 어떤 정부가 그렇게 하는 데 성공

---

* 물론 몇몇 사건들로 인해, 정부가 그런 능력을 가지고 있고, 경우에 따라 편안하게 DNS 라우팅을 조작할 수 있다는 의혹이 제기되기도 했다. 구글의 웹사이트 주소가 몇 차례 사람들을 중국의 검색사이트인 바이두www.Baidu.com로 안내한 이상한 사례가 있었다.

한다면, 실질적으로 자국민을 글로벌 인터넷에서 차단시키고 오직 폐쇄적인 국내 인트라넷만 제공할 것이다. 기술적으로 말하자면, 특정 국가와 나머지 세계 사이에 검열 기능이 있는 출입구를 만들게 되는 셈인데, 그렇게 되면 하나의 휴먼 프록시human proxy(인간의 대리체)가 꼭 필요한 경우, 예를 들면 국가자원이 포함된 문제 등에 한해서만 외부 데이터를 전송할 수 있게 된다.

대중에게는 VPN이나 익명의 인터넷 통신시스템인 토르 같은 대중적인 프록시 수단들이 아무런 효과가 없어진다. 접속할 수 있는 것이 아무것도 없기 때문이다. 이는 기술 분야의 전문가들이 월드 가든walled garden ■이라 부르는 것의 가장 극단적인 형태라고 할 수 있다. 인터넷상에서 월드 가든은 사용자의 정보 및 서비스에 대한 접속을 통제하는 브라우징 환경과 관련이 있다(이 개념은 검열을 이야기하는 데만 한정되는 것이 아니다. 이는 인터넷 기술의 역사 속에 깊은 뿌리를 내리고

월드 가든
어떤 특정한 네트워크를 통해 콘텐츠를 제공하는 서비스가 있다고 할 때 사용자들로 하여금 사업자들이 미리 준비해놓은 콘텐츠만을 이용하도록 제한하는 '폐쇄형 네트워크 서비스'.

있다. 한때 인터넷 거인이었던 AOL이나 컴퓨서브CompuServe 같은 업체도 월드 가든 형태로 출발했다). 이 접속 차단을 통해 완벽한 효과를 얻으려는 정부는 라우터들이 웹사이트들 주소를 광고하지 못하도록 지시할 것이다(DNS 이름과 달리 IP주소는 해당 사이트 자체와 불변으로 연결되어 있다). 이는 그 사이트들을 전혀 닿을 수 없는 외딴 섬에 두는 효과를 낸다. 이러한 국내 네트워크에 존재하는 콘텐츠들은 모두, 마치 이리저리 몰려다니는 컴퓨터 스크린세이버screen saver 속 거품방울들처럼 오직 내부적으로만 돌아다니게 될 것이다. 그리고 이 네트워크 사용자들에게 접근하려는 외부인의 그 어떤 시도도 강력한 방해물에 직면하게 될 것이다. 스

위치 하나를 가볍게 건드리는 것만으로, 한 국가 전체가 인터넷에서 간단히 사라지게 될 수도 있다.

이는 생각만큼 정신 나간 소리가 아니다. 2011년 이란 정부가 국가 인트라넷인 '하랄 인터넷halal Internet'을[150] 만들 계획이라는 보도가 처음 나왔다. 그 후 1년이 넘는 시간이 지난 뒤, 하랄 인터넷의 공식출범이 임박한 것으로 보였다.[151] 2012년 12월 이란 정부가 '메르Mehr'라는 사이트를 공식적으로 출범시킨 것은 그들이 하랄 인터넷 프로젝트에 매우 진지하다는 사실을 보여주는 방증이었다. 메르는 '정부의 승인을 얻은 동영상들[152]'만 공유하는 이란판 유튜브였다. 하랄 인터넷 계획의 구체적인 사항은 아직 확실치 않다. 다만, 이란 정부 관계자들에 따르면, 처음에는 이 '깨끗한clean' 국내 인터넷이 이란인을 위한 글로벌 인터넷(물론 여기에는 상당한 검열이 있다)과 동시에 존재하겠지만, 나중에는 이것이 글로벌 인터넷을 대체할 것이라고 한다. 이 같은 움직임에 따라 모든 '하랄' 웹사이트는 특정 IP주소의 블록으로 이동될 것이다. 그렇게 되면, 하랄 블록 밖에 있는 웹사이트를 필터링하는 것이 쉽고 간단한 일이 된다. 정부와 정부 부속기관들은 전 세계 웹사이트들로부터 콘텐츠를 모으고 그것을 세탁하거나 직접 만들어서, 이 국가 인트라넷을 위한 콘텐츠로 제공할 것이다. 모든 네트워크상의 활동이 면밀하게 감시될 것이다. 이는 최고 수준의 인프라 통제 및 소프트웨어(이때 소프트웨어란 2012년 단행된 컴퓨터 보안 소프트웨어 수입에 대한 금지조치로 미루어볼 때[153], 이란 정부 관계자들이 매우 신경 쓰는 부분으로 보인다)를 관장하는 기관에 의해 용이하게 이루어질 것이다. 이란의 경제 분야 수장은 관영 통신사를 통해 '이란 정부는 그들의 하랄 인터넷이 다른 이슬람 국가들(최소한 이란의 공용어인 파르시어farsi를 사용하는 국가들)에서도 기존 웹을 대체하게 되기를 희망한다'고 말했다.[154] 이에 파키스탄은 비슷한 것을 만들겠다고 약속했다.[155]

이란의 위협은 단순한 거짓말일 수 있다. 이란이 얼마나 정밀하게 이 프로젝트를 갖고 정확히 무엇을 하려는지는 기술적·정치적으로 모두 불분명하다. 어떻게 이란이 엄청나게 확대되는 인터넷 접속인구의 분노를 피할 수 있겠는가? 어떤 사람은 이란 경제가 대외관계에 상당 부분 의존하고 있기 때문에, 이란의 인터넷이 전 세계 인터넷으로부터 완전히 차단되는 것은 불가능할 것이라고 생각한다. 또 다른 사람은 만일 대체 루트 시스템을 만들 수 없다면, 이란은 다른 탄압적인 국가들이 따르기 원하는 이중 인터넷 모델의 선구자가 될 것이라고 추측한다. 이란이 어떤 노선을 택하든 성공하기만 한다면, 할랄 인터넷은 중국의 만리장성 방화벽을 뛰어넘는 역사상 가장 극단적인 정보검열 모델이 될 것이다. 이는 우리가 알고 있는 인터넷을 변화시킬 것이다.

가상세계의 국가·기업 연합

발칸화 노력과 함께 가상세계에서는 '다자간 공동정책'이 대두될 것이다. 이는 이념적·정치적 연대나 결속을 바탕으로, 국가와 기업이 공식적인 동맹을 맺는 형태로 추진될 것이다. 벨라루스, 에리트레아, 짐바브웨, 북한 같은 국가들(강한 개인숭배 성향을 갖고 있으며 국제사회로부터 버림받은 독재국가)은 검열과 감시에 대한 전략과 기술을 공유할 수 있는 독재국 사이버 연합에 가입해도 잃을 것이 별로 없을 것이다. 이런 국가들이 힘을 합쳐 인터넷 시대의 경찰국가 같은 것을 만든다면, 서양 기업들은 그런 곳에서 비즈니스를 하는 것이 비록 합법적이더라도 점점 더 어려워질 수밖에 없을 것이다. 반면 서양 이외의 지역에 위치한 기업들(이 기업의 주주들은 독재국가에서 비즈니스를 하는 데 거부감을 덜 느낄 것이며, 심지어 그와 비슷한 환경에서 일해본 경험이 있을지 모른다)에게는 독재국가의 네트워크 안에서 보다 활발한 비즈니스 역할을 할 수 있는 공간이 마련될 것이다.

예를 들어, 북한의 하나밖에 없는 공식 모바일 네트워크 '고려링크koryolink'의 지분 75퍼센트를 가진 기업이[156], 호스니 무바라크Hosni Mubarak 전 이집트 대통령의 장기 통치 기간 중 번창했던 이집트 통신업체 오라스콤Orascom이라는 것은 결코 우연이 아니다(고려링크의 나머지 지분 25퍼센트는 북한 체신청이 소유하고 있다). 북한 내 가입자들에게[157] 고려링크 서비스는 오직 기초적인 기능만을 허용하는 아주 제한적인 플랫폼으로서 일종의 '월드 가든'이라 할 수 있다. 고려링크 가입자들은 국제전화를 걸거나 받을 수 없으며, 인터넷에도 접속할 수 없다(일부 북한 국민은 북한 내 인트라넷에 접속할 수 있는데, 이 인트라넷에는 대부분 북한 정부 관계자가 다른 인터넷에서 가져온 선전 내용을 이상하게 조합한 온라인 콘텐츠들이 올라가 있다). 북한 내에서 오가는 전화통화나 문자메시지는 아마 거의 다 감시를 받을 것이다. 영국의 경제주간지인 〈이코노미스트The Economist〉는 북한 내 네트워크가 이미 성부의 선전물을 진파히는 플랫폼이 되었다고 보도했다. 이에 따르면, 북한의 〈노동신문〉은 네트워크 사용자들에게 최신 뉴스를 문자메시지로 보내준다고 한다.[158] 또 공식적인 요구사항은 아니지만, 대부분의 북한 주민은 전화요금을 유로화로 내도록 요구받고 있는데[159], 북한 내에는 유로화 통용이 공인되어 있지 않아서 이는 북한 주민에게 상당히 감당하기 어려운 주문이라고 한다. 그럼에도 불구하고 북한 내 전화기에 대한 수요는 엄청나서, 2012년 초까지 18개월간 전화 가입자 수가 30만 명[160]에서 100만 명 이상으로 급증했다. 고려링크의 총 영업마진이[161] 80퍼센트라는 것은 오라스콤에게 그곳이 중요한 소득원이라는 사실을 의미한다.

이란에서는 지난 2009년 대선 때 개혁적인 성향의 녹색운동Green Movement이 공개 탄압을 받은 후, 통신장비 공급업체인 에릭슨Ericsson이나 노키아지멘스네트웍스Nokia Siemens Networks, NSN[162] 같은 서양 기업들이 이란 정부와 거리를 두려고 했다. 이 공백을 틈타, 중국의 최대 통신사인 화웨이Huawei가 정부의 통제를 받는 이 거대한 이란 모바일 시장을 장악하고 지배할 수 있는 기회를 거머쥐었다. 화웨이 이전의 서양 기업들은 민주주의 활동을 탄압하는 이란 정부에 제품을 판매하는 것에 대해 자국에서조차 반발에 직면했다. 반면 화웨이는 친독재적인 성향을 보이며 활발하게 자사 제품을 홍보했다.[163] 〈월스트리트저널Wall Street Journal〉 보도에 따르면 화웨이는 법 집행을 위해 필요한 위치기반 추적 장치(최근 이란의 최대 모바일 운영업체에 인수되었다) 같은 제품이나 검열에 우호적인 모바일 뉴스서비스 같은 것들도 거리낌 없이 팔았다. 화웨이와 가장 친한 이란 내 파트너인 재임전자산업Zaeim Electronic Industries Co.,[164] 역시 이란혁명수비대Revolutionary Guards나 대통령 집무실 등 정부 부서가 가장 거래하길 선호하는 업체이기도 하다.

화웨이는 공식적으로 재임에게 오직 '대중이 이용하는 상업적인 제품과 서비스만을 제공한다'라고 주장한다.[165] 하지만 〈월스트리트저널〉에 따르면,[166] 이란 정부 관계자들과의 비공식 홍보회의에서 화웨이는 중국 내에서 완전히 익힌, 정보검열에 관한 전문지식을 명확히 밝혔다고 한다(화웨이는 이 같은 보도에 대해 일부 주장을 부인하는 보도자료를 즉각 배포했으며,[167] 한 달 뒤에는 점점 복잡해지는 상황 때문에 이란 내 사업의 운영방식을 자발적으로 규제할 것이라고 밝혔다).[168]

현대판 한자동맹과 저작권 문제

이 같은 독재국가 간의 협력에 맞서, 민주국가들은 정치적·경제적·사회적으로 보다 자유롭고 개방적인 인터넷을 만들기 위해 이와 비슷한 동맹이나 공공 및 민간부문의 파트너십 구축을 원할 것이다. 이들의 공통목표는, 아직까지 인터넷 보급이 저조하지만 점점 더 늘고 있는 국가에게 고도로 제한적인 필터링 기술과 감시기술이 확산되는 것을 억제하는 일이 될 것이다. 즉, 이것은 구체적인 전제조건이 붙은 상호 지원 패키지나, 개방적인 인터넷을 최우선 정책목표로 만드는 것 등이 될 수 있다. 이는 또한 표현의 자유나 오픈소스 소프트웨어에 대한 국제법의 골격을 바꾸는 다국적 운동의 형태를 띨 수도 있다. 정보접근, 표현의 자유, 투명성 같은 이들 국가 사이에 공유된 '보다 큰 그림'의 녹표는, 중세 유럽의 한자동맹The Hanseatic League ■ 같은 연결성을 재현할 것이다. 이는 사소한 정책적 차이나 문화적

한자동맹
중세에 독일 북부의 도시들이 상업적인 목적으로 맺은 동맹.

인 차이보다 우선시될 것이다. 당시 한자동맹은 인접한 도시들의 정부가 경제동맹을 구성하면서, 13세기부터 15세기 사이에 북부 유럽 전역에 걸쳐 집단적인 권력을 휘둘렀다. 이를 현재와 비교해보면 상호 지원의 원칙이라는 토대는 비슷하지만, 당시에 비해 현재의 동맹은 훨씬 넓은 범위의 '세계화된 형태globalized version'라 할 수 있다. 이제 더 이상 동맹들은 지리적인 조건에 크게 의존하지 않을 것이다. 가상공간에서는 모든 것들이 동일한 거리 안에 있다. 남미의 우루과이와 아프리카의 베냉이 협력해야 한다면, 그들의 공동 작업은 전보다 더 쉽게 이루어질 것이다.

미래에는 정보의 자유와 표현의 자유를 보호하는 것이, 군사적 지원의 새로운 요소로 추가될 것이다. 군사훈련에는 탱크와 최루가스 대신 기술적인 원조와 사회기반시설 지원이 포함될 것이다. 물론 전자도 훈련의 일부로 남아있을 것이다. 록히드 마틴Lockheed Martin이 20세기에 했던 일을 21세기에는 기술업체와 사이버 보안업체가 할 것이다. 실제로 노스롭그루먼Northrop Grumman이나 레이시언Raytheon 같은 전통적인 방위산업 분야의 선두주자들은 이미 미국 정부와 '사이버 능력cyber capacity'을 발전시키기 위한 작업을 진행 중이다. 무기 제조업체나 항공기 제조업체 등 군수산업계의 다른 부문이 줄어들지는 않겠지만(재래식 군사력은 항상 총이나 탱크, 헬리콥터 등을 필요로 할 것이다), 이미 대부분이 민영화된 대형 군수업체들은 예산을 책정할 때 기술적인 지원을 위한 자금을 마련할 것이다.

개발지원이나 국외 원조 역시 새로운 다자간 연맹에 힘입어 또 다른 '디지털 차원digital dimension'에서 이루어질 것이다. 향후 영향력을 발휘하고자 하는 국가에 지원을 해주는 풍토 자체가 바뀌지는 않겠지만, 그 지원의 내용은 바뀔 수 있다. 특정 개발도상국에서 어느 외국세력은 도로를 건설해주고, 또 다른 곳은 농업 분야에 투자해주고, 또 어떤 곳은 네트워크망이나 이동전화기지국 등을 건설해줄지 모른다. 디지털 시대에는 현대적인 기술이 개발도상국과의 동맹을 구축해주는 또 다른 도구가 된다. 따라서 기술력이 이러한 국가나 정부에게 갖는 중요성을 절대 과소평가해선 안 된다.

빠른 네트워크나 현대화된 기기들, 값싸고 풍부한 대역폭을 지원해달라는 요구는 국민에게서 나온다. 이들은 필수적인 전제조건들에 동의하라고 정부에게 압력을 가한다. 그 추동력이 무엇이든 간에, 앞으로 개발도상국은 연결성에 장기간 베팅할 것이며, 그에 따라 외교관계도 조정할 것이다.

새로운 동맹관계는 상업적인 이해관계, 특히 저작권이나 지적재산권 문제를 중심으로 형성될 것이다. 상거래가 점점 더 온라인 세상으로 이동하면서, 저작권 집행을 둘러싼 역학은 가상연맹virtual alliances이나 가상의 적virtual adversaries이라는 또 다른 층위로 이어질 것이다. 저작권이나 지적재산권 관련법 대부분은 여전히 물리적인 재화의 개념에 초점이 맞추어져 있다. 그리고 음악과 영화, 기타 콘텐츠 등 온라인 재화에 대한 절도나 불법복제를 현실세계에서의 절도와 똑같이 봐야 하는지에 대해서는 입장이 서로 엇갈리고 있다. 미래에는 국가가 이러한 저작권이나 지적재산권에 관련된 법정 분쟁에 보다 적극적으로 뛰어들 것이다. 산업 분야에서의 성패가 여기에 달려있기 때문이다.

저작권법에 대한 다국 간 조약은 이전에도 존재했다. 1886년 체결된 베른 조약Berne Convention은 다른 조약 서명국들의 저작권에 대해 상호 인정을 요구한다. 1994년 체결된 무역 관련 지적재산권에 관한 협정Agreement on Trade-Related Aspects of Intellectual Property Rights은 세계무역기구World Trade Organization, WTO 회원국들에게 지적재산권에 관한 최소한의 표준을 마련해주었다. 1996년 만들어진 세계지적재산권기구World Intellectual Property Organization, WIPO의 저작권 조약Copyright Treaty은 정보 기술 저작권을 침해로부터 보호하는 조치였다. 전 세계의 저작권을 통제하는 법률들은 대체로 같다. 하지만 국경 안에서 이 법률의 집행을 책임지는 것은 해당 국가다. 그런데 모든 국가가 이 법률을 빈틈없이 완벽하게 집행하는 것은 아니다. 정보는 쉽사리 국경을 넘을 수 있기 때문에, 저작권 자료를 불법 복제하는 사람들은 규제가 상대적으로 덜 엄격한 국가를 안전한 피난처로 삼을 수 있다.

기술업계의 지적재산권 감시자들 사이에서 가장 큰 걱정거리는 중국이다. 중국 역시 미국을 포함한 다른 나라들과 마찬가지로 위에서 언급된 조약들에 서명했기 때문에 같은 기준을 따를 의무가 있다. 2011년 아시아태평양경제협력체Asia-Pacific Economic Cooperation, APEC의 CEO 정상회의에서 당시 중국의 지도자였던 후진타오는 일부 기업 리더들에게 "중국은 WTO와 현대의 서양 관행이 요구하는 지적재산권 법률들을 완벽하게 이행할 것"이라고 말했다.[169] 우리도 이 모임에 참석했는데, 당시 후 주석의 발언을 들은 미국 비즈니스 대표단은 이 발언에 대해 분명한 의구심을 드러냈다. 미국 기업들이 불법복제된 음반이나 소프트웨어 때문에 지난 2009년에만 약 35억 달러의 손실을 입었다고 추정되는 것이나,[170] 미국에서 압수당한 저작권 위반제품들의 79퍼센트가 중국에서

만들어신 것으로 추정되는 데는 그만한 근거기 있다.[171]

이런 문제들이 일어나는 이유가 관련법이 없기 때문만은 아니다. 법의 집행이 제대로 이루어지지 않기 때문이다. 위조품을 생산하거나 이익을 위해 지적재산권을 복제하는 것이 공식적으로는 분명 중국법에 위배된다. 하지만 현실은 다르다. 중국 공무원들은 이를 범죄행위로 기소할 때마다 이런저런 이유로 방해를 받고 있다. 오히려 법을 어기는 사람들이 계속해서 이익을 챙기고 있는 상황이다. 설령 벌금이 부과되더라도 그 액수가 너무 적고, 벌금이 부과되는 것 자체가 너무 불규칙하게 있는 일이어서, 이 행위들을 근절하는 데 효과적이지 않다. 또한 지방에까지 번진 부패로 인해, 공무원들은 이 반복적인 위법행위를 외면하거나 무시하고 있다.

물론 국제적인 지적재산권 관련 규범을 집행하는 데 주저하는 국가가 중국만 있는 것은 아니다. 러시아와 인도, 파키스탄 역시 이 같은 법률을 집행하는 데 하나같이 형편없는 국가들로 지목되어왔다.[172] 이스라엘과 캐나다는[173] 저작권 위반의 온상으로 간주되지는 않지만, WIPO의 기준과 조약을 완전하게 이행하지도 않는다. 그 결과, 인터넷 해적행위의 피난처가 되었다. 한편 지적재산권을 강력하게 보호하는 국가들 사이에서도, 종종 그 해석에 있어 중대한 차이가 발견된다. 예를 들어, 저작권 소유자의 동의 없이 그 자료를 제한적으로 허용하는 것을 미국에서는 '페어 유스fair use'라 부르고 영국에서는 '페어 딜링fair dealing'이라고 부르는데, 이 개념은 EU 내에서 미국이나 영국보다 훨씬 더 엄격하게 통제된다.

가상세계에서의 국가지위

거듭 밝혔지만, 가상세계에서는 크기가 덜 중요하다. 기술은 모든 참여자들에게 권한을 부여하고, 힘 없는 참여자들도 아주 큰 영향력을 가질 수 있도록 허용한다. 이들이 반드시 유명인사이거나 공인일 필요가 없다. 더 정확히 말해, 우리는 가상국가가 만들어져 현실세계 국가들의 온라인 풍경을 뒤흔들어놓을 것이라고 믿는다.

오늘도 이 세상에는 수백 건의 폭력적·비폭력적 분리독립 지지 움직임이 일어나고 있으며, 미래에도 이런 움직임은 계속될 것이다. 이러한 움직임은 대부분 뚜렷한 민족적·종교적 차별에서 비롯된다. 이제 이런 움직임들에 대한 현실세계의 차별과 박해가, 모양은 바뀌더라도 그 의도는 바뀌지 않은 채로 온라인상에서 어떻게 나타날지에 대해 얘기할 것이다. 현실세계에서는 박해받는 단체가 다른 법의 적용을 받거나, 애매한 억류 판결이나 사법절차에 의해 죽임을 당하거나, 적절한 사법절차를 밟지 못하거나, 시민이자 인간으로서 누릴 수 있는 자유를 제한당하는 것이 전혀 드문 경우가 아니다. 이는 대부분, 정권이 온라인상에서 반항적인 소수민족을 겨냥하여 감시하고 괴롭히는 데 도움이 되는 기술을 토대로 그 방향이 세워진다.

현실세계와 가상세계에서 모두 괴롭힘을 당하고 있는, 국가지위가 결여된 단체들은 아마도 온라인상에서 국가지위를 모방하는 전략을 선택할 것이다. 비록 실제 국가지위처럼 합법적이지도 유용하지도 않을지 모르지만 가상으로나마 주권을 수립할 수 있는 기회는, 최상의 경우 공식적인 국가지위로의 의미 있는 발걸음으로 이어질 수 있다. 반면, 최악의 경우에는 골치 아픈 민족 간 분규를 더욱 심화시키는 결과로 이어질 것이다. 이란과 터키, 시리아, 이라크에 살고 있는 쿠르드족(이 네 국가에 대부분의 쿠르드족이 살고 있다)은 가상세계에서 독립을 얻기 위한 방법 중 하나로 '쿠르드 웹Kurdish web'을 만들 수 있다. 이미 이란의 쿠르드족 거주지역은 준자치구역이기 때문에, 이곳에서 이러한 노력들이 시작될 수 있다. 쿠르드족은 중립적이거나 혹은 자신에게 우호적인 국가에 서버를 두고 새 도메인을 등록해서 자신들을 의미하는 'krd'를 사용, 'www.yahoo.com.krd' 같은 최상위 도메인을 만들 수 있다. 그러고는 이를 기반으로 삼을 것이다.

가상세계에서의 국가지위는 단지 하나의 제스처나 도메인에 그치지 않고, 그 이상의 것이 될 것이다. 추가적인 계획들이 추진되면서, 쿠르드족이 온라인에서 뚜렷한 존재감을 발휘하게 만들 수도 있다. 충분한 노력을 기울인다면, 이 쿠르드 웹은 다른 국가의 인터넷에서도 쿠르드어를 사용하는 역동적인 웹이 될 수 있다. 여기에서는 쿠르드족 혹은 이들에게 동정심을 가진 엔지니어들이 애플리케이션과 데이터베이스는 물론, 다른 '온라인 행선지online destinations'를 구축할 수도 있다. 이 온라인 행선지는 쿠르드족의 주장을 지지할 뿐만 아니라 이들의 주장에 실질적으로 도움이 되는 것들이다.

이 가상의 쿠르드 공동체는 선거를 실시할 수도 있고, 기본적인 공익을 담당할 내각을 구성할 수도 있다. 심지어 그늘만의 온라인 화폐를 만들어 사용할 수도 있다. 그리고 이 공동체의 가상정보부 장관은 온라인 쿠르드 시민들 사이에서 오가는 데이터 흐름을 관리할 것이다. 또 내무부 장관은 이 가상국가의 안보를 지키고 사이버 공격을 막는 데 중점을 둘 것이다. 외무부 장관은 현실세계의 국가들과 맺은 외교관계를 담당할 것이다. 경제부 장관과 무역부 장관은 쿠르드 공동체와 외부의 경제 이해단체 간의 전자상거래를 촉진할 것이다.

국가지위를 향한 분리주의자들의 물리적인 노력은 대개 그들이 현재 속한 국가로부터 강력한 저항에 직면한다. 마찬가지로, 분리주의자들의 온라인 작전도 비슷한 반대에 직면할 것이다. 만일 가상세계의 체첸이 만들어진다면, 이는 러시아 남부 캅카스 지역Caucasus region 내 체첸 지지자들 사이의 민족적·정치적 결속을 강화시킬 것이다. 하지만 분명 이러한 움직임을 통치권의 침해로 간주하는 러시아 정부와는 관계가 악화될 것이다. 러시아 정부는 체첸 내의 동요를 진압하기 위해, 탱크와 군대를 투입하는 식의 물리적 탄압을 자행하여 이 같은 가상적인 도발에 대응할지도 모른다.

몇몇 국가에 나뉘어 거주하고 있는 쿠르드족의 경우, 이러한 위험이 훨씬 더 확연하다. 쿠르드족의 가상국가지위 운동은 모든 이웃들로부터 저항에 직면할 것이다. 이 이웃들은 본인들 국가에 살고 있는 쿠르드족이 국가체제를 불안정하게 만들까 봐 두려워할 것이다. 또한 이 가상의 쿠르드기관들을 파괴하기 위한 노력들, 즉 저급한 '사이버 간섭cyber-meddling'이나 간첩활동 또는 사이버 공격이나 허위 정보 작전, 침투 작전 등을 절대로 아끼지 않을 것이다.

쿠르드족 운동가들은 매서운 처벌을 받게 될 것이다. 정부는 시민들이 생산해낸 엄청난 양의 데이터로부터 도움을 받아, 가상국가지위 운동에 가담했거나 이를 지지한 사람들을 찾기 쉬워질 것이다. 이와 맞먹는 수준의 반격에 필요한 자원 혹은 국제사회의 지지를 얻은 분리주의 운동은 거의 없다.

가상국가지위를 선언하는 행위는 불안한 지역에서는 물론이고 대부분의 지역에서 반역죄로 간주될 것이다. 길을 그냥 개방된 채로 놔두는 것은 그야말로 위험한 일이다. 스페인의 바스크 분리주의자들Basque separatists■이나 조지아Georgia■의 아브하즈Abkhaz■ 민족주의자들, 필리핀의 모로이슬람해방전선Moro Islamic Liberation Front■처럼 폭력적인 수단을 통해 구체적인 결과물을 얻고자 시도했으나 실패한 분리주의 단체들에게는, 가상기관virtual institution이란 개념이 그 자체만으로 생명력을 불어넣어줄 수 있다. 하지만 단 한 차례의 실패로 끝난 혹은 적합지 않은 노력은 이 실험 전체를 끝장낼 수 있다. 예를 들어, 만일 지금도 계속되고 있는 텍사스 분리주의 운동의 지지자들이 가상의 텍사스공화국virtual Republic of Texas을 출범시키기 위해 결집했다고 하자. 그런데 이들이 조롱이나 비웃음에 직면한다면, 가상국가지위라는 개념은 한동안 그 가치가 훼손될 것이다. 가상국가지위에 대한 주장이 얼마나 성공적일지(그리고 무엇이 성공으로 여겨질지)는 두고 봐야겠지만, 이것이 실현 가능할 것이라는 사실은 디지털 시대의 국가권력 확산과 관련하여 중요한 사실을 말해준다.

바스크 분리주의자들
스페인 북부 바스크 지역에서 분리독립을 요구하며 무장 테러 활동을 전개해온 급진단체.

조지아
구소련이 붕괴되면서 러시아로부터 독립한 신생국가 중 하나. 러시아명으로는 그루지야.

아브하즈
흑해 연안 동쪽에 있는 조지아 내의 자치공화국.

모로이슬람해방전선
필리핀의 소수민족인 모로족의 독립을 추구하는 필리핀 최대 이슬람 반군 조직. 1971년 마르코스 정부가 모로족을 학살한 사건을 계기로 카톨릭과 이슬람교도 간의 갈등이 커지면서 결성되었다.

디지털 도발과 사이버 전쟁

연결된 국가들이 다른 국가에 하게 될 최악의 일, 즉 사이버 전쟁의 발발을 살펴보지 않고서 미래에 대한 논의가 완성될 리 만무하다. 사이버 전쟁은 새로운 개념이 아니며, 전쟁의 범위가 정해진 것도 아니다. 컴퓨터 보안전문가들은 사이버 전쟁이 얼마나 무시무시할지, 그것이 어떤 모습일지, 실제 사이버 전쟁 때 어떤 일이 일어날지를 두고 끊임없이 논쟁하고 있다. 목적상, 우리는 사이버 전쟁의 정의를 리처드 클라크Richard Clarke 전 백악관 테러 담당 보좌관이 내린 것으로 사용하려 한다.[174] 그는 사이버 전쟁을 '피해나 교란을 야기할 목적으로 다른 나라의 컴퓨터나 네트워크에 침입하는 국가적 차원의 행동'이라고 정의했다.*

디지털 첩보활동, 태업sabotage, 침투, 기타 악행을 포함한 사이버 공격은, 앞서 설명했던 것처럼 추적이 매우 어렵고 심각한 피해를 끼칠 가능성이 있다. 테러조직과 국가 모두 사이버 공격을 전략적으로 활용할 것이다. 단, 정부는 직접적인 파괴보다는 정보 수집에 더 초점을 맞출 것이다. 국가의 경우 사이버 전쟁은 주로 첩보 목적에 부합하겠지만, 그들이 사용하는 방법은 문제를 일으키는 독립적 행위자들이 사용하는 방법과 유사할 것이다. 거래기밀을 훔치고, 비밀정보에 접근하고, 정부시스템에 침투하고, 잘못된 정보를 확산시키는 것 같은 정보기관의 모든 전통

---

* 우리는 공격 배후의 개인이나 실체에 주목하고, 공격의 동기를 가늠해보는 식으로 '사이버 공격cyber attack'과 '사이버 테러cyber terrorism'를 구분한다. 그러나 이 두 가지는 경제 스파이 행위처럼 서로 매우 유사한 방식으로 모습을 드러낼지 모른다.

적인 행위가 미래 국가들의 사이버 전쟁이 가진 주된 특징일 것이다.

이 점에 있어 우리와 근본적인 의견차이를 보이는 이들도 있다. 바로 국가가 원격조종을 통한 전력망 차단이나 주식시장 붕괴 같은 물리적인 방법으로 적들의 파괴를 모색할 것이라 예상하는 이들이다. 2012년 10월에 리온 파네타Leon Panetta 미국 국방부 장관은 "공격 국가는 중요한 스위치들을 장악하기 위해 여러 종류의 사이버 도구를 동원할 수 있다. 그들은 여객열차를 탈선시키거나, 심지어 화학약품을 가득 실은 열차를 탈선시키는 등 위험한 짓도 서슴지 않을 수 있다. 그들은 주요 도시에 공급되는 물을 오염시키거나, 국내 주요 지역의 전력망을 차단시킬 수도 있다"라고 경고했다.[175] 우리는 낙관론자들의 관점에 따라(적어도 그것이 국가에 관련된 문제일 때는 그렇다) 그럴 가능성이 매우 작다고 주장한다. 그러한 확전이 있을 수도 있지만, 확전을 시작하는 정부 자신이 역으로 타깃이 될 수도 있고 가장 극악한 정권들조차 따라 하기 조심스러운 선례를 만들 수 있기 때문이다.

우리들 대부분은 깨닫지 못하고 있을지 몰라도, 우리는 이미 국가 주도의 사이버 전쟁 시대에 살고 있다. 지금 당장이라도 외국 정부가 당신 정부의 데이터베이스를 해킹하여 서버를 파괴하거나 대화 내용을 감시할 수 있다. 외부 관측자들에게는 현재 우리의 사이버 전쟁 수준이 약해 보일지도 모른다(실제로 어떤 사람들은 독일 군인이자 군사평론가였던 카를 폰 클라우제비츠Carl von Clausewitz가 말한 '전쟁은 수단을 달리한 정치의 연속'[176]이라는 고전적인 전쟁론을 기초로 해서 봤을 때, 지금의 사이버 전쟁을 아무든 '전쟁'이라고 칭하기 민망하다고 주장할지도 모른다). 정부로부터 지원을 받는 엔지니어들은 다른 나라의 기업과 기관들의 정보시스템에 침투해 들어가거나, 그것을 폐쇄하려고 할지도 모른다. 그러나 이런 일로 사상자가 발생하지는 않는다. 이렇게 사이버 전쟁이 현실세계로 확산되는 경우가 거의 없어서인지, 시민들은 사이버 전쟁을 누구나 흔하게 걸리는 감기 정도로 보면서 어떤 위협이라기보다는 그저 불편함 정도로 간주하는 것 같다.

하지만 사이버 전쟁의 위협을 무시하는 사람들은 위험을 각오해야 할 것이다. 사이버 전쟁을 둘러싼 모든 선전이 정당하지는 않지만, 위험은 분명 실존한다. 사이버 공격이 일어나는 횟수가 더 늘어나고 있고, 해가 갈수록 그것의 정밀도도 높아지고 있다. 삶이 디지털 정보시스템과 점점 더 얽힐수록, 우리는 클릭을 한 번씩 할 때마다 더욱 취약해질 것이다. 가까운 미래에 온라인으로 진출하는 기업 수가 크게 늘어날수록, 이러한 취약성은 더욱 확대되고 복잡해질 것이다.

사이버 공격은 국가의 완벽한 무기가 될지도 모른다. 그것은 강력하고, 맞춤 가능하고, 익명으로 이루어질 수 있다. 해킹이나 트로이목마 같은 컴퓨터 바이러스의 전파 그리고 기타 가상세계에서의 첩보활동 같은 전술은 국가에게 전통적인 무기나 첩보작전을 썼을 때보다 더 광범위한 공격을 가능케 해준다. 그들이 공격 후 남기는 흔적은 감기와 같아서, 가해자를 효과적으로 위장시키고, 희생자들의 대응능력을 심각하게 훼손시킬 수 있다. 특정 지역이나 마을까지 공격의 진원지를 추적하는 것이 가능하더라도, 책임 있는 당사자들을 발본색원한다는 것은 사실상 불가능하다. 공격의 책임을 입증할 수 없는데, 어떻게 적절한 대응을 결정할 수 있단 말인가? 마이크로소프트의 전前 최고 연구전략 책임자이자 인터넷 보안 분야의 입지전적인 인물인 크레이그 먼디Craig Mundie에 따르면, 우리에게 낯선 주제 중 하나인 '귀속성 결핍the lack of attribution(누구의 소행인지 알기 어렵다)'은 사이버 전쟁을 어둠 속에서 치러지는 전쟁으로 만든다. 먼디는 "이는 누가 당신에게 총을 쐈는지 알기가 훨씬 더 어렵기 때문입니다.[177] 사이버 전쟁은 보다 빨리 확산되면서, 과거에 전투로 매듭지을 수 있던 갈등을 더 은밀한 종류의 갈등으로 만들고 있어요"라고 말했다. 먼디는 사이버 첩보 전략을 '대량살상무기'라고 부른다.[178]

국가들은 오프라인보다 온라인에서 다른 나라에 훨씬 더 도발적으로 굴려고 할 것이다. 그럴 경우, 다른 곳은 모두 조용하더라도 가상세계의 전쟁터에서는 갈등이 분출될 것이다. 사실상 사이버 공격은 밀폐된 공간에서 익명으로 단행할 수 있기 때문에, 과도하게 호전적으로 보이고 싶지는 않지만 적들의 세력을 약화시키기 위한 노력을 지속하는 국가들에게 매력적인 선택지가 될 수 있다. 세계의 기술전문가들이 사이버 공격의 진원지를 더 잘 파악하게 되고 침입자에게 법적 책임을 물을 수 있을 때까지, 사이버 공격에 동참하는 국가는 더 많이 늘어날 것이다. 남미, 동남아시아, 중동 등에서 이미 연결성과 기술력을 확보한 국가들이, 조만간 간 보기 차원에서라도 자체적인 사이버 공격을 개시할 것이다. 독자적인 기술력(자국 엔지니어와 해커들 등)을 확보하지 못한 국가들조차 필요한 도구를 어디에선가 찾아낼 것이다.

사이버 전쟁의 세계를 보다 잘 설명하기 위해, 최근의 몇 가지 사례를 들어보겠다. 가장 유명한 사례는 발전소·공항·철도 등 기간시설 파괴를 목적으로 제작된 컴퓨터 바이러스인 스턱스넷 웜Sturxnet worm이다. 이 바이러스는 2010년 처음 발견됐는데, 2012년에 플레임Flame이란 바이러스가 발견될 때까지 가장 정교한 바이러스로 간주되었다.[179] 윈도 운영시스템에서 돌아가는 특정 유형의 산업 통제 시스템에 영향을 줄 목적으로 만들어진 스턱스넷은, 이란의 핵농축 감시시설에 침투해서 경보 시스템을 마비시키는 동시에 원심분리기의 가동속도를 갑자기 올리거나 내렸다.[180] 시스템이 인터넷에 연결되어 있지 않았기 때문에, 스턱스넷은 원심분리기 담당 직원이 사용하던 USB 플래시 드라이브USB flash drive■를 통해 직접 시스템을 감염시켰을지도 모른다.[181] 윈도 시스템의 보안상 취약성은 즉시 수정됐지만, 그것은 이미 마흐무드 아흐마디네자드Mahmoud Ahmadinejad 대통령도 인정했듯, 이란의 핵 개발 노력에 타격을 준 뒤였다.[182]

USB 플래시 드라이브
데이터를 옮길 때 사용하는 이동식 저장 장치의 일종.

바이러스를 만든 자의 위치를 파악하려는 초기의 노력은 별다른 성과 없이 끝났지만, 대부분의 사람들은 그것이 목표물과 정밀도를 감안한다면 국가적 차원에서 개발된 것이라고 지적했다. 다른 것보다도, 스턱스넷을 분석한 보안전문가들(스턱스넷이 나탄츠 공장 밖으로도 확산됐기 때문에 그들이 이런 분석을 할 수 있었다[183])이 이스라엘인에게는 매우 상징적인 암호로, 그것에 날짜와 성경이야기가 구체적으로 언급되어 있다는 사실을 알아냈다.[184] 관련 자원들도 그것이 정부의 작품임을 시사했다. 전문가들은 그것이 최대 30명의 사람들에 의해 몇 달에 걸쳐 만들어진 것이라고 추정했다.[185] 그것은 공격 날짜 이전에 프로그램 개발자(이 경우는 윈도 운영시스템)가 모르는 컴퓨터프로그램의 취약한 부분(보안 구멍)까지 드러내면서, 상대방이 수비할 시간조차 주지 않는 식으로 전례 없이 악의적인 공격법을 구사했다. 이런 식의 공격을 찾아낸 것은 이례적인 일로 간주된다. 이러한 공격을 통해 얻어낸 정보는 암시장에서 수십만 달러에 거래될 수 있다.

아니나 다를까, 2012년 6월 스턱스넷 배포에 한 곳이 아닌 두 곳의 정부가 개입했다는 사실이 드러났다.[186] 익명의 오바마 정부관리들은 〈뉴욕타임스〉 기자인 데이비드 E. 생어David E. Sanger에게 스턱스넷은 이란의 의심스러운 핵무기 프로그램 개발을 중단 및 교란시키기 위한 목적으로 미국과 이스라엘이 공동으로 모의한 프로젝트라는 사실을 확인해주었다.*[187]

맨 처음 조지 W. 부시George W. Bush 전 대통령의 승인하에 이루어진, '올림픽 게임Olympic Games'이란 암호명의 이 프로젝트는 다음 정부에서도 계속 추진됐는데,[189] 사실상 오바마 대통령 때 속도가 더 빨라졌다. 오바마는 개인적으로 이와 같은 사이버 무기를 계속해서 전파하는 것을 승인했다. 미국 정부는 컴퓨터를 파괴하는 바이러스를 개발한 다음, 그것을 나탄츠 공장과 기능상 똑같은 미국의 공장에서 테스트해보았다.[190] 그 후 그것이 원심분리기를 파괴할 수 있다는 사실을 알아내자, 이 바이러스의 배포를 승인했다. 미국 정부의 관리들은 이러한 조치의 의미를 모르지 않았다.**

CIA 국장을 지냈던 마이클 헤이든Michael V. Hayden은 생어에게 "이전의 사이버 공격은 다른 컴퓨터에 제한적인 영향만을 미쳤다. 이것은 사이버 공격이 물리적인 파괴효과를 내는 데 사용된, 중대한 첫 번째 공격이

---

* 우리가 이스라엘의 비밀정보기관 모사드의 국장을 지낸 메이어 다간Meir Dagan에게 이런 협업에 대해 묻자, 그는 단지 "내가 정말 당신들에게 그걸 말하리라고 생각하는가?"라고 대답했다.[188]
** 포트두길에 있는 미디어라대학의 교수인 래리 콘스탄티네Larry Constantine는 2012년 9월 4일 미국전자전기학회Institute of ELectrical and Electronics Engineers, IEEE가 발간하는 잡지인 〈IEEE 스펙트럼IEEE Spectrum〉의 부편집장인 스티븐 체리Steven Cherry와 가진 인터뷰 팟캐스트에서 스턱스넷이 생어가 말한 대로(다시 말해 스턱스넷이 인터넷이 아니라 근거리통신망인 LAN을 통해서만 퍼질 수 있다는 주장) 확산되는 건 기술적으로 불가능하다면서 생어의 주장을 반박했다.[191]

다. 누군가가 루비콘 강을 건넜다"라고 말했다.[192]

그로부터 2년 뒤, 플레임 바이러스가 발견됐을 때 보안전문가들이 했던 최초의 보고를 보면, 그것은 스틱스넷과 무관하다는 걸 알 수 있다. 즉, 플레임은 더 큰 피해를 주었고, 스틱스넷과 다른 프로그래밍 언어 programming language ▪를 사용했으며, 원심분리기를 목표로 삼기보다는 은밀한 데이터 수집활동에 집중하면서 전혀 다르게 기능했다. 게다가 그것은 생긴 지 더 오래됐다. 분석가들은 자신들이 처음 발견한 시점으

프로그래밍 언어
컴퓨터의 프로그램을 기술하기 위한 언어로서, 사람이 컴퓨터에 명령을 주는 수단인 동시에 프로그램을 설계하기 위한 언어.

로부터 최소한 4년 전부터 플레임이 존재해왔다는 사실을 알아냈다. 스틱스넷보다 더 일찍 개발됐던 것이다. 생어는 플레임이 올림픽 게임 프로젝트의 일부라는 것을 미국 관리들이 부정했다고 보고했다.[193] 하지만 이러한 사이버 무기들의 정체가 공공연히 드러난 후 1개월도 채 못 되어, 국제적인 명성을 갖고 있는 러시아의 대형 컴퓨터 보안회사인 카스퍼스키랩Kaspersky Lab의 보안전문가들은[194] 스틱스넷과 플레임을 개발한 두 팀이 초기 개발단계에 서로 협력했다는 결론을 내렸다. 그들은 플레임과 암호를 공유한 것이 분명한 스틱스넷의 초기 버전에서, '리소스

모듈
컴퓨터 분야에서 독립된 하나의 소프트웨어나 하드웨어 단위를 지칭.

207Resource 207'로 알려진 특정한 모듈▪을 찾아냈다.[195] 카스퍼스키의 한 고위연구원은 당시 상황을 "플레임의 플랫폼이 스틱스넷 프로젝트의 시발점인 것 같다. 운영방식은 서로 다른데, 아마도 이것은 스틱스넷의 암호가 외부세계에 전파될 수 있을 만큼 충분히 숙성되어서 그랬는지 모른다. 이제 우리는 스틱스넷과 플레임의 개발자들이 협력했다는 것을 100퍼센트 확신한다"라고 설명했다.[196]

스턱스넷과 플레임, 그 외 미국과 이스라엘에 관련된 다른 사이버 무기들은, 지금까지 알려진 것들 중 가장 진보한 국가 주도의 사이버 공격 사례다. 하지만 전 세계 많은 정부들은 이미 다른 사이버 공격 전략을 사용해왔다. 공격이라고 해서 반드시 엄청난 결과를 초래한 지정학적 문제들로 국한시킬 필요는 없다. 사이버 공격은 미워하는 이웃국가를 아주 멋지게 괴롭히는 데도 동원될 수 있다. 에스토니아 정부가 수도 탈린에서 러시아의 제2차 세계대전 기념비를 없애기로 한 결정을 둘러싸고 2007년 러시아와 외교적 갈등을 빚은 이후,[197] 은행과 신문, 정부기관을 포함한 에스토니아의 유명 웹사이트 다수가[198] 갑자기 디도스 공격을 받고 마비됐다. 에스토니아는 종종 지구상에서 네트워크가 가장 잘 연결된 나라로 분류되곤 한다.[199] 이 나라의 거의 모든 일상적인 기능이(그리고 거의 모든 시민들이) 전자정부, 전자투표, 전자뱅킹 그리고 운전자가 휴대전화로 주차요금을 낼 수 있게 해주는 전자주차 같은 온라인서비스에 의존하기 때문이다. 하지만 스카이프를 전 세계에 처음 선보이기도 했던 에스토니아는 갑작스러운 해커 집단들의 공격에 의해 마비되고 말았다. 온라인에서 시스템이 복구되자, 에스토니아인들은 즉시 이것이 이웃국가인 러시아의 소행이 아닐까 의심하기 시작했다. 에스토니아의 외무부 장관인 우르마스 파에트Urmas Paet는 대놓고 러시아를 비난하기도 했다.[200] 하지만 러시아의 유죄를 입증하기란 불가능했다. 북대서양조약기구North Atlantic Treaty Organization, NATO와 EU 집행위원회European Commission의 전문가들은 러시아 정부의 공식적인 개입을 드러내는 증거를 찾는 데 실패했다(러시아는 러시아대로 혐의를 부인했다).[201]

그것이 사이버 전쟁 행위였을까? 러시아가 명령한 것이 아니라면 누가 해커들에게 그런 짓을 하라고 지시한 것일까? 아직까지 이러한 질문에 대한 답은 찾지 못했다. 누구 소행인지 밝혀내지 못하면, 사이버 공격의 희생자들은 별달리 할 수 있는 일이 없다. 게다가 침투한 사람들은 의심이 아무리 커지더라도 기소당하지 않는다(에스토니아를 상대로 한 공격이 발생하고 1년 뒤, 조지아의 군대 및 정부 웹사이트도 디도스 공격으로 마비됐다.[202] 당시 조지아는 러시아와 분쟁 중이었다. 그 다음 해에 러시아 해커들은 키르기스스탄의 인터넷 서비스 제공회사들을 공격해서[203] 며칠간 그곳 광대역 서비스의 80퍼센트를 마비시켰다.[204] 어떤 사람들은 당시 공격이 인터넷 세상에서 비교적 강력한 영향력을 갖고 있는 키르기스스탄 야당의 기능을 억제하려는 의도에서 시작됐다고 믿는다.[205] 반면, 또 어떤 사람들은 주둔 중인 미군기지를 폐쇄하도록 키르기스스탄에 압력을 가했지만 실패한 러시아가 저지른 소행이라고 주장한다).

또한 지난 몇 년간 중국이 구글 등 미국 기업들을 상대로 저지른 사이버 공격 사례들도 있다. 사이버 전쟁의 하위범주에 속하는 디지털 산업 스파이는 앞으로 국가와 국가경제 사이의 관계에 심각한 영향을 미칠 수 있는, 비교적 최근에 등장한 현상이다. 구글은 자사 시스템이 미지의 공격자들로부터 빈번히 공격당하는 것을 알고 있다. 그래서 사용자들을 위해 가장 안전한 네트워크와 보호장치를 구축하고자 그토록 많은 시간과 에너지를 투자하는 것이다. 2009년 말 구글은 자체 네트워크 내에서 이례적인 트래픽을 감지한 후,[206] 그것의 활동을 감시하기 시작했다(대부분의 사이버 공격이 그러하듯, 그런 공격을 감지한 후 바로 중단시키기보다는 관찰을 위해 일시적으로 보안이 뚫린 채널들을 그냥 열어놓는 것이 사이버 보안전문가들에게 더 가치 있는 일이다). 결국, 구글의 지적재산권을 목표로 중국 쪽에서 고도로 정교한 공격이 이루어졌다는 사실이 발견되었다.

구글은 조사과정 중에, 중국 정부나 그곳 요원이 당시 공격의 배후에 있었다는 사실을 입증할 만한 충분한 증거를 수집했다. 기술적인 단서들 외에도, 일부 공격에서 중국 인권운동가들의 지메일Gmail ■ 계정과 미국 및 유럽에서 활동하는 중국 내 인권운동 지지자들의 계정에 접근하여 그들을 감시하려는 시도가 있었음이 밝혀졌다. 결과적으로, 당시 구글뿐만 아니라 수십 개의 다른 상장기업들까지 겨냥한 공격은, 구글이 중국 내 사업전략을 수정하고,[207] 구글 차이나 Google China 사업을 접기로 결정하는 데 중요한 영향을 끼쳤다. 이제 구글은 중국의 인터넷 콘텐츠에 대해 자체검열을 하지 않아도 되며, 유입되는 모든 검색 명령은 홍콩에 있는 구글이 맡도록 조정했다.

지메일
구글이 제공하는 대용량 메일

오늘날에는 단지 소수의 국가들만이 대규모 사이버 공격을 감행할 수 있는 능력을 갖고 있지만(빠른 네트워크와 기술 분야 인재가 부족한 국가에게는 그런 능력이 없다), 미래에는 공격이나 수비 중 어느 한 가지 목적을 위해 사이버 공격을 감행할 수 있는 국가가 수십 개국 더 늘어날 것이다. 무엇보다 많은 사람들이 이미 미국, 중국, 러시아, 이스라엘, 이란이 기술력을 축적하고 경쟁우위를 유지하기 위해 대규모 투자를 하는 새로운 군비 경쟁이 시작됐다고 믿고 있다. 2009년 미국 국방부가 미국 사이버 사령부United Cyber Command, USCYBERCOM 설립을 지시했을 때와[208] 같은 시기에, 로버트 게이츠Robert Gates 당시 국방부 장관은 사이버 공간을 육·해·공·우주와 더불어 군사작전의 '다섯 번째 영역'이라고 선언했다.[209] 아마도 미래에는 군대에서 사이버 공간을 위해 대테러 특수부대인 델타 포스Delta Force와 비슷한 부대를 창설할지도 모른다. 혹은 새로운 장관과 함께 사이버 공격부가 설립될지도 모른다. 이것이 먼 훗날에 일어날 일처럼 보인다면, 9·11 공격에 대응하기 위해 국토안보부 Department of Homeland Security가 설립됐다는 사실을 떠올려보자. 거대한 사건이 단 한 번만 터져도 정부가 재원을 할당해서 이러한 부서를 만들 수 있다. 영국이 아일랜드 테러리스트들로부터 공격을 받은 후 런던 곳곳에 CCTV 카메라를 설치했을 때, 다수의 국민이 이 같은 조치를 환영했다는 사실도 기억해보라. 물론 어떤 사람들은 길거리에서 그들의 일거수일투족이 촬영되어 저장된다는 데 우려의 목소리를 내기도 했지만, 비상사태 때는 항상 강경파가 온건파를 누르고 승리하는 법이다. 위기가 터진 후 보안조치를 취하는 데는 엄청난 액수의 돈이 든다. 신속히 조치를 취하고, 국민들의 걱정을 완화시키기 위해 더욱 노력해야 하기 때문이다. 일부 사이버 보안전문가들은 새로운 '사이버 산업지대cyber-industrial complex'를 건설하는 비용이 매년 약 800억에서 1,500억 달러가 들 것으로 추산한다.[210]

미국처럼 엔지니어링 분야가 강한 국가들은 자체적으로 가상무기 virtual weapons를 만들 수 있는 인적자원을 갖고 있다. 하지만 국민의 기술적인 잠재력이 온전히 개발되지 않은 국가의 경우에는 어떠한가? 앞서 우리는 감시시스템 구축을 원하는 정부들의 기술—광물 거래를 설명한 적이 있다. 이런 국가들의 관심이 외부의 적에게 향할 경우, 같은 유형의 거래가 마찬가지 효과를 낼 것이라고 추정할 만한 충분한 이유가 있다. 아프리카, 남미, 중앙아시아 지역의 국가들은 자국의 취약한 인프라를 개선하기 위해, 기술투자를 해줄 수 있다고 생각하는 기술 공급국가를 찾아낼 것이다. 중국과 미국이 최대의 기술 공급국가가 되겠지만, 반드시 이 두 나라만 그렇게 될 수 있는 것은 아니다. 즉, 전 세계의 모든 정부기관과 민간기업들이 기술 취득을 원하는 국가에게 재화와 용역을 제공하기 위해 경쟁할 것이다. 이러한 거래 대부분이 거래에 참여하는 두 나라 국민이 모르는 상태에서 이루어질 것이다. 그러다 나중에 계약이 폭로될 경우, 일부는 불편한 질문을 던질 것이다.

2011년 이집트 혁명 뒤에 그곳 안보 담당 건물을 누군가 급습했다.[211] 이후 한 무명의 영국 회사가 무바라크 정권에게 온라인 스파이웨어를 파는 것을 포함, 정부와 민간기업 사이의 계약이 폭발적으로 늘어났다.

자체적으로 사이버 전쟁 능력을 개발하기 위해 애쓰는 국가에게는 기술 공급국가를 선택하는 것이 그곳의 '온라인 영향력 범위' 내에 들기로 합의하는 것에 버금가는 중대한 결정이 될 것이다. 기술 공급국가들은 신흥국에 기반을 확보하기 위해 치열한 로비를 펼칠 것이다. 투자를 얻어내면 영향력을 행사할 수 있기 때문이다. 중국은 자원시장과 소비시장에 접근하는 대가로 기술적인 지원과 대규모 인프라 프로젝트를 지원해주면서, 아프리카에서 자국의 영향력을 확대하는 데 놀라운 성공을 거두었다. 이런 거래가 가능했던 데는 중국의 불간섭 정책과 낮은 지원 비용도 큰 몫을 했다. 그러한 국가들이 사이버 무기고를 구축하기로 결정한다면, 과연 누구에게 의존하겠는가?

실제로 우리는 이미 과학 및 기술개발 프로젝트라는 핑계로 그러한 투자가 이루어지고 있는 신호를 목격하고 있다. 과거 사회주의국가였던 탄자니아는 중국의 직접원조를 받은 최대 수혜국 중 하나다. 2007년 중국의 한 전기통신사는 탄자니아와 약 1만 킬로미터 길이의 광섬유케이블 설치 계약을 맺었다.[212] 그로부터 몇 년 뒤, 중국의 광산회사인 쓰촨 홍다Sichuan Hongda는 탄자니아와 남부지역에서 나는 30억 달러 규모의 석탄과 철광석 채굴 계약을 체결했다고 발표했다.[213] 그 직후 탄자니아 정부는 천연가스 파이프라인 건설을 위해 중국으로부터 10억 달러를 빌리기로 합의했다고 발표했다.[214] 아프리카 지역 전반에 걸쳐 그곳 정부들과 대형 중국 기업들(주로 중국의 국영 기업들이다. 이들 기업은 중국 증시 시가총액의 80퍼센트를 차지한다[215]) 사이에는 이와 유사한 공생관계가 존재한다. 가나의 전자정부 구축을 위한 중국 기업 화웨이의 대출금 1억 5,000만 달러,[216] 케냐의 연구병원[217]과 수단의 수도 하르툼 내 '아프리카 기술 도시African Technological City'[218] 등은 모두 2000년 중국과 아프리카 사이의 제휴 촉진을 목적으로 세워진 기구인 중국—아프리카 협력 포럼Forum on China-Africa Cooperation, FOCAC을 통해 결정된 사항들이다.

미래에는 기술을 공급하는 초강대국들이 특정 규약과 제품을 중심으로 온라인에서 영향력을 미치는 영역을 창조하려 할 것이다. 자신의 기술이 특정 사회의 기반을 형성하고, 초강대국들만 세우고 지원하고 통제해줄 수 있는 몇몇 중요한 인프라에 고객국가들이 의존하게 만들기 위해서다. 현재 대표적인 전기통신장비 제조업체는 스웨덴의 에릭슨, 중국의 화웨이, 프랑스의 알카텔루슨트, 미국의 시스코 등이다.[219] 중국 정부는 자국 기업에 막대한 영향력을 행사하고 있으므로, 중국의 하드웨어와 소프트웨어를 사용하는 국가가 늘어날수록 분명 많은 혜택을 볼 것이다. 화웨이의 시장 점유율이 커지는 곳에서 중국이 미치는 영향력의 정도와 범위도 덩달아 커지는 것이다. 에릭슨과 시스코는 각각 스웨덴과 미국 정부로부터 통제를 덜 받지만, 그들의 상업적·국가적 이해관계가 중국의 그것과 일치하고 상충되는 시기가 도래할 것이다. 그럴 경우, 그들은 외교적·기술적 차원에서 모두 자국 정부와 협력해나갈 것이다.

온라인에 영향력이 미치는 영역은 본래 기술적·정치적 성격을 띨 것이다. 그러한 고차원적인 관계가 시민들의 일상생활에 실제로 영향을 미치지는 않을지 모른다. 하지만 휴대전화를 이용한 조직적인 폭동처럼 심각한 일이 발생한다면, 특정 국가가 사용하는 기술과 그 나라가 속한 영역이 중요해지기 시작할 것이다. 기술 기업들은 제품과 함께 가치를 수출하기 때문에, 누가 연결성 인프라의 토대를 놓는지는 절대적으로 중요한 문제다. 개방형·폐쇄형 시스템에 대한 태도에 차이가 있고, 정부의 역할에 대해 논쟁이 벌어지고 있으며, 책임감의 기준도 서로 다른 상황이다. 예를 들어, 중국의 고객국가가 중국으로부터 구입한 기술을 사용하여 국내 소수자집단을 박해한다고 해도 그것에 미칠 수 있는 미국의 영향력은 매우 제한적일 것이다. 따라서 법적인 담론이 무용지물이 될 것이다. 이것은 보안상 중대한 의미를 지닌 상업적인 전투인 셈이다.

새로운 암호 전쟁

앞으로 점점 더 많은 국가들이 온라인으로 들어와, 영향력 확보를 위한 각축장 속에서 사이버 공격 능력을 구축하거나 구입하고 운용하기 시작하면 당연히 저급한 사이버 전쟁이 영구적으로 지속될 것이다. 거대한 국가들은 직간접적으로 다른 강대국을 공격할 것이고, 개발도상국들은 새롭게 확보한 능력을 통해 오랫동안 지속되어온 불만을 해소하기 위해 애쓸 것이다. 한편 약소국들은 자신의 공격이 본래 추적 불가능하다는 점을 이유로 공격에 책임을 지지 않아도 된다는 데 안도하면서, 규모에 어울리지 않을 정도로 거대한 영향력을 행사할 수 있는 방안을 모색할 것이다. 대부분의 공격이 조용하고 느리게 정보수집을 목적으로 추진될 것이기에, 폭력적인 보복을 초래하지는 않을 것이다. 따라서 향후 오랫동안 상황은 천천히 긴장감을 높이는 데 그칠 것이다. 초강대국들은 영향력 범위 내에서 가상군대virtual armies를 키우며 자신을 지키기 위한 중요한 보호장치를 구축할 것이고, 상업적·정치적 이득을 위해 합심하여 바이러스를 생산하고, 정교한 해킹 공격이나 그 외 다른 형태의 온라인 첩보활동에 착수할 것이다.

어떤 사람들은 다가올 이것을 '암호 전쟁Code War'이라고 부른다.[220] 이 전쟁에서 강대국들은 여전히 경제적·정치적 발전에 있어서 아무런 영향을 받지 않겠지만, 또 다른 차원에서는 당장이라도 폭발할 것 같은 갈등에 휩싸일 것이다. 하지만 현실세계의 전쟁들과 달리, 보통 이 전쟁은 두 나라 사이의 다툼이 아닐 것이다. 그보다는 이란, 이스라엘, 러시아 등 강력한 기술력을 가진 여러 국가들이 참여하는 전쟁이 될 것이다. 자유로운 표현, 공개 데이터, 자유주의를 둘러싸고, 이데올로기적인 차원의 첨예한 대립이 등장할 것이다. 이미 말했듯이, 온라인 전쟁의 참가국들 중 현재 맺고 있는 관계를 위태롭게 만들려는 국가는 없기 때문에 이런 전쟁이 현실세계로 명백히 확대되거나 전이될 가능성은 거의 없을 것이다.

암호 전쟁에서도 특히 첩보활동과 관련하여, 냉전 시대에 등장했던 것과 같은 고전적인 특징이 몇 가지 등장할 것이다. 정부는 사이버 전쟁 능력을 대체로 정보기관 활동의 연장선상에서 바라볼 것이기 때문이다.

고정간첩, 전단 살포, 첩보기술은 이제 바이러스, 키로깅 keylogging■, 소프트웨어, 지역 기반의 트래킹, 기타 디지털 스파이웨어 도구들로 대체될 것이다. 인간이 아닌 하드 드 라이브로부터 정보를 얻어내는 것은 전통적인 자산과 그것의 취급자들 에게 가해질 위험을 줄여줄지 모르지만, 새로운 도전도 불러올 것이다. 즉, 오보誤報가 계속 문제로 남을 것이며, 아주 정교한 컴퓨터의 경우 사 람보다도 더 비밀을 토해내지 않을지도 모른다.

키로깅
사용자가 자신의 컴퓨터 에 입력하는 내용을 중간 에 몰래 가로채는 행위.

　이런 새로운 디지털 시대의 전쟁에서는 냉전 시대의 또 다른 특징인 '대리 전쟁war by proxy'이 재현될 것이다. 한편으로 사이버 공격의 주체를 밝히기 힘들기 때문에, 정치적인 은폐가 가능한 위험요소들을 물리치고 자 국가 간의 발전적인 연대가 등장할 수도 있다. 미국은 마약범죄조직 에 전자공격을 가할 수 있도록 남미국가들에게 은밀히 자금을 지원하거 나, 그들을 훈련시킬 수 있다. 반면 디지털 대리 전쟁은 국가가 정치 적·경제적 이익을 위해 귀속성 결핍을 자신들에게 유리하게 이용하면 서 또 다른 잘못된 방향과 그릇된 고발로 이어질 수 있다.

　냉전 때와 마찬가지로 시민들이 개입하거나, 자각하거나, 직접적인 피 해를 입을 가능성은 거의 없다. 이는 국가가 그러한 행동에 수반되는 위 험을 바라보는 시각에 유해한 영향을 미친다. 사이버 전쟁을 해보겠다는 야심은 있지만 관련 경험이 부족한 국가들은 과욕을 부리다가 부지불식 간에 실제로 자국민에게 피해를 입혀 갈등을 촉발할지도 모른다. 결과적으로, 국가들 사이에서는 이런 역학을 안 정화시키는 상호 확증 파괴mutually assured destruction■ 원 칙들이 등장할지도 모른다. 하지만 환경이 다중적이므

상호 확증 파괴
적국이 핵 공격을 해올 경우 적의 공격 미사일 등이 도달 하기 전 혹은 도달한 후 남아 있는 핵전력으로 상대편을 전 멸시키는 보복 핵 전략.

로, 시스템 내에서는 어느 정도 변동성이 생길 수밖에 없다.

이보다 더 중요한 점은 새로운 암호 전쟁에서 오류가 발생할 여지가 상당히 많아질 것이라는 사실이다. 모든 참가자들이 새롭고 강력한 도구를 자유자재로 활용하는 방법을 배우는 과정에서, 냉전 시대에 만연했던 오해, 잘못된 지시, 실수들이 다시 등장하여 활개를 칠 것이다. 사이버 공격으로 한층 더 혼란이 심해지면, 결국 냉전 때보다 더 나쁜 결과가 빚어질지 모른다. 폭발한 미사일조차 흔적을 남기는 법이다. 목표와 공격법을 결정하는 정부, 두려움과 분노에 휩쓸려 잘못된 상대에게 보복하는 희생자, 복잡한 컴퓨터 프로그램을 대규모로 만드는 엔지니어 모두가 잘못을 저지를 것이다.

이처럼 기술적으로 복잡한 무기를 갖게 된 악당은 보안장치를 피해 원격사용이 가능한 접속 소프트웨어를 프로그램에 설치해놓은 후, 실제로 프로그램 사용을 결정할 때까지 전혀 걸리지 않을 수 있다. 혹은 사용자가 본의 아니게 잘 만들어진 바이러스를 공유하게 될지도 모른다. 그 바이러스는 아마도 누군가가 의도치 않게 만든 것일 수 있는데, 이는 한 국가의 증시정보를 훔치는 것을 넘어, 아예 증시를 붕괴시킬지도 모른다. 몇 가지 위장술(디지털 미끼)이 암호화된 채 들어있는 위험한 프로그램이 발견되어, 공격대상국이 역으로 그것의 출처를 확실히 발견해 조치를 취하기로 결정할지도 모른다.

우리는 이미 사이버 공격의 주체를 둘러싼 문제가 어떻게 국가적 차원에서 잘못된 방향으로 흐를 수 있는지를 보여주는 여러 사례를 목격해왔다. 2009년에는 세 차례 디도스 공격으로 한국과 미국의 주요 정부 웹사이트들의 기능이 마비됐다.[221] 이 사이버 공격을 조사한 보안전문가들은 당시 공격에 동원된 좀비 PC들의 네트워크인 봇넷Botnet■이 북한에서 시작됐다는 사실을 강력히 시사하는[222] 한국어 등 여러 단서를 찾아냈다. 한국의 정부관리들은 곧바로 북한을 지목했고,[223] 미국 언론

봇넷
일종의 군대처럼 악성 봇에 감염되어 명령이나 제어 서버에 의해 제어당하는 대량의 시스템으로 구성된 네트워크. 스팸메일이나 악성코드 등을 전파한다

들은 이와 관련된 내용을 기사화했으며, 유력 공화당의원은 오바마 대통령이 보복 차원에서 북한에 대해 '강력한 무력시위'를 벌일 것이라고 주장했다.[224]

실제로는 공격의 정확한 발원지를 입증할 수 있는 사람이 아무도 없었다. 그로부터 1년 뒤, 분석가들은 2009년 디도스 공격을 북한이나 다른 어떤 국가가 저질렀다는 사실도 입증할 수 있는 아무런 증거가 발견되지 않았다고 발표했다.[225] 베트남 출신의 한 분석가는 앞서 디도스 공격이 영국의 소행이라고 말하기도 했지만,[226] 한국 국민들은 북한의 체신성을 공격의 배후로 지목했다.[227] 심지어 어떤 사람은 이것이 북한 정권을 상대로 미국이 어떤 조치를 취하도록 선동하기 위해 한국 정부나 운동가들이 꾸며낸 조작극이라고 생각하기도 했다.

대부분의 경우 이런 공격은 별반 효과가 없었고, 상당히 단순하게 이루어졌다. 공격으로 인해 유실된 데이터는 없었으며, 공격도 다소 무딘 편이었다. 상황이 더욱 악화되지 않은 이유 중 하나도 이것이다. 하지만 스턱스넷 바이러스나 그보다 더 정밀한 무기를 개발할 수 있는 나라가 늘어나면 무슨 일이 벌어질까? 어떤 시점에 이르면 사이버 공격이 실제 전쟁으로 돌변할까? 공격을 선동한 자가 자신의 흔적을 거의 대부분 감춘다면, 국가는 과연 어떻게 복수할까? 전 세계 정책 당국자들은 그들이 예상하는 것보다 더 빨리 이런 질문들에 대답해야 할 것이다. 이러한 도

전에는 몇 가지 해결방안이 존재하지만, 사이버 공격에 관한 국제조약 같은 대부분의 선택방안은 충분한 투자는 물론 우리가 통제할 수 있는 일과 없는 일이 각각 무엇인지에 관한 국가 간의 솔직한 대화를 필요로 할 것이다.

디지털 기업의 스파이 전쟁

이러한 논의에 불을 붙이는 것은 사실 국가 간의 사이버 전쟁이 아니라, 국가가 후원하는 기업 첩보활동이다. 국가는 정부 네트워크가 사이버 공격을 받을 경우, 그로 인한 악영향을 어느 정도 통제할 수 있지만, 기업이 공격대상이 되면 공격은 훨씬 더 일반적인 성격을 띠고 사용자나 고객 데이터가 관련되어 있는 경우 많은 사람에게 영향을 미칠 수 있다. 세계화는 또한 디지털 기업의 첩보활동을 국가에게 더 수지맞는 일로 만들어준다. 기업이 새로운 시장으로의 확장을 모색함에 따라 그들의 경영방식과 미래 계획에 대한 내부적인 정보는 현지 기업들이 그들과 계약을 체결하고, 지역 내에서 호감을 얻는 데 요긴할 수 있다. 왜 그런지 그리고 이것이 미래에 의미하는 것이 무엇인지 알아보기 위해, 우리는 다시 중국으로 눈을 돌려야 한다.

중국이 외국 기업을 대상으로 사이버 공격을 단행하는 유일한 국가는 아니지만, 오늘날 중국은 정교한 공격을 가장 많이 시도하고 있다. 기업 첩보활동에 직접 개입하고, 자국 기업의 첩보활동을 승인해주는 중국의 의지는, 중국에서 비즈니스를 하려는 외국 기업뿐만 아니라 전 세계 다른 모든 곳에서 활동하는 기업들을 더욱 취약하게 만든다. 앞서 언급했다시피, 2009년에 구글과 수십 곳의 다른 기업을 상대로 중국이 저질렀던 사이버 공격은 전혀 예외적인 사례가 아니었다. 지난 몇 년간 중국 첩보기관의 주도로 이루어진 산업스파이 활동은 반도체에서부터 자동차와 제트추진 엔진에 이르기까지[228] 모든 것을 생산하는 미국 기업들을 공격목표로 삼았다(물론 기업 첩보활동이 새로운 현상은 아니다. 19세기 영국의 동인도회사는 중국에서 중국 식물 및 그와 관련된 비밀을 몰래 입수해서 인도에 판 후, 중국의 독점적인 녹차 생산을 깨기 위해 스코틀랜드 출신의 식물학자를 고용했다.[229] 그는 중국 상인으로 위장해서 이 일을 성공적으로 해냈다).

  이러한 최근의 기업 첩보활동에서 새로운 점은, 디지털 시대에는 수많은 첩보활동을 원격으로, 그리고 사실상 익명으로 수행할 수 있다는 사실이다. 자동화된 전쟁automated warfare을 설명할 때 간단히 살펴보겠지만, 이것은 미래 세계의 많은 면에 영향을 미칠 새롭고도 중대한 기술적 발전이다. 우리는 확장의 시대에 살고 있다. 중국을 비롯하여 부상 중인 초강대국들이 전 세계에서 경제적 기반을 확장하고자 힘쓰는 가운데, 디지털 기업의 첩보활동은 그들의 이런 확장능력을 크게 키워줄 것이다. 공식적으로 국가지원을 받았건 아니면 단순히 국가의 장려에 따라 그렇게 했건, 독점적인 정보를 얻기 위해 경쟁사의 이메일과 시스템을 해킹하는 기업들은 분명 시장에서 부당한 이득을 취하게 될 것이다. 미국의 주요 기업을 이끄는 몇몇 기업인들은 중국의 스파이 행위 내지는 민감한 정보의 절도 행위(절도 후 거래를 왜곡하거나 징발하는 데 사용한)로 의심되는 일 때문에, 아프리카와 이머징 마켓에서 거래를 따내지 못한 것이라고 확신했다.

오늘날 중국과 미국 사이의 기업 첩보활동 중 대다수 사례에는 국가의 '보이는 손visible hand'보다 여러 한탕주의자들이 개입된 것처럼 보인다. 미시건 주에 살던 한 중국인 부부는[230] 제너럴모터스General Motors, GM의 하이브리드 자동차 연구와 관련된 거래정보를 훔친 후(GM 측에서는 그로 인한 손해액을 약 4,000만 달러로 추정했다), 그것을 중국의 경쟁사인 체리자동차Chery Automobile에게 팔려고 한 적이 있다. 또한 일류 페인트 및 코팅제 제조회사인 발스파Valspar Corporation에서 일하던 중국 직원[231]은 중국에 팔 목적으로 2,000만 달러 가치의 비밀공식을 불법으로 다운로드받기도 했으며, 미국의 종합화학회사인 듀폰Dupont의 한 화학연구원은[232] 중국의 대학에 넘겨주려고 유기발광다이오드Organic Light Emitting Diodes, OLED ■에 관한 정보를 훔치기도 했다. 이러한 행동을 하는 사람들 중 누구도 중국 정부와 직접적으로 연결되어 있지는 않았다. 실제로 그들은 단지 비밀정보를 얻

유기발광다이오드
빛을 내는 층이 유기화합물로 구성되어 자체 발광시키는 차세대 디스플레이

어내어 이득을 취하려고 한 개인에 불과했을지도 모른다. 하지만 우리는 또한 대부분의 주요 기업들이 국영 기업이거나 정부의 지배를 받는 중국에서, 정부가 미국 기업들을 상대로 수많은 첩보 수집 목적의 사이버 공격을 단행했거나 승인했다는 사실을 알고 있다. 의심할 여지 없는 사실은, 우리가 알고 있는 공격들이 성공 여부와 상관없이 시도된 공격들 중 불과 몇 퍼센트에 지나지 않는다는 것이다.

미국은 디지털 기업의 첩보활동에 있어 중국과 동일한 길을 걷지는 못할 것이다. 미국법이 상대적으로 훨씬 더 엄격하고(또한 더 잘 집행되고), 불법적인 경쟁은 미국이 생각하는 공정한 플레이에 위배되기 때문

이다. 앞서 논의한 대로 두 나라는 법률만큼이나 가치관에서도 차이가 있다. 오늘날 중국은 지적재산권의 가치를 아주 높게 평가하지는 않는다. 하지만 미국 기업과 중국 기업 및 그들이 취하는 전술상의 차이는 미국 정부와 기업을 현격히 불리하게 만들 것이다. 미국 기업은 경쟁력을 유지하기 위해서라도 보유 정보를 열심히 지키고, 네트워크 접경지대를 순찰하고, 더불어 광범위하게 시도되는 내부위협을 감시해야 할 것이다 (앞서 예로 든 개인들은 모두 정보를 훔친 미국 기업에 합법적으로 고용되어 일했던 이들이다).

어떻게 사이버 공격을
막을 것인가

첩보활동에 필요한 기술력을 확보한 채 그로 인해 얻게 될 경쟁우위를 노리는 다른 국가와 미국 사이에는 지금 같은 첩보활동이 앞으로도 수십 년간 이어질 것이다. 다만 엄청나게 확대되지는 않을 것이다. 이는 귀속성 결핍으로 인해 암호 전쟁이 지속적이면서도 상대적으로 안정적으로 이어질 것이란 사실과 같은 이유다. 중국 정부는 개입했다는 것이 분명히 입증되지 않는 한, 외국 기업이나 인권단체를 겨냥한 무수한 사이버 공격을 자유롭게 지원하거나, 그것에 참여할 수 있다.*

---

* 결과적으로 중국 정부는 이런 기업 공격을 단행하다가 현장에서 꼬리가 잡힐 것이다. 물론 이런 공격 사례가 UN 안전보장이사회에 제소될 경우, 중국에게 거부권이 있어서 어떤 결의안도 채택되기는 어려울 것이다. 그럼에도 불구하고 이렇게 발각됐다는 사실만으로 중국은 지정학적 차원에서 매우 난처한 상황에 처할 것이 분명하다.

사이버 공격을 하는 쪽의 약점을 드러내는 것은 물론, 그러한 공격으로 인해 입게 될 피해를 줄여주는 전략도 있다. 그중 한 가지는 크레이그 먼디가 찾아낸 '가상격리virtual quarantine' 조치를 취하는 것이다. 앞서 설명했듯이, 오늘날 많은 사이버 공격은 디도스 공격과 정기적인 도스 공격Denial-of-Service, DoS ▪ 형태를 취하고 있다. 이런 공격을 하기 위해서는 공격주체에게 네트워크상 한 개의 공개된, 내지는 불안정한 컴퓨터가 필요하다. 이 컴퓨터는 좀비 PC들을 만들 작전기지로 이용된다(시스템의 성능을 저하시키거나 나아가 서비스를 무력화시키는 것이 목적인 도스 공격은 아주 활동적인 소수의 기계만 있으면 되지만, 디도스 공격은 일반적으로 공격 기계들로 이루어진 대규모 분산 네트워크를 통해 일어난다. 종종 자신의 컴퓨터가 이런 식으로 조종되고 있다는 사실을 전혀 모르는 일반 사용자들의 컴퓨터가 해킹되어 여기에 동원되기도 한다. 영어로 표기할 때 도스DoS 공격에 비해 디도스DDoS 공격에 D가 하나 더 붙는 이유는, 후자가 분산 공격을 한다는 뜻을 나타내기 위해 이름에 'distributed'의 앞글자 'D'를 하나 더 붙였기 때문이다). 네트워크상에서 무시되거나 보호받지 못했던 한 대의 기기(즉, 연구실에서 한 번도 사용한 적이 없는 노트북이나 종업원이 회사로 들고 온 개인용 컴퓨터)가 공격주체의 기지로 변신해서 전체 시스템을 손상시킬 수 있다.*

격리 메커니즘은 감염된 컴퓨터를 발견하는 즉시, ISP가 소유자의 허

도스 공격
시스템을 악의적으로 공격해 해당 시스템의 자원을 부족하게 만들어 원래 의도된 용도로 사용하지 못하게 하는 것.

---

* 여기에서는 중요한 구분을 해야 한다. 도스 공격과 디도스 공격의 목적상, 손상된 컴퓨터들이 공격대상이 속한 네트워크의 안이나 밖 어느 쪽에 있는지가 항상 중요한 것은 아니다. 다만 산업스파이 활동에서는 이러한 장소가 가장 중요하다. 이러한 활동의 목표는 정보 추출인데, 이 경우 컴퓨터들은 네트워크 내에 존재해야 한다.

락 없이도 일방적으로 컴퓨터를 차단해서 오프라인 상태로 만들어버림으로써 이런 공격을 억제한다. 먼디는 "네트워크가 질병에 걸리면 질병의 확산속도를 둔화시키는 방법을 찾아내야 한다는 것이 기본전제입니다.[233] 우리는 사람들을 억지로 격리 조치하지만, 사이버 공간에서는 그런 조치가 적절한 것인지 아직까지 결론을 내리지 못했습니다"라고 말했다. 그는 어떤 기계라도 바이러스나 질병 감염 징후를 보이면 "그것이 건강한 시스템에 노출되기 전에 격리, 통제, 치유되어야 합니다"라고 덧붙였다.[234] 사용자들은 종종 자신의 컴퓨터가 손상됐다는 것을 인식하지 못하기 때문에, ISP에게 이런 조치를 취하게 해야 문제 해결속도가 앞당겨질 것이다. 격리 메커니즘이 어떻게 작동하고 어떤 종류의 공격법이 동원되는지에 따라, 공격주체들은 감염된 기기가 오프라인 상태인지를 인식하거나 혹은 못할 수 있다. 하지만 사용자는 자기 컴퓨터의 인터넷 연결이 ISP 명령에 의해 실행되지 않는다는 사실을 발견할 것이다. 공격주체들이 감염된 컴퓨터를 통해 접근할 수 있는 능력을 막아버림으로써, 그들이 가할 수 있는 피해를 크게 경감시키는 식이다.

먼디의 예측에 따르면, ISP가 감염된 컴퓨터들의 IP주소를 보고할 수 있는 중립적인 국제조직이 등장할 것이다. 이런 방식으로 전 세계 국가들과 ISP는, 격리시킨 IP주소들이 온라인 공간으로 들어오지 못하게 막음으로써 광범위하게 전개되는 사이버 공격을 차단할 수 있다. 그 사이 조사관들은 멀리서 사이버 공격의 주체들을 감시하고(그들은 자기들이 쓰는 기기가 격리됐다는 사실을 모를 것이다), 공격의 빌원지를 추적하기 위해 그들의 정보를 수집할 것이다. 사용자가 특별한 바이러스 백신 소프트웨어로 자신의 기기를 확실히 치료했을 때에만, 그의 IP주소가 격리 상태로부터 풀려날 것이다. 이러한 변화를 주도하는 국제조직 외에도 자동차단 메커니즘에 대한 국제조약 역시 동시에 탄생할지 모른다. 이 조약은 네트워크 감염 문제를 해결하기 위해 신속한 조치를 취하기로 하는 내용을 담을 것이며, 이는 곧 사이버 공격에 맞서 싸우는 데 거대한 일보전진이 이루어졌음을 의미할 것이다. 이러한 조약에 합의하지 않는 국가들은 국가 전체가 격리 대상으로 간주되어 전 세계 사용자들의 접근이 차단되는 위험에 빠질지도 모른다.

더 강력한 네트워크 보안은 잠재적인 공격목표가 격리 대상이 되기 한참 전에 공격에 맞서 이길 승산을 더 높여줄 것이다. 컴퓨터 보안상의 기본적인 문제 중 하나는, 일반적으로 수비를 뚫기보다 수비를 하는 데 훨씬 더 많은 노력이 들어간다는 것이다. 즉, 어떤 경우 민감한 정보를

명령 행
프로그래밍 언어에서 1행의 코딩만을 차지하는 문.

보호하기 위한 프로그램을 만드는 데 1,000만 개의 명령 행line of code ■이[235] 필요한 데 반해, 공격주체들은 125개의 명령 행만 가지고도 그것을 뚫을 수 있다. 구글의 수석 부사장인 레지나 더간Regina Dugan은 국방고등연구계획국Defense Advanced Research Projects Agency, DARPA 국장 출신인데, 거기서 그녀는 미국 정부를 위한 사이버 보안능력 개선작업을 담당했다. 그녀는 우리에게 "우리는 기본적인 불균형을 수정하기 위해 기술적인 변화를 추구했습니다"[236]라고 말했다. 그리고 먼디와 마찬가지로 더간과 DARPA는 불균형을 시정할 수 있는 여러 가지 방법 중 하나로 생물학에 의존했다. 즉, 그들은 사이버 보안전문가들과 감염성 질병 과학자들을 소집했고, 그 결과 CRASHClean-Slate Design of Resilient, Adaptive, Secure Hosts라는 프로그램이 탄생했다.[237]

CRASH는 인체와 컴퓨터가 매우 유사한 구조를 갖고 있어서, 멀웨어가 효과적으로 다수의 시스템을 공격할 수 있게 해준다는 인식이 밑바탕이 되어 탄생했다(즉, 인체와 컴퓨터 모두 유전적으로 다양하며, 침투해 들어오는 바이러스를 처리하고, 그것에 적응하도록 설계된 면역체계를 갖고 있다는 것이다). 더간은 "관찰 결과, 사이버 보안 분야에서도 컴퓨터 보안 기반 내에 적응력 강한 면역체계와 유사한 것을 만들어야 한다는 사실을 깨달았습니다"라고 말했다. 컴퓨터들이 모두 비슷한 모양을 갖고 있고 비슷한 방식으로 작동하지만, 그들 사이에는 각각의 시스템을 보호하고 차별화하기 위해 오랜 시간에 걸쳐 개발되어온 독특한 차이가 존재할 것이다. 더간은 "그것은 다시 말해, 이제 적이 수백만 대의 컴퓨터를 상대로 125개의 명령 행만 갖고서도 비대칭적인 상황을 바꿔놓을 수 있다는 것을 의미합니다"라고 말했다. 이러한 깨달음은 분명 사이버 보안 외의 분야에도 적용 가능하다. 더간은 "만일 그런 초기의 관찰 결과를 통해 이것이 손해 보는 일임을 깨닫는다면, 근본적으로 다른 무언가가 필요하고, 그것은 그 자체가 기회임을 드러내줍니다"라고 했다. 정리하자. 당신이 게임에서 승리할 수 없으면, 규칙을 바꾸면 된다.

───────────

사이버 공격에 대응할 수 있는 몇 가지 도구가 존재함에도 불구하고, 온라인상의 불분명한 공격주체는 컴퓨터와 네트워크 보안 분야에서 앞으로도 심각한 해결과제로 남을 것이다. 일반적으로 인터넷에는 노드node■와 노드 사이에 존재하는, 익넝으로 처리된 층들이 엄청나게 존재하기 때문에 공격의 발원지까지 데이터 패킷을 추적할 수 있는 방법이 없다. 이

노드
데이터 통신망에서, 데이터를 전송하는 통로에 접속되는 하나 이상의 기능 단위. 주로 통신망의 분기점이나 단말기의 접속점을 이른다.

러한 문제를 해결하려면 우리는 인터넷이 범죄자들과 함께 구축된 것이 아니라는 사실을 기억해야 한다. 인터넷은 신뢰의 모델 위에 세워졌다. 당신이 온라인에서 상대할 대상을 결정하는 것은 여간 까다로운 일이 아니다. IT 보안전문가들은 사용자 및 시스템 정보 보호 분야에서 매일 발전하고 있지만, 인터넷에서는 범죄자와 무질서한 요소들 역시 마찬가지로 정교하게 성장하고 있다. 이는 인터넷이 존재하는 한 계속될 수밖에 없는, 일종의 쫓고 쫓기는 게임과도 같다. 인터넷 차원에서는, 사이버 공격과 멀웨어의 세부정보를 공개하는 것이 유용할 것이다. 스턱스넷 바이러스의 구성요소들이 해체되어 공표되자, 그것이 사용된 소프트웨어에 보안 패치파일이 깔리고, 사이버 보안전문가들은 그와 같은 멀웨어로부터 시스템을 보호하는 방법 연구에 착수할 수 있었다. 인터넷 보안이 장소불문하고 간단한 사이버 공격을 막을 수 있을 만큼 충분한 효과를 거둘 수준까지 이르려면 아직 갈 길이 멀다. 우리는 또 다시 온라인 세계의 이중성과 맞닥뜨린다. 행위주체가 민간인이건 국가건 기업이건, 그 목적이 좋건 나쁘건 상관없이, 익명성은 기회를 제공해준다. 그러한 기회들이 미래에 어떤 모습으로 드러날지는 궁극적으로 인간에게 좌우될 것이다.

지금까지 했던 설명을 요약해보자. 국가는 현실세계 속에서 국내외의 정책만 생각하면 됐던 시절을 간절히 바랄 것이다. 가상세계에서 이런 정책들을 단순히 복제해 쓰기만 해도 된다면, 아마 국가의 미래는 그다지 복잡하지 않을 것이다. 하지만 국가는 이제 국내에서 지배력을 유지하며 국외에 영향을 주기가 예전보다 훨씬 더 어려워졌다는 사실과 씨름해야 할 것이다. 국가는 보유하고 있는 가장 강력한 레버를 당길 것이다. 이 레버에는 국가가 자국 내 인터넷에 대해 갖고 있는 통제력도 포함되어 있다. 국가는 자국민들의 온라인 경험을 뒤바꿀 것이며, 가상세계에서 영향력을 행사하기 위해 같은 생각을 가진 우방국들과 연대할 것이다. 이러한 현실세계와 가상세계에서 각각 갖는 힘의 차이로 인해, 본래 갖고 있는 것 이상의 능력을 발휘하려고 하는 약소국이나 많은 용기를 갖고 국가를 세우려는 집단을 포함하여 새로 등장하거나 그간 인정받지 못했던 몇몇 행위주체들에게 여러 가지 기회가 주어질 수 있다.

다른 국가의 행동을 이해하려는 국가들, 국제관계를 연구하는 교수들, 국내에서 활동하는 NGO와 기업들은 각자 현실세계 및 가상세계에 대해 개별적인 평가를 해야 할 것이다. 이때 어느 한 편의 세상에서 일어나는 사건들 중 무엇이 양쪽 세상에 의미를 갖는지 이해하고, 현실세계에서의 외교 및 가상세계에서의 외교와 국내 정책들 사이에 존재할지 모르는 모순을 해결해나갈 수 있어야 한다. 현실세계에서만도 이런 일들을 올바로 수행하기는 충분히 힘들다. 하지만 새로운 디지털 시대에는 오류와 계산착오가 지금보다 더 자주 일어날 것이다. 그 결과, 국제적인 차원에서는 사이버 갈등과 새로운 유형의 물리적 전쟁이 더 빈번히 발발할 것이다. 4장에서 살펴보겠지만, 새로운 혁명 역시 더 많이 일어날 것이다.

4

FUTURE OF REVOLUTION

혁명의 미래

온라인에 접속하는 사회가 늘어날수록 각 지역에는 혁명 전염병이 돌기 시작하는 신호가 나타날 것이다. 어떤 사람들은 다음 차례가 남미라고 주장한다. 또 어떤 사람들은 아프리카를 지목한다. 아시아가 다음일 수도 있다. 확실한 것은 연결성이 확대되면서 혁명 시도가 점점 더 늘어날 것이란 점이다.

아랍의 봄에 얽힌 이야기는 이미 널리 알려져 있다. 하지만 다음에 무슨 일이 일어날지 우리는 모른다. 커뮤니케이션 기술로 인해 새로운 연결이 이루어지고 더 많은 표현의 기회가 생기면서, 가까운 미래는 분명 혁명적인 움직임으로 가득 찰 것이다. 그리고 많은 국가에서 모바일과 인터넷 보급률이 올라가 군중을 동원하거나 물자를 분배하는 등 몇몇 전술적인 노력을 펼치기가 더욱 쉬워질 것이다.

하지만 혁명적인 움직임이 늘어나더라도, 혁명이 완전히 실현되어 기존에 정권을 잡은 세력이 혁신적으로 바뀌는 일은 더 줄어들 것이다. 오래 가는 리더가 많지 않을 것이고, 사안에 따라 정부가 요령 있게 대응하면서, 2010년 말 시작된 아랍 혁명에 맞먹는 엄청난 규모의 변화(그것이 좋은 변화건 나쁜 변화건 상관없이)는 여지없이 차단될 것이다. 역사적으로 봐도 그렇다. 시대별 기술이 혁명의 발전방식을 규정하고 그것에 영향을 주긴 했지만, 근본적으로 성공한 혁명은 모두 구조적 변화, 외부의 도움, 문화적 응집력 같은 공통점을 갖고 있다. 역사의 기록을 살펴보면 이러한 기본적인 요소들의 부족으로 실패한 혁명 시도들이 가득하다.

1917년 이전의 러시아 혁명에서 시작하여 1991년 이라크의 시아파Shia ■ 봉기와 2009년 이란의 녹색 혁명Green Revolution에 이르기까지 모두 다 그러했다. 강력한 근대 기술이 혁명의 성공 확률을 크게 높여줄 수는 있어도, 기적을 만들어줄 수는 없는 법이다.

시아파
이슬람교의 한 종파로서 수니파 다음으로 그 규모가 크다. 현재 이란의 국교.

수많은 사람들이 수많은 장소와 연결되어 있는 세상에서, 미래에는 지금까지 보지 못했던 가장 적극적이고, 직설적이고, 세계화된 시민사회가 등장할 것이다. 혁명의 움직임이 꿈틀대는 시기에는, 가상세계의 시끄러운 속성으로 인해 혁명 활동을 파악하고 억압하기 위한 국가안보 능력이 약화되면서 혁명이 시작될 수 있을 것이다. 하지만 이것이 과연 얼마나 빨리 일어나느냐는 완전히 새로운 문제다. 리더들은 이후 의회, 헌법, 선거가 있는 현실세계에서 활동해야 하기 때문이다. 그런데 그들은 이런 상황에서 문제를 효과적으로 풀어나갈 수 있는 기술이나 경험을 갖고 있지 못할 것이다.

시작은 쉽지만…

연결성이 확산되고 새로운 국가가 새롭게 온라인 세상에 합류하게 되면서, 역사상 그 어느 때보다 더 자주, 더 쉽게 혁명의 싹이 돋아날 것이다. 가상공간과 그에 관한 기술을 처음 접할 수 있게 된 전 세계의 개인 및 집단들은, 이 기회를 놓치지 않고 오랫동안 품어왔던 불만이나 새롭게 안게 된 걱정거리를 자신 있게 해결할 것이다. 이 일의 책임을 맡는 사람들 대부분이 젊은이일 것이다. 이는 온라인 세계로 진입하는 수많은 국가들에 믿기지 않을 만큼 젊은이들이 많아서 그렇기도 하지만(에티오피아, 파키스탄, 필리핀은 인구 다수의 연령이 35세 미만이다)[238], 젊은이들이 보편적으로 활동성과 오만함을 함께 보여주기 때문이기도 하다. 그들은 자신이 틀린 것을 바로잡는 법을 알고 있다고 믿기 때문에, 공익을 대변할 수 있는 기회가 주어졌을 때 망설이지 않을 것이다.

인터넷 기술을 조기에 도입한 곳들을 포함하여, 미래에는 모든 사회에서 국제적인 커뮤니티의 조직, 동원, 참여에 커뮤니케이션 기술이 활용되는 모습을 보게 될 것이다. 이에 따라 지금과 다른 형태의 항의시위를 경험하게 될 것이다. 오늘날 항의시위 참가자들이 사용하는 페이스북, 트위터, 유튜브 등의 플랫폼은 지금보다 더욱 건설적인 플랫폼으로 변신할 것이다. 전 세계 개발업자들이 각자 맡은 특별한 임무와 관련된 동영상, 사진, 메시지들을 활용하는 새로운 방법을 찾아낼 것이기 때문이다. 세상은 국제사회에서 영웅으로 통하는 더 많은 디지털 운동가들을 만나게 될 것이다. 그들은 자신이 내세우는 명분을 옹호하는 대사大使로 활동하게 된다. 새로운 디지털 시대에 대규모 시위를 한 번도 경험해보지 못한 국가들은 전 세계적인 차원에서 그것을 경험할 것이고, 세상은 그 모습을 지켜보면서 그 의미를 과장할 가능성도 있다. 민주사회에서는 사회적인 부도덕과 경제적인 불평등 문제에 저항하는 시위가 더 빈번하게 일어날 것이고, 억압적인 국가의 국민들은 부정선거, 부패, 경찰의 잔혹행위 등과 같은 이슈에 맞서 저항할 것이다. 진정 새로운 명분을 내세우는 시위는 거의 없겠지만, 참가자를 동원하는 방법이 더 개선되고 그 수는 더 늘어날 것이다.

과거에는 적당한 무기를 갖고 있고, 국제사회의 지원을 받으며 훈련을 받은 일부 개인들만 봉기를 일으켰다. 그런데 커뮤니케이션 기술로 인해 개인의 혁명 참여를 가로막던 나이, 성性, 사회적·경제적·환경적 장애물들이 허물어지면서, 이런 배타성의 상당 부분이 붕괴됐다. 시민들은 더 이상 혼자서 외롭게 부당함을 참아내지 않아도 될 것이다. 그리고 전 세계 사람들이 의견을 내고 행동하며 대응할 수 있는 세계화된 피드백 루프는, 많은 사람에게 자리에서 일어나 본인이 느끼는 감정을 세상에 알리라고 격려할 것이다. 아랍의 봄이 입증해준 것처럼, 소위 '두려움의 장벽fear barrier'이라는 것이 허물어지고 정부가 약하게 보이기 시작한다면, 원래는 복종하며 조용하게 지냈을 시민들 다수가 주저하지 않고 혁명에 동참할 것이다. 소셜미디어가 아랍 혁명에 가져온 긍정적인 결과 중 하나는, 여성들이 길거리로 나서는 것이 너무 위험한 상황일 때(하지만 많은 여성들이 이러한 위험을 무릅썼다) 소셜네트워크에서 자신의 생각과 감정을 표현할 수 있게 됨에 따라 예전보다 중책을 맡을 수 있게 됐다는 것이다.[239]

일부 국가에서는 사람들이 단순히 그럴 수 있다는 이유 때문에, 매일 온라인이나 길거리에서 시위를 조직하곤 할 것이다. 우리는 2012년 리비아를 방문했을 때 그것이 가능하다는 사실을 깨달았다. 우리가 트리폴리 과도정부의 장관들을 만났을 때, 그들은 거의 매일 아침마다 소규모 시위대가 등장한다는 이야기를 아무 일도 아닌 것처럼 말했다.[240] 우리는 그들에게 걱정되느냐고 물었다. 장관들 중에서는 그렇다는 사람도 있었지만, 머리를 절레절레 흔들면서 지난 40년이 넘는 시간 동안 탄압을 받다 보니 그런 시위가 자연스럽게 생겨난 것이라고 말한 사람도 있었다.

가상공간은 체제에 대한 반대와 참여뿐 아니라, 잠재적인 혁명을 위해 저항으로 향하는 길을 새롭게 열어준다. 반체제 인사들은 커뮤니케이션 기술이 대거 수용되더라도 자신을 둘러싼 물리적인 위험이 줄어들지는 않겠지만, 최소한 자신이 활동하는 세상이 더 안전해진다는 사실을 깨닫게 될 것이다(연결성이 모든 운동가를 똑같이 보호해주지는 못할 것이다. 기술력이 아주 뛰어난 국가에서는 반체제 인사들이 길거리에서만큼이나 온라인에서도 신분상의 위협을 느낄지 모른다). 사법절차를 건너뛴 사형 집행, 체포, 괴롭힘, 고문, 재판 등은 사라지지 않을 것이다. 하지만 인터넷의 익명성과 네트워크로 연결된 커뮤니케이션 기술의 힘은 운동가들과 새로이 운동가가 되려고 하는 사람들에게 계속해서 그런 노력을 하도록 장려해주는 새로운 보호막을 제공해줄 것이다.

몇 가지 기술의 발전은 운동가들과 반체제 인사들에게 큰 도움을 줄 것이다. 정확도 높은 '실시간 번역 소프트웨어'는 국경을 초월하여 정보를 공유할 수 있도록 해준다. 외부 정보와 이주자 사회에 대한 신뢰할 만한 전자적 접근은, 국가의 잘못된 주장을 전 세계적으로 반박하고 민주적인 방법으로 지원기반의 규모를 확대하는 데 유용하다. 또한 자금이체나 정보교환을 안전하게 할 수 있는 전자 플랫폼은 시위자들이 현재 위치를 버리지 않고서도 외부에서 자신을 시원해주는 사람들과 더욱 원활히 연결되도록 해준다.

이러한 새로운 혁명 운동 속에서, 익명으로 단시간part time만 활동하는 사람들이 늘어날 것이다. 시민은 저항할 시기와 방법에 대해 더 강력한 주도권을 갖게 될 것이기 때문이다. 예전에는 혁명가가 되려면 자기 시간을 100퍼센트 쏟아부어야 했다. 하지만 오늘날이나 미래에는 더더욱 다면적인 기술 플랫폼을 이용해 누군가는 종일full time, 또 누군가는 점심시간을 이용해 혁명에 기여할 수 있을 것이다. 미래에는 운동가들이 특히 자신을 보호하는 데 있어 다른 운동가와 전 세계인의 집단 지식 collective knowledge으로부터 수혜를 입을 것이다. 그들은 안전한 통신규약, 암호화 도구, 기타 다른 형태의 전자보안장치를 보다 광범위하게 구할 수 있고 이해하게 될 것이다. 향후 10년간 온라인에 접속할 사람들 중 대부분은 독재정부나 준독재정부에서 생활하는 이들일 것이다. 역사적으로 봤을 때도, 신권정치, 개인 숭배, 독재는 정보 보급이 확대되는 시대에 훨씬 더 유지하기 힘들다. 정말 그러한지는 글라스노스트

글라스노스트
'개방'이란 듯의 러시아어로, 1985년 고르바초프 공산당 서기장이 소련에서 펼친 개방정책.

glasnost가 소련의 몰락에 어떤 기여를 했는지 상기해보면 알 수 있다. 결과적으로, 가상공간과 새로운 정보에 접근할 수 있는 사람들이 억압적인 정부 내지는 투명하지 않은 정부를 상대로 온라인에서 끊임없이 대항하는 패턴이 생겨나고 있다. 이에 따라 우리는 혁명의 몸짓이 끊이지 않고 속속 등장하게 되는 모습을 보게 될 것이다.

연결성은 반대집단에 대한 우리의 시각도 바꿔놓을 것이다. 실재하는 조직과 당들은 여전히 국가의 경계 내에서 활동하겠지만, 가상광장 virtual town square에 모인 수많은 새로운 참여자들은 그들이 처한 환경을 극적으로 바꿔놓을 것이다. 대부분의 사람들은 한 가지 명분에만 동조하지 않고, 많은 국가에 골고루 분산되어 있는 다양한 이슈와 관련된 운

동들에 참가할 것이다. 이러한 트렌드는 시위 주동자들을 도와주기도 하지만, 동시에 그들을 좌절시키기도 할 것이다. 그들의 지원 네트워크 규모를 대략적으로 추산하고 그려보긴 더 쉬워지겠지만, 개개인이 시위에 얼마나 관심을 갖고 몰두하는지는 추정하기 어렵기 때문이다. 집회의 자유가 제한되거나 거부되는 국가에서는 가상공간에서 소통하고 계획을 세울 수 있는 기회가 그것의 동참자가 누구인지에 상관없이 '하늘이 준 선물'에 버금갈 정도로 여겨질 것이다. 하지만 그들의 운동이 실제로 대중의 지원을 받을 수 있을지를 전략적으로 결정하는 것은, 리더의 몫이 될 것이다.

온라인 세상은 반대집단들에게 기금모금과 브랜드 홍보활동처럼 중요한 일을 하는 데 새로운 기회를 제공해준다. 조직은 다른 집단에 접근하기 위해, 인터넷의 다른 구석에서 이전과 다른 방식으로 스스로를 드러낼지도 모른다. 중앙아시아에서 활동 중인 한 저항단체는 서양의 사용자들이 지배하는 영어권 플랫폼에선 종교적인 색채를 버리고 자유주의적인 입장을 내세우다가도, 중앙아시아 내 플랫폼들에선 이와 정반대로 활동할지 모른다. 이슬람 과격단체인 무슬림형제단Muslim Brotherhood ▪과 기타 이슬람 세력들이 오늘날 벌이는 일이나, 알자지라Al Jazeera ▪가 영어와 아랍어로 방송할 때 각각 분위기와 취재 범위를 다르게 설정하는 것도 이와 다르지 않다(예를 들어보자. 2011년 시리아에서 일어난 봉기 초기, 정해진 시위 날에 알자지라 영어 방송은 시위자들 중 다수가 숨졌다고 보도했시만,[241] 이상하게도 알자지라 아랍 방송 웹사이트는 그보다 바샤르 알아사드Bashar al-Assad 시리아 대통령[242]이 소수민족인 쿠르드

무슬림형제단
아랍권에서 가장 큰 영향력을 갖춘 채 가장 많은 회원을 보유한 최대 · 최고 이슬람 단체.

알자지라
아랍 카타르 지역 민영 위성 TV 방송사.

족에게 했던 시시한 제안을 집중 보도했다.[243] 일부 분석가들은 시리아의 우방국이자 알자지라가 있는 카타르의 이웃국가인 이란에 대한 정치적인 배려 때문에 이런 차이가 생긴다고 설명했다).[244]

이런 단체들의 대외 홍보 능력이 좋아질수록 반대집단의 모델도 바뀌고 있다. 오늘날 이런 조직들은 사무실 대신 웹사이트를, 직원 대신 팔로워와 회원들을 확보하고 있으며, 많은 종류의 고정비로부터 벗어나 누구나 이용할 수 있는 플랫폼을 공짜로 쓴다. 미래에는 이런 식의 디지털 플랫폼 수가 엄청나게 늘어날 것이어서, 전 세계적으로 사람들의 관심을 얻기 위한 단체들 간의 경쟁이 날로 치열해질 것이다.

온라인에서 반체제 인사들이 새로운 목소리를 내기 시작하고, 게다가 그들이 내는 소리가 풍부해지면서, 우리 모두 '반체제 인사'라는 말의 정의를 수정해야 할 것이다. 결과적으로, 온라인에서 자기 생각을 드러내는 사람이 모두(어떤 면에서는 인터넷에 접속해 있는 거의 누구나 이것이 가능하다) 반체제 인사로 낙인찍힐 수 있다. 앞으로의 반체제 지도자들 가운데 모습을 드러내는 주인공은, 팔로워들에게 명령하고, 온라인 지지를 크라우드소스crowd-source할 수 있고, 입증 가능한 디지털 마케팅 도구를 활용하는 기술을 갖고 있고, 무엇보다 신변상의 위험을 감수할 의사가 있는 이들일 것이다. 디지털 행동주의Digital activism는 특히 멀리 떨어진 곳에서 익명으로 행해질 때, 시위자들의 위험이 줄어든다. 따라서 진정한 리더는 가상세계에서 그의 지지자들은 감당할 수도 없고, 감당하려고 하지도 않는 신체적 위험을 감수함으로써 두각을 나타낼 것이다. 한편 헌법 개혁, 제도 구축, 통치 이슈에는 해박하지만 다른 운동가들이 갖고 있는 기술적 지식이 부족한 사람들은, 십중팔구 혼자 뒤처져 가상대중virtual crowd 속에서 두각을 나타내지 못하고, 새로운 젊은 리더들(이들은 그들의 경험이 가진 진정한 가치를 이해하지 못할 수 있다)에게 자신의 가치를 입증해 보이는 데 어려움을 겪을 것이다.

언급했듯이, 미래의 혁명 운동은 전통적인 국가, 민족, 언어, 성, 종교의 경계를 넘어 확대되면서 이전에 일어났던 많은 혁명들에 비해 보다 초국가적이고 포괄적인 성격을 띨 것이다(전부 다 그렇지는 않다). 2011년 튀니지를 여행하던 도중, 재스민 혁명Jasmine Revolution▪ 성공 1주년 기념식에 임박하여 혁명 참가자들을 만났다. 그들이 일으킨 혁명이 단기간 내에 연쇄반응을 일으킨 이유가 뭐라고 생각하는지 물었다. 그들은 그로 인해 생길 수 있는

재스민 혁명
2010년 튀니지에서 독재에 반대해 일어난 민주화 혁명.

문제를 걱정하고 있다고 인정하는 한편, 지역 네트워크에서 그 이유를 찾았다.[245] 그들은 아랍어를 사용하고, 중동지역에 거주하는 낯선 사람들과 쉽게 인간관계를 구축할 수 있었다. 그들과 언어와 문화를 공유해서 그런 것이 아니라, 서로 친구들이 같았기 때문이다. 혁명정신이 중동지역을 휩쓸고 지나가는 과정에서 전략, 도구, 돈, 격려 등을 서로 나누다 보니, 기존의 사회적 관계가 활성화되면서 확산속도가 빨라졌다는 것이다.

하지만 이러한 대규모 네트워크조차 본질적으로 한계를 갖고 있었다. 그것은 주로 네트워크가 아랍세계 내에 존재한다는 지역적인 한계였다. 하지만 미래에는 달라질 것이다. 지역별 언어를 동시에 통·번역할 수 있는 섬세한 소프트웨어가 등장하면서, 모로코에 살며 아랍어를 사용하는 운동가가 태국어만 아는 방콕의 운동가와 실시간 협력을 하는 것이 가능해질 것이다. 몸짓, 인터페이스, 홀로그래픽 투사를 실시간으로 전송

해주는 혁신적인 음성 통·번역기는 훨씬 더 광범위한 가상 네트워크가 크게 늘어나는 단초를 마련해줄 것이다. 지금껏 커뮤니케이션의 어려움 때문에 충분한 연구가 힘들었으나, 실은 각 사회마다 문화적 유사성이 엄청날 정도로 많다. 미래에는 멀리 떨어져 있는 사람이나 민족들 사이의 (무작위적인 것처럼 보이는) 연결이 지식을 이전하고, 특정한 역할을 제3자에게 위임하고, 예상치 못한 새로운 방식으로 혁명 메시지를 확대·보급할 것이다.

어떤 사람들은 커뮤니케이션 기술 덕분에 리스크 없이 행동에 나설 수 있게 되었으며, 많은 노력을 기울이지 않고서도 보상을 받는다는 느낌을 갖게 될 것이다. 예를 들어, 정부 슬로건을 리트윗re-tweet* 하거나, 안전한 거리에 서서 잔혹한 경찰의 행동을 동영상으로 찍어 공유하는 것은 아주 쉬운 일이다. 운동에 직접적으로 관여하지 않은 이런 사람들은, 뭐라도 중요한 일

리트윗
SNS 트위터에서 어떤 유용한 정보나 공유하고 싶은 내용을 구독자에게 재배포하는 것.

을 하면서 진정 자신에게 권한이 위임됐다는 느낌을 받을 수 있다. 이런 일은 오프라인 세상에서는 실제로 별다른 영향을 주지 못하지만, 온라인 플랫폼에서는 스스로의 존재감을 느낄 수 있는 길을 열어줄 것이다. 그러나 기술력이 뛰어난 정부에 체포될 소지가 다분한 국가에서는 가상 세계에서 내는 용기에도 위험이 뒤따른다.

시카고나 도쿄에 거주하는 10대가 전 세계적인 차원에서 일어나고 있는 캠페인에 어떤 식으로든 중요한 기여를 하는 것이 이제 분명 가능한 일이 되었다. 이집트의 대외 커뮤니케이션 능력이 무바라크 정권에 의해 손상됐을 때, 많은 사람들은 신뢰할 수 있는 정보를 얻기 위해 로스앤젤레스에 거주하는 20세 전후의 대학원생이 개설한 트위터로 눈을 돌렸

다.246 이 학생의 이름은 존 스콧 레일톤John Scott-Railton으로, 그는 유선전화를 통해 이집트 소식통들로부터 얻은 시위에 관한 최신 정보를 트위터에 올렸다.247 스콧 레일톤은 기자도 아니고 아랍어에 능통하지도 않았지만, 그의 트위터 계정 '@Jan25voices'는 한동안 이집트 혁명에 관한 정보를 알리는 중요한 통로 역할을 했다. 스콧 레일톤은 트위터를 통해 어느 정도 대중의 관심을 받을 수 있었지만, 정책 당국자들에게 미치는 영향을 생각하면 그 정도의 프로필을 가진 사람이 올릴 수 있는 성과에는 한계가 존재한다.

이 문제와 관련한 가장 중요한 사례의 주인공이 앤디 카빈Andy Carvin일지 모른다.248 카빈은 이집트 혁명과 리비아 혁명 때 가장 중요한 정보원 중 한 명으로 활약했다. 수만 명의 트위터 팔로워들과 전 세계 수많은 기자들은 그가 전문기자의 보도기준을 따르고(칼빈은 미국 공영라디오 방송 NPR의 수석 전략가로 일했던 경력이 있었다), 입증 가능한 내용만을 트윗하거나 리트윗한다는 것을 알고 있었다. 칼빈은 소식통을 개발하고 확인하면서 엄청난 정보를 거르는 '1인 필터'의 역할도 했다.

하지만 앤디 카빈이나 존 스콧 레일톤 같은 사람들의 능력이 아무리 뛰어나다고 해도, 고된 혁명 운동은 결국 오프라인, 즉 길거리에 뛰쳐나가 시위할 의지를 가진 국민들에 의해 주도된다. 휴대전화로 내무부 장관을 내칠 수는 없는 법이니 말이다.

가상세계에서 용기를 낼 수 있는 기회는 시위자들의 행동방식을 규정할 것이다. 전 세계적인 소셜미디어 플랫폼들은 잠재적인 운동가들과 반체제 인사들에게, 그들의 믿음이 옳건 틀리건 그들의 소리를 들어줄 사람이 있다는 확고한 믿음을 심어줄 것이다. 조직은 온라인에서 받는

지지를 과대평가함으로써 사실상 스스로 우위를 얻어낼 수 있는 다른 중요한 최우선순위들, 예를 들어 정권 실세들에게 사퇴를 권고하는 일을 무시해버릴지도 모른다. 거대한 가상 네트워크의 존재가 시위의 확대를 보증해줄 수는 없어도 일부 단체에게는 더 많은 위험을 감수하도록 용기를 불어넣어줄 것이다. 가상세계에서 자신감과 용기로 중무장한 일부 반대세력은 경솔한 시위를 시작하는 바람에 혁명 운동을 둘러싼 전통적인 통제 메커니즘을 붕괴시키는 결과를 초래할 것이다. 반대집단들이 가상세계의 용기를 효과적으로 활용하는 방법을 배우려면, 외부인과 조직원들 모두에게 어느 정도 시간이 필요하다.

종합적으로 봤을 때, 전 세계적으로 일어나는 혁명과 시위를 대중이 더 많이 알게 되면, 혁명 조력자들의 문화가 조성될 것이다. 이러한 조력자들은 범위가 다양해서, 혁명에 도움을 주는 사람이 있는가 하면, 방해가 되거나 심지어 혁명을 위험하게 만드는 사람도 있을 것이다. 사람들은 반체제 인사들과 공유할 수 있는 애플리케이션과 보안도구들을 개발하는 똑똑한 엔지니어이며 주목할 것이다. 인터넷에서 많은 이들을 같은 편으로 끌어들이며 큰 목소리를 낼 줄 아는 사람들은, 압력을 행사하고 관심을 요구하는 데 이들을 활용할 것이다. 누군가는 사용자가 전화기에 어떤 기록도 남기지 않고(기록이 남지 않으면 전화기에서 범죄 증거가 사라지기 때문에 그것을 입수한 보안 경찰에게도 전화기는 소유주를 알 수 없는 무용지물에 불과할 것이다) 문자메시지, 사진, 동영상 같은 정보를 세상에 알릴 수 있게 해주는 암호화된 애플리케이션을 설치한 휴대전화를 시위 운동이 벌어지고 있는 국내로 밀반입하기 위한 특별 기기들을 개발할 것이 분명하다.

또한 혁명 여행객들의 물결도 목격할 수 있다. 그들은 그냥 재미 삼아 시위에 참가하고, 시위의 확대를 돕는 온라인 시위 사이트에 들어가 종일 시간을 보낼 것이다. 이들은 시위 관련 콘텐츠를 확산시킴으로써 시위의 동력이 유지되는 데 도움을 줄지 모르지만, 검열이나 감시를 받지 않기 때문에 통제가 불가능하다. 또한 그들이 하는 말은 오프라인에서 위험을 무릅쓰고 시위하는 사람들의 기대치와 어긋날지도 모른다. 혁명의 질을 통제하고, 혁명에 대한 기대를 효과적으로 관리하면서 새로운 참가자들을 활용할 수 있는 방법을 찾아내는 것이 능력 있는 반대집단 리더들이 맡아야 할 핵심과제인 셈이다. 그들은 혁명의 성공을 위해 무엇이 얼마나 필요한지 알고 있을 것이다.

하지만 끝내기는 더 어렵다

혁명 운동이 새로이 연결된 사회를 망라하면서 급속히 확산된다고 해서, 이것이 일부 관찰자들의 예상만큼 기존 정부에 위협적이지는 않을 것이다. 커뮤니케이션 기술은 사람들에게 유리한 쪽으로 힘의 균형이 기울어지도록 만들지만, 이러한 도구가 영향을 미칠 수 없는 중대한 변화요소들이 존재하기 때문이다. 그중에서도 중요한 것은 바로 일류 리더의 탄생이다. 이들은 힘든 시기에 반대집단의 안전을 유지하거나, 정부가 개혁을 선택할 때 같이 협상하거나, 독재자가 도망갔을 때 공직에 출마하여 승리함으로써 사람들이 원하는 것을 만족시킨다.

최근 우리는 얼마나 많은 사람들이 단지 휴대전화로만 무장한 채, 수십 년간 이어진 권위와 통제에 맞서 혁명에 불을 지피면서, 역사적으로 수십 년의 시간이 걸렸던 혁명의 전개속도를 단축시키는지 목격했다. 이제 기술의 잠재력이 충분히 발휘되기만 한다면, 어떻게 독재자를 무너뜨릴 수 있을지 확실해졌다. 잔인한 탄압, 정권교체, 내전, 민주주의로의 전환 등 여러 가능성 있는 결과들을 고려해보면, 혁명을 일으키거나 깨는 것은 분명 사람들이지, 사람들이 사용하는 도구가 아니다. 온라인에서 활동하는 대중이 가상공간의 공공광장으로 몰려들면서 시민사회의 전통적인 구성요소들이 더욱 중요해질 것이다. 새로이 혁명에 참가한 사람들 중 몇몇(엔지니어 출신 운동가 등)은 혁명에 아주 적합하고 영향력이 있겠지만, 언급했듯이 그보다 더 많은 사람들은 혁명에서 앰프나 소음 생성기 역할밖에 하지 못할 것이기 때문이다.

미래의 혁명은 많은 명사들을 배출하겠지만, 혁명의 이러한 동적인 성격은 혁명을 완수하는 데 필요한 리더의 개발을 지체시킬 것이다. 기술은 리더의 능력을 가진 사람들(사상가와 지식인 등)을 찾아내는 데 유용하지만, 그렇다고 기술이 그런 사람들을 만들 수는 없는 법이다. 대중의 봉기가 독재정권을 전복시킬 수는 있어도, 반대세력이 좋은 계획을 세워놓고 그것을 실행할 수 있어야 비로소 성공할 수 있는 것이다. 그렇지 않으면, 과거 정권이 재구축되거나 현재 기능하는 정권이 파탄국가로 바뀌거나, 둘 중 한 가지 사태가 벌어지고 만다. 페이스북 페이지를 처음 만드는 데는 계획이 필요없지만, 이후에는 실질적인 운영 기술이 반드시 필요하다. 혁명도 마찬가지다.

관찰자와 참가자들 모두 아랍의 봄을 묘사할 때 '리더의 부재leaderless'라는 표현을 쓰는데, 이것이 아주 정확한 표현은 아니다. 실제로 매일 이어지는 시위 속에서, 분산된 지휘구조(이러면 정권이 리더들을 체포하는 것만으로 혁명을 없앨 수 없으므로 안전하다)는 확실히 잘 유지되었다. 하지만 시간이 지나 혁명이 어떤 방향으로건 나아가야 할 때는, 중앙집권적인 지휘권이 등장해야 한다. 몇 달간 무아마르 카다피Muammar Gadhafi를 위협했던 반군은 제대로 체계가 잡힌 군대는 아니었지만, 리비아에서 최초의 대중시위가 벌어지고 2주 만인 2011년 2월 27일 리비아의 북부 항구도시인 벵가지에서 과도국가위원회National Transitional Council, NTC를 세웠다.[249] 야당의 유력인사들과[250] 정권 망명자, 군 관리 출신, 학자, 변호사, 정치인, 비즈니스 리더 등으로 이루어진 NTC의 실무위원회는 카다피와 맞선 싸움에서 외국 및 NATO 관리들과 협상하며 야당 역할을 수행했다. 마무드 지브릴Mahmoud Jibril NTC 회장은 카다피를 붙잡아 죽인 직후인 2011년 10월 말까지 과도정부의 총리로 일했다.

반면 튀니지에서는 혁명이 너무 빨리 일어나는 바람에 NTC 같은 야당 정부를 구성할 시간이 없었다. 지네 엘아비디네 벤 알리Zine el-Abidine Ben Ali 튀니지 대통령이 사우디아라비아로 망명했을 때도 튀니지에는 변화가 없었다. 시민들은 벤 알리가 이끌던 입헌민주연합Constitutional Democratic Rally의 모든 의원이 사퇴하고 시민들이 적절하다고 판단하는 과도정부가 들어설 때까지, 정부를 상대로 시위를 계속했다.[251] 정부관리들은 개각보다는 탄압에 착수하면서 시민들의 요구를 받아들이지 않았다. 튀니지는 덜 안정적인 경로를 밟았을지도 모른다(흥미롭게도 2011년 10월 실시된 튀니지 선거에서 당선된 지도자들 중 다수가 정치범 출신이었다. 그들은 추방됐다가 돌아온 지도자들보다 더 높은 신뢰를 얻었다). 우리와 만난 하마디 제발리Hamadi Jebali 튀니지 총리(그 역시 정치범이었다)는[252]

벤 알리 대통령 시대 이후의 초대 내무부 장관에는 '내무부의 희생자'를 임명해야 한다고 말했다. 이에 따라 그는 내무부 장관에 이전 정권 때 주로 독방에서 14년간 옥살이를 했던 알리 라라에드Ali Laarayedh를 임명했다.[253]

　혁명의 속도가 빠를 경우 조직과 그들의 생각, 전략, 리더들의 임명시간이 아주 짧다는 게 문제가 된다. 반대 운동이 발전하기까지는 시간이 필요하며, 이러한 새로운 운동에 영향을 미치는 견제와 균형이야말로 궁극적으로 더 강하고 능력 있는 정부의 탄생으로 이어진다는 사실을 역사는 확실히 보여준다. 이렇게 뽑힌 정부의 리더들은 국민에게 영감을 불어넣고자 하며, 국민과 더욱 잘 교감한다. 남아프리카공화국의 정치조직인 아프리카민족회의African National Congress를 예로 들어보자. 과거 아파르트헤이트apartheid ▪를 피해 수십 년간 국외에서 도피생활을 하며 온갖 우여곡절 끝에 남아공 대통령에 오른 넬슨 만델라Nelson Mandela, 타보 음베키Thabo Mbeki, 제이콥 주마Jacob Zuma는 모두 국가통치술을 연마해가면서 평판과 신뢰와 네트워크를 구축하는 시간을 가졌다. 폴란드의 레흐 바웬사Lech Walesa와 그가 이끌던 자유노조Solidarity도 마찬가지다. 자유노조의 지도자들은 의회의 의석을 얻기 위해 경쟁하기까지 10년을 보냈고, 그들이 얻은 승리는 공산주의의 붕괴로 이어졌다.

　대부분의 반대집단들은 조직을 만들고, 로비하고, 리더들을 육성하는 데 많은 시간을 투자한다. 우리는 지난 40년간 주요 혁명 지도자들을 거의 대부분 만났던 헨리 키신저 전 국무부 장관에게, 과거와 달리 지금 혁명에서 사라진 것이 무엇이라 생각하느냐고 물었다. 그러자 그는 "페이

아파르트헤이트
아프리칸스어로 '분리'를 의미한다. 남아프리카공화국의 인종차별정책으로서, 1993년 철폐됐다.

스북의 세계에서 드골과 처칠 같은 리더가 사람들에게 호소하는 모습을 상상하기는 어렵죠"라고 말했다.[254] 그는 이어 "초연결성의 시대에는 혈혈단신 일어나 적과 맞서겠다며 자신감을 보이는 사람을 찾을 수 없습니다"라고 덧붙였다. 그보다는 일종의 '광적 합의mad consensus'가 세상을 주도할 것이고, 그것에 공개적으로 반대하는 사람은 극소수에 불과할 것이라는 이야기다. 사실상 리더가 감수해야 할 위험이 정확히 이것이다. 키신저는 "독특한 리더십은 인간의 것입니다. 그것은 대중사회의 커뮤니티에서 만들어질 수 없어요"라고 말했다.

정치인과 지도자가 없으면 국가를 이끌 자격이 되는 개인이 부족해지면서 독재주의가 형식만 바꾸어 대체될 위험이 커진다. 키신저는 "권력을 얻은 시민은 사람들을 광장으로 뛰쳐나오게 만들 줄은 알지만, 정작 광장에 나온 사람들을 데리고 무엇을 해야 할지 모릅니다. 그들은 승리했을 때조차도 무엇을 해야 할지 잘 모르죠"라고 말했다. 그는 이런 이들은 쉽게 변두리로 밀려날 수 있다고 설명했다. 시간이 지날수록 그들이 표방하는 전략의 가치가 떨어지기 때문이다. 키신저는 "사람들을 1년에 20번 광장으로 불러낼 수는 없습니다. 객관적인 한계가 존재하고, 다음 단계도 분명치 않아요"라고 말했다. 다음 단계가 분명하지 않을 때는 운동이 자체적으로 탄력을 받아 움직이게 되는데, 결국 이런 탄력도 고갈되기 마련이다.

거리의 수많은 운동가들은 자신들이 일으킨 혁명과 그 후속조치를 반성하면서도, 키신저의 관점에 이의를 세기한다. 그중 한 명이 이집트의 블로거에서 운동가로 변신한 후 2011년 혁명을 위해 온갖 종류의 대변인 역할을 맡았던 마무드 살렘Mahmoud Salem이다. 살렘은 이집트 국민들이 무바라크 퇴위와 경쟁적인 새 정치시스템 도입이라는 단기목표를 움직일 능력이 없다며, 그들을 강하게 비판했다. 하지만 이러한 비판의 초점은 새로운 디지털 시대의 혁명 모델이 아닌 이집트에 맞춰져 있다. 혁명 후 처음으로 치러진 대통령선거가 끝난 직후인 2012년 6월 그는 이렇게 주장하는 글을 올렸다. '당신이 혁명가라면 우리에게 당신의 능력을 보여 달라. 뭔가를 시작하라.[255] 당에 들어가라. 제도를 만들라. 실질적인 문제를 해결하라. 가두시위와 연좌농성 주변을 배회하지 말고 무언가 중요한 일을 하라. 이것은 '길거리에서 해야 할 일street work'이 아니다. 진짜 길에서 해야 할 일은 그저 돌아다니는 것이 아니라, 길 위의 사람들을 움직이는 것이다. 당신과 같은 동네에 사는 사람들이 당신을 알고, 당신을 신뢰하고, 당신과 같이 움직여야 한다.' 그는 거리의 운동가들에게 그들이 거부하는 부패문화와 통치활동의 개혁에 앞장서줄 것을 촉구했다.[256] 이는 곧 안전벨트를 매거나, 교통법규를 준수하거나, 경찰학교에 등록하거나, 의원선거에 출마하거나, 지역관리들이 각자 활동에 책임을 지게 만드는 것을 의미한다.

미국의 기자인 티나 로젠버그Tina Rosenberg는 자신의 책《또래압력은 어떻게 세상을 치유하는가?Join the Club》[257]에서 대중이 성취할 수 있는 것을 옹호한다. 로젠버그는 개인의 행동과 주요한 사회적 트렌드를 정의하는 과정에서, 인간관계의 중요성을 살펴보며 '혁명은 또래압력을 개인과 집단이 보다 바람직한 쪽으로 움직이도록 행동의 방향을 돌려놓을 수 있다'고 주장했다. 아마도 그녀가 '사회적 치료social cure'라고 말한 것의 가장 확실한 증거는 슬로보단 밀로셰비치Slobodan Milosevic 정권의 종식에 중대한 기여를 한 세르비아 민주화운동 '오트포르Otpor'에서 찾을 수 있을지 모른다.[258] 로젠버그는 오트포르가 두려움과 무기력으로 점철된 문화를 타파하기 위해 어떻게 즐겁고도 화려한 길거리극장, 장난, 음악, 구호, 평화로운 시민 불복종 운동 등을 활용했는지 설명했다. 오트포르를 탄압하는 과정에서 밀로셰비치 정권은 잔혹함과 때로는 멍청함을 드러냈다. 결국, 오트포르에 대한 지지는 더욱 힘을 얻었다.

하지만 정말 중요한 것은 오트포르의 리더들이 미래에 수행할 역할이다. 로젠버그가 과거 세르비아 운동가들이 전 세계에 있는 미래의 운동가들을 훈련시킨다는 강렬한 이야기를 통해 지적했듯이[259], 혁명이 성공하려면 가상세계의 행동과 현실세계의 행동에 필요한 두 가지 전략을 개발해야 한다. 이 두 가지 전략의 부재 시, 명사와 그에게 편승하는 사람들은 넘쳐나는 반면, 신뢰할 수 있는 리더는 부족해지는 현상이 나타난다. 역사적으로, 눈에 띄는 자리에 오른다는 것은 대중으로부터 신뢰를 받았다는 의미였다. 군벌과 냉혈한 등 악명 높은 정치지도자들은 예외지만, 보통 리더가 세간의 이목을 끄는 정도는 그의 지지자들 규모에 상응했다. 하지만 미래에는 이런 방정식이 뒤집혀, 먼저 쉽게 유명해진 후 가시적인 지원, 신임, 경험을 쌓으면 될 것이다.

우리는 '열광적인 대중의 관심을 받을 자격이 됐던buzzworthy' 미국 대통령후보들의 자기 충족적인 예언을 통해 이미 이 말이 사실임을 확인했다. 비즈니스 세계 밖에서는 별로 유명하지 않던 허먼 케인Herman Cain은 2012년 대통령선거 기간 중 사람들로부터 상당한 주목을 받았다. 그는 정치력 면에서 대통령 자리에 석합하시는 않있지만, 일부 사람들에게는 유력후보로 간주됐다. 이 사실은 몇 주가 지나면서 천천히 드러났는데, 그가 만일 소속정당의 전폭적인 지지를 받았다면 아마도 순식간에 이 사실이 알려졌을 것이다. 미래의 혁명 운동 속에서는 케인과 같은 유명정치인들이 다수 등장할 것이다. 온라인에서 강력한 존재감을 과시하며 깜짝 유명세를 타다가 사라져가는, 카리스마 넘치는 인물들이 늘어날 것이다. 이런 혁명적인 인사들은 정치적 내공을 쌓은 적이 없어 비판 등에 민감하고, 주목 뒤에 가려진 본질이 없다면 쉽게 폭로 대상이 될 것이다.

반대 운동이 지속 가능한 리더들을 어떻게 찾을지는, 운동이 일어난 장소와 확보한 재원의 규모에 따라 달라질 것이다. 혁명 운동이 자금난에 시달리거나 정권 바로 코밑에서 일어나고 있는 국가에서는, 대중들 속에서 진정한 리더를 솎아내기가 힘들 것이다. 그러나 풍부한 재원을 바탕으로 보다 자율적으로 움직이는 운동에서는 일단의 컨설턴트들이 타고난 리더들을 찾아내어, 이후 그들에게 필요한 기술과 네트워크를 개발할 수 있게 도와줄 것이다. 오늘날 활동하는 지극히 평범한 정치 컨설턴트들과 달리, 이들은 기술공학 및 인지심리학 학위, 기술력을 갖고 있고, 정치인을 발굴해서 키우기 위한 데이터 활용방법을 훨씬 잘 파악하고 있다. 그들은 받아야 할 수준 이상으로 관심받는 유망한 후보를 찾아내어 다양한 방법을 동원, 그의 정치적 잠재력을 평가할 것이다. 예를 들어, 연설에 관한 조언 및 정보, 복잡한 특징 추출feature extraction법*을 통한 글쓰기, 트렌드 분석 소프트웨어들, 스트레스나 유혹을 얼마나 잘 견디는지 알기 위한 뇌기능 파악, 그의 정치 이력에서 취약한 부분을 평

---

* 특징 추출은 데이터 집합의 중요한 특징들의 존재나 부재, 상태를 자동으로 파악하는 것이다. 이 경우 핵심적인 특징에는 글쓰기 등급, 감정이 개입된 단어 사용횟수, 글의 맥락 속에서 인용된 사람들의 수와 그를 통한 멘토 파악 등이 포함될 수 있다.

가하기 위한 섬세한 진단법 등이 모두 동원될 것이다.

디지털 시대,
대중의 신뢰는 어디로

　많은 운동가 집단과 조직은 그들이 처한 현실에 비해 훨씬 더 웅장한 가상전선Virtual front에 설 것이다. 알제리에서 혁명이 일어난 후 불과 몇 주 만에 새로운 반대집단이 결성되었다. 이후 프랑스 마르세유에서 활동 중인 알제리 이주자집단으로부터 똑똑한 디지털 마케터와 디자이너를 성공적으로 충원했다고 상상해보라. 핵심단체의 소속인원은 5명뿐이며, 이들은 모두 대학을 갓 졸업한 20대 정도로 정치경험이 전무하다 치자. 그들이 결성한 조직은 과거에 이런 활동을 해본 적이 전혀 없지만, 섬세한 디지털 플랫폼 덕분에 그들은 알제리 국민들의 눈에 유능하고, 고상한 동기를 갖고 있으며, 광범위한 네트워크를 갖춘 것처럼 보인다. 실제로는 체계가 전혀 잡혀 있지 않고, 비전이 없으며, 어떤 실질적인 책임을 질 준비가 전혀 되어 있지 않은데 말이다. 이런 단체들에게는 온라인에서 보이는 모습과 실제 행동능력 사이의 괴리가 있어, 새로 시작된 운동 내에서 지연과 갈등을 유발할 것이다. 그들의 운동이 온라인에서는 정권에 진짜로 위협이 될 것처럼 보이지만, 실제로는 단순히 기술을 똑똑하게 사용하기만 하고, 전혀 정권에 실실적인 위협을 가하지 못할 수도 있다. 도전에 맞설 능력이 없는 반대집단들은 사람들에게 운동이 성공할 것이란 기대감만 높이고, 거짓된 희망만 심어줄 것이다. 이는 득

보다 실을 초래하며, 나머지 운동에도 값비싼 혼란만을 불러일으킨다.

역사상 모든 혁명이 일정 부분 조직의 취약성과 거짓된 예언에 시달렸지만, 미래에는 그러한 결점으로 인해 반대집단들에 대한 대중의 환멸감이 극단적인 수준까지 고조될 위험이 있다. 사회 전반적으로 혁명과 그것의 성취 능력에 대한 신뢰가 사라진다면, 변화의 기회가 억눌릴 것이 분명하다. 여기에 리더십 불안까지 겹치면, 현실의 영역과 가상의 영역 사이에 불화가 일어나 어떤 나라에서든 이들의 지지세력과 성공에 대한 전망을 철저히 허물어버릴 것이다. 시민들은 더 많이 연결되고 더 많은 정보를 얻게 될수록, 정부에 대해서만큼이나 혁명에 대해서도 분별력 있게 행동할 것이다.

잠재적인 반대세력을 향해 보내는 비판적인 시각은 망명자들과 이주자들의 복귀로 이어질 것이다. 일반적으로 망명자들은 국제적인 지원을 등에 업고 다시 돌아오지만, 고국 국민의 바람과 욕구를 제한적으로만 파악하고 있다. 이러한 현지 현실과의 단절은 곧바로 망명자들에 대한 대중의 실망(한때 이라크의 지도자였던 아메드 칼라비Ahmed Chalabi에 대한 대중의 실망도 같은 경우다)과 투쟁(아프가니스탄의 하미드 카르자이Hamid Karzai 대통령에 대한 투쟁을 떠올려보라)을 통해 드러난다. 반면, 연결성의 확대로 이주자집단과 고국 국민 사이에는 괴리가 줄어들 것이며, 이로 인해 혁명에 영향력을 행사하려는 의도로 귀국하는 망명자들은 자신이 지역 운동가들과의 연결에 적합하다는 사실을 알게 될 것이다. 고국 국민은 귀국하는 망명자에 대해 더 많은 정보를 얻어(온라인에서 그들의 배경과 활동에 관해 많은 정보를 구할 수 있을 것이다), 그들이 귀국하기 전부터 그들의 이야기를 만드는 데 이용할 것이다.

에리테리아에 어느 유명한 이주자 출신 인사가 있다고 상상해보라. 서양의 미디어업계에서 큰 재산을 모았고, 가상세계에서 국내외 지지자들을 다수 확보한 그는, 에리테리아에서는 현실세계의 지지자들을 확보하기가 힘들다는 걸 깨닫게 될지 모른다. 그곳 시민들 다수가 그의 배경이나 그와 국제 미디어와의 관계를 의심할 수 있기 때문이다. 국제사회와 온라인에서 활동하는 사람들에게는 잘 통했던 약속이 고국 국민에게는 공허한 메아리처럼 들릴지도 모른다. 귀국하면 정치인으로서 미래가 활짝 열릴 것이라 기대했던 그는, 고국 국민이 그보다 더 좋은 관계 정립이 가능한 에리테리아의 경쟁자를 리더로 선택하고 그를 배척하는 바람에 자신이 초반에 쌓아올린 유리한 위치가 무너지는 모습을 속절없이 바라볼 수밖에 없을 것이다.

이주민들과 좋은 관계를 맺으면서도 성공한 리더들은 가상공간과 현실공간의 지지자들이 가진 바람을 모두 해결해주고, 어떤 식으로건 타협을 이룰 수 있는 일종의 하이브리드 모델을 수용하는 사람일 것이다. 두 집단을 모두 자기편으로 끌어들여 활용한다는 것이 쉽지 않은 도전이겠지만, 이는 디지털 시대의 지속 가능한 리더가 되기 위해 반드시 극복해야 할 도전과제다.

잘못 시작된 혁명의 파도로 인해, 이후 세대는 반대집단들에게 비전뿐만 아니라 새로운 국가 건설의 구체적인 내용이 담긴 청사진을 요구할 것이다. 그러한 기대는 과거 전력이 부재한 상황에서 여전히 대중에게 자신의 진실된 모습을 입증해야 하는 새로운 반대집단에 대해 특히 더 강할 것이다. 이러한 현상은 투명성이 확대되고 공짜 정보에 대한 접근성이 커지는 새로운 기술 트렌드에 발맞춰 자연스럽게 나타날 것이다. 잠재적인 지지자들은 정치적인 이상보다는, 마케팅과 제품의 구체적인 정보에 더 잘 휘둘리는 소비자처럼 행동할 것이다. 적어도 명목상으로나마 리더가 될 수 있는 길은 더 늘어나, 리더 후보로 나서는 사람들이 산더미 같이 많을 것이다. 그들에 대한 판단근거가 부족한 상황에서도, 사람들은 가차없이 계산한 후 그들을 신뢰하거나 아니면 그들에 대한 신뢰를 철회할 것이다. 하지만 경쟁은, 기업에게도 그렇지만 반대집단들의 건강에도 유익하다.

리더를 찾는 미래의 시위자들은 어떤 진지한 반대집단이라도 장관이 누가 되고, 보안시스템을 어떻게 구축하고, 재화와 용역을 어떻게 전달할지 지시하면서, 온라인상에 제도를 구축하는 데 앞장서리라 기대할 것이다. 오늘날 특히 연결성의 확대속도가 더딘 국가에서는 반대집단의 지도자들이 모호한 성명을 발표하는데도 대중은 그들이 자신이 하는 일을 정확히 알고 있을 것이라 확신하지만, 미래에 정보를 얻은 대중은 그들이 정말로 그런지 구체적으로 밝힐 것을 요구할 것이다. 국가 내에서건 망명 도중이건 상관없이, 반대집단들은 혁명이 시작되기 전에 제대로 준비를 해놓는 것이 현명한 처사일 것이다. 통치를 준비하고 있음을 입증해주는 증거는 때로 훈련보다 더 중요할 것이다. 통치 준비의 설계는 말 그대로 새로운 시스템의 근간으로 간주될 것이기 때문이다. 그러한 증거를 준비할 의사가 없거나 효과적인 행동으로 입증할 수 없는 반대집단은, 커뮤니티를 조직하는 기술로 호평받을 수는 있어도, 리더십과 통치방식 면에서는 대중의 신뢰를 얻지 못할 것이다.

반대 운동이 신뢰할 수 있는 청사진을 내놓고 꼭 필요한 기술을 가진 진정한 리더가 그것을 주도한다 해도, 여전히 혁명을 와해시킬 수 있는 통제 불가능한 변수들이 수없이 존재한다. 부족, 종파, 민족 사이의 긴장이 사회 깊숙이 침투하여, 아무리 신중한 사람조차 피하기 어려운 지뢰밭을 만들 것이다. 테러조직, 민병대, 반란군, 외세 등 국내외의 혁명 방해세력들이 보안 상태를 교란시킬 수도 있다. 많은 혁명이 열악한 경제상황이나 재정정책 때문에 시작되므로, 경제상황이 조금만 바뀌더라도 그 영향이 좋게건 나쁘게건 국가 전체에 미치면서 시위대들의 생각을 바꿔놓을 수도 있다.

이어 무시무시한 기대치 차이가 생긴다. 혁명이 성공적으로 완료되고, 새로운 사람들이 권력을 잡고, 대중의 기대감이 최고조에 이르더라도, 국민의 그러한 기대와 욕구를 만족시킬 수 있는 능력을 가진 새로운 정부는 극소수에 불과할 것이다. 연결성이 큰 역할을 하면서 수백만 명의 사람들이 봉기에 참가하겠지만, 혁명이 끝난 후에는 그보다 더 많은 사람들이 스스로가 정치로부터 갑자기 배제됐다는 느낌을 갖게 될 것이다.

직접 리비아와 튀니지를 방문하여 그곳 운동가들과 장관을 만났을 때, 우리는 이러한 사실을 직접 확인했다. 두 집단 중 어느 한 곳도 만족감을 느끼거나 제대로 인정받지 못하고 있었다. 이집트의 경우, 무바라크 이후 군최고위원회Supreme Council of the Armed Forces, SCAF의 통치방식에 수많은 사람들이 실망감을 표시하면서, 곧바로 최초의 혁명이 일어났던 장소인 타흐리르 광장Tahrir Square이 재차 점거되었다.[260] 그리고 혁명 후처음 치러진 대통령선거에서 투표권이 제한적이라는 사실을 국민이 깨달았을 때(대통령후보가 군의 상징적 인물인 아흐메드 샤피크Ahmed Shafik와 무슬림형제단의 상징적 인물인 모하메드 모시Mohamed Morsi 두 사람밖에 없었다), 그들이 느낀 좌절감과 소외감은 대단히 컸다.

사람들이 연결성을 통해 느끼는 참여도의 수준은 과거 그 어느 때보다 그들의 기대치를 높여줄 것이다. 새로운 정부는 장관들의 일정을 대외에 알리고, 시민을 온라인 토론회에 참석시키고, 가능하면 커뮤니케이션 라인을 공개하는 등 '개방형 정부' 운동을 펼쳐나감으로써 책임감과 투명성 확대 요구에 부응하고자 애쓸 것이다. 하지만 시민 중에는 정부의 어떤 노력에도 성이 차지 않는 사람이 있을 것이고, 추방된 정치 엘리트들은 그들 속에서 온라인 지지 네트워크를 찾아낼 것이다. 현 체제를 지지하는 똑똑한 이들은 체제의 복구를 기도하면서 국민과 온라인 연결상태를 유지한 채 그들의 불만을 키우는 식으로, 이러한 기대치 차이를 자신에게 유리하게 이용하려 할 것이다. 결과적으로 그들은 새로운 온라인 반대 운동을 결성하게 될지도 모른다.

가상공간에서의
탄압과 견제

장소와 공간의 제약에서 벗어나 혁명의 위협에 직면한 국가들은 혁명 움직임이 가시화되기 전에 이에 맞서 신속한 해결책을 모색할 것이다. 그러려면 창조적으로 움직여야 한다. 연결성이 확대되면서 탄압과 보도 통제 같은 전통적인 방법은 점차 효과가 떨어질 것이다. 주모자 색출과 폭력을 통해 반란세력을 진압하는, 독재 시대의 해묵은 전략이 디지털 시위, 온라인 운동, 실시간 증거 확산의 시대에 통할 리 없다. 역사적으로 몇 가지 눈에 띄는 예외(1989년 중국에서 일어난 천안문사태와 1982년 시리아 하마에서 일어난 대학살 등)를 제외하면, 예전에는 탄압 장면이 동영상으로 찍힌 적이 드물고, 해당 국가 외의 지역으로 그러한 장면이 담긴 사진과 동영상을 퍼뜨리기가 매우 어려웠다. 정권이 모든 커뮤니케이션 채널, 언론, 국경을 통제할 경우 외부로의 정보 유출은 사실상 불가능했다.

모바일 기기와 인터넷이 혁명과 대중시위의 한 가지 특징으로 자리를 잡자마자, 정권들은 그에 맞춰 전략을 수정했다. 즉, 그들은 네트워크를 폐쇄했다. 이란 정권은 2009년 선거 후 시위가 일어나자, 사실상 전면적인 네트워크 폐쇄를 통해 반대 운동의 확산을 효과적으로 차단했다.[261] 처음에는 몇몇 정부에서 활용한 이런 식의 전략이 어느 정도 효과를 거둔 것 같았다. 호스니 무바라크 전 이집트 대통령 입장에서는 가상공간에 대한 탄압을 시작하면, 2년 내에 타흐리르 광장에서 시작된 혁명 운동을 중단시킬 수 있다고 믿을 만한 충분한 이유가 있었던 셈이다. 하지만 다음 이야기를 통해 알 수 있듯이, 그의 이러한 전략은 반생산적인 결과를 낳았다.

2011년 1월 28일 새벽, 이집트 정권은 당일 반정부 시위 확산을 예상하고 국내의 모든 인터넷과 모바일 연결망을 효과적으로 차단했다.[262] 그날 있었던 사건을 가장 먼저 알린 블로그 포스트 중 하나의 제목은 '이집트, 인터넷을 떠나다'였다.* 이집트는 이미 며칠 전부터 소셜네트워크 사이트들과 블랙베리의 인터넷 서비스를 차단한 상태였다. 이 조치로 인

---

* 인터넷 리서치회사인 르네시스Renesys에 따르면 이 포스트는 이집트의 ISP들이 전 세계 네트워크로부터 거의 순식간에 차단됐다는 사실을 보여주는 놀라운 데이터 흐름도를 내보내주었다.

해 네트워크는 전면 차단됐다.* 이집트의 주요 인터넷 서비스 제공업체인 링크 이집트Link Egypt, 텔레콤 이집트Telecom Egypt, 에티사라트 미스르 Etisalat Misir, 보다폰/라야Vodafone/Raya 등 네 곳이[263] 당시 결정에 영향을 받았고, 전기통신 운영업체 세 곳의 휴대전화 서비스도 전면 중단되었다.[265]

이집트의 최대 전기통신회사인 보다폰 이집트Vodafone Egypt는 그날 아침 성명을 내고 '이집트 내의 모든 모바일 운영업체들은 정부의 지시에 따라 선별된 지역에서 서비스를 중단하게 되었다. 이집트법에 따라 정부 당국에게는 그러한 명령을 내릴 권한이 있으며, 본사는 그 명령에 따라야 한다'라고 밝혔다.[266]

이집트 정부가 이미 외부세계와의 몇몇 물리적인 연결망(카이로의 한 건물에 있는 광섬유 케이블처럼[267])을 통제하는 상황에서, 이번 조치는 포털들을 폐쇄하고 대형 전기통신회사들과 그들의 하청업체들에게 정부의 요구를 전달하기 위한 직접적인 방법이었다. 훗날 알려진 사실이지만, 이집트 정권은 보다폰 같은 회사들에게 만일 정부의 서비스 폐쇄 결정을 따르지 않을 경우 국영 기업인 텔레콤 이집트를 통해 국내 전기통신 인프라를 거쳐서 제공되는 서비스를 물리적으로 차단시켜버리겠다[268](그럴 경우 보다폰의 업무 기능은 큰 타격을 입게 되고, 회복하기까지 엄청난 시간이 걸릴 것이다)고 위협했다. 이런 일에 대비해 비상 계획을 세워놓은 곳이 한 곳도 없었기에, 전기통신회사들은 속수무책으로 당할 수

---

* 이 ISP 전면 통제조치가 통하지 않은 곳이 한 곳 있었는데[264], 바로 누어그룹Noor Group이었다. 이곳은 이집트증권거래소Egyptian Stock Exchange와 이집트신용국Egyptian Credit Bureau 같은 몇몇 유력기관에 서비스를 제공해주었는데, 그로부터 사흘 뒤까지도 서비스 폐쇄조치를 당하지 않았다.

밖에 없었다(이집트 정부는 오래 전부터 이집트 전역의 인터넷과 모바일 서비스 확대를 지원해왔다). 이는 역사상 전례 없는 조치였다. 국민이 사용하는 인터넷 서비스에 개입한 국가가 없던 것은 아니지만, 그처럼 조직적이고 완전한 단절을 시도한 사례는 찾아볼 수 없었다.

그러나 이집트 정부의 이와 같은 조치는 후폭풍을 불러왔다. 다수의 이집트인과 외부 목격자들이 나중에 지적한 것처럼, 시위 운동에 제대로 불을 붙인 것은 다름 아닌 네트워크 폐쇄조치였다. 그로 인해 전보다 분노한 사람들이 더 많이 길거리로 뛰쳐나오기 시작했던 것이다. 보다폰의 CEO인 비토리오 콜라오Vittorio Colao도 이 생각에 동의한다고 말했다. 그는 우리에게 "모든 사람이 필요하다고 생각해서 갖고 다니며 쓰는 것을 정부가 못 쓰게 했어요. 이렇게 전 국민에게 피해를 입히자[269] 정부의 예상보다 훨씬 더 부정적이고 격노하는 반응이 촉발됐습니다"라고 말했다. 몇몇 이집트의 운동가들은 '나는 무바라크를 좋아하지 않았지만, 그렇다고 이것이 내 싸움은 아니었다. 하지만 무바라크가 내 인터넷을 빼앗아갔고, 이 싸움을 내 싸움으로 만들었다'고 주장했다. 이집트 정부의 이러한 충격요법은 반정부 시위를 더욱 확산시켰다. 정부가 그런 짓을 하지 않았더라면 이집트 내의 사건들은 아주 다른 양상을 띠었을지도 모른다.

콜라오는 이집트 정부가 네트워크 폐쇄를 요청해왔을 때, 보다폰의 첫 번째 조치가 "법적인 관점에서 그것이 합법적인 명령인지를 확인하는 것이었습니다. 의심의 여지는 있었지만 그것은 합법적인 것이어야 했어요"라고 말했다. 모든 전기통신 제공업체는 국가와 라이선스계약을 체결해야 했으므로, 보다폰이 정부의 명령을 합법적이라고 판단한 이상 다른 선택의 여지가 없었다. 콜라오는 "우리는 정부의 요청이 마음에 들지 않았지만, 그것을 존중하지 않는다는 것은 법규 위반에 해당됐습니다"라고 말했다.[270]

이집트 내에서 인터넷과 휴대전화 서비스가 전면 중단된 이후, 곧바로 보다폰은 또 다른 시련을 겪어야 했다. 정부가 보다폰과 다른 업체들에게 단문메시지 서비스Short-Message-Service, SMS를 통해 정부의 메시지를 전달해달라고 요구해왔기 때문이다.[271] 콜라오는 보다폰이 정부에 긍정적인 역할을 수행했다고 말했다. 그에 따르면 이집트 정부가 보낸 첫 번째 메시지는 '오후 6시부터 9시까지 통행금지 명령이 내려질 것'이라는 식의 절차에 관한 내용이었다. 콜라오는 "그것은 따를 수밖에 없는 명령이었습니다"라고 설명했다. 정부가 보낸 두 번째 메시지는 애국적인 성격을 띠었다. '모두 친구가 되어 우리나라를 사랑하자'는 식이었다는 것이다. "곧 메시지는 믿기 힘들 정도로 정치적·일방적으로 변했어요.[272] 그렇다고 지방의 보다폰 직원들에게 '이집트법을 따를 수 없다'는 의사를 지방정부에 통보하라고 시킬 수는 없었습니다. 그래서 이집트대사관, 힐러리 클린턴, 영국 정부에 이 문제를 제기했고, 모그룹인 보다폰그룹 PLC가 '우리는 이집트 정부의 요구를 거부하겠다'라는 성명을 발표했습니다.[273] 그러자 우리의 SMS가 중단됐죠. 음성통화는 24시간 동안, SMS는 4~5일간 각각 서비스가 중단됐습니다. 그들은 SMS를 위협으로 간주했어요."

정부와 네트워크 운영업체들은 모두 이집트의 실패한 폐쇄전략으로부터 교훈을 얻게 될 것이다. 당시 조치는 이집트 국내에 대규모 시위를 일으켰고, 국제사회의 분노를 초래했다. 폐쇄조치가 실시된 후 며칠 만에 국외 기업과 운동가들은 불완전하게나마 이집트 국민이 다시 네트워크에 접속할 수 있는 대체수단을 개발했다. 파리에 소재한 비영리 조직인 프렌치 데이터 네트워크French Data Network는 다이얼업 접속dial-up connection■(국제전화를 걸 수 있는 사람이라면 누구나 이용이 가능하다)을 통한 인터넷 접속의 길을 열어주었고,[274] 구글은 스피크투트윗Speak2Tweet이라는 전화로 트윗을 올릴 수 있는 서비스를 시작했다.[275] 전화로 이 서비스를 이용하는 사람들이 세 가지 번호 중 하나로 전화를 걸어 음성메일을 남겨놓으면, 그것이 트위터에 게재되는 식이었다.

다이얼업 접속
인터넷 사용 시 전화선을 이용하여 접속하는 방식.

콜라오는 이집트에서 일어난 사건 이후, 주요 전기통신회사들이 모여 앞으로 그런 일이 재발하는 것을 막고, 혹시 재발할 경우에 대비해 공동 대책을 마련하는 방법에 대해 논의했다고 말했다. 그는 "우리는 정부의 개입 규정을 명확히 정의하기 위해, 궁극적으로 이 문제가 UN 전 세계 전기통신특별기구인 국제전기통신연합International Telecommunication Union, ITU에서 논의되어야 한다고 결정했습니다"[276]라고 했다. 미래의 다른 정부는 이집트의 네트워크 폐쇄 에피소드를 살펴본 후, 국민의 연결성을 교란했을 때 정부의 생존확률이 얼마나 될지 재평가할 것이다. 더군다나 전통적인 네트워크가 없어도 운영되는 P2P와 그 외 연결 플랫폼이 점점 더 인기를 끄는 상황에서 커뮤니케이션 네트워크의 폐쇄가 미치는 영향은 상당히 줄어들었다. 비합리적인 정부나 공포에 빠진 정권은 여전히 말 그대로 국경지역의 연결을 끊고, 광섬유 케이블을 질단하고, 기지국을 파괴하는 극단적인 조치를 검토할지 모른다. 하지만 이러한 조치는 어떤 국가도 감당하기 벅찰 만큼 중대한 경제적 피해를 초래한다.

외부 데이터에 의존해 운영되는 모든 금융시장, 외환시장, 기업들이 초토화될 것이기 때문이다.

하지만 억압적인 정부는 재원이 풍부하기 때문에 반동적인 국민과 혁명적인 도전들에 맞서 영향력을 행사하고 함정을 이용하는 방법을 물색할 것이다. 그러한 국가에서는 감지하기 힘들게 은밀히 퍼지는 새로운 방법을 개발할 것이다. 많은 국가가 쓰고 있는 전략 중 하나는 '그들을 이길 수 없으면, 그들의 계획에 동참하라'는 것이다. 이 전략은 인터넷 사용에 제한을 가하기보다는 그 속에 침투한다는 것이다. 국가는 시민이 가진 정보에 상당 부분 접근이 가능하므로, 데이터 혁명 시대에 시민에 비해서 엄청난 우위를 획득할 수밖에 없는 입장이다. 정부가 봉기를 걱정한다면, 소셜미디어 네트워크를 샅샅이 뒤져 목소리 큰 운동가들을 찾아내는 식으로 인터넷 감시활동을 강화할 수 있다. 또한 운동가들을 유인해서 잡기 위해 반체제 인사인 것처럼 가장하고, 봉기를 주도하는 유력 웹사이트를 해킹해 들어가 잘못된 정보를 뿌리고, 반체제 운동가를 도청하고 몰래 지켜보기 위해 랩톱이나 태블릿PC의 웹캠을 징발하고, 외부의 도움이 있는지 파악하기 위해 전자 플랫폼을 거쳐 들어오는 자금흐름을 면밀히 주시할 것이다. 이러한 초기 단계의 침투만으로도, 범국가적 차원으로 이어지기 전인 소규모 데모 단계에서 혁명을 막을 수 있을지 모른다.

가상공간에서의 탄압 성격이 이처럼 변하더라도, 현실세계에서의 탄압은 억압적인 국가에서 보안에 관한 교본의 핵심으로 남을 것이다. 시리아에서 다년간 펼쳐진 끔찍한 탄압 사례들이 보여주듯이, 기술은 오프라인에서의 잔혹함을 극복하기에 벅차다. 처음에는 불가능해 보이겠지만, 시간이 지나면서 국제사회는 끔찍한 동영상과 사진이 늘어남에 따라 폭력적이고 생생한 콘텐츠에 둔감해질 것이다. 전반적으로, 디지털 시대에는 여전히 자신의 신뢰성을 지키고 그러한 범죄행위를 부인하려 애쓰는 정부에게 잔혹한 탄압행위가 훨씬 더 위험한 행동이 될 것이다. 전 세계 온라인 플랫폼을 통해 확대된 가시성은 시민들을 지켜줄 것이고, 우리는 얼굴인식 소프트웨어 같은 도구가 발전하면서 이런 일이 더욱 보편적인 것이 되기를 바란다. 군 관료들은 시민이 때마침 휴대전화로 찍은 사진 한 장 때문에 신원이 발각되어, 국제적인 망신을 당하거나, 정부가 그를 희생양으로 내칠지 모른다는 사실을 알게 될 것이다. 이로 인해 그들은 좀 더 자제력을 보이거나, 다른 곳으로 망명을 시도할지 모른다. 이는 로버트 무가베Robert Mugabe의 짐바브웨—아프리카 민족동맹애국전선ZANU-PF Party을 위해 싸운 짐바브웨 갱들처럼, 정권을 대신하여 폭력행위에 개입하는 비공식적인 민간인 무장집단에게도 적용될 수 있다.

우리는 많은 국가가 침투 대신(혹은 적어도 침투 외에) 우리가 '가상견제virtual containment'라고 부르는 전략을 채택할 것으로 예상한다. 동요하는 대중들로부터 받는 압력을 완화하기 위해, 정부는 서비스를 완전히 중단하기보다 시민이 인터넷에서 공개적으로 걱정을 토로할 수 있게 해주는 창구를 탄압하는 편이 낫다는 계산을 할 것이다(하지만 이러한 탄압도 어느 정도까지만 가능할 것이다). 미래의 정권들은 법을 개정하건, 연설 내용을 기소하지 않고 묵과하건, 그들이 통제하는 특별한 채널을 통해 몇몇 온라인 반체제 인사들의 활동을 묵인할 것이다. 결과적으로, 볼리비아의 환경보호 운동가에게 삼림 벌채로 빚어질 위험에 대해 불평할 수 있는 공간을 허용한다고 해서 정부의 힘이 크게 위협받을 가능성은 적기 때문이다.

언뜻 보면, 가상의 '토로venting' 공간을 창조하는 것이 정부와 시민 모두에게 '상생 전략'인 것처럼 보일 것이다. 시민들은 더 깊은 참여의식과 더불어 새로운 수준의 자유를 느낄 것이고, 정부는 개혁을 수용함으로써(직접적인 반발을 피하거나 적어도 일시적이나마 반발을 보류시키는 효과를 얻는다) 점수를 딸 것이다. 아마 몇몇 억압적인 국가는 진정한 개혁의 가치를 본 후, 속임수 없이 정책의 변화를 이끌지도 모른다. 하지만 많은 국가가 그렇게 하지 않을 것이다. 그러한 움직임이 진심도 아니거니와(그러한 정부는 시민의 피드백에 관심이 없다), 토로 공간을 첩보 수집의 기회로 간주할 것이다. 이러한 정권은 체포로 이어질 수 있는 온라인 운동을 허용하는 것의 전략적 가치를 이미 이해하고 있다. 지금으로부터 10년 전, 이집트 경찰의 풍기사범 단속반은 동성애자를 상대로 함정 수사를 하기 위해 가짜 ID로 인터넷 채팅방과 토론실을 돌아다니곤 했다.[277] 그들은 동성애자를 카이로에 있는 맥도날드 매장으로 불러내 잠복하고 있다가 체포할 계획이었다.* 2011년 튀니지혁명 직후, 중국의 몇몇 반체제 인사들은 스타벅스 같은 대중적인 미국 체인점 앞에서 중국판 시위를 벌이자는 온라인상의 요구에 따라 움직였다.[278] 이 시위 요구는 중국의 소셜미디어와 마이크로블로그 전반으로 확산됐고, 마침내 경찰의 감시망에도 포착됐다. 운동가들은 미리 정해놓은 일자와 시간에

---

* 이집트 정권은 은밀히 활동하는 동성애자 사회에 가혹한 것으로 악명이 높았다. 한 예로, 카이로의 풍기사범 단속반이 퀸 보트Queen Boat라는 한 나이트클럽을 급습해서 55명의 남성들을 체포한 적이 있는데, 이들 중 수십 명이 방탕 혐의로 유죄를 받고 수감되기도 했다.

모였고, 결국 그들 중 다수는 압도적인 숫자의 경찰들에게 체포됐다. 만일 정부가 이런 낌새를 알아차린 직후 곧바로 탄압에 나섰다면, 경찰은 실제 반체제 인사들을 찾아내기 위해 온라인상의 활동을 추적할 수 없었을 것이다.

국가는 가상공간에서의 견제전략 중 하나로, 몇몇은 풀어주되 그들이 소유한 많은 정보는 그대로 유지하는 일련의 투명한 행보를 취할 것이다. 이러한 국가는 자국의 제도뿐만 아니라 심지어 과거의 범죄행위들까지 솔직히 드러냈다며 축하를 받을 것이다. 아마도 부패로 잘 알려진 정부는 사법부나 과거 지도자의 부정이득을 공개하면서 새롭게 바뀐 것처럼 보이고 싶을 것이다. 혹은 정당이 1개뿐인 국가의 정권은 보건부의 예산 성명처럼 내용은 정확할지 몰라도 특별히 과오를 드러내거나 유용하지는 않은 정보 일부를 공개할 것이다.

책임 지고 대중의 분노를 감당하기 위해 지명된 허수아비들이 등장할 것이다. 그리고 정권은 아무 일 없이 생존할 것이다. 이런 정권에서는 투명해 보이는 문건과 기록을 조작하는 것이 어렵지 않을 것이다. 반박할 수 있는 원본 정보가 없는 상황에서, 그것이 허위임을 입증할 수 있으리라 기대하기는 사실상 힘들다.

가상공간에서의 활동을 억제하려는 정부가 온라인에서 마주치는 실질적인 과제는, 대중의 불만 폭로와 실제 반정부 활동을 구분하는 일이 될 것이다. 컴퓨터 공학도들은 아주 시끄럽기만 하고 유용한 신호를 전달해주지 못하는 데이터를 '노이즈noise'라고 부른다. 독재정부는 자유로운 온라인 토론을 허용하기 시작하면 이런 식의 정치적 노이즈에 직면할 것이다. 개방형 사회에서는 언론 및 편파 발언의 자유에 관련된 법들이 시민의 발언 강도 범위를 정의해주지만, 허용 가능한 발언의 법적 선례가 부족한 폐쇄된 국가에서는 정부가 다소 맹목적으로 움직일 것이다. 국가가 온라인에서 사람들이 하는 말 뒤에 숨은 의도를 파악하기란 매우 힘든 일이다. 특히 그 대상이 유명한 반체제 인사도 아니고, 반대집단와 연계되어 있지도 않고, 어떤 특별한 방식으로 눈에 띄지 않는다면, 새롭게 공개 대화에 힘쓰기로 한 정부가 지나친 월권행위를 하지 않고서 과연 어떻게 이에 대응할 수 있단 말인가? 이렇게 정보의 질을 알 수 없게 되면서, 디지털 노이즈는 그것에 대해 먼저 평가한 후 대응하려는 정부에게 중대한 와일드카드wild card ▪가 될 것이다. 잘못해서 과민반응 내지는 과소반응을 했다간 정권이 치명적인 피해를 입을 수 있다. 온라인상에서 점점 커지는 소리를 무시하면 그것이 오프라인에서 폭풍으로 변할 수도 있다. 또 온라인상에서 오가는 농담을 가혹하게 탄압했다가는, 실질적인 구심점이 없는 상태에서 이제 막 시작된 온라인 운동에 실질적인 구심점을 만들어줄 수도 있다.

와일드카드
일반적인 자격을 갖지 못한 사람에게 특별히 주어지는 출전 기회.

아직까지 혁명으로 이어진 사례는 없지만, 국가가 온라인 콘텐츠에 과민반응한 사례는 부지기수다. 그중 2011년 사우디아라비아에서 있었던 두 가지 사례가 눈에 띈다. 이는 우리가 미래에 보게 될 확장경로 모델에 해당한다. 첫 번째 사례는 보수적인 성직자단체와 관련되어 있다. 이들은 2015년 지방선거 때부터 여성에게 참정권을 주기로 한 사우디 왕의 결정에 분노하여, 즉각적으로 위민투드라이브 운동Women2Drive Campaign에 참가했던 여성들에게 보복 조치했다(이 운동의 전개 당시, 몇몇 여성은 공개적으로 사우디법을 거스르고 운동을 주도했다).[279] 성직자들은 여성 한 명을 본보기로 삼아 그녀에게 태형 10대의 벌을 선고했다. 이 소식을 전해들은 사우디 국민은 인터넷에 접속해서 다른 나라에 이 소식을 알리며, 선고의 부당성에 항의하고 피해여성을 옹호하기 시작했다.[280] 사우디 국내외에 거주하는 수십만 명의 사람들이 가상공간에서 펼친 복수로, 사우디 정부는 그로부터 24시간도 안 돼 문제의 결정을 취소했다.[281] 이 경우, 사우디 왕의 신속한 대응이 시위 확산을 막았는데, 그의 대처는 네티즌의 성토로 초래될 수 있는 위협에 대해 국가가 진정 우려했다는 사실을 보여준다.

두 번째 사례는 사우디의 고급주택시장을 풍자한 단편영화 상영을 금지한 결정이다.[282] 역사상 공식적으로 금지된 다른 대부분의 자료들도 그렇지만, 정부의 금지만큼 대중의 관심과 요구를 불러일으키는 확실한 방법도 없다. 이때도 역시 다르지 않았다. 문제의 영화〈모노폴리Monopoly〉는 금지조치가 시행된 후 1시간도 안 되어 유튜브에 등장했다.[283] 그리고 불과 몇 주 만에 누적 조회건수가 100만 건을 넘어섰다.[284] 앞선 사례가 신속하게 잘못을 바로잡는 조치가 얼마나 중요한지 보여주었다면, 이번 사례는 정권이 올바른 싸움을 하는 것이 얼마나 중요한지를 보여준다. 정권은 온라인 토론을 길거리시위로 전환시킬 촉매제가 무엇인지 예상할 수 없으므로, 그들의 모든 대응 내지 무시 결정은 도박과도 같다. 사우디는 지금껏 대규모의 군중시위를 경험한 적이 없으나 그곳 국민이 중동지역에서 가장 활발히 소셜미디어를 사용하고 있기 때문에(전 세계에서 가장 높은 유튜브 조회율을 자랑하는 나라 중 한 곳이다)[285], 앞으로 전술한 것과 같은 자잘한 싸움에 더 많이 개입할 것이 분명하다. 또한 그런 싸움들 중 하나라도 오판할 경우, 훨씬 큰 문제를 겪을 수도 있다.

더 이상 봄은 없다

온라인에 접속하는 사회가 늘어날수록, 각 지역에는 혁명 전염병이 돌기 시작하는 신호가 나타날 것이다. 어떤 사람들은 다음 차례가 남미라고 주장한다. 현재 남미의 경제 불균형이 심각하고, 정부의 통치시스템이 취약하며, 리더들은 고령화됐고, 같은 언어를 사용하는 국민이 많다는 것이 그러한 예상의 근거다. 또 어떤 사람들은 아프리카를 다음 차례로 지목한다. 아프리카는 전 세계에서 국가기반이 가장 취약한 반면 휴대전화 보급률이 치솟으면서 다른 어떤 곳보다 모바일 시장이 급성장하고 있다.[286] 혹은 아시아가 다음 차례일지도 모른다. 아시아는 독재정권하에서 생활하는 국민의 수가 가장 많고, 경제가 빠른 속도로 성장 중이며, 사회적·경제적·정치적인 긴장이 무수히 확산되어 있다. 이미 베트남, 태국, 말레이시아, 싱가포르에서는 대규모 시위를 조직하려는 시도가 나타나고 있다. 이런 시도는 시간이 지나면서 점점 더 늘어날 것이 분명하다.

이들 지역에 연결성이 확대되어 국민이 다른 나라에서 일어나는 사건들에 점점 더 노출되면서, 그들의 문제를 같이 걱정하고 있는 상황이 분명하긴 하다. 하지만 아직까지는 아랍의 봄 당시, 전 세계적으로 목격됐던 것과 같은 강도의 전염이 되풀이될 것이라는 증거는 나타나지 않고 있다(다만 2012년 9월, 전 세계 수십 개국에서 보여준 유명한 동영상인 '무슬림의 순진함Innocence of Muslims'에 대한 반응을 통해 쉽게 알 수 있듯이, 시위와 데모가 전염되기 더 쉬워질 것이라는 점만큼은 지적할 만한 가치가 있겠다).

아랍 세계는 다른 지역에는 없는 독특한 지역적 정체성을 갖고 있다. 이 정체성은 지난 수십 년에 걸친 통일 시도와 범汎아랍 심리에 의해 공고해진 것이다. 물론 같은 언어, 문화, 비슷한 정치시스템도 여기에 기여했다. 이미 지적한 것처럼, 근대의 커뮤니케이션 기술은 중동지역 운동가와 시위자들이 이용한 네트워크를 개발했다기보다는 그것을 증폭시켰다.

아울러 그곳은 독재정권하에서 강력한 시민사회가 사라질 경우, 자동적으로 기존의 종교 네트워크가 시민에게 가장 조직적이면서 가장 많은 도움을 주는 비정부기관의 역할을 맡는다. 이러한 혁명의 물결 속에서 권력을 상실한 모든 아랍 지도자들(튀니지의 벤 알리, 이집트의 무바라크, 리비아의 카다피, 예멘의 알리 압둘라 살레Ali Abdullah Saleh 등)은 제도의 발전을 억누르는 정치시스템을 만들어 운영했고, 종교 관련 조직이 그로 인해 생긴 공백을 메웠다(결국 종교 관련 조직은 독재자들로부터 미움을 샀다. 가장 눈에 띄는 활동을 한 이집트의 무슬림형제단과 튀니지의 이슬람 엔나흐다Islamist Ennahda 같은 단체는 정권에 위협을 가했다는 이유로 즉시 활동이 금지되거나 무자비할 정도의 탄압을 받았다). 최근에는 혁명 도중 회교사원이 집결지가 되었고, 이맘imam ▪ 등 성직자들 중 일부는 예언자들이 내세운 명분에 합법성을 부여했다. 그리고 많은 사람들의 종교적인 결속력이 혁명의 중요한 동기가 되었다.

이맘
예배를 인도하는 성직자

다른 종교에는 이러한 요소들이 빠져 있다. 아프리카, 남미, 아시아는 아랍 모델을 그대로 따르기에 문화·언어·종교·경제적인 면에서 그 성격이 서로 너무나 이질적이고 다양하다. 이들 지역에는 중동지역만큼 강한 종교적인 정체성이 존재하지 않는다. 대신, 사회·비즈니스·정치

네트워크가 모두 지역화되어 있다.

그러나 곧 이 모든 지역에서 변화가 생기는 모습을 볼 수 있을 것 같다. 이러한 변화는 국가별로 다르겠지만, 정권의 변화보다 훨씬 광범위한 결과를 수반할지 모른다. 이는 정치적·심리적 차원에서 심오한 의미를 지닐 것이다. 세상의 모든 국가는 보다 혁명적인 계기들을 경험할 텐데, 대부분의 국가는 이러한 폭풍을 감당해낼 것이다. 적어도 다른 국가가 저지른 잘못을 지켜보면서 그로부터 무언가를 배우게 될 테니 말이다. 새롭게 연결된 대중들의 비난을 피하고, 분산시키고, 그에 대응하기 위해, 국가들 사이에는 서로 최고의 관행을 공유하는 문화가 생겨날 것이다(이는 매우 합리적인 가정이다. 아마 국가안보와 순찰활동을 담당하는 억압적인 국가의 내무부 장관들은 서로의 지식과 기술을 공유하기 위해 회동할 것이다). 소득 불평등, 실업, 높은 식료품 가격, 경찰의 잔혹행위 같은 이슈에 관해서는, 이전보다 대중의 요구를 빨리 반영하기 위해 선제적으로 정책과 메시지를 조정해야 할 것이다. 새로운 디지털 시대에는 아무리 안정적인 사회의 리더라 해도 연결된 시민들이 가하는 압력을 느끼면서 개혁이나 적응의 필요성을 인식하지 않을 수 없다. 이 시대에는 어떤 정부도 점점 커지기 시작하는 이러한 위협을 물리칠 수 없다.

리센룽Lee Hsien Loong 싱가포르 총리만큼 정치적인 압력과 기술적 도전의 결합에 대해 더 잘 이해하는 사람은 없다. 그는 종교 지도자이자 교육받은 컴퓨터 과학자다. 그는 우리를 만나 이렇게 말했다. "인터넷은 울분을 터뜨리기에 좋은 장소지만[287], 또한 새로운 불길을 창조하기에도 좋은 장소입니다. 미래에 우리는 어떤 사안에 찬성하기보다 반대하기가 훨씬 더 쉬워지는 위험에 직면할 겁니다. 젊은이들은 어디서나 무언가

멋진 일을 하고 싶어하죠.[288] 권위에 저항하는 이런 식의 사회경험은 젊은이들이 더 이상 어떤 계획도 필요로 하지 않는다는 것을 의미합니다. 아무리 사소한 사건이라도 반대집단에게 이용당해 수많은 온라인 운동으로 규모가 확대되는 일이 너무 쉬워졌어요."

리는 최근 싱가포르에서 일어난 일명 '카레 게이트Currygate [289]'를 지적했다. 한 중국 이민자와 인도 출신의 싱가포르인이 카레요리를 할 수 있는 권리를 두고 다투게 되었다.[290] 카레 향이 벽에 배어드는 것이 문제였다. 중국인은 그의 이웃이 계속해서 카레요리를 하는 것이 사려 깊지 못한 행위라고 생각했다. 결국, 두 사람은 '전형적인 싱가포르 방식'에 따라 논란을 해결할 중재자를 데려왔다. 합의에 따라, 인도인은 중국인 이웃이 마을에 없을 때만 카레요리를 하기로 했다. 그로부터 몇 년 뒤 중재자가 이 이야기를 사람들에게 알릴 때까지만 해도, 두 사람의 합의에는 문제가 없었다. 그러나 이 합의에 대해 듣게 된 싱가포르 내 인도 사회는 분노했다. 이 분노는 중국인이 카레요리를 하는 시간까지 마음대로 결정해도 되는 것이냐는 점 때문에 더욱 불이 붙었다. 상황은 급속히 악화됐다. 리에 따르면 '카레요리의 날을 선포한 것에서 시작된 일이 수천 명의 '좋아요'와 포스트, 전 국민의 관심으로 이어져 바이러스성 운동이 되었다.' 리에게는 다행스럽게도, 카레를 둘러싼 온라인상의 소동은 목소리만 컸을 뿐 대규모 길거리시위로 이어지진 않았다.

싱가포르에서 일어난 시위는 카레와는 별다른 관계가 없었다. 다만, 싱가포르로 이주해서 일자리를 얻는 외국인들(특히 중국 본토인들)에 대한 우려가 점점 더 심각해지는 것과 관련이 깊었다. 이 문제를 공론화하고 싶어하는 반대집단은 카레 게이트를 쉽게 이용할 수 있는 에피소드로 삼았다. 안정, 효율성, 법치로 유명한 싱가포르 같은 나라에서 그토록 많은 시민들의 분노가 표출되면서, 마침내 싱가포르의 구조적인 취약성이 드러났다. 즉, 싱가포르처럼 촘촘하게 통제되는 국가에서조차 정부의 통제와 사회적인 윤리가 온라인에서는 제한적인 힘밖에 발휘하지 못한다는 것이다. 싱가포르의 리더들도 마찬가지지만, 리에게 이 에피소드는 온라인상에서 표현의 물결이 시작되었으며 이 물결이 결코 물리칠 수 없는 것임을 알리는 전조였다. 싱가포르 정부조차 새로이 연결된 시민사회의 열기를 느낀다니, 보다 취약한 다른 국가는 얼마나 큰 불안감을 느끼게 될지 상상해보라.

우리는 리에게 향후 10년 안에 10억 명에 가까운 중국인들이[291] 고도로 감시가 심한 와중에도 서로 연결될 텐데, 중국이 이러한 변화를 어떻게 감당하리라 생각하는지 물었다. 그는 "중국에서 일어나는 일은 심지어 중국 정부를 포함해서 누구도 완전히 통제하기 힘들 겁니다.[292] 중국은 이러한 모든 목소리들을 수용하느라 힘든 시간을 보낼 것이 분명합니다. 온라인 접속 인구가 소수에서 다수로 변하는 것이 중국 리더들에게는 골치 아픈 현상이 될 거예요"라고 답하며, 이렇게 덧붙였다. "앞으로 등장할 중국의 지도자에게는 시민들 사이에서 강력한 힘을 발휘할 수 있는 카리스마나 커뮤니케이션 기술이 없을 겁니다. 이 점에서 보면 중국인에게는 가상세계가 현실세계에 비해 더욱 멋지고, 잘 맞을 거예요. 하지만 변화는 시스템 밖에 있는 사람들로부터 나오지 않는 법이죠. 길거리의 수다에 영향을 받고, 정부의 합법성에 의심의 눈초리를 보내는 이들은 시스템 내에 있는 사람들, 즉 중국 정부 내 간부들입니다."

우리는 리와 지역 전문가들이 "중국의 미래가 반드시 밝은 것만은 아니다"라고 지적한 것에 공감한다. 어떤 이들은 중국의 경제성장세 둔화, 인구 고령화, 기술 주도의 변화가 중국이 곧 현재의 형태에서 생존을 위한 투쟁에 돌입하게 될 것이라는 사실을 의미한다고 해석한다. 하지만 또 어떤 이들은 임박한 도전들이 궁극적으로 더 많은 혁신과 문제 해결을 촉진할 것이라고 주장한다. 하지만 궁극적으로 우리는 13억 인구와 거대한 사회·경제적 도전, 내부의 인종 문제, 강력한 검열로 대표되는 중국의 폐쇄된 시스템이, 어떻게 현재의 형태를 유지하며 새로운 디지털 시대로의 변화 가운데서 살아남을 수 있을지 의아하다. 연결성이 확대되면, 기대, 요구, 책임감도 그만큼 커질 것이다. 따라서 세계 최대의 감시국인 중국조차 사람들을 완전히 통제할 수 없을 것이다. 법 집행의 강도가 지나치거나 정실인사가 중국 시민에게 물리적인 피해를 주는 무분별한 행동을 저지를 때, 우리는 시민이 더 많은 책임감을 요구하며 운동을 펴나가는 모습을 보게 될 것이다. 중국의 장관들은 난처해지는 것을 질색해서, 웨이보 등 온라인 토론 사이트들로부터 압력을 받으면 더 큰 변화가 나타날 수 있다. 이는 궁극적으로 1당 통치의 과잉을 억제하는 효과를 거둘 수 있다.

인터넷이 하루아침에 중국을 민주화시키지는 못하겠지만, 적어도 점점 더 대중의 책임감이 커지게 만들어, 중국 정부에 대중의 정의실현 요구를 받아들이라는 압력을 어느 정도 가하게 될 것이다. 여기에 경제성장세가 눈에 띄게 둔화될 경우, 일부 국민은 이를 혁명을 시작할 기회로 삼을지도 모른다. 향후 수십 년 내에 중국은 어떤 식으로건 혁명을 경험할 것이다. 다만, 그것이 얼마나 널리 그리고 효과적으로 퍼질지는 온라인과 길거리에서 얼마나 위험을 감수할 용의가 국민에게 있는지에 따라 달라질 것이다.

―

혁명에 대하여

　장소와 형태에 상관없이, 미래의 혁명이 정권을 교체할 수도 있다. 하지만 이것이 반드시 민주적인 결과를 내놓지는 못할 것이다. 헨리 키신저의 말을 상기해보자. "역사적으로 혁명은 폭발 지점에 이른 후 기존 정권을 무너뜨리는 분노의 합류 지점입니다.[293] 혁명 이후로는 혼란이 생기거나 아니면 이전에 파괴된 정권과는 반대되는 정권이 새롭게 들어서게 되죠." 다시 말해, 성공적인 혁명 이후에는 '정권의 파괴 정도가 심하면 심할수록, 이후에 들어서는 정권은 더욱 절대적인 힘을 과시한다'는 것이다. 지난 40년이 넘는 시간 동안 성공한 혁명과 실패한 혁명을 무수히 경험해본 그는 혁명의 디자인과 성격에 조예가 깊다. 그에 따르면, 미국과 동유럽은 기존 정권의 몰락이 진정한 민주주의의 창조로 이어진 유일한 사례에 해당한다. "동유럽의 경우, 독재경험이 매우 치명적이었습니다. 또한, 민주국가가 되지 못하더라도 서양 국가처럼 민주주의 전통을 일부 받아들이는 것이 어떤 의미인지 보여주는 기록이 있었기에 성공할 수 있었어요."

　키신저가 지적한 동유럽의 특별한 상황을 충분히 이해했음에도 불구하고 우리는 혁명의 성공에 인센티브가 한 역할을 간과할 수 없다. 여기서 인센티브란 EU에 가입할 수 있는 자격을 주는 것이었는데, 이는 믿기 힘들 정도로 중요한 역할을 해냈다. 결국 EU 가입이 진보적인 엘리트와 국민 모두에게 정치적인 동기이자 안정화 요인으로서 제 역할을 다하지 못했다면, 우리는 수많은 국가에서 더 많은 퇴보와 반혁명 운동을 목격했을지 모른다. 이것이 바로 서양의 강대국들이 NATO의 세력을 확대하고 EU 회원국 가입을 인센티브로 제시해야 했던 이유다.

이러한 민주적인 문화의 부재와, 아랍의 봄 도중 일어난 독재정권의 몰락이 순수한 제퍼슨식 민주주의가 아니라 그저 강도만 약해진 또 다른 형태의 독재정치를 탄생시켰던 이유 중 하나다. 키신저는 "모든 권력이 한 사람의 독재자 밑에서 통합되는 대신, 다양한 당으로(세속적이건 세속적이지 않건 간에) 나뉘어졌습니다. 하지만 결과적으로는 형식적인 연립정부를 운영하는 하나의 무슬림당에 지배되는 셈이었죠"라고 말했다. 결과가 연립정부라는 것인데, 키신저는 농담으로 "〈뉴욕타임스〉는 그것을 위대한 민주주의의 발현이라며 환영할 겁니다"라고 말했다. 하지만 "그러한 과정이 마무리되면 일회성 선거를 해서라도 반대파 없는 정부가 들어설 겁니다"라고 덧붙였다. 키신저는 새로운 정부가 향후 수십 년간 디지털 혁명에 의해 탄생하는 기술 때문이 아니라, 강력한 1인 리더의 부재 때문에 독재 성향의 연립정부를 새로운 형태로 취할 것이라고 예상했다. 지배적인 리더와 비전이 없을 경우, 대부분의 참가자를 달래기 위한 가장 강력한 옵션으로 권력을 공유하는 정부가 등장할 것이다. 하지만 그들은 이전 정권이나 구태의연한 정치 세대로부터 충분히 거리를 두지 못할 위험이 크다.

혁명은 불만을 표출하는 한 가지 방법에 불과하다. 혁명은 종종 낭만적 분위기를 띤다. 게다가 사람들은 정치적·개인적 자유와 자결권을 주

제로 하는 인간미 넘치는 이야기에 쉽게 빠져들기 마련이어서, 이런 이야기는 기억 속에 오래 남는다. 기술이 발달할수록 우리의 상상력을 사로잡는 이야기, 멋진 제목이 달린 에피소드가 더 많이 출연하게 된다. 성공하지 못했을 때조차, 우리는 집단 기억 속에서 마지못해서라도 어느 정도 혁명에 존경을 보인다. 따라서 우리 기억 속에서 혁명의 위치는 아주 특별하다. 이는 시민권과 사회계약에 대한 우리의 이해에 중심이 되는 인간의 정치적인 발전에 매우 중요한 요소다. 다음 기술 세대도 이것을 바꾸지는 못할 것이다.

혁명이란 시스템 내에서 변화를 추구하거나 현 체제에 불만을 제기하는 방법이다. 그런데 가장 파괴적이면서 폭력적인 방법으로 똑같은 목적을 이루려는 집단은 늘 존재할 것이다. 테러리스트와 폭력적인 극단주의자들은 지금도 그렇지만 미래에도 우리와 같은 세상에 공존할 것이다. 다음 장에서는 현실세계 및 가상세계에서 펼쳐질 우리 미래의 급진 과격화 현상에 대해 자세히 파헤치고자 한다. 아울러 싸움 공간의 확장이 테러리즘의 성격을 어떻게 바꿀 것이며, 그에 맞서기 위해 우리가 쓸 수 있는 도구는 무엇인지 설명하겠다.

5

THE FUTURE OF TERRORISM

테러리즘의 미래

테러조직들은 점점 더 대학과 기업의 엔지니어, 학생, 프로그래머, 컴퓨터 과학자들을 포섭대상으로 삼으면서 차세대 사이버 무장단체를 설립할 것이다. 아마도 이데올로기, 돈, 협박 등이 포섭과정에서 중대한 역할을 할 것이다. 물론 사이버테러리스트가 되겠다는 결심은 순교를 하겠다고 서명하는 것보다 개인의 건강에 미칠 피해가 더 적을 것이다.

기술은 사람들이 개인적인 목적을 위해 사용할 수 있는 강력한 도구를 제공해준다. 즉, 기술은 '공평한 기회를 부여해주는 수단'이다. 이때 개인적인 목적이 가끔은 놀라우리만큼 건설적일 때도 있지만, 반대로 상상하기 힘들 정도로 파괴적인 성격일 때도 있다. 다만 피할 수 없는 진실은, 연결성이 테러리스트와 폭력적인 극단주의자에게 모두 도움을 준다는 것이다. 따라서 연결성이 확대되면 위험도 확대된다. 미래의 테러활동에는 테러리스트 모집에서부터 테러의 실행에 이르기까지, 현실세계와 가상세계의 요소가 모두 연관될 것이다. 테러조직은 폭탄이나 기타 수단을 동원하여 매년 수천 명의 인명을 살상할 것이다. 이는 무고한 사람들, 현실세계에서 이미 자국의 안전을 지키느라 충분히 애 먹고 있는 국가, 점점 더 이런 위협에 취약할 수밖에 없는 기업 모두에게 정말로 나쁜 소식이라 하지 않을 수 없다.

물론, 이러한 단체 중 한 곳이 핵이나 화학 혹은 생물학 무기를 얻게 될 끔찍한 가능성도 남아있다. 선진국들이 서로 간의 연결성에 더욱 더 의존할수록(우리가 가진 거의 모든 시스템은 어떤 식으로건 가상 네트워크와 연결되어 있다), 우리는 다양한 형태의 사이버테러리즘▪에 몹시 취약해질 수밖에 없다.[294]

사이버테러리즘
사이버 공간에서 해킹이나 바이러스 유포 등을 통해 공격대상에게 피해를 끼치는 행위.

오늘날 대다수의 테러공격이 일어나고 있는, 연결성이 떨어지는 장소 역시 마찬가지다. 가상세계에서 새로운 인원을 모집하고, 훈련시키고, 테러행위를 실행하기 위한 전략을 개발하는 과정에서, 폭력적인 극단주의자들의 기술력은 나날이 성장할 것이다. 이제 그들은 전 세계로 점점 확산되고 있는 소셜미디어 네트워크 덕분에 자신의 공격이 과거 그 어느 때보다 세간의 이목을 집중시킬 것임을 잘 알고 있다.

그러나 커뮤니케이션 기술은 테러리스트를 훨씬 더 취약하게 만들고 있기도 하다. 가상세계에서 활동할 경우 많은 이점이 있지만, 테러리스트들(전 세계에 퍼져있는 점조직들, 즉 흔적을 찾기 힘든 파괴적인 운동가들)은 여전히 현실세계에서 활동해야 한다. 먹고, 숨고, 전화기와 컴퓨터를 사용하려면, 현실공간에 존재해야 하는 것이다. 바로 이 때문에 그들은 새로운 디지털 시대에 더욱 취약해질 수밖에 없다. 우리는 이번 장에서 테러리스트들이 현실세계와 가상세계 사이에서 어떻게 시간을 쪼개 활동하는지, 일부 이득도 얻었지만 궁극적으로 더 많은 잘못을 저지르고 더 많은 사람들을 연루시키면서 폭력사업을 하기가 왜 더 힘들어질 것인지 그 이유를 살펴볼 것이다.

새로운 범위,
새로운 위험

인터넷이 잠재적인 범죄자들과 극단주의자들에게 위험한 정보를 제공하고 있다는 것은 이미 잘 알려진 사실이다. 이보다 덜 알려진 사실이 있다. 바로 인터넷을 향한 접근이 미래에는 전 세계적인 차원에서 어떻게 진화할 것이냐 하는 점이다. 향후 10년간 온라인으로 들어올 많은 사람들은 아주 젊고 역동적인 공간 속에 사는 이들이다. 이들은 내외적으로 갈등을 겪어본 세월은 길지만, 제한적인 경제적 기회만을 얻고 있다. 따라서 어떤 지역에서는 새로운 디지털 시대의 출현이, 곧 기술의 활용 가능성 확대로 인해 폭력적인 행동이 늘어난다는 것을 의미할 것이다. 이러한 일이 이미 진행되고 있다는 것을 강력히 시사해주는 증거가 있다. 바로 정교하게 제작된 수제 폭발장치가 점점 늘어나고 있다는 사실이다.

2009년, 이라크를 돌아다니던 우리는 그곳에서 테러리스트 되기가 너무 쉽다는 사실에 놀랐다. 우리가 만난 미군 대령은 순찰 중인 미군들이 공통적으로 느끼는 가장 큰 두려움 중 하나가 길가에 숨겨진 사제폭발물Improvised Explosive Device, IED이라고 했다.[295] 전쟁 초기만 해도 IED를 만드는 데 돈도 많이 들고 특별한 재료도 필요했지만, 시간이 지나면서 테러를 저지르고자 하는 사람 누구나 폭탄의 제조도구와 제작법을 쉽게 구할 수 있게 되었다. 2009년에 나온 IED는 제조비용이 더 저렴했고,[296] 성능은 더 혁신적이었다. 또한 간단한 응용만으로 당시 사용되던 대응

방법을 무력화시킬 수 있었다. 즉, 폭탄의 폭발장치를 진동 모드로 설정한 휴대전화에 붙여놓은 다음, 원거리에서 그 휴대전화에 전화를 걸어 폭탄을 폭발시키는 것이 가능해진 것이다(미군은 곧 모바일 커뮤니케이션을 차단하기 위한 전파 방해시스템을 도입해 이러한 전략에 대응했지만, 제한적인 성공만을 거뒀을 뿐이었다). 과거에는 큰돈을 만질 수 있던 정교한 폭력행위[297](반군들은 이로 인해 수천 달러의 돈을 벌었다)가 이제 일상화되어, 담뱃값 정도만 벌 생각이 있는 사람도 누구나 쓸 수 있는 옵션이 되었다.

휴대전화로 폭발시키는 반군의 IED가 이제 고등학교의 과학 프로젝트와 맞먹는 수준이 됐다면, 그것이 우리의 미래에 대해 시사하는 것은 무엇일까? 이러한 프로젝트는 안드로이드의 창조자인 앤디 루빈Andy Rubin이 말한 기술의 '제조자 현상maker phenomenon'의[298] 불행한 결과에 해당한다. 이 현상은 테러리즘의 문맥 밖에서는 종종 칭찬받을 때도 있다. 루빈은 우리에게 이렇게 말했다. "오늘날 사람들은 과거에는 일반인이 만들기 벅찰 정도로 어려운 것을 만듭니다. 그들은 여러 버전의 제품을 조립하여 더욱 쉽게 제조자가 되고 있어요." 전 세계적으로 창궐하고 있는 '제조자 문화maker culture'는 오늘날 수많은 천재적 창조물들을 생산하고 있지만(3D 프린터는 이제 막 출시되기 시작했을 뿐이다), 대부분의 기술 운동들이 그렇듯, 이러한 혁신에는 어두운 면이 존재한다.

미래의 수제 테러 기기는 누구나 만들 수 있는 드론과 모바일 IED를 합친 것일 가능성이 크다. 그러한 드론은 온라인숍이나 장난감 가게에서 구매할 수 있다. 실제로 간단한 원격조종 헬리콥터들은 이미 어디서나 구할 수 있다. 프랑스 기업인 패롯Parrot이 개발한 무인비행체 'AR. 드론AR. Drone'은 2011~2012년 성탄절 연휴 때 가장 많이 팔리는 장난감 중 하나였다. 이러한 장난감은 이미 스마트폰으로 조종이 가능하고, 여기에는 카메라도 장착되어 있다. 이착륙장치에 사제폭탄이 들어가고, 와이파이로 연결된 보다 복잡한 형태의 드론이 개발됐다고 상상해보라. 이는 완전히 새로운 차원의 공포를 초래한다. 그리고 이 공포는 조만간 미국에 닥칠 것이다. 가까운 미래에는 그러한 드론을 만드는 데 필요한 지식, 재원, 기술을 분명 어디서나 구할 수 있게 될 것이다. 앞서 설명했던 자동 항법장치도 쉽게 구해서 반도체에 끼워 넣는 것이 가능해질 것이다. 그로 인해 테러리스트와 범죄자는 아무런 방해도 받지 않고, 드론을 이용한 공격을 훨씬 더 쉽게 할 수 있을 것이다. 이처럼 물리적인 공격에 사용되는 파괴능력이 눈부신 개선을 이뤄내는 것은, 기술의 확산이 전 세계 테러리즘에 영향을 미치는 한 가지 방법에 불과하다. 물론 사이버테러리즘(사이버테러리즘이라는 용어는 1980년대에 처음 생겼다)은 이와 별개이며, 이로 인한 위협은 점점 더 심각해질 것이다. 목적상, 우리는 사이버테러리즘을 정치적·이데올로기적 동기를 갖고서 폭력적인 결과를 만들 의도로 정보나 사용자 데이터, 컴퓨터 시스템에 가하는 공격으로 본다(사이버테러리즘과 범죄 목적의 해킹이 사용하는 전술에는 일부 겹치는 것이 있지만, 일반적으로 이 둘의 차이는 그 동기에 있다).

극단주의단체가 사이버 위협을 가하기 위해, 아프가니스탄의 잘랄라바드 남서쪽 산악지대인 토라보라의 동굴에서 벗어나 활동하는 장면을 상상하기는 힘들다. 그러나 전 세계로 연결성이 확대되면서 원거리에서도 합리적인 네트워크 접속이 가능해지고, 복잡한 휴대전화를 사용할 수 있게 될 것이다. 우리는 또한 이러한 단체들이 사이버 공격을 감행하는 데 필요한 기술력을 확보할 것이라고 가정해야 한다. 이러한 변화와 우리의 연결성이, 극단주의자들에게 무수한 잠재적 목표를 제공해준다는 사실은 좋은 조짐이 아니다.

몇 가지 확실한 가능성을 생각해보자. 사이버테러리스트들이 대형 은행의 네트워크 보안을 뚫는 데 성공한다면, 은행이 갖고 있던 모든 고객 데이터와 돈은 위험에 빠질 것이다(때를 잘 맞춰 협박 전화를 거는 것만으로 대량 예금인출 사태가 발생할 수 있다). 사이버테러리스트들이 한 도시의 교통시스템이나, 경찰 데이터, 주식시장, 전력망을 공격목표로 삼는다면, 그들은 도시의 일상적인 메커니즘을 아예 멈추게 할 수도 있다.

일부 기관과 도시의 보안망이 이러한 시도를 막겠지만, 모든 사람이 그렇게 보호를 받을 수 있는 것은 아니다. 테러와 허술한 제도로 고생하는 나이지리아는 이미 세계에서 온라인 사기범죄가 가장 많이 일어나는 곳이다. 라고스와 아부자 같은 도시의 연결성이 대부분 폭력적인 극단주의가 만연한 시골 북부지역으로 확대됨에 따라, 잠재적인 사기범들 다수가 나이지리아의 탈레반 격인 보코 하람Boko Haram 같은 과격한 이슬람단체가 표방하는 명분에 쉽게 넘어갈 수 있게 되었다. 이러한 단체는 사기범 몇 명만 데리고서도 보코 하람을 서아프리카의 가장 위험한 테러조직에서 세계의 가장 강력한 사이버테러조직으로 변신시키는 것이 가능하다.

사이버테러 공격은 시스템을 방해하는 데서 끝나지 않는다. 남미의 마약범, 마약밀매조직, 기타 범죄자들은 전 세계적으로 인신매매를 주도하고 있지만, 미래에는 휴대전화의 정확한 위치추적 기능 때문에 이러한 전통적인 인신매매가 더욱 어려워질 것이다(인신매매범이 납치한 사람의 전화기를 부수더라도, 부수기 전 마지막 지점이 클라우드의 어딘가에 기록되어 있을 것이다. 인신매매가 빈번한 국가에 사는 보안의식 강한 사람들은 자신의 위치를 실시간으로 전송해주는 핀 크기의 착용 가능 장치를 갖고 있을 것이다. 심각한 위험에 처한 사람들은 앞서 말했던 다양한 형태의 물리적인 증강현실을 활용할 수 있을지도 모른다). 대신, 계좌내역에서부터 공적인 소셜네트워크 프로필에 이르기까지 가리지 않고 부자들의 온라인 신원정보를 훔친 다음, 그것을 넘겨주는 대가로 실제 돈을 요구하는 가상의 인신매매범이 흔해질 것이다. 콜롬비아무장혁명군Fuerzas Armada Revolucionarias, FARC ■이

콜롬비아무장혁명군
1964년 공산주의 정권을 세우
겠다는 목적하에 무장 농민군
지도자 출신들이 모여 창설한
좌익 반군 게릴라 단체.

나 유사 단체에 속한 게릴라들은 납치한 사람들을 정글에서 계속 데리고 있기보다 가상인질virtual hostages을 잡는 식으로 위험을 낮추는 것을 더 선호할 것이다.

극단주의단체에게는 사이버 공격이 분명 더 유리하다. 다칠 위험이 거의 내지는 전혀 없고, 재원을 최소한으로 쓸 수 있으면서도, 엄청난 규모의 피해를 가할 수 있는 기회가 많기 때문이다. 앞서 지적한 것처럼 이런 가상공격virtual attacks은 그 진원지를 추적하기 어렵기 때문에 희생자들에게 엄청난 혼란을 유발할 것이다.*

또한 그들은 엄청난 숫자의 잠재적 피해자들 사이에서 공포를 야기할 것이다(가상세계에서 연결되어 있는 사람들 거의 모두가 잠재적 피해자에 해

---

* 사이버 공격을 하는 자들은 자신과 희생자 사이를 중재하는 컴퓨터를 통해 데이터를 라우팅함으로써 흔적을 숨긴다. 프록시 컴퓨터들이 희생자와 외부인에게 공격의 진원지로 보이는데, 전 세계 가정이나 기업의 해킹된 컴퓨터도 여기에 해당될 수 있다. 층층이 쌓인 많은 중재 컴퓨터들을 뚫고 사이버 공격의 진원지를 추적해나가기란 상당히 힘들다. 설상가상으로, 사이버 공격을 하는 쪽이 중재 네트워크를 통해 애매한 트래픽을 뿌리면서 공격자의 의도적인 행동을 감추는 식으로 중재 호스트에서 토르 라우터를 가동할 수도 있다.

당한다). 우리는 테러리스트들이 현실세계에서의 공격을 이어가되, 가상세계에서의 공격도 점차 늘려나갈 것이라 믿는다. 대량살상무기에 대한 두려움이 계속해서 지배적이겠지만(서류가방 크기의 폭탄을 밀반입하는 것을 너무 쉽게 만들어주는 허술한 국경 감시 탓에), 미래의 9·11 사태 때는 폭탄 제조나 비행기 납치가 아니라 현실세계 및 가상세계의 공격을 조직하여 시스템의 약점을 이용, 재난에 가까운 피해를 입히는 테러가 일어날지 모른다.

미국에 대한 공격은 가상공간에서 우회적인 방식으로 시작될 수 있다. 아마도 수많은 비행기의 항로를 정해주는 항공 통제 시스템에 대규모 해킹 공격을 감행하여 비행기들을 잘못된 고도나 충돌경로로 인도할지 모른다. 공포가 엄습했을 때 또 다른 사이버 공격을 감행하여 주요 공항 관제탑의 통신 기능을 마비시킴으로써 모든 사람이 하늘에만 관심을 집중하게 만들고, 이것이 우리가 두려워했던 '큰 건Big One'인지 아닌지 더욱 혼란스럽게 만들 수도 있다. 그 다음, 육상에서 실제 공격이 단행될 수도 있다. 캐나다를 통해 밀반입한 강력한 폭탄 세 발이 뉴욕, 시카고, 샌프란시스코에서 동시다발적으로 터지게 만드는 공격이 그것이다. 최초의 목격자들이 이러한 공격에 대처하려고 안간힘을 쓰며 피해조사를 벌이는 동안, 나머지 사람들은 지켜볼 수밖에 없다. 하지만 이후 연쇄적으로 일어나는 사이버 공격은 경찰, 소방서 및 피해지역의 비상정보 시스템을 마비시킬 수 있다. 이 정도로 충분치 않다면 대규모의 파괴와 사상자 발생으로 인해 도시의 구호활동이 정체될 때, 정교한 컴퓨터 바이러스가 물, 전기, 석유, 가스 송유관 같은 주요 인프라를 보유한 국가 주변의 산업통제 시스템을 공격할 수 있다. 일명 '감시제어 데이터 수집 시스템Supervisory Control and Data Acquisition, SCADA ■ '을 징발할 수 있게 됨에 따라 테러리스트들은 전력망 폐쇄, 쓰레기 및 폐수 처리 공장의 기능 훼손, 핵무기 생산공장의 열 감지 시스템 마비 등 온갖

감시제어 데이터 수집 시스템
아날로그나 디지털 신호를 사용하여 변전소나 발전소 등의 상태 정보를 수집하고 처리함으로써, 중앙제어시스템으로 원격 장치를 감시하고 제어하는 시스템.

짓을 할 수 있게 된다(실제로 스턱스넷 바이러스가 2012년 이란의 핵시설을 공격하여 원심분리기를 망가뜨린 적도 있다). 그나마 이 정도 수준의 공격을 성사시키는 것이 믿기 힘들 정도로 어렵다는 게 다행이라면 다행이다. SCADA를 징발하려면 시스템 내부의 메커니즘을 속속들이 알아야 한다. 암호화와 정밀한 시간 설정에도 몇 달이 걸린다. 하지만 어떤 식으로건 잘 조율된 물리적 공격과 사이버 공격을 피할 수는 없다.

테러조직들 중 이 정도 수준의 기술이나 공격 감행 의지를 가진 곳은 극소수에 불과할 것이다. 실제로 기술 때문에 생긴 취약성으로 인해, 배후에서 테러를 조종하는 사람들도 줄어들 것이다. 하지만 그래도 존재하는 배후세력은 지금보다 훨씬 더 위험할 것이다. 미래에는 대의명분을 위해 기꺼이 죽으려는 테러리스트의 각오보다는 기술의 활용능력이 테러조직에게 우위를 선사할 것이다.

미래에는 극단주의단체가 계획을 수립하고, 움직이고, 실행하는 것을 다양한 플랫폼이 도와줄 것이다. 이보다 중요한 것은, 앞서 지적했듯이 새로운 조직원 모집이다. 온라인상에 동굴은 적을지 몰라도, 아동 포르노와 테러리스트 채팅방을 포함하여 온갖 종류의 불법거래가 일어나는 사각지대는 계속 존재할 것이다. 테러조직들은 자체적으로 정교하고 안전한 소셜 플랫폼을 개발하여, 이를 디지털 훈련캠프로도 활용할 것이다. 또한 새로운 조직원을 끌어모으는 등 세력을 확대하고, 분산된 점조

직들 사이에서 정보를 공유하고, 같은 생각을 가진 개인들을 위한 온라인 커뮤니티로 활용할 것이다. 이러한 가상의 안가安家는 극단주의자들에게 엄청난 가치를 선사할 것이다. 단, 조건이 있다. 이중첩자가 없고, 디지털 암호가 강력해야 한다. 대테러부대, 법집행기관, 독립적인 운동가들은 이러한 사이트를 폐쇄하거나 여기에 침투하려고 애쓰겠지만 불가능할 것이다. 경계 없는 가상공간에서는 암호 키를 이전하거나 바꾸는 방식으로 플랫폼을 그대로 살려두기가 너무 쉽기 때문이다.

미래에는 초국가적 테러리스트의 가장 중요한 특성 중 하나가 미디어에 관한 지식일 것이다. 이들은 조직원을 모집하기 위해 미디어를 이용할 것이다. 대부분의 테러조직은 이미 미디어 마케팅 사업에 발 담그고 있다. 과거에는 웃겼던 것(특수효과로 가득한 알카에다의 웹사이트와 소말리아에서 활동하는 알카에다 연계조직인 알 샤바브의 트위터 등[299])이, 새롭고 낯선 현실에 의해 바뀌었다. 이는 알카에다 예멘지부에서 활동하던 안와르 알 아울라키Anwar al-Awlaki[300]의 악명 높은 사례를 통해 확인할 수 있다. 그는 미국 태생으로 극단주의 성향을 가진 성직자였으며, 주로 자기 홍보를 통해 유명세를 탔다. 그는 전 세계에 카리스마 넘치는 설교를 전파하기 위해 동영상과 소셜네트워크에 의존했다. 유튜브에서 센세이션을 일으킨 최초의 테러리스트로서 그의 영향력은 부정할 수 없는 수준이다. 테러리스트로 이미 성공했거나 성공하려는 이들 중, 그에게 영감을 받았다는 사람도 여럿이다.[301] 그는 유명해지면서 미국의 요주의 대상이 되었다. 그러다 2011년 9월, 드론 공격으로 사망했다.

아울라키가 소셜미디어를 자유자재로 활용했다는 사실은 억만장자 투자자이자 개혁가인 사우디의 알와리드 빈 타랄 알사우드Alwaleed bin

Talal al-Saud 왕자에게 깊은 인상을 주었다. 그는 이러한 추세가 중동지역 전반에 걸쳐 확산되고 있다고 파악했다. 그는 우리를 만난 자리에서 "가장 반反 서구적인 성향의 종교 인물조차 이제 대부분 기술을 사용합니다.302 그 중 다수가 심지어 파트와fatwa▪를 알리기 위해 휴대전화와 함께 소셜네트워크 사용을 늘리고 있습니다"라고 말했다. 중동지역 사정에 능통한 사람이라면 누구나 알겠지만, 이는 심각한 변화를 의미한다. 특히 기존 종교가 신기술 수용에 늦기로 악명 높은 사우디아라비아에서라면 더 그렇다. 이러한 추세는 멈추지 않고 계속될 것이다.

파트와
이슬람법에 따른 결정이나 명령.

미래의 테러리스트에게 디지털 마케팅이 중요하다는 점을 생각하면, 그들이 모바일 및 인터넷 기업에 침투하려는 시도를 점점 더 확대해나가리라 예상할 수 있다. 일부 이슬람 단체는 이미 이런 시도를 하고 있다. 군사 쿠데타 및 전 세계적인 이슬람 초국가 창건을 통해 이슬람 다수당 정부의 전복을 꾀하는 전 세계 극단주의단체인 히즈브 우트 타흐리르Hizb ut-Tahrir, HT의 우두머리를 지냈던 마지즈 나와즈Maajid Nawaz는, 그의 조직이 휴대전화 기업을 이용해 당원을 모집한다고 하면서 "우리는 파키스탄에 있는 모토로라 사무실들 밖에 선전 가판대를 설치했어요.303 이어 모토로라의 직원 몇 명을 포섭하여, 파키스탄 전국지national newspaper 편집자들의 전화번호를 알아냈습니다"라고 말했다. HT의 조직원들은 이 편집자들에게 지적과 함께 선전으로 가득한 위협적인 문자메시지 폭탄을 날리곤 했다. 이들에게 선발된 모토로라 직원은 조직원이 신원을 발각당하지 않고 활동할 수 있도록 새로 전화서비스에 가입할 때 신분 세탁을 해주며 HT를 도왔다.

극단주의단체가 모바일 기업 자체를 공격목표로 삼지 않더라도, 그들은 이러한 강력한 플랫폼에 영향력을 행사하기 위한 다른 방법을 찾을 것이다. 하마스Hamas■와 헤즈볼라Hezbollah■ 같은 단체는 국가가 제대로 제공할 의지나 능력이 없는 서비스를 커뮤니티에 제공하여, 그들의 도움을 받는 경향이 있다. 서비스와 후원, 엔터테인먼트는 모두 이러한 단체의 신뢰도 및 충성심을 강화시킨다. 하마스는 누구나 사용 가능한 저렴한 스마트폰에 맞는 건강관리 정보에서부터 모바일머니 환전, 어린이용 게임에 이르는 온갖 애플리케이션을 개발할 수 있다. 하마스 조직원과 그들의 동조자는 이렇게 무한한 가치를 지닌 플랫폼을 구축

하마스
1987년 결성되어 대이스라엘 테러를 주도하는 팔레스타인 무장단체로서, 이슬람교 수니파의 원리주의 조직이다.

헤즈볼라
아랍어로 '신의 정당'을 의미하는 중동지역 최대의 테러조직. 레바논의 이슬람교 시아파 단체로서, '이슬람 자하드'로 불리기도 한다.

해 서비스할 것이다. 애플 스토어가 미국 정부나 UN의 명령에 따라서 이러한 애플리케이션 배포를 차단하더라도, 그들은 자신과 아무런 공식적인 유대관계가 없는 애플리케이션을 만든 다음 입소문을 통해 그것을 선전할 수도 있다. 이는 젊은 세대에게 엄청난 영향을 미칠 것이다.

전 세계적인 연결성이 극단주의단체를 더 유능하고 위험하게 만듦으로써, 전통적인 대처방안의 효과가 약해질 것이다. 전 세계 곳곳에서 테러리스트를 수감하는 것만으로는 그들의 네트워크나 그들이 네트워크에 영향을 미치는 능력에 별다른 영향을 미치지 못할 것이다. 밀반입한 휴대전화를 가지고 극단주의자들은 감옥 내에서도 일종의 통제 센터를 운영할 수 있을 것이다. 이러한 기기를 몰수하거나 그들의 힘을 통제하는 일도 점점 더 힘들어질 것이다. 스마트폰의 기본적인 구성요소인 프로세서, 심 카드Sim cards■ 등이, 크기는 작아지는 대신 성능은 더 강력해

질 것이기 때문이다.

심 카드
휴대전화들끼리 데이터를 전송해주는 기능을 하는 휴대전화 메모리 카드.

이러한 관행은 이미 시작되었는데, 가끔은 우스운 모양새를 띠기도 한다. 2011년 콜롬비아 교도관들은 11세 소녀가 메데린에 감금된 친척을 방문하는 것을 막았다.[304] 그녀가 입은 스웨터의 모양이 이상하다는 이유에서였다. 교도관들은 소녀가 등에 74대의 휴대전화와 연발권총을 테이프로 붙여놓은 것을 발견했다. 브라질에서는 수감자들이 메시지 전달용 비둘기를 훈련시켜 전화기의 부속품을 갖고 오게 만들었다.[305] 적어도 한 지역의 갱 단원은 10대 소년을 고용[306], 활과 화살을 갖고 교도소 벽을 뛰어넘어 통화를 했다(소년이 쏜 화살 중 하나가 교도관에게 맞아, 소년은 겨우 체포됐다).

이러한 일들이 개발도상국에서만 일어나는 것은 아니다. 범죄조직 사우스센트럴로스앤젤레스South Central Los Angeles의 전前 조직원은 요즘 미국 감옥에서 밀수한 스마트폰이 약 1,000달러 정도에 거래된다고 전했다.[307] 태블릿PC도 그 가격에 구할 수 있다고 한다. 그는 또한 감옥 안에서 이들 수감자가 대중적인 소셜네트워크 플랫폼 연결을 통해 어떻게 불법적인 비즈니스 관계를 유지할 수 있는지 설명해주었다. 2010년 미국의 조지아 주에서는 최소 6개 감옥에 갇혀 있던 수감자들이 열악한 수감생활에 항의하며 동시에 파업을 벌였다. 이 시위는 불법 휴대전화 네트워크를 통해 조직적으로 진행되었다.

감옥에서 벌인 활동 중 가장 주목할 만한, 그리고 가장 성공한 사례는 전 세계에서 가장 연결성이 떨어지는 나라인 아프가니스탄에서 찾을 수 있다.[308] 카불 외곽에 위치한 풀에차르키Pul-e-Charkhi 감옥은 아프가니스탄에서 가장 크고 악명 높은 감옥 중의 하나다. 1970년대에 처음 짓기 시작해서 구소련 점령기에 완성된 이 감옥에서는, 준공 후 몇 년 동안 매년 수만 명의 정치범이 처형당했다.[309] 공산주의에 대한 반감 때문에 고문당한 사람의 숫자는 이보다 더 많았다. 풀에차르키 감옥은 미국의 아프가니스탄 점령 시에 테러조직의 수뇌부로서 새롭게 주목받았다.[310] 2008년 이 감옥의 3번 수감동에서 폭력적인 폭동이 일어난 후,[311] 아프간 정부 당국은 수감자들이 감옥 밖에서 치명적인 공격을 감행하는 데 사용한 테러 기지를 찾아냈다. 이곳은 감옥 안에 있었지만 외부 테러기지와 100퍼센트 같은 기능을 하고 있었다. 이 수감동의 뒷문은 전선들로 뒤덮여있었다. 이 전선들은 감옥 창살에 덩굴처럼 얽혀있었고, 통로를 향해 약한 붉은색 빛을 내뿜었다. 벽은 칼 그림과 코란 구절로 뒤덮여있었다. 3번 수감동은 그보다 몇 년 전에 이미 탈레반과 알카에다 수감자들이 점령해서 사용하던 상태였다. 이런 급진적인 성향의 수감자들은 전화와 라디오를 효율적으로 밀반입하고, 감옥 안에서 요령 있게 조직원들을 충원하고, 간수와 그의 가족을 위협하여 자신이 갇힌 감옥을 창살 없는 곳처럼 만들었다. 그들은 그곳에서 조직의 세를 불리고, 강탈 계획을 추진하고, 감옥에서 20마일이나 떨어진 도시에 테러공격을 감행할 수 있었다. 드론의 항공공격처럼 다른 위험들로부터 안전하게 피신할 수 있는 아지트나 마찬가지였다. 그들은 돈이나 폭력을 동원해서 좀도둑과 마약중독자, 기독교인들(아프간 사회에서 따돌림을 당해 급진적인 운동에 참여할 가능성이 농후해진 수감자들)을 새로운 조직원으로 포섭했다.

2008년 일어난 폭동 이후, 사람들은 이러한 수감자들을 다른 수감동으로 옮기면서 테러 네트워크를 폐쇄했다거나, 최소한 그 기능을 대폭 축소했을 것이라 여겼다. 하지만 그로부터 2년 뒤 카불에서 일련의 테러

공격이 일어난 후, 감옥 관리들은 풀에차르키 내의 테러 기지들이 순식간에 대변신을 했으며, 간헐적 전파방해를 통해 그들이 감옥으로 밀반입한 휴대전화 기능을 차단하고 그들의 활동을 제약하려는 정부 당국의 시도가 대부분 실패했다고 인정했다. 풀에차르키에는 아프간의 많은 요주의 인물이 수감되어 있었다. 이에 따라, 미국 자문관들과 아프간 군이 이곳을 함께 운영했으나 누구도 그곳의 모바일 네트워크를 통제할 수 없었다. 제러드는 작고한 리처드 홀브룩Richard Holbrooke 아프간 특사를 따라 풀에차르키 감옥을 방문했다. 거기에서 3번 수감동에 갇혀있던 물라 아크바 에이지Mullah Akbar Agie라는 극단주의 성향의 테러 주모자를 만나 폭동 진압사태 이후 감옥의 상황이 어떻게 바뀌었는지를 알아보려고 했다. 그러자 에이지는 입고 있던 가운 안을 뒤지더니 최신 휴대전화를 꺼내면서, 농담 삼아 제러드의 전화번호를 묻는 여유를 부렸다[312]. 그는 메모지에 자기 이름과 함께 '070-703-1073'이라는 자기 휴대전화번호를 자랑스럽게 적었다.

제러드가 풀에차르키에서 겪은 일은 디지털 시대에 범죄조직, 종교적 극단주의자, 마약밀매범, 기타 범죄자들이 뒤섞여 있을 때 생길 위험을 보여준다. 감옥 밖에서는 이런 상이한 네트워크들이 가끔씩 교류하면서 같은 기술 플랫폼을 사용하지만, 감옥 안에서 인접한 거리에 모여 있을 때는 밀반입한 기기들의 도움을 주고받는 위험한 조합이 탄생할 수 있다. 멕시코 범죄조직의 마약밀매범은 돈을 받거나 범죄조직의 새로운 교두보를 얻는 조건으로, 이슬람 극단주의자에게 국경 간 무기밀매 네트워크에 대한 중요한 정보를 알려줄지 모른다. 그 둘이 서로 유익한 계약을 체결할 경우, 각자의 휴대전화를 사용하여 조직에게 새로운 협력안을 알려줄 수 있다. 이렇게 감옥 안에서 체결된 후 감옥 밖에서 추진되는 계약을 막기 힘들어질 것이다. 모든 수감자들을 독방에 가둔다거나(비현실적인 일이다) 휴대전화 밀거래를 차단하는 방법(역시 엄청난 노력에도 불구하고 실현 가능성이 거의 없다) 외에, 감옥 관리들이 이런 일들을 막는 데 성공하는 방법은 극히 제한적이기 때문이다.

감옥 내의 밀수 네트워크가 그것을 폐쇄해야 하는 관리들보다 더 똑똑하고, 수감자들 사이에 휴대전화 수요가 계속 높을 수밖에 없다는 사실을 인정한다 치자. 그렇다면 우리가 풀에차르키에서 벌어지는 일이 다른 곳에서 벌어지지 못하도록 막는 방법에는 어떤 것이 남아있을까? 가장 확실한 방법은 수감자들이 불법으로 사용하는 휴대전화가 테트리스 게임만 할 수 있는 고가의 플랫폼 외에 다른 역할을 하지 못하도록, 네트워크 전파방해를 통해 휴대전화 접속을 전면 차단해버리는 것이다. 하지만 당연히 누군가가 이러한 장애물을 뚫는 방법을 찾아낼 것이다. 아마도 살아있는 비둘기를 동원하는 방법은 통하지 않을지 모르지만, 비둘기 모양을 한 채 모바일 와이파이 핫스팟hot spot ▪ 기능을 가진 소형 드론은 통할 수 있을지 모른다.

핫스팟
본래는 '위험 지역'이라는 뜻이지만, 초고속 인터넷을 무선 연결하기 위해 전파를 중계하는 기지국을 말한다.

법 집행을 위해 수감자들의 모바일 활동을 감시 및 도청할 수도 있다. 이렇게 얻은 첩보를 통해 무엇보다 불법적인 네트워크 운영방식을 파악할 수 있다. 더욱 강력한 해결책은 수감자들이 무심코 내뱉는 정보를 잡아내는 장치를 휴대전화에 설치하고, 밀수 네트워크를 같은 편으로 끌어들인 후, 그 휴대전화가 수감자들 손에 들어가도록 하는 것이다. 수감자는 자신이 통화 내용을 추적하는 소프트웨어가 장착된 휴대전화를 받았단 사실을 모르고 통화하다가 비밀을 발설할 것이다. 이는 궁극적으로 직접 사람에게 정보를 얻는 것보다 훨씬 쉽고 안전한 방법이 될 수 있다.

어떤 사회에서는 수감자가 감옥에 있는 동안 그가 인터넷에서 완전히 자취를 감추도록 할 것이다. 이때 법원의 명령에 의해 그의 가상신원은 동결될 것이며, 법은 누구라도 그의 동결된 프로필에 접근하거나 그것과 상호 작용하거나 심지어 그것을 알리려는 시도를 봉쇄할 것이다. 또한 석방 후에도 그는 보호관찰관에게 반드시 온라인 계정 접근권을 제공해야 할 것이다. 디지털 시대의 발찌는 아동 성범죄자(집행유예기간 중에는 이들의 인터넷 활동이 제한되곤 한다) 같은 명백한 범죄자뿐만 아니라 집행유예기간 동안 유죄가 선고된 모든 범죄자의 온라인 활동을 추적 및 제한할 수 있도록 정부가 설치한 소프트웨어일 것이다.*

내부자거래로 유죄를 선고받은 사람은 모든 형태의 전자상거래를 일시적으로 금지당할 수 있다. 즉, 거래, 온라인 뱅킹, 인터넷 쇼핑 등이 모두 금지되는 것이다. 가처분 명령을 받은 사람은 본인이나 친구들의 소셜네트워킹 프로필에 접근하거나, 심지어 자기 이름을 온라인으로 검색하는 것조차 제약을 받게 될 것이다.

하지만 사이버테러의 시대에 보이지 않게 활동하는 범죄자의 수가 늘어남에 따라, 이들은 이러한 여러 대책을 상당 부분 피해 가면서 활동할 것이다.

---

* 이것은 범죄의 성격에 따라 실제로 실행하기가 여전히 어려울 것이다. 해커로 유명한 케빈 미트닉Kevin Mitnick은 유죄선고를 받고 5년간의 수감생활을 끝낸 후, 집행유예기간 도중 인터넷이나 휴대전화 사용을 금지당했다. 그는 그러한 제한이 위법이라고 주장하며 법적 다툼 끝에 승소했다.

테러리스트 해커의 출현

사이버테러가 가하는 위협의 심각성을 평가하는 방법은 해킹에 대한 평가자의 시각에 따라 달라진다. 어떤 이들은 지하실에 숨어 살면서 그저 재미삼아 전화통신 시스템을 해킹하는 모습이 그런대로 봐줄만 하다고 생각할지 모르지만, 지난 10년간 해킹기술은 상당한 발전을 이루며 단순한 취미에서 논란의 소지가 될 수 있는 중대한 행위로 탈바꿈했다.

핵티비스트hactivist ■와 해커 집단인 어노니머스Anonymous 같은 단체의 출현은 해킹 메시지와 방법이 성숙해지고 있음을 시사하는 동시에 우리가 앞으로 예상할 수 있는 해킹이 어떤 것인지를 보여준다. 해커들은 점점 더 공통적인 대의명분을 중심으로 모여 조직화하는 방법을 찾아낼 것이다. 그들은 적절한 공격목표로 삼은 사람 누구에게나 정교한 공격을 가한 다음, 자신의 성공을 만천하에 떠들고 다닐 것이다. 이들은 끊임없이 공격목표인 정부와 기관의 이목을 끌려고 할 것이다. 이들이 가하는 위협은, 주목을 끌기 위한 것처럼 보이는 오늘날의 해킹을 보며 우리가 판단하고 기대하는 것보다 훨씬 더 심각하게 간주되어야 할지 모른다. 앞서 논했던 위키리크스와 그것에 동조하는 해커 집단들의 이야기야말로 이러한 생각이 옳다는 것을 보여주는 분명한 사례다.

2010년 12월, 위키리크스의 창업자인 어산지가 성폭행혐의로 체포되자, 그의 체포에 정치적인 의도가 깔려있다고 믿는 수많은 젊은 운동가, 해커, 컴퓨터 전문가들을 중심으로 분노의 목소리가 봇물처럼 터져 나

핵티비스트
해커hacker+행동주의자activist. 해킹을 통해 투쟁을 진행하는 운동가들을 일컫는다.

왔다. 그 사건 직후, 일련의 사이버 공격들로 인해 위키리크스에 서버 제공 서비스를 중단했던 아마존뿐만 아니라 위키리크스를 위한 기부금 처리를 중단했던 마스터카드 및 페이팔 같은 웹사이트가 심각한 피해를 입었다.313

'어산지 복수작전Operation Avenge Assange'으로 공식 명명된 당시 사건은 이미 앞서 사이언톨로지Scientology■ 교회 등 여러 목표물을 겨냥해 디도스 공격을 한 전력이 있는 어노니머스에 의해 주도되었다. 어산지 복수작전 도중 어노니머스는 위키리크스에 반대하는 어떤 조직에라도 복수하겠다며 이렇게 맹세했다.314 "우리는 위키리크스와 크게 관련되어 있지는 않지만, 똑같은 명분을 갖

사이언톨로지
1965년 미국을 기점으로 세워진 새로운 종교로 SF작가 허버드Lafayette Ronald Hubbard가 창설자이다. 신과 같은 초월적 존재를 부인하고 과학기술이 인간의 모든 문제를 해결할 수 있다고 믿는다.

고 싸운다. 즉, 우리는 투명성을 원하고, 검열에 반대한다. 위키리크스의 입에 재갈을 물리려는 것은 우리가 생각하는 것을 말할 수 없고, 우리의 의견을 표현할 수 없는 세상으로 다가가려는 시도에 불과하다. (중략) 그렇기 때문에 우리는 이 문제의 심각성을 환기시키고자, 위키리크스에 반대하는 자들을 공격할 것이다. 우리가 사는 세상을 자유와 민주주의로 향할 수 있도록 돕는 사람들을 지원하기 위해 우리가 가진 재원을 총동원하려고 한다." 어노니머스로부터 공격받은 기업의 웹사이트는 불과 몇 시간 만에 다시 온라인으로 돌아왔다. 하지만 그들이 입은 피해는 상당히 공적이어서 자칫 수백만 고객에게 피해를 미칠 수 있었다. 그런 고객들 중 대부분은 무엇보다 웹사이트가 해커의 공격에 취약하다는 사실을 알지 못했다. 결국 핵티비스트들이 소기의 목적을 달성한 것이다. 이후 전 세계적인 차원의 조사가 실시되면서, 네덜란드, 터키, 미국, 스

페인, 스위스 등지에서 해커로 추정되는 수십 명이 체포됐다.[315]

온라인상에서 개인정보와 비밀정보를 훔쳐 공표하는 해커들을 테러조직으로 보아야 한다고 주장하는 사람이 있을지도 모른다. 하지만 위키리크스나 어노니머스 같은 곳이 테러조직은 아니다. 다만, 위키리크스에서 공개한 정보가 많은 사람들의 목숨을 위태롭게 만들었고 심각한 외교적 피해를 준 것만은 사실이다.*

바로 이 점이 중요하다. 무해한 해커들과 위험한 해커들(혹은 이 문제에 있어 해커들과 사이버테러리스트들 사이에 존재하는 누군가) 사이의 경계는 9·11 사태 이후 점점 더 모호해지고 있다. 어노니머스처럼 분산되어 활동하는 집단은, 서로 일면식도 없고 개인적인 친분도 없지만 뜻을 같이하는 사람들로 이루어진 집단이 스스로를 조직화하여 가상공간에서 실질적인 영향력을 행사할 수 있다는 사실을 분명히 보여준다. 실제로 어떤 임계 질량critical mass■ 같은 것은 필요치 않다. 기술(예를 들어, 컴퓨터 엔지니어링 기술 등)이 있는 개인은 뜻을 이루기 위해 수천 대의 기계를 마음대로 주무를 수 있다. 이러한 집단에 소속된 사람의 숫자가 지금보다 늘어나는 미래에는 과연 어떤 일이 벌어질까? 그들이 모두 언론의 자유를 위해 싸울까? 최근 일어난 사례는 우리가 그 외의 다른 가능성에 대비해야 한다는 것을 암시한다.

임계 질량
핵분열 물질이 연쇄 반응을 할 수 있게 만드는 최소한의 핵연료량. 일반적으로 쓰일 때는 어떤 반응을 일으킬 수 있는 최소한의 힘을 의미한다.

2011년 21세의 이란 출신 소프트웨어 엔지니어가 세상이 등장했다. 이란의 수도 테헤란에서 일하는 것이 확실해 보이는 그는 스스로를 '코

---

* 최소한 위키크스와 다른 해커 집단처럼 정부의 비밀자료를 훔쳐서 거래하는 곳들은 첩보활동이 가능하거나 또는 그것을 장려한다.

모도해커Commodohacker'라 지칭하며, 인터넷에 대한 정부의 통제에 맞서 싸우는 다른 핵티비스트들과 달리 특별한 모습을 보여주었다. 〈뉴욕타임스〉에 보낸 이메일에서 그는 '이란이 구글, 스카이프, 야후 등을 장악해야 한다고 믿는다'고 주장했던 것이다. 그는 자신이 이란 내 반정부·반체제 인사들의 운동을 방해하기 위해 노력하는 중이라면서 '나는 모든 암호 알고리즘을 파괴하고 있으며, 나의 조국에게 그러한 것들을 모두 통제할 수 있는 힘을 주고 있다'고 말했다.[316]

코모도해커는 이런 자랑에 그치지 않고, 500개가 넘는 인터넷 보안 인증서를 위조하여 '신용 인증 웹사이트'를 무력화시키고, 부지불식간에 공격당한 대상으로부터 비밀정보와 개인정보를 빼내왔다.[317] 그의 공격으로 여름에만 최대 30만 명에 달하는 이란인의 커뮤니케이션이 속수무책으로 피해를 입었다.[318] 그는 구글과 스카이프처럼 반체제 이란인이 사용하는 것으로 알려진 서비스를 제공하는 기업이나 특별히 상징적인 의미를 가진 기업을 공격목표로 삼았다. 또한 그는 네덜란드 평화유지군이 1995년 보스니아 동쪽의 스레브레니차에서 대학살이 일어났을 때 보스니아 무슬림을 보호해주지 못했다며, 네덜란드의 최상위 보안 인증기관인 디지노타DigiNotar를 공격했다고 주장했다.[319]

코모도해커의 떠들썩한 선전이 있은 후 불과 몇 달 뒤, 중동지역에 또 다른 이데올로기 성향의 핵티비스트가 등장했다. '옥스오마0x0mar'라고 스스로를 지칭한 그는 사우디아라비아의 수도 리야드에 살고 있다고 주장하면서, 자신이 '이스라엘을 전자공격으로 끝내버리려고 하는, 이스라엘을 가장 증오하는 사람 가운데 한 명'이라고 선언했다.[320] 2012년 1월, 그는 이스라엘의 유명 스포츠 웹사이트를 해킹한 후 방문객들을 40만

개의 신용카드 번호[321](대부분 복제한 번호였는데, 이로 인해 피해를 입은 신용카드 소지자만 총 2만 명에 달했다[322]) 파일을 다운로드받을 수 있는 사이트로 유도했다. 그는 자신이 사우디아라비아의 와하비파 해커 집단인 '그룹 엑스피Group XP'를 대표한다고 주장했다.[323] 그룹 엑스피는 '40만 명의 이스라엘인이 은행과 신용카드 회사 앞에 줄을 서 있고, (중략) 나이지리아인이 쓰는 신용카드처럼 이스라엘인이 쓰는 신용카드가 전 세계적으로 통용되지 않는 광경을 지켜보는 것만으로도 아주 재미있을 것'[324]이라는 내용이 담긴 성명을 발표하기도 했다. 그로부터 몇 주 뒤, 이스라엘의 엘알항공El Al Airlines 웹사이트와 회사의 주식거래가 디도스 공격으로 중단됐을 때,[325] 옥스오마는 한 기자에게 자신이 '나이트메어Nightmare'라는 친 팔레스타인 성향의 해커 집단과 연합해서 그곳을 공격했으며, 이스라엘이 팔레스타인을 상대로 벌이는 집단학살에 대해 사과한다면 공격의 수위를 낮출 수 있다고 말했다.[326] 대니 아얄론Danny Ayalon 이스라엘 외무부 차관은 '나는 개인적으로 사이버테러리스트의 공격목표가 됐다는 것을 훈장으로 생각한다'고 말했다.[327] 그는 나중에 자신의 페이스북 페이지가 공격받았다는 사실을 인정하면서도, '해커들은 인터넷이나 다른 어떤 포럼에서도 우리의 입을 막지 못할 것'이라고 덧붙였다. 코모도해커가 정말로 이란의 젊은 엔지니어였을까? 옥스오마는 진정 다른 집단과 힘을 합쳐 공격한 것일까? 이러한 해커는 개인일까, 아니면 실제로는 집단일까? 둘 중 하나건 둘 다건, 자신의 디지털 권력을 보여주고 싶어하는 국가가 배후에 있던 것은 아닐까? 어떤 시나리오도 사실일 수 있다는 점에 바로 미래의 사이버테러에 대응하기 위한 도전과제가 숨겨져 있다. 사이버 공격의 주체를 확인하기가 매우 힘들기 때문에, 공격대상은 그에 대응하기가 어려울 수밖에 없다. 공격을 누가 했다고 주장하는지는 상관없다. 공격주체가 누구인지 불분명한 데서 오는 이러한 혼란스러움은 완전히 새로운 차원의 오보를 확산시킬 것이다. 국가와 개인들 모두 그것을 자신에게 유리하게 이용하려고 할 것이 분명하다. 미래에는 우리가 누구를 혹은 무엇을 상대하는지 알기가 더욱 힘들어질 것이다.

사이버테러리스트가
증가한다면

갑작스럽게 기술에 접근할 수 있게 됐다고 해서 급진적 성향의 인물이 무조건 사이버테러리스트가 될 수 있는 것은 아니다. 지금까지는 테러리스트 해커들의 폭발적인 증가를 가로막은 기술적인 장애물이 존재했다. 하지만 연결성이 확대되고, 저렴한 기기들이 아프가니스탄과 파키스탄의 접경지대나 아프리카의 사헬Sahel, 남미 3개국(파라과이, 아르헨티나, 브라질)의 접경지대 같은 먼 곳까지 퍼지면서, 이러한 장애물의 의미도 축소될 것이다. 개발도상국에서 활동하는 해커들은 일반적으로 독학을 한다. 게다가 기술에 대한 적응력이 뛰어난 젊은이들은 전 세계에 골고루 분포되어 있다. 그렇다면 잠재적인 해커들이 시간과 연결성만 있으면 해킹기술을 연마하는 데 필요한 정보를 습득할 수 있다는 이야기가 된다. 그로 인해 가상군인virtual soldiers을 모집하는 것이 가능해질 것이다.

지금은 유럽지역에 살고 있는 중산층 무슬림들이 테러리스트 훈련 캠프에 합류하고자 아프가니스탄으로 가고 있지만, 미래에는 이런 상황이 역전될지도 모른다. 아프간과 팔레스타인 사람들이 사이버 공격법을 배우기 위해 유럽으로 건너가는 모습 말이다. 소총 사격연습장, 구름다리, 장애물 코스 같은 훈련캠프와 달리, 엔지니어 신병훈련소는 런던이나 파리에 살면서 기술적인 재능을 갖고 있지만 불만이 많은 대학원생들이 운영하는 곳, 즉 몇 가지 랩톱만을 갖춘 방 몇 개처럼 별다른 특색이 없을 수도 있다. 오늘날의 테러리스트 훈련캠프는 종종 위성으로 적발이 가능하지만, 사이버 신병훈련소는 인터넷 카페와 구분하기 힘들 것이다.

테러조직과 정부는 모두 자기편에서 싸워줄 엔지니어와 해커를 모집하는 데 힘쓸 것이다. 테러조직들은 기술적인 재능을 가진 핵심전략가들이 자신의 파괴능력을 확장시켜줄 수 있음을 인식한 후, 점점 더 대학과 기업의 엔지니어, 학생, 프로그래머, 컴퓨터 과학자들을 포섭대상으로 삼으면서 차세대 사이버 무장단체를 설립할 것이다. 물리적·법적 문제 때문에 누군가에게 테러리스트가 되어달라고 설득하기는 어렵다. 아마도 이데올로기, 돈, 협박 등이 포섭과정에서 중대한 역할을 할 것이다. 테러조직은 정부와 달리 반체제라는 카드를 쓸 수 있다. 이는 젊은이들과 불만 많은 해커들 사이에서 테러조직의 입장을 강화시켜줄지도 모른다. 물론 사이버테러리스트가 되겠다는 결심은 순교를 하겠다고 서명하는 것보다 개인의 건강에 미칠 피해가 대부분 더 적을 것이다.

사이버테러리스트가 발전하는 데는 문화가 중요한 역할을 할 것이다. 뚜렷한 급진주의 성향을 가진 골수 종교인들이야말로 전통적으로 테러리스트 모집에 있어 가장 비옥한 토양 역할을 해왔다. 이는 사이버테러리스트 모집을 할 때도 마찬가지다. 이러한 현상은 아직까지 제대로 연결되지 않은 전 세계 많은 지역에서 온라인 접속이 가능해지면 더욱 심각해질 것이다. 인터넷 사용자들의 경험은 대체로 기존 네트워크와 당면한 환경에 큰 영향을 받는다. 우리는 연결성의 등장만으로 급진적인 사회변화가 가능하리라 기대하지는 않는다. 대신, 온라인상에 커뮤니케이션 채널, 참가자, 사기꾼이 더욱 늘어나는 광경을 볼 수 있을 것이다.

추적 불가능한 공격을 단행하기 위해 애쓰는 테러 후원국도 존재할 것이다. 오늘날 이란은 헤즈볼라, 하마스, 팔레스타인 이슬람 지하드 Palestinian Islamic Jihad, 알아크사 순교여단al-Aqsa Martyrs Brigades 및 기타 다양한 이라크 내 군사단체에게 무기, 돈, 공급물자를 제공해주는, 이 세상에서 가장 악명 높은 테러조직 후원국 중 하나다. 하지만 사이버테러리스트의 활동이 보다 성과를 거둔 것처럼 보이기 시작하면, 이란은 유사한 방법으로 자체적인 사이버테러 능력을 개발하기 위해 애쓸 것이다. 컴퓨터와 네트워크 장비, 보안 패키지, 관련 소프트웨어를 테러조직에 지원하는 한편, 자체적으로 사이버테러 훈련을 실시할 수도 있다. 이란의 기술대학들은 레바논 시아파 출신 프로그래머들을 헤즈볼라가 육성 중인 사이버 군대에 통합시키겠다는 구체적인 목적을 갖고 이들을 데려오려 할 것이다. 아마도 이란은 그들에게 가장 비싼 암호화 도구와 하드웨어를 보내줄지 모른다. 혹은 다이혜, 발벡, 레바논 남부 등 헤즈볼라의 거점지역에 세워진 기술교육기관들에 자금을 지원함으로써, 이스라엘에 사이버 공격을 퍼붓는 데 투입할 촉망받는 엔지니어들을 훈련시키는 인큐베이터로 삼을 수도 있다. 이란은 브라질에 있는 시아파 비즈니스맨들에게 기업을 세울 수 있도록 돈을 지원해주는(이는 이미 잘 알려진 이란 정부의 전술이다) 대신, 그들에게 특별히 고안된 소프트웨어를 장착시킨 태블릿PC와 모바일 기기를 제공할 것이다.

하지만 이렇게 해커를 모집하는 어떤 정권이나 테러조직도 어느 정도의 위험을 감수해야 할 것이다. 모집한 해커들 중에는 젊은이의 비중이 꽤 클 것이다. 이는 반드시 인구통계학적인 이유 때문만이 아니다. 즉, 사회과학자들은 몇 가지 발달상의 요인으로 인해 젊은이들이 특히 급진주의에 더 쉽게 휩쓸린다고 생각한다(그러나 그러한 요인이 정확히 무엇인지를 두고 여전히 많은 논란이 진행 중이다. 그것이 두뇌의 화학작용과 관련이 있다고 믿는 과학자도 있는 반면, 사회학적인 요소가 원인이라고 주장하는 학자도 있다). 따라서 해커를 모집하는 이들은 지금껏 공식적인 조직에 뚜렷한 거부감을 보인 해커들을 조직 안으로 끌어들이는 문제뿐만 아니라, 10대들을 상대하면서 벌어질 문제도 해결해야 한다. 곧 설명하겠지만, 가상 테러 네트워크에 참가하려는 10대에게는 그들과 절대 어울리지 않는 특징인 과도한 규율이 요구될 것이다. 대부분의 젊은이는 관심, 모험, 인정, 소속감, 지위 같은 것들에 매료된다. 하지만 온라인상에서 10대 해커가(혹은 그를 아는 다른 누구라도) 저지르는 한 가지 실수 내지는 한 번의 우연한 자랑이, 그가 속한 테러 네트워크 전체를 뒤흔들 수 있다.

오늘날 대테러 작전이 첩보의 공유와 군사적인 협력(미국과 남아시아 우방국들 사이의 협력처럼)에 달린 것처럼, 미래에는 그러한 상호 지원에 분명 가상적인 요소도 포함될 것이다. 가장 급진적인 국가 대부분이 인터넷에 진출한 지 얼마 되지 않았을 것이므로, 그들은 온라인에서 테러리스트를 추적하는 법과 새로이 사용할 수 있게 된 도구들의 사용법을 배우기 위해 외국의 원조를 필요로 할 것이다. 오늘날 대형 도급업자들은 국외 군사지원을 통해 큰돈을 벌고 있다. 이런 식의 상호 노력에 사이버 보안요소가 포함되는 비중은 점차 늘어날 것이다. 이에 따라 다양한 신생 내지 기존 컴퓨터 보안회사들이 수혜를 입을 것이다.

사이버테러리스트가 가하는 위협에 맞서 군사정책도 바뀔 것이다. 오늘날 군이 추적 중인 대부분의 테러리스트는 파탄국가나 무정부지역에서 활동한다. 미래에는 이런 피난처들 역시 서로 연결됨으로써, 테러리스트들이 법집행에 대한 아무런 두려움 없이 가상공간에서 범죄를 저지를 수 있게 될 것이다. 첩보 당국은 무언가 위험한 짓을 계획하고 있는 유명한 사이버테러리스트의 정체를 밝혀낸다면, 드론 공격 같은 극단적인 조치를 검토할 것이다.

인재 확보보다 중요한 것

서양 정부들은 노련한 해커를 같은 편으로 끌어오기 위해 애쓸 것이다. 실제로 해커와 미국 정부기관들은 이미 사이버 보안문제에 있어서만큼은 협력하고 있다. DARPA와 미 국가안보국National Security Agency, NSA 같은 기관은 블랙햇Black Hat ▪이나 데프콘Def Con ▪ 등의 장소에서 인재를 소집해왔다. 2011년 DARPA는 전직 해커 출신으로 지금은 DARPA의 프로젝트 매니저로 일하는 인물이 개발한, 일명 '사이버 패스트 트랙Cyber Fast Track, CFT'이라는 새로운 프로그램

블랙햇
악의적인 목적을 가지고 정보체계에 침입하거나, 컴퓨터 소프트웨어를 바꾸고, 바이러스 등을 유포해 피해를 입히는 해커.

데프콘
세계 최대 컴퓨터 보안 컨퍼런스이자 해킹대회.

을 발표했다. 이는 이러한 커뮤니티 사이의 협력속도를 높이고, 협력의 효율성을 제고하는 것이 목표였다. DARPA는 CFT를 통해 목표로 삼은 네트워크 보안 프로젝트에 집중하고자, 개인 및 소규모 기업과 단기계 약을 체결하기 시작했다. 이 계획은 대기업보다는 중소기업이나 나 홀로 활동하는 사람들을 대상으로 했으며, 신속하게 진행된다는 것이 두드러진 특징이었다. DARPA는 프로그램 개시 후, 첫 두 달 만에 8건의 계약을 승인했다.[328] 일반적인 정부 하청계약 체결속도와 비교해볼 때, 이는 가히 빛의 속도라 할 수 있었다. 이러한 과정을 통해 자칫 정부와 같이 혹은 정부를 위해 일하지 않을 수도 있던 상당한 기술을 가진 집단들이 사이버 보안능력 제고라는 중요한 일에 기여할 수 있었다. 이러한 일은 본래 촌각을 다투기 때문에, 쉽게 그리고 정해진 시간 안에 처리되어야 한다. CFT는 레지나 더간이 옹호했던 '민주화된 그리고 크라우드 소싱에 의존한 혁신'을 향해 DARPA가 했던 변신의 일부였다.[329]

우리는 더간에게 이러한 이례적인 문제 해결방식 뒤에 숨은 동기에 대해 물었다. 결과적으로, 해커들에게 민감한 보안문제를 처리할 권한을 준다는 것이 무척이나 놀라웠기 때문이다. 이에 대해 그녀는 이렇게 대답했다. "많은 사람들이 해커와 어노니머스가 단순히 나쁜 짓만 한다고 생각해요. 우리가 깨달은 것 그리고 다른 사람도 인정해주도록 하기 위해 애썼던 것은, 해커가 인재집단을 부르는 말이라는 사실입니다. 해커는 사이버 보안문제에 대한 접근방식, 이 문제에 접근할 때 필요한 시간표, 실행 및 도전능력 면에서 오히려 문제에 상당히 기여할 수 있는 중요한 자산들을 가지고 있어요."[330] 그녀는 덧붙여 "CFT의 성공은 그러한 모델의 지속성을 보여주는 신호였죠. 나는 그것이 우리가 의존하는 유일한 모델이 되어서는 안 되지만, 무조건 우리가 활용할 방법의 일부가 되어야 한다고 생각합니다"라고 말했다.

앞으로는 해커와 다른 독립적인 컴퓨터 전문가에 대한 지원 확대를 최우선으로 추진해야 한다. 서양 정부는 CFT 같은 프로그램을 통해 공개적으로 하든, 첩보기관 채널을 통해 은밀하게 하든, 그들을 우군으로 끌어들이기 위한 노력을 지속할 것이다. 정부는 현실세계에서 활동하는 비밀작전 수행원과 다른 자산을 보완하기 위해, 외국에서 가상의 파트너를 확보하려고 노력할 것이다. 이를 위해 해커와 다른 기술적 능력이 탁월한 개인을 정보원으로 모집한 후, 그들을 안전한 온라인 채널을 통해 원격조종할 것이다. 하지만 가상자산virtual assets에 관한 은밀한 도전도 존재한다. 즉, 그들의 유용성에도 불구하고, 첩보기관이 소식통의 신뢰성을 판단하기 위해 오랜 세월에 걸쳐 써왔던 개인 간 접촉이 사라지는 것이 문제다. 화상채팅이 직접 대면과 같을 수는 없기에, 기관은 새로운 참가자들의 신뢰성을 효과적으로 검증하기 위한 방법을 찾아내야 할 것이다. 가상자산을 신뢰한다는 것이, 사실은 그들을 믿을 만하게 바꿔놓는 것보다 더욱 힘들지도 모른다.

테러리스트들의
아킬레스건

미래의 테러리스트는 기술이 필요하지만, 그것에 높은 위험이 수반된다는 사실을 알게 될 것이다. 2011년 오사마 빈 라덴의 죽음으로, 현대의 기술 생태계로부터 고립되어 동굴에서 생활하는 테러리스트의 시대는 끝났다. 오사마 빈 라덴은 적어도 5년간 인터넷이나 휴대전화를 사용하지 않고 파키스탄 아보타바드에 있는 자신의 맨션에서 숨어 지냈다. 목숨을 부지하기 위해 오프라인 상태로 지내야 했던 것이다. 결국, 작전 수행을 위해 어느 정도 연결성에 의존해야 했던 알카에다 네트워크에 그의 영향력이 미치는 정도와 범위가 급속히 줄어들게 되었다. 아이러니하게도 그의 거처를 알아낸 것은 그가 숨어있던 맨션에 인터넷이 없기 때문이었다.[331] 빈 라덴은 인터넷 대신 전령을 통해 정보를 얻었는데, 파키스탄의 CIA 요원들이 그 전령을 추적해서 은신처를 찾아낸 것이다.

빈 라덴이 오프라인 상태로 지내면서 검거를 면할 수 있었을지는 몰라도, 심지어 그조차 정보를 얻기 위해 플래시 드라이브, 하드 드라이브, DVD 등을 사용했다. 빈 라덴은 이러한 기기를 사용하여 알카에다의 국제활동을 추적할 수 있었고, 전령들은 그와 다른 곳에 있는 다양한 테러조직들에 많은 양의 데이터를 효과적으로 옮길 수 있었다. 빈 라덴이 잡히지 않았다면, 이러한 기기에 들어있는 정보는 누구도 접근할 수 없도록 안전한 상태로 보관되었을 것이다. 하지만 미 해군 특수부대 네이비실Navy SEAL 6팀은 그의 집을 급습하여 그가 쓰던 기기들을 확보함으로써 세계 최고의 수배범뿐만 아니라 그가 그간 접촉해온 모든 인물에 관한 중대한 정보를 손에 넣을 수 있었다.[332]

새로운 디지털 시대에 등장할 가능성이 가장 큰 테러리스트 시나리오는 2008년 일어난 뭄바이 공격[333]과 유사할 것이다. 당시 공격에서 복면을 쓴 10명의 무장괴한이 사흘간 인질극을 벌인 끝에, 174명이 숨지고 300명이 넘게 부상을 당했다. 총기로 무장한 괴한들은 작전을 수행하는 데 블랙베리, 구글 어스Google Earth ▪, VoIPVoice over Internet Protocol ▪ 등 일반인이 사용하는 기기를 써서 파키스탄 지휘소에 있는 지도자들과 교신했다.[334] 지도자들은 실시간으로 전술 명령을 하달하기 위해 위성TV를 통해 생중계되는 화면을 지켜보며, 뉴스를 모니터링했다. 기술로 인해 이러한 공격은 훨씬 무시무시해졌다. 하지만 당시 최후의(그리고 유일한 생존자인) 무장괴한이 체포됐을 때, 그와 그의 동료들이 남긴 기기에 담겨있던 정보가 조사관들로 하여금 몇 달이 걸려도 몰랐을 파키스탄 내 주요 배후인물과 장소를 추적할 수 있게 해주었다.[335]

구글 어스
세계의 지역 정보를 사진, 지도, 지형 및 3D 건물 이미지를 통해 위성으로 제공한다.

VoIP
인터넷 전화나 음성 패킷망을 일컫는 말.

사이버테러라는 끔찍한 행위 속에서 그나마 찾을 수 있는 희망은, 거의 모든 방법에서 테러리스트들에게 실수가 용인되지 않을 것이라는 점이다. 우리의 자유와 삶이 온라인 접속 시의 흔적을 얼마나 잘 지우느냐에 달려있다면, 우리가 기술과 얼마나 다르게 상호 작용할 수 있을지에 대해 고민할 이유가 없다. 사이버테러리스트는 대단히 수준 높은 기술 지식을 갖고 있지만, 그의 친구는 어떨까? 그가 연락하는 친척은 어떠한가? 온라인상에서 모든 테러리스트가 완벽하게 원칙적인 행동을 하길 바라는 것은 비현실적인 기대다. 바이러스 퇴치 소프트웨어 부문의 선구자이자 백만장자인 존 맥아피John McAfee를 예로 들어보자. 그는 테러리스트는 아니었지만, 제2의 조국 벨리즈에서 이웃을 살해한 사건과 관련하여 심문을 하려는 정부 당국으로부터 도망치는 바람에 국제적인 도피자 신세로 전락했다. 그는 은신처에 온라인잡지 〈바이스Vice〉 기자들을 초청하여 가진 인터뷰 도중, 〈바이스〉 편집장과 사진 촬영을 같이하기도 했다. 사진은 아이폰 4S로 찍었다. 맥아피(그리고 그를 인터뷰한 〈바이스〉 기자)는 그 사진이 공개됨으로써 자신의 은신처 위치가 발각될 수 있다는 것을 전혀 몰랐다. 아이폰 4S를 포함한 많은 스마트폰에, 카메라 촬영 시 GPS 좌표값에 대한 메타데이터가 들어가는 것을 몰랐던 것이다. 그 메타데이터를 알아내는 데는 트위터 사용자 한 명만 있으면 충분했고, 정보 당국과 전 세계는 순식간에 맥아피가 과테말라에 있는 런천메리Ranchon Mary 식당 내 수영장 근처에 머물고 있다는 것을 알게 되었다. 〈바이스〉는 이러한 사태에 미리 대비했어야 했지만(우리는 오랫동안 지역 메타데이터에 대해 알고 있었다), 스마트폰의 기능이 과거 그 어느 때보다 복잡해지면서 그런 기능까지 갖추고 있다는 사실을 제대로 간파하지 못했던 것이다.

사회적·전문적·개인적 삶이 점점 사이버 공간으로 이동함에 따라, 모든 디지털 활동의 상호 연결성이 크게 높아졌다. 컴퓨터는 패턴을 인식하고 해결 가능성이 없어 보이는 문제를 처리하는 데 아주 능숙해졌다. 컴퓨터 알고리즘은 늘어난 데이터를 가지고 보다 정확하게 연관성을 계산하고 예측한다. 인간보다 훨씬 빠르고 정확하게 말이다. 스마트폰부터 모바일 네트워크에 이르기까지 가능한 모든 것을 익명으로 쓰는 모로코 극단주의자가 프랑스에 살고 있다고 가정해보자. 그는 자신의 위치정보를 차단하고, 모든 데이터 공유를 금했으며, 누군가가 추적할 가능성에 대비해 SIM 카드를 정기적으로 제거한다. 심지어 전화기가 꺼지더라도 배터리는 신호를 주고받을 수 있는 전기를 유지한다는 사실을 알고서, 휴대전화에서 배터리를 아예 빼버리는 습관까지 들였다. 그는 수천 개의 전화번호를 바꿔가며 하나씩 쓴다. 누군가가 그의 위치를 파악하거나 연결하는 것은 불가능하다. 하지만 법집행기관은 그가 경마도 박을 좋아하며, 그의 거주지 주변에 네 곳의 장외 도박장이 있다는 사실을 파악하고 있다. 그들은 이 데이터를 가지고 그 네 곳을 자주 방문하면서, 전화를 거는 사람들의 번호를 추적한다. 이렇게 해서 그의 전화번호로 유력시되는 번호를 수천 개에서 100개 정도로 줄여나간다. 여기에 그의 지인 중 몇 명이 데이터 추적 문제에 그만큼 신중하지 못하다고 하자. 법집행기관은 그러한 장외 도박장을 그의 친구들이 있는 다양한 장소와 상호 비교해볼 수 있다. 그의 전화번호를 알아내는 데는 이 정도 노력만 기울이면 된다. 이런 식의 빅데이터big data ■에 관한 조사는 과거에는 상상조차 할 수 없었지만, 지금은 무척 쉬워졌다. 이는 인간과 컴퓨터가 각자 가진 장점에 따라 임무를 나눠맡는 한 가지 사례에 속한다.

빅데이터
온라인 인구가 늘면서 방대한 양의 데이터가 생성되고 있다. 이러한 데이커 그 자체를 가리키거나 그러한 데이터 간의 패턴을 찾아낼 수 있는 데이터 모음을 말한다.

오프라인이든 온라인이든 상관없이 우리의 활동(그리고 친구와 가족 및 전체 인구의 활동)은 똑똑한 컴퓨터 시스템에 우리의 정체를 찾아내는 데 충분한 정보 이상의 것들을 제공해준다.

한 번의 실수나 보안에 취약한 링크 하나만으로 전체 네트워크가 피해를 입을 수 있다. 우리와 인터뷰했던 네이비실 6팀 대원은 기술 부분에 무척이나 신중했던 알카에다의 최고지휘관 이야기를 들려주었다.[336] 그는 항상 휴대전화를 바꿔가며 사용했고, 장시간 통화하는 법도 드물었다. 하지만 조직원으로 생활할 때는 이렇게 조심하면서도, 사회생활을 할 때는 부주의하기 짝이 없었다. 한번은 아프가니스탄에 사는 친척에게 결혼식에 가겠다는 연락을 한 적이 있다. 이 단 한 번의 실수는 정보 당국이 그를 찾아내어 체포할 수 있는 충분한 정보가 되었다. 테러리스트가 100퍼센트 혼자서 활동하면서(그런 일은 드물다) 완벽한 온라인 원칙을 따르지 않는다면(이런 일은 더 드물다), 계획적인 공격에 이르는 일련의 사건들 속에서 어떤 식으로건 무분별한 행동을 저질러 신변의 위협을 받게 될 가능성이 아주 농후하다. 자신의 정체를 직접 드러내거나 아니면 자기도 모르게 정체가 드러나는 일이 부지기수다. 대테러 활동의 미래를 생각했을 때는 매우 고무적인 일이다.

똑똑하고 상식 있는 테러리스트와 달리 멍청한 테러리스트도 있을 것이다. 이들이 경험부족을 드러내는 사례가 대거 등장할 것이다. 연결성이 성장하면서 시행착오를 겪으며 인터넷과 함께 성장해온 우리에게는 이것이 우습게 보일지도 모른다. 캐나다 출신의 기자 아만다 린드후트Amanda Lindhout가 소말리아에서 풀려난 후[337](그녀는 알 샤바브에 의해 15개월 동안 억류되었다가 마침내 거액의 몸값을 주고 풀려났다) 3년이 지났을 무렵, 알 샤바브는 페이스북을 통해 그녀에게 접촉하여 더 많은 돈을 내놓으라고 그녀를 협박했다.[338] 이러한 협박에 가담한 페이스북 계정 중 일부는 그녀를 더욱 괴롭히겠다는 목적으로 만들어진 가짜였지만, 일부는 진짜 개인 계정처럼 보였다. 테러리스트들이 자신의 노출 정도(이름과 프로필뿐만 아니라 자신과 연루된 모든 사람, 자신 및 다른 사람의 페이스북 페이지에 올린 글 전부, '좋아요'를 누른 모든 웹사이트 등)를 이해했을 것 같지는 않아 보인다. 물론 다른 극단주의자들은 그러한 여러 노출을, 미래에 똑같은 잘못을 저지르지 않기 위한 반면교사反面教師로 삼을 것이다.

휴대전화를 사용 중인 전 세계 인구의 90퍼센트 이상이 하루 24시간 내내 그것을 지척에 두고 쓰는 것으로 추정된다.[339] 극단주의자들도 그렇지 말라는 법이 없다. 그들은 정기적으로 휴대전화에서 배터리를 제거하는 등 자신을 보호하는 새로운 방법을 동원할지 모르지만, 휴대전화를 아예 사용하지 않을 수는 없을 것이다. 이는 다시 말해 군과 법집행 기관의 대테러 공격이 테러리스트 체포와 그들의 네트워크 장악과 같은 더 나은 결과로 이어질 수 있음을 의미한다. 체포한 테러리스트의 심문도 계속해서 중요하겠지만, 테러리스트가 사용한 휴대전화, 저장용 드라이브, 랩톱, 카메라 같은 각각의 기기는 중요한 정보를 캐내는 노다지 역할을 할지도 모른다. 그의 나머지 네트워크들 몰래, 체포한 테러리스트의 기기를 조작하여 그의 동료들이 무심코 민감한 정보나 장소를 털어놓게 만들 수 있다. 이러한 기기는 테러리스트의 겉모습 뒤에 숨겨진 위선을 폭로하는 데도 사용될 수 있다(미국의 관리들도 오사마 빈 라덴의 은신처에서 압수한 컴퓨터 파일들에 엄청난 양의 포르노 동영상이 들어있었다는 사실을 폭로한 바 있다).[340] 물론 이러한 취약성이 분명히 드러날 경우, 보다 정교한 테러리스트들은 기술을 십분 활용하여 잘못된 정보를 흘리는 식으로 이에 맞설 것이다. 예를 들어, 법집행기관의 손에 넘어갈 수 있는 기기에 일부러 경쟁자나 적에 대한 상세한 개인정보를 저장해놓는 전략은 법집행기관을 혼란에 빠뜨리는 유용한 방법이 될 수 있다.

숨을 곳이 없다

테러리스트들이 새로운 대처법을 고안하면, 대테러 전략가들은 그에 맞춰 대응할 것이다. 테러리스트를 투옥시키는 것만으로는 그들의 네트워크 활동을 억제하는 데 충분하지 않을 수 있다. 예를 들어, 정부는 자국민을 기술 생태계로부터 '단절된 상태로off the grid' 떨어져 살게 하는 것은 지나치게 위험하다고 판단할지도 모른다. 미래에는 지금과 마찬가지로 기술 수용을 거부하는 사람들, 즉 가상 프로필이나 온라인 데이터 시스템, 휴대전화와 아무 상관없이 살고 싶어하는 사람들이 존재할 것이다. 하지만 정부는 그러한 것과 완전히 거리를 두려는 사람들이 뭔가 숨길 거리를 갖고 있어서 위법행위를 저지를 가능성이 크다고 의심할 것이다. 따라서 대테러 전략의 일환으로 앞서 언급한 적 있는 '숨어 사는 사람들'의 명단을 작성할 것이다. 사전 등록해놓은 소셜네트워킹 프로필이나 모바일서비스 가입기록은 물론 온라인에서 당신에 대한 기록을 정말로 찾기 힘들다면, 당신은 그러한 명단에 오를 후보가 될 수도 있다. 더불어 공항에서 집중감시 대상자가 되거나, 여행제한을 포함한 엄격한 새 조치의 대상자가 될지도 모른다.

9·11 사태 이후, 세계에서 가장 강력한 시민의 자유기반을 갖춘 국가들조차 국토 감시와 안보를 강화하기 위해 시민 보호를 포기하는 듯한 제스처를 보이고 있다. 이러한 현상은 더욱 심화될 것이다. 몇 차례의 사이버테러가 성공을 거둘 경우, 사람들에게 마음의 평화를 위해서라면 앞으로 치러야 할 희생(기본적으로 온라인 활동에 대한 정부의 감시 수위 상승)이 충분히 가치 있는 일이라고 설득하기가 한결 쉬워질 것이다. 소수의 무고한 은둔자를 괴롭히게 되는 것 외에 이러한 시나리오가 야기할 부수적인 피해는, 정부를 돕는 사람들이 간헐적으로 권리를 남용하거나 허술한 판단을 함으로써 위험한 상황을 초래할 수 있다는 것이다. 이것이 미래에 사생활과 안보를 위해 싸우는 것이 그토록 중요해질 것이란 주장의 또 다른 이유일지도 모른다.

디지털 시대에 사생활과 안보 사이의 '밀고 당기기'는 향후 몇 년 내에 더욱 중요한 문제가 될 것이다. 위험인물들의 위치추적과 감시 및 체포를 담당해야 하는 정부 당국은 대규모의 매우 정교한 데이터 관리시스템이 필요할 것이다. 개인, 기업, 전문 NGO들이 사생활보호를 위해 하고 있는 모든 일에도 불구하고, 이 시스템에는 결과적으로 테러리스트가 아닌 시민과 관련된 엄청난 양의 데이터가 포함될 것이다. 문제는 과연 얼마나 많은 데이터가 어디에 보관될 것이냐 하는 것이다. 현재 정부는 국민에 관한 정보(주소, 사회보장번호, 전과기록, 휴대전화 데이터 등)를 수집하여 별도의 장소에 따로 보관하고 있다(일부 국가에서는 아직 이 정보를 디지털화하지도 않고 있다). 이러한 별도의 보관은 시민의 사생활을 보장해주기 위한 노력의 일환이지만, 조사관에게는 상당한 비효율성을 초래한다.

이것이 전 세계 정부조직과 기관이 직면하고 있는 빅데이터의 문제다. 첩보기관, 군 산하기관, 법집행기관이 시민의 사생활을 침해하지 않는 범위 내에서 각기 소유한 정보를 모두 합치려면, 각자가 소유한 디지털 데이터베이스를 중앙집중화된 시스템에 어떻게 통합시킬 수 있을까? 예를 들어, 미국에서는 FBI, 국무부, CIA, 기타 정부기관이 모두 각기 다른 시스템을 사용한다. 우리는 컴퓨터가 분석가에 비해 훨씬 더 효율적으로 패턴, 변칙, 적절한 기표記標를 찾아낼 수 있다는 사실을 알지만, 이질적인 정보시스템들(여권정보, 지문 스캔, 예금인출, 도청 정보, 여행기록 등)을 한 곳에 통합하고, 그 모든 정보를 효과적으로 상호 비교해서 중복되는 것을 없애고, 데이터 내에서 위험신호를 감지하는 알고리즘을 구축하는 것은 정말로 어렵고 많은 시간이 드는 작업이다.

그러나 이러한 일이 어렵다고 해서 불가능한 것은 아니다. 모든 신호가 이러한 통합 정보시스템이 가까운 미래에 부유한 국가들의 표준이 될 것임을 가리키고 있다. 우리는 멕시코의 인상적인 범죄 데이터베이스이자 아마도 오늘날 운영되고 있는 통합 데이터 시스템의 최고 모델일지 모를 '멕시코 플랫폼Plataforma Mexico'의 지휘부를 둘러볼 기회를 얻은 적이 있다. 멕시코시티에 있는 사회안전부Secretariat of Public Security[341] 건물 지하벙커에 갖춰진 이 대형 데이터베이스에는 첩보, 범죄기록, 감시 카메라가 보내주는 실시간 데이터 및 전국의 주와 정부기관에서 보내온 기타 정보가 전부 통합된다. 특별히 고안된 알고리즘이 패턴을 추출하고, 소셜 그래프social graph ▪를 투사하고, 폭력과 범죄 및 자연재해와 기타 비상사태가 일어날 가능성이 있는 불안한 지역을 감시한다. 우리가 목격한 멕시코 플랫폼은 감시와 기술의 정교함 수준이 아주 특별했는데, 이는 멕시코 정부가 직면한 안보상의 도전 역시 마찬가

소셜 그래프
소셜 네트워크상에서 활동하는 개인을 나타내는 노드와 이들 노드 간의 관계를 표현하는 링크로 이뤄진 그래프로, 사람과 사람과의 연결을 도식화하여 보여준다.

지였다. 그곳에는 앞으로 해결해야 할 과제가 남아있다. 멕시코는 고질적인 안보 문제를 감안할 때 이와 같은 시범 프로젝트를 추진하기에 이상적인 장소다. 한편, 이 모델의 효과가 입증되었을 때 멕시코에 비해 이러한 프로그램 구축 명분이 덜한 다른 국가가 유사한 시스템을 구축하는 데 방해가 되는 요인은 무엇일까? 분명 다른 정부도 안보 문제를 거론하면서 멕시코처럼 정교한 플랫폼이 필요하다고 주장할 텐데, 무엇이 그들을 막는단 말인가?

9·11 테러공격 직후, 2000년대 초 미국에서도 이와 유사한 방안이 제시됐다. 미 국방부는 정보인식사무국Information Awareness Office, IAO을 설립

하고, 소위 '통합정보인식Total Information Awareness, TIA'이라 불리는 프로그램 개발을 허가했다. 테러리스트의 활동을 감지하기 위한 궁극적인 안보장치로 선전된 TIA는 법집행 및 대테러 기관을 위한 중앙집중화된 검색 색인을 만드는 것이 주된 목적이었다. 따라서 개인의 은행기록, 신용카드 구매와 의료기록 같은 모든 거래데이터와 온갖 신상정보를 통합할 수 있도록 설계되었고 자금이 지원되었다.[342] 이들은 패턴과 연관성 감지를 위해 정교한 데이터 마이닝 기술을 구축했으며, 위험인물이 남긴 특징을 가지고 다른 공격을 제때 막을 수 있다고 생각했다.

TIA 프로그램의 구체적인 내용이 만천하에 공개되자, 우파와 좌파 모두에게서 강경한 비판의 목소리들이 쏟아져나왔다. 그들은 모두 시민의 자유, 사생활, 장기적인 보안 문제 면에서 입을 수 있는 피해를 경고했다. 그들은 TIA의 영향력 문제를 지적하며 그것을 전체주의적인 프로그램으로 간주했다. 그리고 그러한 대규모 정보시스템의 남용 가능성에 모든 관심을 집중했다. 결과적으로, TIA를 막기 위한 의회의 노력 끝에, 2004년 상원의 국방예산법안에는 TIA에 대한 모든 자금지원을 거부하는 조항이 포함되었다.[343] IAO가 맡았던 일부 프로젝트들은 나중에 정부가 중점적으로 육성하던 국토안보 분야 내 다른 첩보기관으로 이관됐지만 IAO는 영구폐쇄됐다.[344]

사생활보호를 위한 싸움은 오랜 시간이 걸리는 중요한 싸움이 될 것이다. 초기 싸움에서 몇 차례 승리를 거두었을지 몰라도, 이 싸움은 결코 끝나지 않았다. 일반적으로 안보 논리는 항상 사생활 문제를 덮어버리기 마련이다. 정치권의 강경파는 온건파의 걱정을 무마시키면서 자신들의 주장을 관철시키기 위한 정치적인 의지와 국민들의 지지를 얻기 위해, 심각한 공적 사건이 터진 후 사생활이 사라지는 것이 일상화될 때까지 기다리기만 하면 된다. TIA와 같은 통합 정보 플랫폼과 함께 시민의 자유를 지켜주기 위한 적절한 안보대책이 처음부터 확실히 마련되어야 한다. 심각한 안보 위협이 등장할 경우, 그것을 침소봉대針小棒大하기는 너무 쉽다(이미 지금도 정부가 자기 입맛에 맞게 정보를 쥐락펴락하기 쉬울 것이다). 감시 플랫폼을 운영하는 정부는 법률이나 판시에 의거하여, 궁극적으로 그들에게 가해진 제한을 어길 것이 분명하다. 하지만 적절하게 기능하는 법률시스템을 갖춰놓은 민주국가와 적극적으로 활동하는 시민사회에서는, 그것이 침입자에게 벌을 주는 것이건 새로운 보호방안을 마련하는 것이건 간에 이러한 오류들이 시정될 것이다.

책임감 있는 정부에게는 심각한 문제가 남는다. 이러한 힘의 오용 가능성은 이제 끔찍할 정도로 커졌다. 인간의 오류, 데이터 때문에 생긴 오탑지false positives, 단순한 호기심 때문에 초래된 위험은 말할 것도 없다. 아마도 인간의 행동을 해석하고 예측할 수 있는 소프트웨어, 즉 온갖 종류의 데이터 정보가 들어간 100퍼센트 통합된 정보시스템은 누구라도 책임감을 갖고 다루기에 너무 버거울 것이다. 그러한 시스템은 한번 구축되면 결코 해체되지 않을 것이다. 끔찍한 안보상황이 개선된다 해도 과연 어떤 정부가 그토록 강력한 법집행 도구를 포기하려 한단 말인가? 차기 정부는 그 정보에 대해 이전 정부와 똑같은 수준의 경계심이나 책임감을 보여주지 않을지도 모른다. 완전히 통합된 정보시스템은 현재 초기 단계에 머물러 있고, 분명 이것의 효율적인 역할에 제한을 가하는 다양한 도전들(지속적인 데이터 수집 등)에 방해를 받을 것이 확실하다. 하지만 이러한 플랫폼은 그 성능이 개선되어 미래에는 급격히 확산될 것으로 보인다. 그로 인해 생길지 모를 디지털 폭압행위를 막는 유일한 방법은, 제도를 강화하고 시민사회가 이러한 힘을 남용할 수 있는 사람들에게 적극적이고 현명하게 대처하도록 장려하는 것이다.

진정한 무기는 검증

디지털콘텐츠의 활용방안을 논의하면서 마지막으로 지적하고 싶은 것은, 온라인상에 데이터의 양이 크게 늘어나고 누구나 개개인의 콘텐츠를 무한대로 생산 및 업로드, 방송할 수 있게 되면, '검증verification'이야말로 진정한 도전이 될 것이라는 사실이다. 지난 몇 년간 주요 뉴스 방송사들은 전문가가 찍은 화면을 내보냈지만, 이제는 유튜브에 올라온 동영상처럼 사용자가 직접 만든 동영상 콘텐츠도 내보내고 있다. 방송사들은 보통 이러한 영상의 경우 별도로 검증할 수 없다는 책임 회피성 발언을 덧붙이지만, 실상 그러한 콘텐츠를 방송한다는 것은 그것을 암묵적으로 인정하고 있다는 뜻이다. 이에 반대 목소리를 내는 사람은 동영상 내용이 조작됐다거나, 어떤 식으로건 그것이 사람들을 오도한다고 주장할지도 모른다. 하지만 그러한 주장은 온라인에 올라가더라도 약간의 관심만 받고 무시되곤 한다. 검증되지 않은 콘텐츠를 신뢰하는 쪽으로 움직이는 경향은, 결과적으로 보다 엄격하고 기술적으로 건전한 검증으로 향하는 움직임을 촉진할 것이다.

생활의 모든 면에서 검증의 중요성이 더욱 커질 것이다. 우리는 앞서 검증의 필요성이 우리의 온라인 경험에 어떻게 영향을 미치는지를 살펴보았다. 이제는 보안환경을 바꿔놓고 있는 바이오메트릭 데이터를 가지고 신원 도용을 막기 위해 더 향상된 보안조치를 취해야 한다. 어떤 테러리스트의 위협이 실제로 유효한지를 판단하는 데에도 검증은 중요한 역할을 할 것이다. 대부분의 극단주의자는 신원이 발각되는 것을 피하기 위해, 다양한 SIM 카드와 온라인 신원 그리고 자신의 흔적을 지우기 위한 수많은 복잡한 도구를 사용할 것이다. 법집행기관이 해결해야 할 과제는 관심을 분산시키는 것에 빠져 아까운 시간을 낭비하지 말고, 이렇게 범람하는 정보를 잘 처리할 수 있는 방법을 찾아내는 것이다. 숨어 사는 사람들 명단을 준비해놓으면 이러한 문제가 일부 줄어들겠지만, 그렇다고 모든 문제가 완전히 해결되는 것은 아니다.

대중은 온라인에서 검증된 신원을 선호하거나 믿거나 그것에 의존하거나 혹은 그것을 주장할 것이다. 하지만 테러리스트는 주장을 펼칠 때, 분명 자체적으로 검증된 채널을 활용할 것이다. 그리고 극단주의단체가 소통하기 위해 사용하는 전화나 동영상, 사진을 검증하는 방법도 더 늘어날 것이다. 갓 찍은 일간지에 인질 사진을 싣는 것은 구식 관행으로 전락할 것이다. 사진 자체가 그것이 찍힌 시점을 알려주는 증거이기 때문이다. IT전문가들은 디지털 워터마크를 식별할 수 있도록 디지털 사진이나 음성 및 영상파일에 삽입한 비트 패턴을 확인하는 식의 디지털 과학수사기법을 동원하여, 그 사진이 언제, 어디서, 어떻게 찍혔는지를 검증할 수 있다.

결국 테러리스트는 이러한 콘텐츠가 사실임을 검증해 보이기 위해 위협을 실행에 옮겨야 할 것이다. 유명 테러리스트가 그렇게 하지 못한다면, 그로 인해 손상된 신뢰는 그와 그의 조직의 평판에 타격을 줄 것이다. 알카에다가 드론 공격에도 불구하고 지휘관 중 한 명이 무사하다는 것을 입증하는 음성녹음 테이프를 공개하려고 하자, 컴퓨터 과학수사 전문가들이 음성인식 소프트웨어를 사용하여 테이프에 다른 사람의 목소리가 들어가 있다는 것을 입증했다고 하자. 결과적으로, 알카에다의 입지는 약화되고, 알카에다에 대해 더 강한 비판이 제기될 것이다. 매번 이런 식의 검증을 해야 할 경우, 많은 극단주의단체가 자금을 조달하고, 신병을 모집하고, 사람들에게 공포감을 조성하기 위해 의존하는 거창한 이미지가 조금씩 깎여나갈 것이다. 따라서 검증은 폭력적인 극단주의에 맞선 싸움에서 쓸 수 있는 엄청난 도구가 될 수 있다.

마음과 생각을
빼앗기 위한 싸움

앞으로 능력 있는 해커와 컴퓨터 전문가들이 테러조직의 능력을 향상시키더라도, 그들의 광범위한 모집 기반은 지금처럼 '평범한 일반인foot soldiers'일 것이다. 그들은 교육 수준이 높지 못한 젊은이들일 것이며, 극단주의자들이 부당하게 써먹을 수 있는 불만을 품고 있을 것이다. 우리는 미래의 대테러 전략에서, 급습이나 모바일 감시가 아니라 기술적인 도구를 통해 이러한 위험집단이 가진 약점을 조금씩 벗겨내는 데 초점을 맞춰야 한다고 믿는다.

전 세계 인구의 52퍼센트가 30세 미만으로 추정된다.[345] 그중 대다수는 우리가 말하는 '사회·경제적으로 위험한 상태'다. 그들은 도시의 빈민가나 열악한 이민자 사회, 즉 치안상태를 신뢰할 수 없고 경제적인 기회가 제한적인 곳에 살고 있다. 가난, 소외, 모욕, 기회와 이동성의 부족, 단순한 지루함이 이 젊은이들을 타인에게 쉽게 영향받도록 만들고 있다. 억압적인 배경과 극단주의를 조장하는 하위문화 속에서, 그들의 불만은 급진적인 성향으로 바뀌게 된다. 졸업해봤자 어떤 기회도 주어지지 않는 대학생처럼, 빈민가에서 교육을 받지 못하고 자란 아이들에게도 기회란 없다.

구글 아이디어
구글의 싱크탱크로, 현재 이 책의 공저자인 제러드 코언이 이 단체의 수장을 맡고 있다.

우리는 구글 아이디어Google Ideas ■에서 전 세계적인 급진화 현상을 연구했다. 특히 우리는 이러한 현상에 대해 커뮤니케이션 기술이 수행할 수 있는 역할을 유심히 살폈다.* 테러리스트들의 급진화 과정은 도심에서 활동하는 갱이나 백인우월주의자 같은 다른 폭력집단의 모습과 별반 차이가 없다. 2011년 6월 열린 '폭력적 극단주의 대비 토론회Summit Against Violent Extremism, SAVE'에서 우리는 개인이 폭력조직에 가입하고, 또 반대로 그곳을 떠나는 이유가 무엇인지 논의하고자 80명이 넘는 전前 극단주의자를 초빙했다. 종교적 극단주의자, 폭력적 국수주의자, 도시 갱, 우파 파시스트, 성전聖戰주의자인 지하디스트jihadist 조직을 대표하는 이들이 참가한 공개 토론회에서, 우리는 이 모든 집단을 아우르는 유사한 동기가 존재하며, 종교와 이데올로기는 대부분의 사람들이 생각하는 것보다 작은 역할만 한다는 사실을 깨달았다. 사람들이 극단주의자 집단에 들어가는 이유는

---

* 다른 기업과 마찬가지로, 구글은 누구나 사용 가능한 공짜 도구들을 만든다. 그런데 적대적인 성향의 개인과 독립체가 타인에게 피해를 주기 위해 이 도구들을 사용할지 모르는 위험은 항시 존재한다. 구글은 이 위험을 줄이기 위한 방법을 찾아내기 위해 지속적인 노력을 기울이고 있다.

복잡하다. 이는 지원망의 부재나, 집단에 소속되어 보호받고자 하는 욕구, 위험과 모험을 좇으려는 성향 등과 더 관련되어 있을 때가 많다.

이러한 정서를 공유하는 젊은이의 수는 실로 엄청나다. 그들 중 다수는 온라인에서 불만을 토로하곤 하는데, 이는 테러리스트 모집책에게 용의주도하게 혹은 무심코 자신을 드러낼 수 있는 방법일 수 있다. 급진화된 젊은이가 가상의 연결을 통해 추구하는 것은 포기, 거부, 고립, 외로움, 학대 등 현실세계에서의 경험에서 비롯된다. 우리는 가상세계에서 그들의 많은 부분을 이해할 수 있지만, 궁극적으로 그들이 진정 급진적인 성향을 포기하게 만들려면 현실세계에서 그들과 회의를 열고, 그들에게 강력한 지원을 해주고, 그들을 치료해주면서, 무엇보다 그들에게 의미 있는 대안을 마련해주어야 한다.

폭력적인 극단주의를 반대하는 구호와 연설만으로는 젊은이의 마음과 생각을 얻는 데 역부족일 것이다. 이는 군사력으로도 해결할 수 없는 문제다. 정부는 기존 테러리스트를 붙잡아 처형시키는 데는 많은 성공을 거두었지만, 새로이 테러조직에 가입하려는 이들의 움직임을 막는 데는 그만큼의 성공을 거두지 못했다. 아프가니스탄 주둔 미군 사령관과 NATO 사령관을 지낸 스탠리 매크리스털Stanley McChrystal은 2010년 독일의 시사주간지 〈슈피겔Der Spiegel〉과 한 인터뷰에서 이렇게 말했다. "진정 테러리즘을 패퇴시키는 방법은 두 가지뿐이다. 하나는 법치이고, 다른 하나는 사람들에게 주는 기회다. 법치에 따른 지배구조가 확립되었다면 테러리즘을 추구하기 어려운 환경이 마련된 것이나. 또한 사람들이 교육을 받고 일자리를 얻을 기회를 갖는 등 인생에서 기회를 얻을 수 있다면, 테러리즘의 가장 큰 명분이 사라질 것이다. 따라서 진정 테러리즘을 패퇴시키려면, 군사적인 폭격이 아니라 인간의 기본적인 조건을 추구해야 한다."[346]

매크리스털이 제시한 통찰은 열광적인 기술 지지자들과 기업 모두가 얻을 수 있는 기회가 무엇인지 보여준다. 연결성의 확대보다 삶을 질을 제고해줄 수 있는 더 좋은 방법이 없기 때문이다. 커뮤니케이션 기술이 커뮤니티에 선사하는 이득들(경제적인 기회, 엔터테인먼트, 정보의 자유, 투명성과 책임감 확대)은 모두 반급진화를 위한 임무에 기여한다. 다수의 인구가 온라인에 접속한 이상, 지역의 가상 커뮤니티를 동원하여 테러리즘을 거부하고, 리더들에게 책임감과 행동을 요구하는 것이 가능해질 것이다. 그러면 극단주의를 옹호하기보다 거부하는 목소리가 더 크게 울려 퍼질 것이다. 기술로 인해 극단주의자의 행동반경이 확장될 수는 있겠지만, 그들이 아무런 간섭도 받지 않고 자신의 생각을 일방적으로 설교하는 것은 불가능해질 것이다. 활성화된 가상공간에 등장하는 모든 것들(더 많은 토론과 시각, 반대의견)은 이렇게 과단성 있는 젊은이들이 여러 사안을 의심하고, 독립적인 사고를 할 수 있는 분위기를 조성해줄 것이다. 물론 연결성이 고용창출로 이어진다면, 이 모든 가능성에 공감하는 사람들이 더욱 늘어날 것이다.

가장 강력한 반급진화 전략은 새로운 가상공간에 집중하는 것이다. 이 공간은 마지막 의지처로 극단주의를 선택하지 못하도록 젊은이들에게 풍부한 콘텐츠의 대안과 오락거리를 제공해줄 것이다. 이러한 노력은 광범위하게 펼쳐져야 하며, 여기에는 공공 분야, 민간 기업, 국내외 운동가들 등 배경에 상관없이 모든 이해당사자가 참가해야 한다. 특히 모바일 기술이 이러한 노력에서 주도적인 역할을 할 것이다. 대다수의 사람이 휴대전화를 통해 온라인에 진출할 것이기 때문이다. 전화기는 개인화된 강력한 플랫폼이자, 사용자가 의지하고 높은 가치를 매기는 지위의 상징이다. 휴대전화를 통해 불만을 품은 젊은이에게 다가서는 것이 우리가 추구할 수 있는 최고의 목표다.

이러한 새로운 콘텐츠 대다수를 개발하는 것이 서양 기업과 정부만은 아닐 것이다. 주변 환경을 잘 아는 사람들이 설계하고 지원하는 '좁은 범위의 지역 특색에 맞춘hyper-local' 콘텐츠가 최고의 해결책이 될 것이다. 소외된 젊은이가 마음에 들어 하며 사용할 것이라는 단순한 기대만 가지고 플랫폼을 만드는 것은 하늘에서 선전물을 살포하는 행위에 버금가는 짓이다.

외부인은 콘텐츠를 개발할 필요가 없다. 그냥 공간만 만들어주면 된다. 도시를 연결하고 사람들에게 기본적인 도구를 주면, 사람들은 대부분의 일을 알아서 처리할 것이다. 수많은 기술 기업은 자신의 플랫폼 위에 사람들이 애플리케이션을 만들어놓을 수 있도록 여기에 필요한 도구를 개발했다. 아마존 웹서비스Amazon Web Services와 구글 앱 엔진Google App Engine이 대표적인 플랫폼 사례다. 그 밖에 다른 사례가 무수히 등장할 것이다. 사람들이 머릿속에 그리는 사업, 게임, 플랫폼, 조직을 만들 수 있는 공간을 창조해준다는 것은 멋진 기업전략이다. 사실상 '그들이 원하는 것'을 만들어 운영하는 동안, 사용자는 해당 기업에서 만든 제품을 사용할 뿐더러 그 브랜드에 대한 충성도가 높아질 것이 분명하기 때문이다. 소말리아인은 다른 소말리아인도 쓸 수 있도록 효과적인 반급진화 도구라 할 수 있는 애플리케이션을 만들 것이다. 파키스탄인도 다른 파키스탄인을 위해 그와 똑같이 할 것이다. 그러면서 지역민들이 소규모 창업을 하고, 동시에 젊은이들이 일할 수 있는 대리점을 열 기회가 더 늘어날 것이다. 이때 중요한 점은 사람들이 욕구에 부합하되 복잡한 전문 기술지식을 갖지 않고서도 제품에 적응할 수 있도록 해주는 것이다.

지역 운동가 및 영향력 있는 인사가 공공 및 민간 분야에서 맺는 제휴는 이러한 과정을 촉진할 것이다. 기업은 콘텐츠 개발을 위해 지역단체들과 제휴방안을 모색해야 한다. 이러한 노력의 결과, 커뮤니티마다 의미는 서로 달라도 기술적·구조적 요소를 공유함으로써 다른 장소에서도 이를 모방할 수 있게 해주는 다양한 콘텐츠, 플랫폼, 애플리케이션이 등장하는 것이 이상적이다. 만일 어디서나 급진화의 명분이 비슷하다면 그것의 대처법 역시 마찬가지로 비슷할 수 있다.

기술 기업은 국제적으로 이러한 노력을 주도할 수 있는 독특한 위치에 있다. 유력 기술 기업들 대부분은 정부가 받는 부담감을 받지 않은 채 민주사회의 모든 가치를 갖고 있다. 즉, 그들은 정부가 갈 수 없는 곳에 갈 수 있고, 외교 레이더에서 벗어나 사람들과 얘기할 수 있으며, 중립적이고 보편적인 기술언어를 쓰면서 활동할 수 있다. 게다가 이들은 비디오 게임, 소셜네트워크, 휴대전화를 생산하는 산업에 속하지 않던가. 이들 산업은 테러조직의 집중적인 모집대상인 젊은이들의 주의를 다른 데로 돌리도록 만드는 방법을 가장 잘 알고 있다. 기업은 급진화의 뉘앙스나 예멘과 이라크, 소말리아 같은 핵심적인 현장에 거주하는 특정 인구들 사이의 차이점을 잘 이해하지 못할 수 있지만, 젊은이와 그들이 가지고 싶어하고 놀고 싶어하는 장난감은 잘 안다. 젊은이의 관심을 끌어야만 비로소 그들의 마음과 생각을 얻을 수 있는 것이다.

기술 기업은 안보 위협과 관련되어 있으므로(그들이 만든 제품을 테러리스트가 사용하기 때문이다), 대중은 궁극적으로 그들에게 극단주의에 맞서 더 열심히 싸워줄 것을 요구할 것이다. 이는 제품의 성능 향상과 엄격한 콘텐츠 정책 및 보안정책을 통해, 사용자를 보호하고 공적인 태도를 취해달라는 요구이기도 하다. 위키리크스 사건에서 마스터카드와 페이팔이 정치적 압력에 굴복하자, 많은 운동가들은 기업들이 편 가르기를 했다고 확신하게 되었다. 마찬가지로, 기술 기업으로서 아무런 대책을 내놓지 못할 경우, 몇몇 사람은 이를 옹호의 여지가 없는 행동으로 간주해버릴 것이다. 그러한 생각이 정당한지 아닌지는 상관없다. 기업은 자사 제품의 파괴적인 사용에 대해 책임을 져야 할 것이다. 이러한 도전에 맞서기 위해 어떠한 조치를 취하느냐에 따라, 기업의 성격과 근본적인 관심이 드러날 것이다. 빈말을 해서는 많은 정보를 갖고 있는 대중의 마음을 달래지 못할 것이다.

몇몇 기업이 정책이나 절차 면에서 분명히 밝히고 있듯이, 우리는 이미 이러한 방향으로 나아가는 초기 움직임을 목격할 수 있다. 다만 유튜브에서는 콘텐츠의 양이 문제다. 매일 40억 편이 넘는 동영상이 조회되는 상황에서(게다가 매분 60시간 분량의 동영상이 올라온다),[347] 유튜브로서는 테러를 옹호하는 영상 등 부적절한 것으로 간주되는 콘텐츠를 전부 검열하는 것이 불가능하다. 대신 유튜브는 사용자가 부적절하다고 여기는 콘텐츠를 표시해놓도록 하고 있다. 유튜브 팀은 문제 되는 동영상을 검토하여 회사의 정책에 위배되면 내린다. 아동 포르노에 대한 정책 수립 시 힘을 합친 것처럼, 모든 디지털 플랫폼은 극단주의자가 만든 위험한 동영상에 대해 공동대책을 수립할 것이다. 검열과 안보 사이에는 작은 차이만 존재하므로, 우리는 안전장치를 갖춰야만 한다. 업계는 테러리스트 콘텐츠가 들어간 동영상을 보다 효과적으로 걸러내는 소프트웨어를 개발하기 위해 전방위적으로 협력할 것이다. 이때 일부 기업은 일련의 키워드를 기재하는 언어인식 소프트웨어나 유명 테러리스트를 식별하는 얼굴인식 소프트웨어를 사용하는 수준까지 나아갈지 모른다.

———

물론 테러가 완전히 사라지지는 않을 것이다. 또한 테러는 계속해서 파괴적인 영향력을 행사할 것이다. 하지만 미래의 테러리스트들이 현실세계와 가상세계 속에 모두 거주할 수밖에 없게 되면서, 비밀주의와 신중함을 중시하는 그들 조직은 타격을 입게 될 것이다. 그들을 감시하는 디지털 눈이 늘어날 것이고, 그들의 상호작용은 더 많이 기록될 것이다. 더불어 아무리 테러리스트가 세심하게 주의를 기울이더라도, 그들이 온라인에서 완전히 숨는 것은 불가능하다. 온라인에 접속하는 한, 그들의 정체는 언제든 발각될 수 있다. 그리고 그럴 경우 그들을 지원하는 네트워크 전체가 같은 운명에 처할 것이다.

우리는 이번 장에서 개인이 미래 세계를 폭력적으로 교란시키기 위해 추구할 수 있는 가장 검은 방법들을 알아보았다. 하지만 갈등과 전쟁은 인류 역사의 일부다. 그렇다면, 국가와 정치적인 운동가들은 소기의 목적을 달성하기 위해 이러한 갈등과 전쟁을 어떻게 활용할 것인가? 우리는 거의 모두가 온라인에 접속하는 세상에서 갈등과 싸움, 개입이 어떠한 영향을 받는지 상상해가며 다음 장에서 이 질문을 더 자세히 따져볼 것이다.

6

THE FUTURE OF CONFLICT,
COMBAT AND INTERVENTION

갈등, 전투, 개입의 미래

로봇이 용감해질 수 있을까? 이타적인 희생이 가능할까? 과연 아이와 키 작은 남자를 구분할 수 있을까? 우리는 로봇을 군법 회의에 회부하거나, 로봇에게 책임을 묻거나, 로봇을 조사할 수 없다. 따라서 로봇이 더 똑똑해지고 인간의 힘을 갖게 되더라도, 앞으로 오랜 시간 동안 전투작전을 지배하는 것은 인간일 것이다.

오늘날에는 누구나 전 세계에 수많은 갈등이 존재한다는 사실을 잘 안다. 어느 곳에서든 잔혹행위에 관한 정보(이야기, 동영상, 사진, 트위터 등)에 접근할 수 있게 되면서, 마치 우리가 아주 이례적으로 폭력적인 시대에 사는 것처럼 보이곤 한다. 하지만 언론계에 떠도는 격언처럼 '피를 흘리는 기사라야 주목을 받는If it bleeds, it leads' 법이다. 많은 갈등이 생겨난 게 아니라, 그 갈등이 눈에 더 잘 띄게 되었을 뿐이다. 변한 것은 그뿐이다.

현재 우리는 지난 수 세기 동안 인간 사회에서 폭력의 양이 가파르게 감소한, 그 어느 때보다 평화로운 시대에 살고 있다. 이는 강력한 국가(폭력을 독점하고 법치를 도입했다)나 상업(죽은 후보다 살아 있을 때 타인이 훨씬 가치 있게 되었다), 확장된 국제 네트워크(다지 the others의 정의가 분명해지고, 그것에 인간성이 부여되었다) 등의 발달에 따른 것이다. 심리학자 스티븐 핑커Steven Pinker는 이 같은 추세에 대해 설명한 훌륭하고 포괄적인 개론서 《우리 본성의 더 나은 천사들The Better Angels of Our Nature》에서, 이처럼 역사적으로 외부에서 유래된 힘은 '우리를 폭력에서 벗어나 협력과 이타주의로 향하게 해주는 공감이나 도덕관념, 이성理性, 자기 조절 같은 평화적인 동기를 선호한다'고 말했다.[348] 또한 그는 이러한 변화를 인식한 이상 '세상이 다르게 보이기 시작한다. 과거는 덜 순진해 보이고 현재는 덜 사악해 보인다'고 했다.[349]

핑커가 50년 뒤에 이 책을 썼다면, 분명 '연결성'이 책에서 언급한 힘의 목록에 포함될 것이다. 폭력의 가해자가 연결된 세상에서 직면하게 될 새로운 수준의 가시성visibility 그리고 그것이 경고하는 모든 것이 폭력 행위의 유인誘引을 크게 약화시킬 것이며, 범죄행위를 막을 뿐 아니라, 범죄를 저지르기 위한 정치적인 의지의 계산방식마저 바꿔놓을 것이기 때문이다.

그럼에도 불구하고 갈등, 전쟁, 국경지역에서 발생하는 폭력적인 소규모 접전과 집단적인 잔혹행위는 앞으로도 그 세대의 기술에 따라 모양만 바꿔가며 인간사회의 일부로 남을 것이다. 이제 우리는 차별과 박해, 싸움, 개입의 증가나 고조 같은 갈등의 여러 요인들이, 앞으로 수십 년간 새로운 가능성과 처벌에 맞서 어떻게 변화할지 알아볼 것이다.

줄어든 집단학살, 늘어난 괴롭힘

폭력적인 갈등의 기원은 너무 복잡해서 한 가지만 꼽기가 어렵다. 하지만 새로운 디지털 시대에는 이것이 크게 달라질 수 있다. 그 계기 중 하나가 바로 소수자집단에 대한 체계적인 차별과 박해다. 타깃이 된 집단은 심각한 폭력의 희생자가 되거나 스스로 보복행위의 가해자가 될 수 있다. 미래에는 대량학살을 자행하기 어려워지겠지만, 차별은 더 심해지고 개인적으로 변할 것이다. 사회 간의 연결성이 확대되면서 공식적인 단체건 시민이 주도하는 단체건 상관없이, 차별 주도자는 소수자나 자신이 싫어하는 커뮤니티를 사회에서 소외시킬 수 있는 완전히 새로운 방법을 터득할 것이다. 그들은 자체적으로 기술을 활용하여 더욱 쉽게 차별대상을 정할 것이다.

현실세계에서 소수자를 억압하는 데 능숙한 정부는, 가상세계에서 완전히 새로운 방법을 사용할 수 있다. 양쪽 세계의 정책을 통합하는 법을 터득한 정부는, 훨씬 효과적으로 탄압할 것이다. 미래에는 서로 연결된 국가들의 정부가 특정한 소수자를 괴롭히고 싶다면, 즉시 이용 가능한 전략을 다수 찾을 수 있을 것이다. 이 가운데 가장 기본적인 전략은, 그 집단과 관련된 콘텐츠를 국가의 인터넷에서 삭제하는 것이다. 강력한 검열시스템을 갖춘 국가라면 아주 쉽게 할 수 있는 일이다. ISP들에 특정 키워드를 포함한 모든 사이트를 차단하고, 금지된 콘텐츠가 있는 사이트를 폐쇄하라고 요구하기만 하면 되기 때문이다. 페이스북이나 유튜브 같은 사이트에 남아있는 특정 소수자집단에 관한 자료들까지 삭제하고 싶다면, 국가는 중국의 적극적인 검열정책과 유사한 정책을 동원할 수 있다. 즉, 금지된 단어를 자동으로 감지해서 연결을 폐쇄해버리는 것이다.

중국 정부라면, 중국 서부의 위구르족을 목표로 삼을 수 있다. 위구르

신장 자치구

중국 북서쪽에 위치하는 위구르족의 자치구로서, 중국의 '민족 분쟁 화약고'로 불린다. 1954년부터 거의 60년간 중국 정부 통치에 반대하는 운동이 지속되어왔으며, 수도인 우루무치에서 종종 분리독립을 요구하는 대규모 유혈사태가 벌어지고 있다.

우루무치 폭동

2009년 중국 신장 위구르 자치구 우루무치에서 벌어진 대규모 유혈사태. 광둥성의 한 공장에서 한족의 공격으로 위구르족이 사망한 사건에 대해 항의시위가 발생했고 한족을 포함해 197명 사망, 약 1,700명 이상이 부상당하며 마무리됐다.

족은 사회적으로 불안정한 신장 자치구■에 살며, 대부분 이슬람교도로 투르크어를 쓴다. 이들은 중국의 대다수를 이루는 한족韓族과 오랫동안 긴장 관계를 유지해왔다. 신장의 분리주의 운동은 지난 몇 년간 일련의 실패한 반란을 주도했는데, 이로 인해 중국 정부는 엄청난 두통에 시달려야 했다. 이렇다 보니, 중국 정부가 위구르 관련 사건(2009년의 우루무치 폭동■ 등)을 검열하는 것에 그치지 않고 모든 위구르 관련 온라인 콘텐츠를 삭제할 수도 있다는 생각이, 단지 상상에 불과하다고 말할 수 없는 상황이다.

국가는 이러한 종류의 행동을, 정치적으로 반드시 필요한 것 그리고 안정을 해치는 내부위협을 간단히 없애버림으로써 상황을 완화해보려는 노력으로 간주할 것이다. 타깃 집단에 관한 정보는 여전히 나라 밖의 인터넷에서는 찾을 수 있겠지만, 나라 안에서는 사라질 것이다. 이는 그 집단의 존재를 부정함으로써 그들에게 굴욕감을 주고, 나머지 사람들로부터 그들을 고립시킨다는 두 가지 의도를 가지고 추진될 것이다. 국가는 큰 처벌 없이도 무사히 집단에 박해를 가할 수 있을 것이다. 그리고 그 검열이 상당히 철저하다면, 다수자 집단의 미래 세대는 소수자집단 및 그들과 관련된 이슈를 거의 알지도 못한 채 성장할 것이다. 콘텐츠를 삭제하는 것은 수량화하기도 어렵고 경보를 울릴 가능성도 적은, 조용한 책략이다. 가시적인 영향력은 작지만, 가장 큰 타격을 받는 집단에는 상징적·심리적으로 큰 피해를 준다. 만약 어떤 정부가 어떻게든 걸려들어서 고의적으로 소수자집단과 관련된 콘텐츠를 차단한 사실이 드러날 경우, 관계자는 아마도 자신이 저지른 행동을 안보상의 이유로 정당화하거나 아니면 컴퓨터 결함이나 사회기반시설의 문제 때문에 생긴 일이라고 변명할 것이다.

정부가 콘텐츠 통제에서 한 발 더 나아가 기존의 차별정책을 온라인상의 전면적인 박해조치로 격상시키고 싶다면, 특정 집단의 인터넷과 그것이 제공하는 서비스에 대한 접속을 제한하는 방법을 찾을 것이다. 오늘날 전 세계적으로 박해받는 집단들이 당하는 물리적인 괴롭힘이나 마구잡이식 체포, 폭력행위, 경제적·정치적인 교살에 비하면, 이러한 방법은 사소하게 보일지도 모른다. 하지만 연결성이 확산되면서 인터넷 서비스와 모바일 기기는 개개인에게 정보, 일자리, 재원, 오락거리도 모자라, 다른 사람과의 연결을 통해 자신의 환경을 초월할 수 있는 필수적인 수단을 제공하고 있다. 따라서 억압받는 사람들이 가상세계에 참여하지 못하도록 막는 것은, 매우 극단적이면서도 극심한 피해를 주는 정책이 될 것이다. 그들은 중요한 일에서 배제됨에 따라, 연결성이 가져다주는 성장이나 번영의 기회를 전혀 이용할 수 없게 될 것이다. 은행업무, 임금 입금, 지급거래가 점점 더 온라인 플랫폼으로 이동하는 상황에서, 인터넷을 쓰지 못하는 사람들은 경제적으로 성공할 가능성이 심각하게 줄어들 것이다. 그렇게 되면, 사람들은 돈을 찾거나 신용카드로 결제를 하거나 대출을 받기가 훨씬 더 어려워질 것이다.

이미 루마니아 정부는 약 220만 명에 달하는 집시들로부터 나머지 국민과 똑같은 기회를 의도적으로 박탈하고 있다.[350] 이러한 정책은 별도의 교육시스템을 통해 드러나고 있다. 집시들은 고용차별을 받고, 건강 및 의료서비스 혜택에 있어서도 다른 대우를 받으며 경제적으로도 배제되고 있다. 이들에게 사회적으로 무거운 오명을 덧씌우는 것은 말할 필요도 없다. 현재 이들의 기술접근 수준을 알려주는 통계는 구하기 힘들다. 많은 집시가 처벌이 두려워 정부가 실시하는 조사 등에 참여하지 못하고 있다. 하지만 분명히 밝혔듯이, 연결된 집시들은 그들이 처한 환경을 개선하는 법을 찾을 것이다. 이들은 미래에 일종의 가상국가체제를 만드는 방안을 고려할지도 모른다.

하지만 루마니아 정부가 집시정책을 온라인 세계로까지 확대한다면, 그러한 모든 기회는 사실상 사라질 것이다. 기술적인 배제는 국가가 얼마나 많은 통제를 가하고, 얼마나 많은 고통을 유발하고 싶은지에 따라 다양한 형태를 취할 수 있다. 만일 국가가 모든 시민에게 보유 기기와 IP 주소 등록을 요구하고(많은 정부가 이미 모바일 기기 등록을 요구하고 있다), 여기에 숨어 사는 사람들의 명단까지 갖고 있다면, 그러한 데이터를 사용하는 루마니아 정부 당국은 집시가 경제적·사회적 가치를 지닌 외부 정보와 뉴스, 플랫폼에 접근하는 것을 쉽게 막을 수 있을 것이다. 집시들은 갑자기 자신들이 개인 데이터나 온라인 뱅킹 서비스에 신뢰할 만한 접근을 하지 못하게 되었음을 깨달을 것이다. 그들은 오류메시지를 보게 되거나, 접속속도가 엄청나게 느려지는 경험을 하게 될 것이다. 정부는 국가의 전기통신 인프라를 장악할 수 있는 힘을 이용하여 전화연결을 끊거나, 특정 이웃지역에서 전화신호를 방해하거나, 간혹 집시들의 인터넷 연결시간을 단축시켜버릴 수도 있다. 아마도 정부는 민간의 유통업체들과 협력하여 집시에게 결함 있는 기기를 팔게 하고(믿을만한 중개인과 절충하여), 나중에 날짜를 정하여 악성코드를 삽입할 수 있는 버그와 부정한 기능이 가득 담긴 랩톱과 휴대전화를 유통시킬 수도 있다.

루마니아 정부는 접속 차단조치를 체계적으로 하기보다(그럴 경우 귀찮은 감시를 받을 수 있다), 임의로 취할 것이다. 즉, 집시들을 괴롭히기에는 충분하지만, 그들의 타당한 거부가 참작될 수 있을 정도로만 간간이 하면 된다. 집시들은 불완전한 차선책을 찾아낼 것이다. 그러나 기본적인 연결이 가능하게 되더라도, 차단조치가 교란적인 성격을 띠기 때문에 궁극적으로 이런 식의 간헐적인 접근만으로는 유실된 것들을 복구할 수 없을 것이다. 긴 시간 동안 이와 유사한 역학이 일종의 가상 인종차별virtual apartheid로 자리 잡게 되면서, 사회의 다양한 집단들의 연결성에 여러 제한이 가해질 것이다.

미래에는 전자적으로 고립된 소수자집단이 점점 더 늘어날 것이다. 국가의 의지도 의지려니와 그렇게 할 수 있는 데이터 접근이 가능해지기 때문이다. 처음에는 대중의 지지를 받으며 온건한 성격으로 시작된 프로그램일지라도, 시간이 지나면서 보다 제한적이고 징벌적인 성격으로 변할지 모른다. 예를 들어, 만일 이스라엘의 초정통파 유대인들이 사전승인된 웹사이트만 접속을 허용하는 이른바 '코셔■ 인터넷kosher Internet' 목록을 만들자는 로비를 펼쳐, 이 것이 성공적으로 받아들여졌다고 해보자(결과적으로는 생각만 그렇게 했을지도 모른다). 그들을 위한 특별한 인

코셔
'합당한, 적당한'이라는 의미를 가진 용어로서, 유대교를 믿는 유대인의 율법에 따른 정결한 것을 의미한다.

터넷 연결경로를 만든다는 것은 아이들을 위해 특별히 '안전한' 인터넷 사이트 목록을 만드는 것과 다르지 않다.* 그로부터 몇 년 뒤, 초정통파 유대인들이 선거에서 압승을 거두고 정부를 장악하게 됐다면, 그들이 내리는 첫 번째 결정은 모든 이스라엘의 인터넷을 코셔로 만드는 것이

될지도 모른다. 그들은 이러한 입장에서 출발하여 이스라엘 내 소수자 집단의 인터넷 접속을 훨씬 더 제한할 수 있는 기회를 얻게 될 것이다.

이러한 정책이 초래할 가장 우려되는 결과는, 이러한 제한조치가 타깃이 되는 집단을 매우 취약하게 만들 수 있다는 점이다. 말 그대로, 그들의 생명줄이 끊어질 수도 있다. 온라인 공간으로의 제한적인 접근이, 소수자집단이 경고신호를 보낼 수 있는 능력을 파괴하는 식의 물리적인 박해나 국가적인 폭력행위의 예고편에 해당한다면, 그것은 희생자로부터 이후 학대나 파괴를 문서로 기록해놓는 능력마저 앗아갈 것이다. 곧 디지털 진공 상태에서 일어난 일을 실제로 일어나지 않았다고 말하는 일이 가능해질지도 모른다.

이런 식으로 소수자집단이나 억압받는 집단을 목표로 삼는 국가에서는 일부 시민과 국가 사이에 묵시적 내지는 명시적인 합의가 이루어진다. 그에 따라, 사람들은 더 나은 접근을 허용받는 대신 국가에 정보를 제공하거나 복종하는 거래를 하게 된다. 국가는 정부와 확실히 협력하는 개인에게 더 빠른 접속과 기기, 온라인 탄압으로부터의 보호, 더 광범위한 차원의 인터넷 서비스를 제공해줄 것이다. 사우디아라비아 내 시아파에 속하는 예술가이자 6명의 자녀를 둔 한 아버지는, 정보원이 되거나 정사政事에 관여하지 않기로 정부서약에 서명하는 것이 내키지는 않지만, 정부와 협력하게 되면 더 확실한 소득을 올릴 수 있고 아이들이 더 나은 교육 기회를 얻을 수 있다는 계산을 하면서

살라피스
이슬람교 원리주의자.

---

* 이스라엘의 초정통파 유대인들을 위해 종교적인 차원에서 그러한 예외가 허용된다면, 그것이 어떠한 전례를 남기게 되는 것일까? 이집트의 초보수적 성향의 살라피스Salafis■가 이러한 선례를 답습하면서 특별히 사전승인된 인터넷 사이트 목록의 허용만을 요구한다면 어떻게 될까?

결심이 약해질지 모른다. 이처럼 저항 가능성이 있는 소수자집단에게 인센티브를 부여해 같은 편으로 끌어들이는 전략은 근대국가만큼이나 오래됐지만, 이 특별한 전략은 우리의 디지털 시대에도 잘 맞을 것이다.

콘텐츠를 없애고 접근을 제한하는 등의 전략 중 어떤 것도 국가만 쓸 수 있는 것은 아니다. 기술적인 능력을 갖춘 집단과 개인도 국가와 상관없이 가상차별virtual discrimination을 추구할 수 있다. 세계 최초의 가상 대학살virtual genocide은 정부가 아니라 광신도 집단에 의해 자행될지도 모른다. 앞서 우리는 극단주의단체가 기술력을 개발하거나 습득함으로써 어떻게 온라인상에서 파괴적인 활동을 과감하게 벌일 수 있는지 논의했다. 논리상 이러한 활동 중 몇 가지는 앞서 설명한 괴롭힘과 똑같을 것이다. 단독 행동을 하는 광신자들도 이렇게 괴롭힐 것이다. 강력한 기술력을 보유한 반무슬림 성향의 광적인 운동가가 무슬림을 괴롭히기 위해 그들의 모임 웹사이트, 플랫폼, 매스컴을 추적하는 장면을 상상하기는 어렵지 않다. 이는 가상공간에서 그들의 재산을 훼손하고, 그들의 사업에 무단으로 침입하고, 길 한구석에서 그들을 향해 소리치는 것과 같다. 만일 그러한 침입자가 특별한 기술을 갖고 있다면, 그는 폐쇄조치를 취하기 위해 특정 라우터를 겨냥하거나, 이웃에게 전파방해 신호를 보내거나, 연결 장애를 일으키는 컴퓨터 바이러스를 만들어서 무슬림의 온라인 접근을 제한하는 방법을 찾아낼 것이다.

가상차별은 일부 극단주의자에게 현재 선택할 수 있는 방법보다 더 잘 맞을 것이다. 과거 신나치주의자의 리더였고 현재는 '증오 기부anti-hate' 운동을 하고 있는 크리스티앙 피치올리니Christian Picciolini는 우리에게 이렇게 말했다. "증오집단이나 극단주의자들은 온라인상에서 더욱 쉽게 위협을 가하고 있습니다. 인터넷이 사람 간의 상호 작용을 비인간적으로 만드는 것은 물론, 겹겹의 익명성을 제공하여 가상의 단절을 만들기 때문이죠. 비인간적인 완충재로서 인터넷을 사용할 경우, 협박자 입장에서는 동료의 판단이나 법적인 처벌이 두려운 나머지 다른 사람과 대면했을 때 일반적으로 말하기 힘든 몇 가지 악의적인 말도 쉽게 할 수 있게 됩니다. 인종차별주의자의 수사법에는 확실히 사회적인 낙인이 찍히지만, 온라인에서는 내가 누구인지와 아무 상관없이 말할 수 있으니까요." 피치올리니는 앞으로 수년 내에 증오집단에 의한 가상 괴롭힘 virtual harassment이 크게 늘어날 것으로 예상한다.[351] "가해자에게는 온라인 차별의 결과가 가해자에게는 덜 가혹해 보일 겁니다. 따라서 괴롭힘이 더 자주, 더 격렬하게 일어날 거예요."

　과거에 갈등이 많은 사회에서 힘 있는 사람들이 자주 사용한 전략은 물리적·법적 따돌림이었다. 우리는 가상공간에서의 따돌림도 그러한 전략에 포함될(하지만 그것을 넘어서지는 못할) 것이라 믿는다. 역사적으로 늘 그러했듯, 상황이 견딜 수 없는 지경에 이르면 갈등의 불꽃이 점화되기 마련이다.

—

다차원적인 갈등

　잘못된 정보와 선전은 언제나 인간 갈등의 중요한 특징이었다. 줄리어스 시저Julius Caesar(BC100~BC44)[352]는 자신의 유명한 저서 《갈리아 전기Gallic Wars》를 그가 맞서 싸웠던 사악한 야만 부족에 관한 자극적인 설명으로 가득 채워놓았다. 하지만 서로 다른 주장이 정신없이 쏟아지는 상황에서는 '좋은 쪽'과 '나쁜 쪽'을 구분하는 것이 중요한 한편, 아주 어려운 과제가 된다. 새로운 디지털 시대에는 이것이 더욱 큰 도전과제가 될 것이다. 미래에는 집단 사이의 마케팅 전쟁이 갈등의 뚜렷한 특징이 될 것이다. 전쟁에 참여한 모든 주체가 이야기 전달력을 제고해주는 전자 플랫폼, 도구, 기기들을 이용할 것이기 때문이다. 우리는 2012년 11월에 일어난 이스라엘과 하마스 사이의 다툼 도중, 이런 식으로 갈등이 전개되는 것을 목격했다. 당시 하마스는 가상세계에 여성과 아이들의 숨진 모습이 적나라하게 찍힌 사진을 잔뜩 올리는 식으로, 일반인을 겨냥한 마케팅 전쟁에 착수했다. 모욕당하고 사기가 꺾인 대중을 기반으로 삼은 하마스는, 가자지구 내의 수많은 사상자를 자신들에게 유리하도록 이용할 수 있었다. 국민의 사기를 관리하면서 자신들 행동의 애매모호한 부분을 줄이려고 애쓰던 이스라엘은 '@IDFSpokesperson'이라는 트위터 계정을 통해 반격에 나섰다. 이곳의 글 중에는 'IDF 전투기 조종사들이 목표 지점을 공격하기 전, 민간인들이 대피하길 기다리는 동영상 youtube.com/watch?v=G6a112wRmBs … #Gaza'[353]라는 글도 있었다. 하지만 마케팅 전쟁에서는 현실적으로 정보를 많이 얻지 못한 사람들이 더 많이 대화에 가세하면서, 죽음을 미화하고 그것을 선전 도구로 활용하는 쪽이 종종 더 큰 동정을 얻는다. 하마스의 선전 전략이 새로운 것은 아니었지만, 유튜브, 페이스북, 트위터 같은 플랫폼의 사용이 보편화되면서 이들은 아랍어 외의 언어를 쓰는 더 많은 서양인에게 접근하는 것이 가능해지고 있다. 트윗, 페이스북의 '좋아요' 그리고 이와 비슷한 구글의 '플러스원plus-one■'을 한 번씩 할 때마다, 이들의 마케팅 전쟁은 더

플러스원
구글 검색에 노출되는 웹페이지
를 추천 웹페이지로 만들어주는
구글의 새로운 서비스. 페이스
북의 '좋아요'처럼 사용자가 '플
러스원 버튼'을 누르면, 추천 수
가 카운트된다.

욱 확대되는 셈이다.

갈등을 조장하는 집단은 갈등이 시작되기도 전에 상대방의 디지털 마케팅 능력을 파괴하려고 애쓸 것이다. 갈등은 시작할 때는 물론 마지막까지도 흑백으로 분명히 나뉘지 않는다. 게다가 갈등의 당사자들은 거의 비슷한 커뮤니케이션 능력을 갖고 있어 시민, 리더, 군인, 언론이 갈등을 다루는 방식에 큰 영향을 줄 것이다. 여기에 누구라도 자기 식대로 사건을 조합해서 공유할 수 있게 되면서, 사실상 많은 주장이 쓸모없어질 것이다. 갈등에 대한 설명은 넘쳐나지만 신뢰할 만한 검증은 없는 상황이 되면 모든 주장의 가치는 퇴색된다. 전쟁에서 데이터 관리(갈등지대로부터 나오는 콘텐츠를 편집하고, 색인화하고, 서열을 정하고, 검증하는 것)는 곧 기술접근 다음으로 중요한 도전과제가 될 것이다.

현대의 커뮤니케이션 기술은 특정한 갈등을 벌이고 있는 희생자와 공격자 모두가, 역사상 어떤 미디어를 활용했을 때보다 더 상대방의 말에 설득력 있는 의심을 품게 만든다. 국가에게는 자신의 마케팅 질이, 권력의 유지와 외국의 간섭 사이에 놓인 모든 것을 의미할지도 모른다. 정부군에게 포위된 마을에 갇혀있는 민간인들 입장에서는, 아마추어가 만든 강력한 동영상과 실시간 위성 매핑mapping으로 정부의 주장에 반박할 수 있다. 정확히 증명은 못해도, 최소한 그러한 주장이 거짓임을 강력히 암시할 수는 있다. 하지만 2011년 코트디부아르에서 일어난 폭력사태처럼(선거결과를 두고, 경합을 벌인 양쪽 진영이 폭력적인 싸움에 휘말리게 되었다), 갈등의 당사자들이 똑같이 좋은 디지털 마케팅 도구를 가지고 있다면, 진정 어떤 일이 일어나고 있는지를 분간하기가 훨씬 힘들어진다. 만일 어느 한 쪽도 마케팅을 완전히 장악하지 못한다면(다시 말해, 중앙의 지휘를 받지 않는 열정적인 개인이 자체적으로 콘텐츠를 만든다면), 상황은 더더욱 혼란스럽게 변할 것이다.

내부사정을 지켜보는 외부인에게는 갈등을 이해하려면 누구와 이야기해야 하고, 갈등에서 누구를 지원해야 하며, 지원한다면 어떻게 해야 하는지 등이 까다로운 질문일 수 있다. 이 질문은 마케팅 전쟁의 시대에 훨씬 복잡해진다(외부인 중에서 현지어로 말하는 사람들이 많지 않거나, NATO 국가와 남아프리카개발공동체Southern African Development Community, SADC 소속 국가 사이처럼 상설 협력이 부재할 경우 특히 더 그렇다). 결정에 필요한 비판적인 정보는, 갈등지대에서 나오는 편향되고 상충적인 엄청난 양의 콘텐츠들에 파묻힐 것이다. 국가는 정확한 실상이 파악되지 않은 경우, 군사적인 개입에 나서는 법이 드물다. 설사 개입하더라도 예상치 못한 결과와 24시간 지속되는 언론의 감시 때문에 머뭇거리는 경우가 종종 있다.*

국외의 갈등과정 중 벌어지는 마케팅 전쟁은 국내에도 정치적인 영향을 미칠 것이다. 미국인 대다수가 한 쪽의 감정만을 일방적으로 전달하는 동영상을 보고 동요되어, 특정 갈등에 개입하는 것이 도덕적으로 필요

CNN 효과
미국의 뉴스 전문 보도 채널인 CNN이 세계 주요사건과 사고를 생생하게 중계함으로써, 세계 정치와 사회, 해당 국가의 정책결정에 큰 영향을 미친다는 데서 나온 말.

---

* 정치권에서는 이것이 CNN 효과CNN Effect로 알려져 있는데, 이는 1992~1993년 사이 미국의 소말리아 사태 개입과 가장 자주 연관된다. 굶주리고 절박한 상황에 처한 소말리아인의 모습을 찍어 내보낸 TV 프로그램은 죠지 H. W. 부시George H. W. Bush 당시 미국 대통령이 소말리아 파병을 결정하도록 만든 계기가 되었다. 하지만 1993년 10월 3일 18명의 미군 기습공격대원과 2명의 말레이시아 연합군이 살해되고 곧이어 살해된 미군 중 한 명의 시체가 모가디슈 거리를 끌려다니는 장면이 전파를 탄 후, 미군은 소말리아에서 철수하고 말았다.

한 일이라고 결론을 내렸다고 해보자. 이때 미국 정부가 첩보를 통해 문제의 동영상이 실제 갈등의 역학을 제대로 보여주지 못한다는 것을 알게 된다면, 어떻게 대응해야 할까? 정부는 자신의 입장을 옹호하기 위해 비밀자료를 공개할 수 없으며, 대중이 받아들인 동영상의 내용을 효과적으로 반박할 수조차 없다. 두 가지 방안 모두 똑같이 설득력이 있다면, 외부 행위자들은 어떤 방향으로도 발을 내딛지 못하고 그 자리에서 얼어붙을 수도 있다. 이것이 갈등에 개입된 당사자 중 하나가 노리는 목표일지도 모른다.

민족적·종파적 폭력에 민감한 사회에서는, 일반적으로 실제 싸움에 불을 댕기는 촉매제가 등장하기 훨씬 전부터 마케팅 전쟁을 시작할 것이다. 말했다시피 연결성과 가상공간은 종종 역사적인 불만 혹은 조작된 불만을 증폭시키면서, 갈등을 일으키는 의견들의 부정확성을 바로잡기보다 그것들을 더 확대해버릴 수 있다. 사람들이 익명의 온라인 공간에 접속하게 되면서, 오랫동안 잠재되어왔던 종파 간의 긴장이 다시 불붙을지도 모른다. 우리는 논란의 소지가 있는 연설이나 종교적으로 민감한 사진이 인터넷에 등장하는 순간, 어떠한 반응이 쏟아져 나올 수 있는지를 목격했다. 2005년 덴마크 만화를 둘러싼 논란과 2012년 동영상 '무슬림의 순진함' 때문에 일어난 폭력시위가 그러한 여러 사례 중 하나에 속한다. 자극적인 콘텐츠는 언제나 바이러스처럼 확산되는 특성을 갖고 있으므로, 세계 어디에서든 공격적인 행동이 알려지지 않는 일은 없을 것이다.

물론 마케팅은 첩보와 다르다. 갈등을 겪는 집단들이 초기에 시도한 디지털 마케팅은 가상 플랫폼으로 장소를 옮겨, 조악한 선전과 잘못된 정보를 떠들어대는 수준에 머물 것이다. 하지만 시간이 지나면서 이러한 행동이 국가와 개인에 의해 전 세계적으로 받아들여지면, 첩보와 마케팅의 미학적 거리는 사라질 것이다. 국가는 첩보와 마케팅을 혼동하지 않기 위해 주의를 기울여야 할 것이다. 집단이 구체적인 반응을 얻어내기 위해 어떤 것을 생산해야 하는지 알 정도로 현명하다면, 그들은 그에 맞게 전달하려는 콘텐츠와 메시지를 가공해낼 능력을 가지게 될 것이다.

국가의 후원을 받는 집단들은 어떤 마케팅 전쟁에서나 우위를 확보하겠지만, 그것이 배타적인 우위는 되지 못할 것이다. 국가가 기지국, 관영 언론, ISP 등 많은 생산수단을 통제한다 하더라도, 그 누구도 완전히 정보를 독점하기란 불가능할 것이다. 손바닥 크기의 휴대전화 하나만 있으면 사용자가 생산한 콘텐츠를 찍고, 편집하고, 올리고, 배포할 수 있는 마당에, 국가가 정보를 완벽하게 장악한다는 것이 가능한 일이겠는가?

2009년 대선 이후 이란에서 일어난 항의시위 도중, 흔들리는 휴대전화 카메라로 찍은 한 편의 동영상이 운동에 불을 붙였다. 그것이 그 유명한 '네다 동영상Neda video'이다. 네다 아그하 솔탄Neda Agha-Soltan은 테란에 살고 있던 젊은 여성이었다. 그녀는 반정부 시위가 일어난 길거리에서 구석 한쪽에 자동차를 주차한 뒤 시위를 피하려고 차에서 빠져나오던 중, 인근 옥상에서 정부의 저격수가 쏜 총에 가슴을 맞았다. 놀랍게도 이 장면 전체가 누군가의 휴대전화에 찍혔다. 시위하던 군중이 네다를 살리기 위해 애쓰는 장면을 어떤 사람이 자신의 휴대전화로 찍었던 것이다.

이란 정부가 시위를 예상하고 모바일 커뮤니케이션을 미리 차단해놓은 까닭에 이 동영상은 대부분 P2P 플랫폼인 블루투스를 통해 이란 국민들 사이에 전파되었고,[354] 곧이어 인터넷에 올라간 후 바이러스처럼 퍼지기 시작했다. 곧 문제의 동영상을 본 전 세계 사람들이 이란 정부에 비난을 퍼붓기 시작했고, 이란 내 시위대는 행진하면서 네다를 위해 정의실현을 하겠노라고 외쳐댔다. 이란 정권은 필사적으로 이 시위에 전 세계의 관심이 쏠리는 것을 막으려 했으나, 이 모든 것이 오히려 관심을 조금씩 높여나갔다.

아무리 통제받는 사회라 해도, 또 스파이웨어와 가상 괴롭힘과 미리 휴대전화에 손을 쓰는 일이 빈번한 곳이라 해도, 결의에 찬 몇몇 개인은 자신의 메시지를 외부에 전달하는 방법을 찾아낼 것이다. 이러한 노력에는 SIM 카드 밀반입, 메시 네트워크mesh network▪ 설치, 혹은 어떤 커뮤니케이션 내용도 녹음할 수 없으며 (아마도 모든 전화를 VoIP가 되게 함으로써), 인터넷 서비스를 익명으로 사용할 수 있게 해주는 '보이지 않는 invisible' 휴대전화 유통 등이 포함될지 모른다. 수요가 강력한 기술은 아무리 막으려 해도 확산될 수밖에 없다. 문제는 실패 시기다(이는 정부가 인터넷으로부터 소외시키려고 애쓰는, 학대받는 소수민족의 경우에도 마찬가지다). 네다 동영상이 등장하기 오래 전, 이란은 위성TV 안테나 설치를 금지하고자 노력했다. 그러나 금지 명령이 떨어지자 이란 국민들 사이에 위성 보급률이 오히려 높아졌다. 오늘날 이란에서는 불법 위성시장이 1인당 세계 최대에 속한다. 심지어 이란 공무원 중 위성 암거래를 통해 이득을 취하는 사람이 있을 정도다.

메시 네트워크
인터넷을 통하지 않고 컴퓨터끼리 직접 연결하여 데이터를 공유하는 네트워크의 한 종류.

갈등을 둘러싼 수많은 역동

르완다 대학살은 디지털 시대 이전인 1994년 일어나 80만 명의 목숨을 앗아가면서 전 세계의 이목을 끌었다. 이는 마케팅의 힘에 따른 차이가 무엇을 만들어내는지 보여주는 사건이었다. 1994년에는 후투족Hutus, 투트시족Tutsis, 트와족Twa 모두 라디오를 가지고 있었지만, 라디오 방송사를 가진 곳은 후투족뿐이었다. 투트시족은 크게 목소리를 낼 방법이 없었고, 방송전파를 타고 쏟아지는 선전과 편파적인 발언에 속수무책으로 당할 수밖에 없었다. 투트시족이 자체 라디오 방송사 운영을 시도하자, 후투족이 지배하던 정부는 주도자들의 신원을 파악하여 사무실을 급습, 그들을 체포했다.[355] 대학살이 일어나기 전 몇 년간 소수민족인 투트시족이 지금 우리가 갖고 있는 것 같은 강력한 모바일 기기를 가지고 있었더라면, 아마도 의심스러운 이야기가 르완다의 공적 담론 속으로 침투해 들어갔을 것이다. 그랬다면 몇몇 후투족은 동료 르완다인에 맞서 무기를 들 정도로 반 투트시족 선전에 설득되지는 않았을 것이다. 투트시족은 정부의 승인이나 콘텐츠 개발 및 배포에 필요한 중개인 없이도, 이동 중에 휴대전화를 통해 자체 콘텐츠를 방송할 수 있었을 것이다. 대학살이 이루어지던 동안 후투족의 라디오 방송사는 숨어 사는 사람들의 이름과 주소를 발표했다(암호화된 P2P 메시지 같은 대체 커뮤니케이션 채널이 어떤 변화를 만들 수 있었을지 상상만 해도 알 수 있다).[356]

잠재적인 이득에도 불구하고, 이러한 새로운 차원의 경쟁의 장에는 장기적인 영향이 있을 것이다. 다만 우리는 전통적인 장벽이 제거되었을 때, 무엇을 잃게 될지 예측할 수가 없다. 말한 것처럼 잘못된 정보는 혼란과 왜곡의 원인이 되고, 모든 행위자가 사건을 잘못 해석하거나, 잘못된 대응을 하게 만든다. 모든 잔혹한 범죄가 민족 혹은 종교 집단에서 자행한 체계적인 학살일 리가 없는데도, 최소한의 노력만으로 그것을 그렇게 엉터리로 포장해버릴 수 있다. 국내에서도 잘못된 정보가 중요한 문제를 일으킬 수 있다. 조작된 동영상을 보고 나서 정의를 요구하며 시청에 모인 성난 군중을 지방정부는 어떻게 상대해야 하나? 정부와 관계자는 이러한 질문을 거듭 접하게 될 것이고, 그들이 하는 대답 중 불과 몇 가지만이 군중의 분노를 누그러뜨릴 것이다.

이러한 도전과제를 해결하기 위한 최선이자 유일한 방법은 디지털 검증이다. 사진이 조작됐다거나(디지털 워터마크 확인을 통해), 동영상이 선별적으로 편집됐다거나(일부 장면이 빠져있는 것을 증명하고자 동영상 전체를 크라우드소싱하는 방법을 통해), 혹은 죽은 것으로 등장한 사람이 사실은 살아있는 것을 증명하면(그의 온라인 신원 확인을 통해), 사람과 사물, 사물과 사람이 끊임없이 연결되는 이른바 '초연결hyper-connected' 갈등 속에서 일부 진실이 드러날 것이다. 미래에는 아프리카 동북부에 있는 나라 남수단South Sudan에서 일어난 시민군 공격의 목격자가 자신의 주장에 무게를 싣기 위해 디지털 워터마크, 바이오메트릭 데이터, 위성 항법좌표 같은 것을 내놓을 수도 있다. 이는 그가 경찰이나 미디어와 콘텐츠를 공유할 때 요긴하다. 이것의 분명한 다음 단계가 디지털 검증이다. 기자와 정부관리가 서로 다른 형태의 정보를 가지고 정보원을 상호 확인할 때 이런 검증이 이루어진다. 컴퓨터가 대부분의 검증작업을 해주면, 검증이 더 쉽고 신뢰할 수 있는 것이 될 것이다.

국제 검증 감시팀이 창설되어, 디지털 관련 논란이 발생하면서 상당한 갈등을 겪고 있는 지역에 급파될 수 있다. 검증 감시팀은 적십자처럼 중립적인 요원들로 간주될 텐데, 특히 이러한 경우 기술적인 능력을 갖춘 요원들로 인식될 것이다(실제로 모든 경우에 이들이 갈등지역으로 파견될 필요는 없다. 이들은 인터넷 접속을 통해서도 일할 수 있다. 하지만 커뮤니케이션 인프라가 제한적이거나 한쪽에 의해 일방적으로 통제될 때는 파견이 필요할 것이다).* 이들의 검증은 언론과 다른 관찰자들에게 콘텐츠를 믿을 만한 것으로 인정해주는 청신호와 다름없다. 국가나 분쟁당사자는 이러한 감시를 받지 않고 건너뛸 수 있겠지만, 그 결과 생산되는 모든 콘텐츠의 가치는 하락할 것이고 그것이 다른 사람들로부터 극도의 의심을 받는 사태를 자초할 수 있다.

감시요원은 행동이 아니라 데이터를 조사하기 때문에, 그들이 내린 결론은 무게감이 커진다. 또한 국가는 개입하거나, 도움을 주거나, 그들이 하는 말을 토대로 제재를 가할지도 모른다. 물론 그러한 신뢰와 책임감이 있어야 많은 권한을 사용할 수 있을 것이다. 때문에 이러한 감시요원은 다른 국제조직에서 흔히 목격되는 온갖 부패에도 놀랄 만큼 면역이 되어 있을 것이다. 정권이 뇌물이나 협박을 통해 감시요원을 자기편으로 끌어들이려고 할 수도 있고, 일부 감시요원은 뒤늦게 드러날 개인적인 편향을 숨기고 있을지도 모른다. 그럼에도 불구하고 감시요원 대다수는 정직한 엔지니어와 기자들로 이루어질 것이며, 이들은 서로 협

---

* 신생 기업 **스토리풀**Storyful은 오늘날 주요 뉴스 방송사들을 위해 이러한 일을 해주고 있다. 이 회사는 전직 기자를 고용하여, 소셜미디어로부터 나오는 콘텐츠를 신중하게 골라내고 있다. 예를 들어, 유튜브에 올라온 어느 도시의 날씨 동영상을 두고, 동영상이 찍힌 날짜를 추정하여 그 도시의 실제 날씨 기록과 일치하는지 검증하는 식이다.

력할 것이다. 갈등이 발생하면 이들이 갈등 당사자들 모두를 위해 더 안전하고 투명하게 일을 처리할 것이다.

마케팅 전쟁에 참여하지 않은 갈등집단은 상대편에게 가치 있을 것이라 판단되는 온라인상의 실체가 있을 때 가차 없이 공격을 가할 것이다. 이는 곧 전략적·상징적으로 중요한 웹사이트, 플랫폼, 커뮤니케이션 인프라를 겨냥해 디도스 공격을 가하고, 정교한 바이러스를 퍼뜨리고, 다른 온갖 종류의 사이버 전쟁을 감행하는 것을 의미한다. 온라인 공격은 강도가 가장 약한 싸움에서부터 전면전에 이르기까지, 갈등집단의 전략에 있어 필수적인 요소가 될 것이다. 경쟁집단의 커뮤니케이션 네트워크를 겨냥한 무력화 공격은 그 집단의 디지털 마케팅 능력을 방해할 뿐만 아니라, 그것이 재원, 정보, 지원기반에 접근하는 데도 영향을 줄 것이다. 네트워크나 데이터베이스를 성공적으로 손상시킨 이상 침투집단은 그들이 확보한 정보를 가지고 그 상태로 머물다가, 잘못된 정보를 퍼뜨리고, 선제적인 공격을 가하고, 심지어는 출중한 가치를 지닌 목표물을 추적할 수도 있다(예를 들어, 어떤 집단이 정권 실세의 휴대전화번호를 알아냈고, 그들의 위치를 찾아주는 감시 소프트웨어를 갖고 있다면, 가능한 일이다).

가상공격virtual attacks은 독립적인 보복의 형태로 일어날 것이다. 예를 들면, 내전에서 한쪽이 다른 쪽에 영토를 잃었을 경우, 승리를 널리 알리려는 경쟁자를 막고자 경쟁자의 선전 웹사이트를 무너뜨리는 식으로 복수를 가할 수 있다(물론 그렇게 한다고 이기는 것은 아니지만, 어쨌든 경쟁자에게 피해를 주는 것은 맞다). 이는 현실세계에서 갈등이 생길 때 1차 공격 목표 중 하나가 되는 정보부를 폭발시키는 것과 맞먹는 조치다. 억압적인 정부는 혁명군이 국외의 지지자들로부터 금전지원을 받을 때 사용하는 온라인 금융 포털의 위치를 파악하여 무력화시킬 수 있을 것이다. 갈등 당사자 중 어느 한쪽에 동정심을 갖고 있는 해커라면, 할 수 있는 것은 무엇이든 이용해 공격을 가할 것이다. 적이 운영하는 유튜브 채널 그리고 적과 관련된 데이터베이스가 주요 공격목표일 것이다. NATO가 1999년 세르비아에서 군사작전을 감행했을 때, 친親세르비아 해커들은 NATO와 미국 국방부의 공공 웹사이트를 목표로 공격을 단행하여 일부 성공을 거두었다(코소보Kosovo ▪에 관한 NATO의 공무용 웹사이트는 당시 공격으로 인해 며칠간 사실상 작동불능 상태가 되었다.[357] 공격은 또한 NATO의 이메일 서버에도 심각한 타격을 입혔다).

코소보
발칸반도에 있는 세르비아 자치주이자, 분쟁지역. 1998년 알바니아 분리주의 반군이 세르비아 경찰을 공격하면서 코소보사태가 발발했다. 2008년 독립을 선언했지만 국제연합 가입국의 30퍼센트 이상의 지지를 얻지 못해 국제적으로 독립을 인정받지 못하고 있다.

향후 수십 년 동안 우리는 세계 최초의 '똑똑한' 반란 운동을 목격하게 될 것이다. 반란군이 정부에 맞서기 위해서는 분명 총과 인력이 필요하겠지만, 그들은 새로운 공격방법을 좌우할 기술을 우선순위로 무장할 것이다. 공격을 선언하기도 전에, 그들은 정부의 커뮤니케이션 네트워크가 국가 방어의 실제 근간을 이룬다는 사실(공식적이진 않더라도)을 알고는 공격목표를 그것으로 정할지도 모른다. 그들은 국내에서건 국외에서건 그것의 기능을 무력화시키기 위해 필요한 기술적인 요소들(바이러스와 바이오메트릭 데이터 등)을 얻고자, 자신들을 동정하는 정부에 은밀히 손을 뻗칠 것이다. 커뮤니케이션 인프라를 겨냥한 디지털 공격은 정부를 무방비 상태로 만들 것이며, 반란군이 선전포고 신호를 보내지 않는 한 정부는 공격이 시작된 장소와 공격의 배후에 대해 갈피를 잡지 못할 것이다. 반란군은 상황을 더욱 혼란스럽게 만들기 위해, 국외의 적들 중 하나가 이번 공격의 주체인 것처럼 거짓단서들을 남길지도 모른다. 국가가 다시 온라인으로 복귀하려고 안간힘을 쓰는 동안 반란군은 또 다시 공격할 텐데, 이번에는 정부의 인터넷에 침투하여 네트워크를 추가로 혼란 및 교란시키기 위해 신원을 스푸핑spoofing■할 것이다(반란군이 중요한 바이오

스푸핑
'속이다'라는 의미를 갖고 있는 단어로, 임의로 웹사이트를 만들어 사용자가 방문하도록 유도한 후, 사용자 정보를 낚아채는 해킹 방법의 하나.

메트릭 데이터베이스에 접근할 수 있게 되면, 그들은 정부 관리의 신원을 도용하여 온라인에서 그들인 양 행세하면서 엉터리 성명을 발표하거나 수상한 구매행위를 할 수도 있다). 반란군은 국가의 전력망처럼, 가시적인 성과를 낼 수 있는 무언가를 공격목표로 삼을 수도 있다. 전력망이 파손되면 국민은 엉뚱하게 정부에게 분노와 비난을 퍼부을 것이다. 따라서 똑똑한 반란 운동의 주체자들은 단 한 발의 총알도 발사하지 않고서 단 세 차례의 디지털 공격만으로, 국내에서 반란이 일어났는지조차 모르는 정부와 싸우도록 국민을 동원할 수 있는 독특한 위치에 자신들이 설 수 있다는 사실을 깨닫게 될 것이다. 이 시점에서 반란군은 군사공격을 시작하고, 또 하나의 물리적인 전선을 개방할 수 있다.

디지털 시대의 정의란 무엇인가

미래의 갈등은 서로 뚜렷이 구분되는 한편, 대체로 긍정적인 두 가지 트렌드에 영향을 받을 것이다. 이 두 가지 트렌드는 연결성에 기인하는데, 그중 하나는 온라인에서 활동하는 군중의 지혜이고, 다른 하나는 증

거로서 데이터가 갖는 영속성이다. 우리는 앞서 그로 인해 폭력적인 침입자들이 자신의 범죄를 부인하거나 축소하기 힘들게 될 것이라고 말한 바 있다.

인터넷상의 '집단 지혜collective wisdom'는 많은 논란을 불러일으키는 주제다. 토론장과 소셜네트워크, 기타 온라인 채널에서 일어나는 일들, 즉 '하이브 마인드hive mind ■'를 도출해내기 위해 과도하게 개성을 무시하고 익명성에 기대면서 벌어지는 악성 집단행동 등 온라인 협업의 부정적인 면을 성토하는 사람들이 많다. 반면, 인터넷 백과사전인 위키피디아 같은 크라우드소스 정보 플랫폼의 정확성과 신뢰성을 옹호하는 사람도 많다. 이 가운데 어느 편에 서든, 집단 지혜에는 미래의 갈등에 가져다줄 수 있는 잠재적인 이점들이 존재한다.

하이브 마인드
온라인 사용자들의 집단적 합의.

갈등에 관한 정보를 얻어내는 경쟁의 장이 보다 평평해지면서, 전보다 훨씬 많은 사람들이 새롭게 생겨난 일들에 영향을 주는 것이 가능해졌다. 휴대전화 사용이 확산됨에 따라 확실히 과거에 비해 국내에서 일어나는 일을 속속들이 파악하는 사람이 늘어날 것이다. 또한 인터넷의 연결성은 그러한 참여대상을 광범위한 외부 행위자로까지 확대할 것이다. 전체적으로 보면, 항상 공격하는 쪽보다 선한 쪽에 서는 사람이 더 많기 마련이다. 참여자가 늘어나면서, 불의와 선전에 맞서 시민들이 집단행동에 나설 가능성이 커지는 것도 이 때문이다. 부당함을 목격하고 분노하는 사람이 충분히 많아질 경우, 그들은 목소리를 내며 개별적·집단적으로 행동할 수 있는 채널을 갖게 될 것이다. 싱가포르에서 봤듯이, 그러한 분노가 고작 카레요리에 관한 것에 불과하더라도 그렇다.

인육 검색엔진
티베트를 옹호하는 등 중국의 이익에 반하는 사람들의 신상정보를 공개하는 사이트들을 중국 누리꾼들이 부른 말.

자경주의
경찰이나 사법당국과 관련이 없는 개인들이 불법행위자들을 처벌하거나 공개하는 것.

인터넷을 관리할 때 만날 수 있는 도전과제 중 하나는 '인육 검색엔진 human flesh search engines ■' 사례 등에서 드러나는 위험한 온라인 자경주의vigilantism ■다. 2010년 3월 〈뉴욕타임스 매거진The New York Times Magazine〉에 실린 톰 다우니Tom Downey의 흥미로운 기사에 따르면,358 지금으로부터 몇 년 전 중국의 온라인 공간에서는 인터넷 사용자 집단이 자신들의 분노를 산 개인의 위치를 찾아내어 추적하고 괴롭히는 충격적인 트렌드가 등장했다고 한다(이것이 중국에서만 일어나는 현상도 아니고, 이를 주도하는 중심적인 플랫폼이 있던 것도 아니다. 다만 이 현상은 세간의 이목을 끄는 사례들 때문에 그곳에서 가장 광범위하게 알려지게 되었다). 2006년 중국에서는 인터넷 토론방에 한 여성이 하이힐을 신은 발로 새끼 고양이를 밟아 죽이는 장면이 담긴 끔찍한 동영상이 퍼지기 시작하면서,359 전국적으로 그 여성을 찾는 운동이 벌어졌다. 크라우드소스를 통한 부지런한 추적 끝에 가해자가 중국 동북부지역 조그만 마을에 살고 있다는 사실이 드러났다. 그녀의 이름, 전화번호, 고용주가 모두 공개되자, 그녀는 동영상을 촬영한 사람과 함께 도망갔다.360 이제 오직 컴퓨터만이 건초더미에서 바늘 찾기를 할 수 있는 건 아니다. 오직 동영상에 있는 단서만 가지고 10억 명이 넘는 중국인들이 여성을 찾아내기까지는 불과 6일이 걸렸다.361

이렇게 집단행동이 예상치 못한 혼란으로 흐를 수도 있지만, 그렇다고 해서 선한 일을 하기 위해 집단이 가진 힘을 이용하려는 시도를 포기해야 한다는 뜻은 아니다. 중국 누리꾼들의 최종 목표가 고양이 폭행사건의 가해자를 괴롭히는 것이 아니라, 그녀를 공식적으로 법의 심판을 받도록 하자는 것이었다고 가정해보자. 갈등상황이 생겼을 때, 제도가 붕괴됐거나 사람들로부터 신뢰를 받지 못하는 곳에서는 크라우드소스의 힘이 보다 종합적이면서 정확한 정보의 생산을 돕고, 지명수배자 추적을 지원하고, 아무리 어려운 상황이라도 책임감을 요구할 것이다

하지만 크라우드소스가 만드는 정의crowd-sourced justice는, 또 다른 현대적 발전의 산물인 데이터 영구화에 비하면 중요성과 활용성이 현저히 떨어진다. 실시간으로 전 세계인들 앞에서 잔혹행위를 폭로하는 것도 그렇지만, 그것을 영구히 저장해두었다가 나중에 참조하고 싶은 사람 누구나 검색할 수 있게 만드는 것(고발이나 법률 제정이나 추후 연구를 위해) 역시 중요하다. 정부와 다른 침략자들은 총, 탱크, 비행기를 가지고 있으니 군사적으로 이점도 있겠지만, 뒤에 남는 정보의 흔적에 맞서 아주 힘든 싸움을 해야 할 것이다. 시민의 커뮤니케이션을 봉쇄하려는 정부는 국가 안팎으로 흘러 다니는 증거 중 일부는 막을 수 있을지 몰라도, 전체적인 흐름을 막기는 역부족일 것이다. 더 중요한 사실이 있다. 바로, 봉쇄조치 당시에는 논란이 될지라도 이러한 증거의 존재 자체가 결과적으로 미래의 갈등을 처리하고, 해결하고, 검토하는 방법에 영향을 미치리라는 점이다.

책임감 내지 책임감이 주는 위협은 엄청난 부담을 주기 때문에, 사람들은 증거를 없애려고 애쓴다. 확실한 자료가 없으면, 여러 상충되는 이야기들이 정의 실현과 갈등의 해결을 방해할 수 있다. 이는 시민과 국가 모두에게 해당되는 일이다. 2012년 1월 프랑스 상원은, 1915년 오스만 제국이 아르메니아인들을 엄청나게 살해한 사건을 두고 이를 집단학살이 아니라고 하는 것을 불법으로 규정하는 법안을 통과시켰다(그로부터

1개월 뒤, 이 법은 프랑스 헌법위원회French Constitutional Council에 의해 폐기됐다[362]). 그러자 프랑스와 터키는 곧 외교적 갈등에 휘말렸다. 터키 정부는 '집단학살'이라는 용어를 거부한 채 당시 숨진 아르메니아인의 수가 150만 명이 안 됐다고 주장하면서, 문제의 법안을 '인종차별적이고 편파적'[363]이라며 비난했다. 또한 당시 살인에 대한 판단은 역사가에게 맡겨야 한다고도 주장했다. 오늘날 우리가 갖고 있는 기술 기기와 플랫폼, 데이터베이스 때문에 미래의 정부로서는 이와 같은 주장을 옹호하기가 지금보다 훨씬 더 힘들어질 것이다. 증거가 영구적으로 남아있을 뿐만 아니라 누구나 똑같은 증거에 접근할 수 있게 될 것이기 때문이다.

미래에는 바이오메트릭 데이터 조합, SIM 카드 추적, 사용하기 쉬운 콘텐츠 제작 플랫폼 같은 도구들이 과거에 보지 못했던 수준의 책임을 지도록 만들 것이다. 우연히 범죄현장을 목격한 사람은 휴대전화로 본 내용을 캡처해두고, 직접적으로 피해를 입지 않고도 순식간에 얼굴인식 소프트웨어를 사용하여 가해자와 피해자의 신원을 파악할 수 있을 것이다. 디지털 형태로 변환된 범죄나 잔혹행위에 관한 정보는 클라우드에 자동으로 업로드되어(따라서 목격자가 휴대전화를 뺏기더라도 데이터는 손실되지 않는다), 국제감시기구나 사법기관에 보내질지도 모른다. 이어 국제재판소가 조사에 착수하고, 찾아낸 증거에 따라 가상 공개재판을 열어, 가해자가 자유롭게 배회하고 다녔던 국가에 재판과정을 중계해줄 것이다. 공개적인 망신과 형사고발의 위험이 지도자들을 단념시키지는 못하겠지만, 적어도 일부 군인만이라도 더 폭력적인 행위를 저지르기 전에 한 번 더 생각해보게 만드는 것만으로 충분할 것이다. 전문가에게 검증된 증거는 재판 시작 전에 헤이그 국제사법재판소 웹사이트에서 열람이 가능할 것이다. 또한 목격자들은 가상공간에서 안전하게 증언할 수 있을 것이다.

물론 국제법의 적용 문제는 미로처럼 얽혀있고, 이러한 환경에서 정의의 바퀴는 더디게 돌아가기 마련이다. 데이터 반응 시스템이 발전하는 동안, 검증 가능한 증거를 저장할 수 있게 되고 더 나은 법집행이 가능해질 것이다. 국제형사재판소International Criminal Court나 다른 기관이 만든 오픈소스 애플리케이션은 국가별로 흩어져 있는 세계 최악의 지명수배자들을 보여줄 수 것이다. 중국의 인육 검색엔진이 개인의 거주장소 및 접촉하기 위한 구체적인 정보를 정확히 찾아내어 보여주듯이, 똑같은 능력을 범죄자 색출에도 동원할 수 있다(사람들이 아무리 먼 거리에 떨어져 있어도 강력한 전화기를 갖고 있다는 사실을 명심하라). 이와 같은 플랫폼을 사용하는 전 세계인들 가운데 이 문제에 관심 있는 이들은 범죄자 체포를 장려하는 인센티브를 제공하고자 경제적인 기부를 할 수도 있다. 결국 범죄자는 대중의 심판을 받는 대신, 경찰의 보호 속에 법의 심판을 받게 될 것이다.

온라인 세계가 가진 집단의 힘은 혹시 일어날지 모를 잔혹한 가해행위, 부패 관행, 심지어 인류에 대한 범죄를 억제하는 데 강력한 효과를 발휘할 것이다. 단언컨대, 이러한 억제가 소용이 없는 정말로 악의적 인간들도 항상 존재하겠지만, 단순히 명예롭지 못한 행동을 하는 사람들에게는 디지털 시대에 나쁜 행동을 함으로써 치러야 할 비용이 훨씬 커질 것이다. 범죄자는 책임을 져야 할 위험성이 커지고, 그의 행위는 영구히 문서화되어 보존될 가능성이 확대될 것이다. 그를 고발하는 사람들은 기술을 사용하여 최대한 많은 타인에게 범죄 사실을 알릴 것이다. 도피자들은 이처럼 범죄의 문서화로 인해 받게 될 집단적인 비난을 피하려는 동기도 커질 것이다. 아마도 범죄정보 제공자들의 협력을 더욱 많이 이끌어내고자, 그들에게 새로운 가상신원(앞서 언급한, 암시장에서 거래되는 신원처럼)을 제공해주는 디지털 목격자 보호 프로그램이 구축될 것이다.

영구적인 디지털 증거는 또한 갈등이 마무리된 다음 '이행기의 정의transitional justice ■'를 구축하는 데 도움을 줄 것이다. 미래에는 진실화해위원회가 디지털 기록, 위성감시 결과, 아마추어가 찍은 동영상과 사진, 부검

이행기의 정의
한 국가가 민주주의로 이행해가면서 나타나는 과거청산에 대한 정의. 일반적으로 진실 규명, 제도적 개선과 같은 형태가 있다.

보고서, 증명서로 무장할 것이다(이 주제에 대해서는 곧 더 자세히 알아보겠다). 그리고 책임을 지게 된다는 두려움이 잠재적 가해자들을 억제하는 작용을 충분히 해낼 것이다. 적어도 그들의 폭력 수위를 낮출지도 모른다.

클라우드 저장은 갈등을 겪는 사람들에게 데이터 영구화를 적절하고 중요하게 만들어줄 것이다. 현실세계에 없는 개인 데이터는 더 안전하게 저장되고, 접근이 불가능해질 것이다. 폭력사태가 발발하면 사람들은 안보가 눈에 띄게 악화되는 상황 속에서 도망가거나 다른 곳으로 쫓겨날 가능성을 예상하고 이에 대비할 것이다. 사람들은 또한 심지어 망명이나 피난 중에도, 시각적인 증거를 확보하고 구글 맵스Google maps와 GPS 같은 도구들을 사용하여 자신의 집, 부동산, 회사의 소유권을 주장할 것이다. 그들은 클라우드에 토지명과 토지 대장을 옮겨놓을 수 있을 것이다. 그러다 다툼이 생기면 디지털 플랫폼이 끼어들어 중재를 도울 것이다. 갈등에 휘말려 어쩔 수 없이 도망가게 된 시민은 본인의 모든 소

유물을 사진으로 찍어놓고, 가상공간에서 자신의 주택 모형을 다시 만들 수 있을 것이다. 그리하여, 집으로 돌아온 후에는 없어진 것이 무엇인지를 정확히 확인하고, 도둑맞은 물건들이 있는 곳을 알아내기 위해(자신이 그 물건들의 주인이라는 것을 디지털로 입증한 후) 당연히 소셜네트워킹 플랫폼을 사용할 수 있을 것이다.

자동화된 전쟁

무력이 난무하는 전쟁으로 갈등이 확대될 때, 미래의 참전자들은 전투환경이 과거와 180도 달라졌다는 것을 느낄 것이다. 전쟁이 가상공간에서 시작되더라도, 가장 정교한 자동화 무기와 군인들은 여전히 현실 세계에서 활동해야 한다. 이는 불변의 사실이다. 즉, 인간의 지도와 판단이 수행하는 필수적인 역할은 사라지지 않는다. 하지만 이러한 '두 가지' 세상에서 전쟁이 벌어지는 현상(그리고 그 두 세상에서 짊어져야 하는 책임)을 고려하지 않는 군인들은, 새로운 기술이 그들을 훨씬 더 효율적인 살인 기계로 만들더라도 결과적으로 스스로가 증오와 매도의 대상이 되어버리기 때문에 다른 사람의 마음과 생각을 얻기가 더욱 힘들어졌다는 것을 깨달을 것이다.

현대전은 로봇공학, 인공지능, 무인항공기Unmanned Aerial Vehicle, UAV의 발전으로 인해 자동화되었는데, 이는 총기류의 발명 이후 인간이 벌인 전쟁에서 일어난 가장 중대한 변화를 의미한다. 군사학자인 피터 싱어 Peter Singer가 이러한 추세를 집대성한 책《하이테크 전쟁Wired for War》에서 지적했듯이, 이는 과학자들이 말하는 소위 '특이점singularity[364]'이란 것이다. 싱어는 이 특이점을 '상황이 급격하게 달라져서 과거의 규칙이 붕괴되고, 우리가 사실상 아무것도 모르게 되는 상태'라고 말했다. 역사상 존재했던 다른 패러다임의 전환들(세포이론cell theory, 인쇄기술의 발명, 아인슈타인의 상대성이론 등)과 마찬가지로, 100퍼센트 자동화된 전쟁으로의 궁극적인 변화가 인류의 사회 전반에 어떠한 변화를 일으킬지를 아주 정확하게 예측한다는 것은 사실상 불가능하다. 우리는 다만 지금 보고 있는 단서들을 검토하고, 전선戰線에 서 있는 사람들의 생각을 전달하고, 경험에서 우러나온 추측을 할 수 있을 뿐이다.

전쟁의 메커니즘에 정보기술을 통합하려는 시도가 새로운 것은 아니다. 구소련이 1957년 10월 사상 최초의 인공위성 스푸트니크Sputnik를 발사하자, 이에 대응하기 위한 차원에서 미국 국방부는 그 다음 해에 연구개발팀 DARPA를 만들었다.* 또 다시 속수무책으로 그런 놀라운 일을 당하지 않겠다는 미국 정부의 의지가 워낙 강했기 때문에, DARPA의 임무는 말 그대로 '미군의 기술적 우위를 유지하고, 기술적 기습 technological surprise ■을 받아 국가안보가 위협받는 일이 없도록 막는 것'[365]이었다. 이어 미국은 스마트 폭탄부터 무인 드론과 폭탄 제거용 EDOExplosive-Ordnance-Disposal 로봇에 이르기까지, 정교한 군사전략을 주도해나갔다. 하지만 미국은 매우 장기간 그러한 배타적인 우위를 누리지 못할지도 모른다.

정부와 군대가 전투시 왜 로봇과 또 다른 무인시스템의 참여를 선호

기술적 기습
최첨단 무기나 장비를 사용, 적국에 기습을 가하는 기술.

---

* 컴퓨터 애호가들은 DARPA가 전신인 고등연구계획국Advanced Research Projects Agency, ARPA으로 알려졌을 당시, 인터넷을 만드는 데 주도적인 역할을 했다는 것을 기억할 것이다.

하는지는 쉽게 이해가 간다. 그것들은 피로나 공포, 감정을 느끼는 법이 없고, 슈퍼맨의 능력을 가지고 있으면서도 항상 명령에 복종한다. 싱어의 지적대로 로봇은 군대에서 소위 3D(지겹고Dull, 더럽고Dirty, 위험한 Dangerous 일)[366]로 불리는 일에 아주 적합하다. 로봇의 전술적인 우위는 오로지 로봇공학 제조업체의 개발 능력상의 한계에 의해서만 제한을 받을 뿐이다. 그들은 총알을 견뎌내고, 완벽한 목적을 갖고 있으며, 목표물을 인식 및 무장 해제시키고, 덥거나 춥거나 혼란스럽거나 열악한 상황에서도 불가능한 임무를 수행할 수 있다. 군사 로봇은 어떤 군인보다도 지구력이 좋고, 반응이 빠르다. 정치인들은 기꺼이 사람으로 이루어진 군대 대신 그들을 전쟁터로 보내려고 할 것이다. 대부분의 사람들은 육지건 바다건 공중이건, 로봇을 전쟁터에 보내면 결과적으로 전투 중 사망자와 민간인 희생자 수, 그 외 부수적인 피해가 모두 줄어들 것이라는 데 동의한다.

이미 미군이 수행 중인 작전에 다양한 형태의 로봇이 참가하고 있다. 지금으로부터 10여 년 전인 2002년 로봇 진공청소기 룸바Roomba를 최초로 개발한 회사 아이로봇[367]은 팩봇PackBot이라는 지상 로봇을 선보였다. 이 로봇은 42파운드(약 19킬로그램)짜리 기계로서 탱크와 비슷한 트레드tread▪와 카메라를 갖춘 채 어느 정도 자율적으로 작동한다. 군은 이것을 길거리 등 어디서나 지뢰를 탐지하고, 화학적·생물학적 무기를 감지하며, 잠재적인 IED 조사를 하는 데 활용한다.* 또 다른 로봇 제조사인 포스터 밀러

트레드
'밟는다'는 의미가 있으며, 레일의 윗면이나 자동차 타이어가 땅과 맞닿는 부위를 뜻한다.

---

* 2011년 일본 대지진 이후 발생한 후쿠시마 현縣 원전 위기 때, 팩봇 두 대가 투입되었다.[368] 이 로봇들은 방사능 수치가 높아 구조대원이 진입할 수 없는 파손된 원전에 들어가서 시각 정보 및 감각 정보를 수집했다.

Foster-Miller는 팩봇의 경쟁 로봇인 일명 탈론TALON과 함께 전쟁터로 투입된 최초의 전쟁 로봇인 소드Special Weapons Observation Reconnaissance Detection System, SWORDS를 만들고 있다.369 여기에 하늘을 나는 드론도 있다.370 미국은 현재 눈에 잘 띄는 프레데터Predator ▪ 드론 외에도 소형 드론들(정찰 목적으로 쓰는 까마귀 모양의 소형 드론인 레이븐Raven 등)과 대형 드론들(프레데터보다 더 많은 무기를 탑재하고 더 높이, 더 빨리 날 수 있는 드론 리퍼Reaper 등)을 운용 중이다. 인터넷 잡지인 〈와이어드Wired〉가 관리하는 블로

프레데터
'육식동물', '약탈자'라는 뜻의 단어로, 분쟁이 발발하는 지역을 감시하고 경우에 따라 공격을 감행하도록 설계된 미 공군의 무인정찰기.

그 '위험한 방Danger Room'이 2012년 입수한 의회의 내부 문건에 따르면, 이제 드론이 모든 미군 항공전력의 31퍼센트를 차지하고 있다.371 2005년에는 이 비율이 5퍼센트에 불과했다.

전·현직 특공대원들은 이러한 로봇공학기술의 발전이 향후 수십 년 내에 전투작전에 어떤 영향을 미칠 것이라 생각할까? 우리는 다수의 전·현직 특공대원들을 만나 이야기를 나눠보았다. 전 네이비실 대원이자 현 구글 직원인 해리 윙고Harry Wingo는 정찰활동을 할 때뿐만 아니라, 전쟁터에서 진격하는 도중 방향을 잡거나 건물을 접수할 때도 역시 컴퓨터와 로봇을 유용하게 사용했다고 말했다. 그는 앞으로 10년 뒤에는 사격작전 등 "'치명적인 동력학lethal kinetics ▪'은 모두 로봇의 몫으로 넘어갈 겁니다.372 눈 깜빡할 사이에 목표 분석을 해서 좁은 공간을 접수하는 일 등도 마찬가지죠"라고 말했

동력학
다양한 역학 중 힘과 물체 운동과 가속에 관해 연구하는 학문 분야.

다. 처음에 로봇은 '기계 조수' 역할을 할 것이다. 즉, 군인이 원거리에서 로봇을 조종할 것이다. 하지만 윙고는 궁극적으로 "로봇은 목표물을 식별하고, 그것과 교전할 것"이라고 믿었다. 2007년

이후 미군은 준準 자율적으로 공격목표인 인간을 파악해서 사격할 수 있는 무장한 소드 로봇들을 작전에 투입했다.[373] 다만, 이 로봇들은 아직까지 치명적인 공격을 가해야 할 때는 사용할 수 없는 것으로 알려져 있다.

그렇다고 군인이 완전히 배제되는 일은 결코 없을 것이다. 인간의 모든 기능이 자동화되지도 않을 것이다. 오늘날 작전에 참가한 로봇 중에서 100퍼센트 자주적으로 작전을 수행할 수 있는 로봇은 없다. 다시 말해, 로봇은 인간의 지시를 받아야 한다. 또한 나중에 설명하겠지만, 전투에는 로봇이 앞으로도 오랫동안 제대로 할 수 없는 중요한 역할, 예를 들면 '판단' 같은 일이 많이 존재한다. 기술이 조만간 어떻게 군인의 능력을 제고시켜줄지 더 자세히 알아보기 위해, 우리는 현역은 아니지만 2011년 5월 오사마 빈 라덴 급습에 우연히 참가했던 네이비실 대원에게 미래에 어떤 전투부대가 등장할 것으로 예상하는지 물었다.[374] 첫째, 그는 우리에게 무인항공기로부터 실시간으로 현장 화면과 적절한 첩보 분석결과를 받고, 우군의 움직임을 상황별로 파악하게 해주는 고도로 정교하고 안전한 태블릿 기기로 무장한 부대가 등장할 것이라 예상한다고 말해주었다. 이러한 기기에는 군인들이 공격목표와 회피대상이 무엇인지 확실히 감을 잡도록, 거리나 건물의 역사적 의미, 모든 집주인의 신원, 적외선 카메라를 이용해 드론이 찍은 생명체의 움직임 등 주변 환경에 관한 데이터가 충분히 담긴 특별한 라이브 지도가 들어있을 것이다.

둘째, 군인의 군복과 장비도 바뀔 것이다. 햅틱 기술을 활용하면 맥박으로 신체의 특정 부위에 진동이나 약간 꼬집힌 듯한 느낌을 주는 신호를 보내어, 군인들끼리 서로 소통할 수 있는 군복을 만들 수 있다(예를 들어, 오른쪽 종아리에 꼬집힌 느낌을 받았다면 그것은 헬리콥터가 다가오고 있다는 뜻일 수 있다). 헬멧은 시야를 더 많이 확보할 수 있고, 커뮤니케이션 장치를 내장하여 군인들이 보는 것을 지휘관도 그대로 보도록 할 수 있다. 이에 따라 원거리에서 작전 중인 군인들에게 본부에서 '이래라 저래라' 작전 지시를 하달할 수 있을 것이다. 군복은 발자국 소리를 자연의 소리처럼 들리게 만드는 등 군인들이 소리를 내다가 들키지 않도록 혼란을 주는 다른 소리를 만들어낼지도 모른다. 열이나 물, 충전기와의 거리가 멀어서 중요한 순간에 기기나 착용한 기술이 작동을 멈추면 안 되므로, 군복에는 가볍고 내구성 좋은 전력원도 들어갈 것이다. 군인들은 체포되거나 주요 물품을 도난당했을 때, 귀중한 첩보가 발각되지 않도록 원거리에서도 이 모든 기술을 파괴할 수 있는 부가적인 능력을 지닐 것이다.

물론 이 모든 일은 (민간인이 사용하는 수준 이상의) 전자 보호막 안에서 순식간에 데이터 전송을 가능하게 해주는 강력한 사이버 보안 층에 들어갈 것이다. 철저한 보안 없이는, 방금 설명한 모든 이점들이 오히려 그것들을 개발하고 배치하는 데 드는 엄청난 비용을 무가치하게 만들 것이다.

안타깝게도, 군수용품 납품업체들의 업무절차가 이러한 많은 발전에 방해가 될 것이다. 미국에서는 군산복합체the military-industrial complex에서 위에 언급한 몇 가지 프로젝트를 추진 중이다(DARPA는 현재 군 작전에 투입되고 있는 많은 로봇의 개발을 주도했다). 하지만 군산복합체는 본래부터 혁신을 감당할 준비가 잘 되어 있지 않은 곳이다. 심지어 DARPA조차 비교적 자금을 풍부하게 지원받고 있음에도 불구하고, 복잡한 계약 구조와 국방부의 관료주의 탓에 이러한 프로젝트의 추진에 지장을 받을 것으로 예상된다.

미국의 기술 분야는 '혁신적 우위the innovative edge'를 그 특징으로 하는데, 이는 무질서하고 복잡 미묘한 조달시스템을 자랑하는 미군과는 아주 거리가 먼 이야기다. 이는 또한 중대한 기회의 상실을 의미하기도 한다. 군 기관과 납품업체가, 기동성을 갖추고 빨리 움직이는 민간의 중소기업 및 신생 기업과 더 비슷하게 움직일 수 있도록 만드는 개혁조치가 절실하다. 그것 없이는 지금 같은 재정 긴축 시대에 군수산업 전체가 발전보다 퇴보할 가능성이 더 크다.

미군은 이러한 문제를 잘 알고 있다. 싱어가 말했다. "이러한 무너진 구조 속에서 어떻게 벗어날 수 있는가? 이것이 미군에게는 중요한 전략적 질문입니다."[375] 오늘날 상업용 기술과 제품은 '구상—제조—대량 출시'의 과정이 사상 최단시간 내에 이루어진다. 이러한 가운데 대형 국방 프로젝트들은 구상단계에서부터 예산 문제로 시간을 질질 끌다가 예정보다 뒤처지기 일쑤다. 예를 들어, 미군의 인터넷과 유사한 무선 커뮤니케이션 네트워크가 될 것으로 여겨졌던 합동전술무선시스템Joint Tactical Radio System은 1997년 처음 구상됐으나 2012년 9월에 폐기됐다. 이 가운데 인수 기능만 미군 합동전술네트워킹센터Joint Tactical Networking Center[376]라는 곳으로 이전되었다. 합동전술무선시스템은 운영이 중단될 무렵 이미 수십 억 달러가 투자된 상태였음에도, 전쟁터에서 제대로 활용되지 못했다. 싱어는 "미군은 더 이상 그런 식의 업무절차를 밟아선 안 됩니다"라고 꼬집었다.[377]

군과 납품업체가 의지할 수 있는 한 가지 방법은 상용제품을 사용하는 것이다. 즉, 자체적으로 모든 것을 개발하려 하기보다 이미 상용화되어 있어 어디서나 쉽게 구할 수 있는 기술과 기기를 구입하는 것이다. 하지만 그런 바깥 제품들의 통합절차가 쉽지만은 않다. 내구성, 활용성, 보안성 면에서 군이 정해놓은 규격에 맞는 제품을 찾다가 엄청나게 시간이 지연될 수도 있다. 싱어에 따르면, 군 조달 계약시스템의 관료주의와 비효율성은 실제로 효과적인 제2의 해결책을 찾던 중 굉장히 기발한 아이디어로 이어졌다고 한다. 예를 들어, 국방부의 통상적인 절차를 따르지 않고 급하게 필요한 것을 구입하는 시스템 등이 그것이다. 이 덕분에 이라크에서 IED 때문에 미군이 골치를 썩기 시작했을 때, 지뢰 방호 특수차량인 엠랩Mine-Resistant Ambush-Protected, MRAP이 전선에 서둘러 투입될 수 있었다. 한편 군인들은 종종 임무 수행 중에 직접 가져온 상업용 기기를 사용하기도 한다.

심지어 군 지도자조차 그러한 독창적인 아이디어가 가져다주는 이점을 알고 있다. 싱어는 이렇게 설명했다. "어떤 면에서 군에게는 이라크와 아프가니스탄 전쟁으로부터 나온 요구가 도움이 됐습니다. 아프가니스탄에서 해군 공격용 헬기 조종사들은 무릎에 아이패드를 묶어놓고 비행하면서, 헬리콥터의 내장 시스템 대신 아이패드 지도를 이용했습니다."*378 싱어는 군 지도자들이 실전에 대한 압박감이 줄어들면서 혁신적인 제2의 해결책에 대한 관심이 수그러들지 모른다며 우려하고 있다고 덧붙였다. 문제가 많은 군 조달 시스템에 혁신이 변화를 불러올지 지켜볼 일이다.

---

* 싱어뿐만 아니라 우리와 대화를 나눴던 현직 특공대원들 몇 사람도 이와 똑같이 얘기했다.

원격조종이 가능한 무기의 시대

과거에 기술적 혁신은 미국에게 중요한 전략적 우위를 선사했다. 레이저 유도미사일이 개발된 후 오랜 시간 동안, 어떤 나라도 이에 비견할 만한 장거리 살상용 무기를 개발하지 못했다. 하지만 기술이 확산되거나 유출되거나 분해 및 모방될 경우, 시간이 지나면 기술의 발전 수준은 보통 평준화되는 경향을 보인다. 정교한 무기라고 해서 예외는 아니다. 드론 시장은 이미 국제화되었다. 이스라엘은 다년간 이 기술의 선두에서 있다. 중국은 드론의 홍보와 판매에 열을 올리고 있고, 이란 역시 2010년에 자체 생산한 최초의 드론 폭격기를 공개했다. 심지어 베네수엘라조차 이란과의 군사적인 협력관계를 십분 활용하여, 이란의 미사일 엔지니어들만이 작동할 수 있는 '방어 전용' 드론 프로그램을 만들면서 드론 개발국 명단에 이름을 올렸다.[379] 이 프로그램이 존재한다는 언론 보도의 진위를 가려달라는 질문에 작고한 우고 차베스Hugo Chavez 대통령은 '물론 우리는 갖고 있고, 가질 권리도 있다. 우리는 독립적인 자유국가이기 때문'이라고 말했다.[380] 무인 드론은 시간이 지나면서 더 작고, 더 싸고, 더 효율적으로 변할 것이다. 대부분의 기술이 그렇듯이, 드론이건 데스크톱 애플리케이션이건, 일단 어떤 제품이 세상에 공개된 이상 그것을 다시 상자 안에 집어넣기란 불가능하다.[381]

우리는 DARPA 국장을 지냈던 레지나 더간에게, 미국이 드론 같은 무기를 만듦으로써 짊어져야 하는 많은 책임에 대해 어떤 자세로 임하고 있는지 물어봤다. 단, 우리는 궁극적으로 그러한 개발이 통제하지 못할 수준에 이를 거라는 사실을 알고 있었다. 더간은 "대부분의 기술발전, 특히 그중에서도 중대한 발전은 사람들을 불안하게 만드는 경향이 있습니다. 우리는 이러한 종류의 기술발전과 어울리는 사회적·윤리적·법적 틀의 개발과 관련된 좋은 사례와 나쁜 사례를 모두 갖고 있습니다"라고 답했다. 그녀는 인간의 게놈 시퀀싱과 같은 획기적인 발명이 발표됐을 때, 맨 처음 사람들이 보인 걱정을 지적하며 이렇게 되물었다. "만일 당신이 파킨슨병에 걸리기 쉬운 유전적 소인素因을 갖고 있는 것으로 드러났다 칩시다. 그것이 고용주와 보험회사가 당신을 상대하는 데 어떤 영향을 줄까요?" 더간은 설명을 이어갔다. "당신이 그러한 소인을 알아볼 수 있게 해주는 기술발전은, 우리가 두려워하며 피해야 하는 것이 아닙니다. 대신 우리는 사람들이 특정한 유전적 소인을 갖고 있다는 이유로 의료서비스를 받지 못하는 일이 없도록 보장하는 법적인 보호장치를 만들어야 합니다." 기술적인 진보와 그것에 궁극적으로 수반되는 보호장치는 둘 사이에 적절한 균형이 맞춰지도록 나란히 성장해야 한다.

더간은 DARPA가 한 역할을 무시무시한 어투로 묘사했다. "애초 사람들을 거북하게 느끼도록 만드는 일을 할 용의가 없다면, 놀라운 전략을 고안하거나 가로막는 임무를 맡을 수도 없어요." 무엇보다 중요한 것은 그러한 일의 책임감을 잘 다루는 것이다. 여기에는 타인의 정보와 도움이 필요하다. 그녀는 또한 "DARPA 혼자서 할 수는 없습니다. 그런 일에 관한 논란이 벌어지면, 정부 산하의 다른 부처와 다른 당사자들을 개입시켜야 합니다"라고 했다.

DARPA가 새로운 기술에 대해 가져야 할 책임을 얼마나 진지하게 생각하는지, 듣고 보니 안심이 된다. 하지만 문제는, 모든 정부가 이와 비숫하게 생각하고 주의를 기울이면서 그런 기술에 접근하지는 않을 것이라는 점이다. 드론은 심지어 가장 규모가 작은 군대에게조차 엄청난 혜택을 선사한다. 이를 감안할 때, 드론의 확산은 특히 걱정스러운 문제다. 전 세계 모든 정부나 군이 무인항공기 부대를 지원할 수 있는 기술적인 인프라나 인적 자본을 갖고 있는 것은 아니다. 자금력이 풍부한 곳이라야 공개적으로든, 다른 방법을 통해서든 그러한 능력을 쉽게 살 수 있을 것이다. 군사 로봇, 특히 무인항공기를 소유하는 것은 모든 국가의 전략적인 특권에 해당할 것이다. 즉, 이것을 군사적 우위 확보를 위해 소유하는 국가가 있는가 하면, 어떤 국가는 단지 자주권을 유지하려는 목적으로 확보하려 할 것이다.

이러한 국가적 차원의 경쟁 뒤에서, 민간인과 다른 비국가 활동세력은 자신들의 목적을 위해 드론과 로봇을 구입하거나 만들고자 경쟁할 것이다. 싱어는 "언론사와 농업 분야의 항공방제crop dusting ▪ 전문기업, 법집행기관과 심지어 법인이나 테러리스트에 이르기까지, 비국가 활동세력382은 이미 모두 드론을 사용해 봤습니다"라고 지적했다. 현재 아카데미Academi, LLC로 개명한 민간 방위산업체인 블랙워터Blackwater는 2007

항공방제
농작물 병충해가 발생한 지역 중 지상에서 방제를 하기 어려운 곳에 항공기나 헬리콥터를 이용하여 방제작업을 실시하는 것.

년 특별한 서비스 계획을 발표해서 논란에 휘말렸다. 그것은 감시 및 정찰 임무를 수행하는 무인 드론을 임대해주는 서비스였다.383 이 회사는 2009년 CIA 드론에 폭탄을 장착해주기로 계약을 체결했다.384

민간기업이 군의 조달업무에서 벗어나 드론을 개발하고 활용한 사례도 많다. 예를 들어, 일부 부동산회사는 현재 대형 부동산들의 항공사진을 찍기 위해 드론을 이용하고 있다.385 몇몇 대학은 연구 목적으로 쓰기 위해 드론을 갖고 있다. 캔자스주립대학은 무인항공에 관한 학위를 만들기도 했다.[386] 2012년에는 실리콘밸리에 소재한 벤처기업 타코콥터 TacoCopter가 소형 무인헬리콥터를 상업용으로 개발하여, 타코 등 패스트푸드를 가정으로 직접 배달할 계획이라는 보도도 나왔다. 휴대전화로 주문을 받아 이런 서비스를 제공하겠다는 타코콥터의 말은 거짓으로 밝혀졌지만, 이것은 머지않은 시일 내에 기술적으로 가능한 일이 될 것이다.

앞서도 설명했지만, 가볍고 저렴하여 '누구나 쓸 수 있는' 전투용 드론은 전 세계 무기시장과 불법시장에서 특히 인기를 끌 것이다. 적대적인 목표를 감시하고, 그의 움직임을 차단하고, 폭탄 탑재 및 투하와 원격조종이 가능한 모형비행기와 자동차, 배는 전투작전에 완전히 다른 차원의 의미를 부여하는 것은 물론, 교전 지역 군인들에게 심각한 도전이 될 것이다. 만일 민간의 무인 드론이 매우 정교하다면, 군과 민간 드론이 전투에서 서로 만나는 모습도 상상해볼 수 있다. 특히 마약범죄조직이 그러한 무기를 구입할 수 있는 의지와 재원이 충분한 멕시코에서는 실제로 그러한 일이 일어날지도 모른다.

정부는 일반시민을 위해 쉽사리 드론을 대량생산하지 못하도록, 드론을 만드는 핵심기술로의 접근을 제한하기 위한 방안을 모색할 것이다. 그러나 누구나 쓸 수 있는 드론의 확산과 판매를 규제하기는 매우 힘들 것이다. 그것을 직접적으로 금지한다는 것은 그야말로 비현실적인 일이며, 심지어 평화로운 국가 내에서 민간의 드론 사용을 통제하려는 평범한 시도조차 제한적인 성공에 그칠 것이다. 예를 들어, 미국 정부가 자국민에게 소형 무인항공기 등록을 요구하고 드론의 비행공간을 제한하고 나서 (공항이나 고가의 목표물 주변에서 비행을 제한하는 따위) 국외 이동을 금지할 경우, 작심한 개인들이 드론의 모양을 변형시키거나 드론의 정체를 숨기거나 일종의 스텔스stealth▪ 기능을 드론에 집어넣어 이러한 규제를 피해가는 방법을 찾을지도 모른다. 우리는 공식적인 국가 채널 외에는 대형 드론의 판매를 금지하는 식으로, 이러한 기술의 확산을 제한하는 국제조약이 체결되는 모습을 보게 될지 모른다. 실제로 최고 수준의 무인항공기 양산 능력을 가진 국가조차 현대판 전략무기제한협정Strategic Arms Limitation Talks, SALT▪을 추진할 수도 있다.

스텔스
'은밀하게 조용히 이루어지는 일'을 의미하는 용어. 물체로부터 반사되는 빛을 차단해 레이더나 적외선 탐지기 등에 물체가 감지되지 않도록 하는 기술을 뜻한다.

전략무기제한협정
냉전 시대 미국과 구소련 사이에 진행된 전략무기제한 교섭의 결과 채택된 협정.

국가는 적의 무인항공기로 인한 위협이 점점 커짐에 따라, 자국 해안과 국경을 지키기 위해 노력해야 할 것이다. 무인항공기는 설계상 감지가 힘들다. 자동 비행이 가능해지면서 드론은 미니 순항미사일cruise missiles로 변신, 일단 발사된 다음에는 중간 요격이 불가능할 것이다. 미사일이 장착된 드론보다 적의 감시용 드론이 더 나을 수도 있지만, 두 드론을 구분하기가 힘들어서 양쪽 모두 위협으로 간주될 것이다. 적의 드론을 공격하는 가장 효과적인 방법은 폭력을 쓰기보다 그것의 사이버 보안시스템을 전자적으로 파괴하는 것일지도 모른다. 싱어의 말을 빌리면, 그럴 경우 전쟁은 '설득 싸움battle of persuasion'으로 변한다.387 이들 기계가 본연의 임무 외에 다른 무언가를 하도록 유도하고 설득하는 싸움 말이다. 이란은 2011년 말 미군의 RQ—170 드론388을 격추해서 나포했다며, 그것의 온전한 모습이 담긴 영상을 자랑스레 공개했다. 이란은 이란 영공에서 비행 중이던 RQ—170 드론을 발견한 후, 그것의 방어시스템을 해킹하여 나포했다고 주장했다(미군은 이 같은 주장에 대해 드론이

'없어졌다'라고만 말했다). 익명을 요구한 어느 이란 엔지니어는 미국의 유명 일간지 〈크리스천 사이언스 모니터The Christian Science Monitor〉와의 인터뷰에서, 드론은 GPS 내비게이션이 취약한 것으로 유명하므로 자신들이 미국의 작전센터로부터 들어오는 '원격 신호와 커뮤니케이션을 차단하지 않고서도 원하는 곳에 착륙시킬 수 있다'고 주장했다.[389] 앞서 나왔듯, 스푸핑으로 알려진 이 새로운 좌표를 심는 기술은 불가능하진 않지만, 믿기 힘들 정도로 어려운 기술이다(이란인들은 신호를 위장하고 커뮤니케이션 채널의 전파를 방해함으로써, GPS로 가는 미군의 암호를 피해 접근했어야 했다).[390]

상대국 영공에 감시용 드론을 보내지 않기로 하는 선의의 조약을 국가 간에 체결하거나, 아니면 정찰용 드론을 용인 가능한 공격으로 간주하기로 암묵적인 합의를 맺는 등, 외교적인 해결책이 등장할 수도 있다. 다만 그렇게 될 것이라 확신하기는 힘들다. 감시용 드론을 폭격용 드론과 쉽게 구분할 수 있게 하자는 국제적인 요구가 등장할지도 모른다. 어떤 국가는 냉전 시대의 핵 연맹과 다르지 않은 일종의 드론 실드drone shield에 가입할지도 모른다. 현실화될 경우, 우리는 세계 최초로 드론을 기준으로 한 비행금지 구역을 보게 될 것이다. 가난한 약소국이 자체적으로 폭격용 드론을 생산 혹은 구입할 능력이 안 되는 상황에서 호전적인 이웃국가로부터 공습을 받을까 봐 두렵다면, 어느 정도의 보호를 보장받기 위해 초강대국과 손을 잡으려고 할지도 모른다. 그러나 드론이 없는 국가가 오랫동안 드론 없이 지낼 가능성은 희박할 것 같다. 이란이 보유 중인 정찰용 드론 센티널Sentinel의 제작비는 약 600만 달러 정도에 불과하기 때문이다.[391]

로봇과 무인항공기의 확산으로 전 세계 곳곳에서 갈등도 늘어나겠지만 (국가가 신형 무기를 입수할 때마다, 그것을 검증해보고 싶어 안달이 날 테니까), 전면전 가능성은 오히려 낮아질 것이다. 그럴 만한 몇 가지 이유가 있다. 첫째, 이러한 현상은 여전히 낯설다. 핵 확산 금지조약Nuclear Nonproliferation Treaty, NPT, 대탄도 미사일 조약Anti-Ballistic Missile Treaty, 화학무기 금지협약 Chemical Weapons Convention 등 몇 가지 예만 봐도, 무기와 전쟁에 관한 국제 조약은 아직까지 드론 시대를 따라잡지 못하고 있다. 국경이 그어져야 하고, 법적 틀이 마련되어야 하며, 정치인들이 이런 도구를 책임감 있게 전략적으로 이용하는 법을 배워야 한다. 대중적인 담론으로 승화될, 심 각한 윤리적 고려사항들도 존재한다(현재 미국에서 이런 현상이 벌어지고 있다). 드론이 확산되는 초창기에는 이러한 중요한 이슈들이 국가가 경 계심을 보이도록 만들 것이다.

오늘날 핵무기를 통해서도 알 수 있듯이, 우리는 드론을 잃어버리는 문제가 생길 가능성을 고려해야 한다. 일례로, 파키스탄 같은 나라에 국 가의 핵 비축물자(약 100개의 핵무기로 추정된다)를 도난당하지 않고 안 전하게 지킬 수 있는 능력이 있을지에 관한 심각한 근심이 대두되고 있 다. 국가가 대규모 드론 부대를 개발함에 따라, 이 가운데 하나가 나쁜 사람들 손에 들어가서 타국 대사관이나 군 기지, 문화센터 공격에 이용 될 위험이 더욱 커질 것이다. 상업용 비행기 납치범에 의해서가 아니라, 국가의 손아귀에서 벗어난 드론에 의해 또 다른 9·11 사태가 벌어진다 고 상상해보라. 이러한 우려만으로도 드론의 안전한 보호에 초점을 맞 춘 조약들이 대거 등장하기에 충분하다.

국가들은 독립적으로 혹은 다른 국가와 힘을 합쳐 무인항공기 규정을 만들어야 할 것이다. 그들이 영공을 침해할 경우, 일반 비행기와 똑같은 규정을 적용할지 말지에 관한 논의는 중요치 않다. 모든 국가가 드론에 대해 느끼는 두려움이 드론 전쟁의 급격한 확산을 막아줄 것이다. 미국의 센티널 드론이 이란 영공을 침투했다는 것이 드러났을 때조차 이란의 반응은 복수가 아닌 자랑과 과시였다.

대중은 드론 전쟁의 살상력이 줄어드는 것에 대해 우호적으로 반응할 것이다. 또한 그것은 미래의 전면전을 막아줄 것이다. 우리는 이미 지난 몇 년간 미국에서 드론과 관련된 뉴스들을 주기적으로 접해왔고, 그로부터 배울 것도 많았다. 2012년 미국 대선을 불과 몇 달 앞둔 시점에, 정부의 문건 유출로 오바마 대통령이 비밀리에 추진 중이던 드론 작전을 상세히 다룬 기사가 쏟아져나왔다.[392] 공식적인 전쟁터에서뿐만 아니라 소말리아와 예멘, 파키스탄 같은 비공식적인 전쟁터에서도 이루어진 드론 폭격에 대한 미국 국민의 반응으로 판단해봤을 때, 드론이 수행한 치명적인 임무는 미군이 수행한 다른 임무에 비해 훨씬 우호적인 반응을 얻은 것으로 보인다. 미국 국민은 질문을 덜 던졌고, 덜 분노했다. 국외 파병 축소를 옹호하는 일부 시민조차 목적을 성취하기 위한 합법적인 방법이라며, 드론 프로그램의 확대를 지지하기도 했다.

우리는 아직까지 우리가 새로이 찾은 능력이 정치적·문화적·심리적 차원에서 어떤 결과를 낳는지 이해하지 못하고 있다. 이때 말하는 능력이란 물리적·감정적인 거리를 악용하여 전쟁을 특정 수준까지 비인간화시키는 능력을 말한다. 역사상 그 어느 때보다 원격 전쟁이 발발하는 빈도가 늘고 있으며, 이는 갈등의 보다 뚜렷한 특징이 되고 있다. 역사적으로 봤을 때, 원격 전쟁은 대부분 미사일에 장착되어 날아가는 무기 차원으로 생각되었지만, 미래에는 전쟁의 행위자와 전쟁터를 분리하는 것이 통상적인 일이 될 것이다. 현재의 추세를 살펴봤을 때, 이러한 변화는 감정적·정치적 차원에서 대중의 개입이 줄어드는 효과를 낳을 것이라 가정할 수 있겠다. 결과적으로, 상대편 사상자들이 외교정책이나 대중의 심리를 움직이는 요인이 되는 법은 드물다. 미군이 위험한 지경에 빠진 것으로 보이지 않는다면, 미국 대중의 관심은 급격히 떨어진다. 즉, 국가안보 관련 사안에 대해 국민이 더 침묵하게 된다는 것이다. 강경파와 온건파 모두 자국 군인에게 가해질 작은 위협에 대해서는 더 말을 아낄 것이다. 이렇게 여론을 자극하지 않아도 되는 전투방법이 늘어나면, 정부는 전면전의 가능성을 낮춘 채 선전포고나 파병을 고려하지 않고서도 국가안보 목표를 추구할 수 있다.

결국 로봇보다 인간

전쟁터가 보다 자동화될 경우, 민간인 사상자 수가 줄고 부수적인 피해가 감소하고 사람들이 다칠 위험이 낮아질 것이란 전망은 환영할 만하지만, 곧 새로운 약점과 도전과제가 등장할 것이다. 그중 대표적인 것이 장비와 시스템의 사이버 보안 유지일 것이다. 기기, 지상 로봇, 무인항공기, 인간의 지시를 받는 지휘·통제 센터들 사이의 데이터 흐름은, 군대와 기지 사이의 교신처럼 빠르고 안전해야 하며 허술한 인프라의 방해를 받아서도 안 된다. 때문에 군은 지역 커뮤니케이션 네트워크에 의존하기보다 자체 네트워크를 세울 것이다. 전쟁터에서 로봇이 자율적인 인공지능을 가질 때까진, 진행이 지연되거나 연결이 단절된 기계들은 고가의 '무거운 짐'으로 전락할 것이다. 적군의 로봇을 탈취하는 것은 독점기술을 탈취하는 것과 유사해서, 이 짐 또한 위험할 수도 있다. 특히 적의 로봇이 엉성하게 설계됐다면, 그런 식의 탈취로 소프트웨어와 드론 공학에 대한 정보뿐 아니라 디지털 좌표를 통한 적의 위치와 같은 보다 민감한 데이터를 얻을 수도 있다. 그야말로 무궁무진한 상상이 가능하다(반대로 국가가 의도적으로 적에게 잘못된 정보를 전달하고자, 조작한 정보와 엉터리 기술로 가득 찬 유인용 무인항공기를 불시착시키거나 넘겨줄 수도 있다). 로봇공학의 요소가 개입된 전쟁에서 전쟁 당사자들은 적의 활동을 저지하기 위한 사이버 공격을 감행할 것이다. 스푸핑을 할 수도 있고, 적의 센서를 교란시켜 적의 전투 네트워크의 성능을 저하시키기 위해 유인물을 사용할 수도 있다. 제조업체들은 이러한 공격의 피해를 줄이고, 고장 등 만일의 사태에 대비하여 안전장치가 갖춰진 메커니즘을 구축하려 할 테지만, 기술적으로 아무런 문제가 없는 메커니즘 구축은 어려울 것이다.

군대와 로봇공학 개발자들은 단순한 오류도 경험할 것이다. 네트워크로 연결된 모든 시스템은 약점과 버그에 노출되어 있으며, 종종 해커나 독립적인 보안시스템 전문가에 의해 드러날 때에만 그런 것들이 있다는 게 알려지곤 한다. 이러한 성능을 가진 기계를 작동시키는 데 필요한 컴퓨터 암호는 놀라울 정도로 복잡하기 때문에(명령 행의 숫자가 셀 수 없을 정도로 많다), 오류가 생길 수밖에 없다. 개발자들이 시스템의 이런 약점을 알고 있어도 수정하기가 쉽지 않다. 이란인들이 미국의 드론을 격추시킬 때 공격한 GPS 시스템의 약점은 1990년대 보스니아 작전Bosnian campaign [393] 이후 이미 국방부에 보고됐던 것이었다. 미군은 2008년 이라크 내 시아파 반란세력 소유의 랩톱을 발견했다.[394] 여기에는 탈취한 드론 동영상 파일이 담겨있었다. 이라크는 그냥 위성방송 수신 안테나의 방향을 위쪽으로 조정해놓고 26달러만 주면 싸게 다운받을 수 있는, 당초 사람들이 영화와 음악을 불법으로 다운로드받을 수 있게 도와줄 목적으로 고안된 소프트웨어 스카이그래버SkyGrabber를 사용하여 문제의 동영상을 구할 수 있었다. 드론과 그것의 지상 통제소 사이의 데이터 링크data link ■는 그때까지 암호화된 적이 없었다.

가까운 미래에 인간은 계속해서 이러한 기술 실행에 나서면서 잘못을 저지를 것이다. 극단적인 전투 속에서 인간의 나약한 정신은 외상 후 스트레스 장애Posttraumatic Sress Disorder, PTSD ■나 심각한 정신적 고통, 정신증 발작 등 예측하지 못한 문제들을 겪을 것이다. 인간이 전쟁을 벌이는 한 이러한 문제들을 늘 염두에 두어야 한다.

인공지능 시스템이 인간의 지력을 모방할 수 있을 때에라야, 비로소 무인시스템은 일대일로 혹은 의사결정의 주체로 군인을 100퍼센트 대체할 수 있을 것이다. 아무리 똑똑한 기계라도 두드러진 결점이 있을 수 있다. 싱어가 지적한 대로, 제1차 세계대전 중 전쟁터에 총과 장갑裝甲, 울퉁불퉁한 트레드로 무장한 탱크가 처음 모습을 드러냈을 때,[395] 사람들은 (나중에 대전차구對電車構가 개발되기 전까지) 그것을 파괴하는 것이 불가능하다고 생각했다. 우리가 카불에서 아프가니스탄의 국방부 장관 이던 압둘 라힘 와르닥Abdul Rahim Wardak을 사임 직전 만났을 때, 그는 웃으면서 1980년대에 그와 그의 이슬람 전사 동료들이 소련군 탱크를 공격한 방법을 설명해주었다.[396] 당시 그들은 그로부터 10년 전 베트콩Vietcong■이 미군을 공격할 때

베트콩
남베트남 민족 해방 전선의 공산 게릴라 부대.

사용했던 것과 비슷하게, 소련군 탱크의 창문을 진흙으로 칠하고, 잎사귀로 덮어 위장한 덫을 설치했다. 싱어는 최근 이와 유사한 일이 벌어졌다고 말했다. "미군이 이라크와 아프가니스탄에서 사용하는 지상 로봇들은 놀라운 기술을 활용하지만, 반란군은 로봇이 쉽게 빠질 수 있는 깊은 호랑이 덫 같은 구멍만 파놓으면 된다는 것을 깨달았습니다. 그들은 심지어 덫에 걸린 로봇이 도저히 빠져나올 수 없는 경사각도 알고 있었어요."[397] 이러한 로봇의 지능은 특별한 임무에 맞춰 제작되기 때문에, 현장에서 테스트할 때 그것을 작동시키는 사람과 개발한 사람은 계속해서 예상치 못한 적의 계략과 속임수에 직면할 것이다. 결국 제품을 더 진화시킬 수밖에 없을 것이다. 전쟁에서 이 같은 상황에 직면하게 되면, 가장 정교한 기술조차 예상치 못한 도전들을 끊임없이 경험하게 된다.[398]

그러나 인간의 지능은 문제 해결 기술 그 이상을 의미한다. 거기에는 판단, 공감, 신뢰와 같은, 전쟁과 관련된 인간만의 독특한 특징도 포함된다. 이러한 특징은 로봇에 주입시키는 것은 말할 것도 없고, 무엇이라고 정의하기조차 힘들다. 그렇다면 로봇이 전쟁에서 인간의 책임을 더 많이 떠맡게 되면서, 잃어버리게 되는 것은 무엇일까? 특공대원들은 전투경험에 비춰봤을 때, 신뢰와 전우애가 가장 중요하다고 강조했다. 몇몇 특공대원은 오랫동안 함께 훈련받고 싸우면서 다른 대원의 습관, 움

직임, 사고 패턴을 거의 본능적으로 감지했다. 그들은 표정만 봐도 서로의 마음을 읽을 수 있다고 말했다. 로봇도 비언어적인 단서들을 읽는 인간의 능력을 모방할 수 있을까?

　로봇이 용감해질 수 있을까? 이타적인 희생이 가능할까? 목표물을 식별하고 공격하도록 훈련받은 로봇이 어느 정도의 윤리의식이나 자제력을 가질 수 있을까? 로봇이 과연 아이와 키 작은 남자를 구분할 수 있을까? 로봇이 무고한 민간인을 죽인다면, 그 책임은 누가 져야 할까? 반란군이 보낸 스프레이 페인트통을 들고 있는 6세 어린이와 무장한 지상 로봇이 대치하는 장면을 상상해보자. 로봇이 자율적으로 움직이건 인간의 명령에 따라 움직이건, 그 어린이가 로봇의 최첨단 카메라와 센서에 페인트를 뿌릴 때 로봇은 무장하지 않은 아이에게 총을 쏠 수도 있다. 그래서 그 아이를 죽이거나 장애아로 만들 수도 있다. 싱어는 당신이 로봇을 지휘하고 있을 때 이러한 상황이 닥친다면 어떻게 할 것인지 묻는다. 우리는 로봇을 군법 회의에 회부하거나, 로봇에게 책임을 묻거나, 로봇을 조사할 수 없다. 따라서 로봇이 더 똑똑해지고 인간의 힘을 갖게 되더라도, 앞으로 오랜 시간 동안 전투작전을 지배하는 것은 인간일 것이다.

새로운 개입들

　가상현실화된 갈등과 자동화된 전투의 출현은, 공격 의도를 가진 국가가 미래에 매우 다양한 종류의 도구를 사용할 수 있게 된다는 것을 의미한다. 이에 따라 시민, 기업, 정부 등 다른 행위자들이 개입하는 방법도 마찬가지로 다양해질 것이다.

UN 안전보장이사회는 모든 국가를 아우르면서 국가 주도의 군사적인 개입에 적법성을 부여해주는 유일한 국제기구로 남을 것이다. 권력을 가진 시민들의 강력한 요구로 국가가 행동에 나서야 한다는 압력이 커지는 상황에서도, UN 안전보장이사회는 1945년 창설 당시 부여받은 막강한 권한을 잃지 않을 것이다. UN 헌장이 개정되려면 194개 회원국 전체의 승인을 얻어야 하는 점을 감안할 때, 새로운 개입 권한이나 헌장이 통과되기는 사실상 불가능하다.

하지만 새로운 형태의 개입이 가능한, 보다 고차원적인 국정 영역이 존재한다. 이러한 개입은 더 작은 규모의 연합을 통해 일어날 것이다. 예를 들어, 극단적인 상황에서 잘못을 저지른 국가의 군사용 로봇을 무력화시키기 위해 국가가 서로 힘을 합치는 장면을 예상해볼 수 있다. 일부 NATO 회원국들이 개입에 필요한 새로운 권한을 만들어내기 위해 애쓰는 장면도 상상해볼 수 있다. 이러한 권한은 독립적이고 결점 없는 네트워크를 가진 안전지대를 세우기 위해, 국가가 갈등지대에 전투병을 파병할 수 있게 해줄 수 있다. 이러한 생각은 개입정책을 추구하는 국가들 사이에서 인기를 끌 것이다. 이는 지난 2011년 UN 안전보장이사회가 리비아에 대한 군사적 행동(공습을 포함한)의 권한을 부여하는 데 이용했던(그리고 이후 NATO가 썼던) 보호책임Responsibility to Protect, R2P ■399 정책의 자연스러운 연장선상에 놓여있다. 우리는 NATO 회원국들이 미래의 반란군 근거지가 세계 최초로 무인 비행 금지 구역으로 설정되도록, 그곳에 드론을 기부하는 광경을 보게 될 가능성이 매우 크다. 단, 여기에는

보호책임
한 국가가 자국민을 상대로 반인륜적 범죄를 자행했을 때 국제사회가 개입해 해당 국민을 보호할 책임을 진다는 개념.

위험 지역으로 군대를 파병하는 안은 포함되지 않을 것이다.

NATO 같은 공식기구들 말고도, 행동하라는 압력은 시민과 기업이 연관된 즉석 연맹의 형태를 통해 또 다른 배출구를 찾을 것이다. 개인이나 기업 누구도 지상 침공을 위해 병력을 동원할 수는 없다. 하지만 그들은 갈등지대에서 매우 중요한 통신 네트워크를 유지하는 데는 기여할 수 있다. 미래의 개입은 인터넷을 다시 연결하거나, 반군이 장악한 지역에 독립적이고 안전한 네트워크를 설립하는 것을 돕는 형태를 취할 것이다. 만일 국가 차원에서 내지는 국가의 지원을 받아 통신을 조작하는 일이 벌어진다면, 우리는 유엔의 승인을 기다리지 않고도 국제적인 이해 당사자들이 개입하여 무료 접속이 끊어지지 않도록 복구하면서 일치단결하는 모습을 보게 될 것이다.

연결성이 그 자체로 아주 중요하진 않다(갈등지대의 민간인들도 아마 어떤 방식으로든 이미 통신 접속이 가능할 것이다). 그보다는 안전하고 빠른 네트워크가 사람들이 뭘 할 수 있게 해주느냐가 중요하다. 임시 야전병원에서 근무하는 의사들은 의약품을 분배하고, 그것의 공중투하를 주선하고, 자신들이 보는 것을 문서화하기 위해, 국내외에서 빠르게 상호 협력할 수 있을 것이다. 반군 병사들은 기존에 사용하던 무전 연락보다 훨씬 더 유용한 플랫폼을 통해, 정부의 통신망으로부터 벗어나 거리와 상관없이 안전하게 통신할 수 있을 것이다. 민간인들은 다른 폐쇄적인 플랫폼을 통해 국외로 이주한 가족들과 상호 교류하고, 그들과 돈이나 정보를 주고받기 위해 안전한 채널(주로 다수의 프록시와 우회 도구들)을 사용하게 될 것이다.

국가연합은 반란 운동이 정부 네트워크에서 벗어나 자체 네트워크를 설립할 수 있도록 특전사 병력 등을 보내서 도울 수도 있다. 오늘날에도 이러한 조치가 취해지고 있지만, 이는 독립적인 방식으로 이루어지고 있다. 리비아의 장관들은 우리에게 프레드Fred라는 한 용감한 미국인 이야기를 들려주었다.[400] 프레드는 반군이 자체적인 통신 네트워크를 구축하는 것을 돕기로 하고, 통신장비로 무장한 채 목조 선박을 타고 반군의 중심지인 리비아 북부 항구도시인 벵가지에 도착했다고 한다. 프레드는 가장 먼저 카다피 시대에 설치된 전화 도청장치를 제거했다. 미래에 이는 하나의 전투작전이 될 것이다. 특히 바다로부터 접근하기 어려운 장소에서는 더 그렇다.

개입자들로 이루어진 연합의 구성요소는 차례차례 바뀔 것이다. 군사력은 약하지만 강력한 기술력을 보유한 국가는 새로운 강자로 부상할 것이다. 현재 국제 평화유지 임무를 수행하는 데 있어 가장 활발히 파병하는 국가 가운데 하나가 방글라데시다.[401] 미래에는 에스토니아, 스웨덴, 핀란드, 노르웨이, 칠레 등 강한 기술력을 가진 국가들이 이러한 임무를 주도할 것이다. 인터넷 연결이 잘되어 있는 국가들 사이의 연합은 정치적인 의지와 함께 고대역폭high bandwidth, 임시로 만든 독립적 모바일 네트워크, 강화된 사이버 보안력 등의 디지털 무기를 선보일 것이다. 이러한 국가는 자체 로봇이나 무인항공기 부대를 이용하여 군사 개입을 할 수도 있다. 일부 국가, 그중에서도 작은 나라는 자국에 무인항공기 부대를 만들어 다국적 협력에 이 부대를 투입하는 것이 군인부대를 양성하고 배치하는 것보다 더 쉽고, 싸고, 정치적으로 편의적임을 깨달을 것이다.

기술 기업, NGO, 개인들도 각자 독특한 가치를 지닌 무언가를 내놓으며, 이러한 연합에 참가할 것이다. 기업은 한 국가 국민들의 요구에 딱 맞춘 오픈소스 소프트웨어를 만들고, 모든 자사 제품에 대한 무료 업그레이드를 제공할 수 있다. NGO는 통신업체와 협력하여 특정 사용자 및 그들의 요구에 대한 정확한 데이터베이스를 구축하고, 어느 지역의 통신이 불안정하며 고립되어 있는지를 파악할 수 있다. 일반 시민은 자원해서 새로운 네트워크와 이 모든 상품을 테스트하며 중요한 피드백을 제공하는 것은 물론, 오류나 약점을 찾아내는 데 도움을 줄 수 있다.

———

기술이 아무리 발전한다 해도, 갈등과 전쟁은 항상 현실세계에 뿌리를 둘 것이다. 기계와 사이버 전략을 효율적으로 활용하기 위한 결정은 기본적으로 인간이 내린다. 기술은 균등한 기회를 선사해주는 도구로서, 갈등을 겪는 모든 당사자들이 더 많은 일을 할 수 있도록 그들의 능력을 향상시킬 것이다. 결과적으로, 이는 모든 갈등 당사자로부터 더 많은 메시지와 콘텐츠가 나오고, 로봇과 사이버 무기가 더 활발하게 이용되고, 전략적인 공격목표가 더 광범위하게 늘어나게 됨을 뜻한다. 증거가 영구적으로 남게 되면서 책임감이 생겨나는 것처럼 일부 가시적인 개선도 이루어지겠지만, 기술은 갈등을 순수한 차원에서는 줄여주더라도, 궁극적으로는 더욱 복잡하게 만들 것이다.

미래의 전투원들(국가, 반군, 군대)은 그간 현실세계의 갈등상황에서만 해왔던 계산들, 즉 엄격한 윤리적·전술적·전략적 계산을 이제 자신들의 의사결정에 영향을 미치는 가상전선virtual front에서도 해야 함을 깨달을 것이다. 이로 인해, 침략자가 덜 위험한 가상전선에서 앞서 언급했던 온라인 차별이나 책임 소재를 가리기 힘든 사이버 선제공격 등을 통해

보다 많은 행동을 취하도록 유도할 것이다. 다른 사례에서는 이 가상전선이 현실세계의 전선에서 침략자들이 단행할 공격의 강도부터 짐작해 보게 만드는 역할을 할 것이다. 다음 장에서 확실히 살펴보겠지만, 가상전선이 존재하는 것만으로도 여전히 강력한 개입방안을 선택할 수 있는 길이 열린다. 물론 이는 위험지역으로 군대를 파병할 필요성을 최소화시키거나 줄여준다. 드론이 순찰하는 비행금지 구역을 만들고 로봇을 이용하여 평화유지에 개입하는 것은, 갈등기간 중엔 실행할 수 있지만 확실히 유한한 조치다. 하지만 갈등이 종식되고 재건이 시작되면, 기술이 재건을 도울 기회는 무한하다.

7

THE FUTURE OF RECONSTRUCTION

재건의 미래

커뮤니케이션 기술의 발달과 널리 확산된 연결성은 재건의 속도를 단축시키고 사람들에게 정보와 권한을 주고 더 나은 사회, 더 건강하고 회복력 있는 사회를 구축하는 것을 도와줄 것이다. 약간의 창조성과 넉넉한 대역폭과 혁신하고자 하는 의지만 있다면, 이 모든 것이 가능하다.

이제 기술이 어떻게 사회 전복과 심지어 분열에 이용될 수 있는지가 아주 분명해졌다. 그렇다면 사회를 원상태로 완전히 복구시키려면 어떻게 해야 할까? 갈등이나 자연재해 이후의 재건은 오랜 시간이 걸리는 고된 과정이다. 플래시 몹flash mob[•]이나 입소문을 타고 확산되는 동영상만으로 해결할 수 있는 일이 아니다. 이렇게 커뮤니케이션 기술 하나만으로 붕괴된 사회를 재건할 수는 없겠지만, 정치·경제·안보상의 재건 노력은 모두 기술에 의해 확대되고 빨라질 수 있다. 오늘날 가벼운 오락

플래시 몹
서로 모르는 사이의 사람들끼리 온라인에서 약속을 정한 후, 정해진 장소, 시간에 맞춰 나와 미리 약속한 특정 행동을 하는 것.

용으로 이용되는 도구들이, 미래에 위기를 겪은 국가로 가게 되면 새로운 용도를 얻을 것이다. 어려움에 처한 국민은 손쉽게 더 많은 정보와 힘을 얻게 될 것이다. 낡은 모델과 방법이 갱신되거나 폐기되면서, 재건 노력은 시간이 지날수록 점점 더 혁신적·포괄적·효율적으로 변화할 것이다. 기술이 자연재해를 막거나 내전을 중단시킬 수는 없지만, 부서진 조

각들을 원상태로 복귀시키는 과정에서의 고통을 줄일 수는 있다.

미래의 갈등에 가상전선이 더해지듯이, 재건 노력도 더해질 것이다. 크레인과 불도저는 계속해서 도로를 복구하고 파괴된 교량과 건물을 다시 세울 것이다. 하지만 그와 동시에, 과거에는 재건과정의 후반부에 종종 진행됐던 주요 기능들에 대한 즉각적·동시적인 집중이 생겨날 것이다. 예를 들어, 통신시설을 세워 가동하게 되면, 물리적인 인프라와 함께 경제·통치 인프라의 재건이 가능할 것이다. 이제부터 우리는 미래의 재건 기획자들이 위기 이후 사회에 어떤 방법을 적용할지를 개략적으로 그려볼 것이다. 또한 연결성으로 인해 행동에 나서게 될 새로운 참가자들의 물결에 대해 논의하고, 사회를 보다 빨리 회복의 길에 올려놓을 수 있는 몇 가지 혁신적인 정책들을 제시할 것이다.

커뮤니케이션이 먼저다

인재人災나 자연재해로부터 탈출하려는 사회에서, 재건은 감당하기 벅찬 과제다. 도로와 건물 재건에서부터 사람들에게 그들이 필요로 하는 서비스를 다시 연결시켜주는 일에 이르기까지, 이러한 도전은 엄청난 재원과 여러 종류의 기술적인 전문지식은 물론 인내심까지 요구한다. 현대의 기술이 이러한 과정에 적절히 활용되기만 한다면 큰 도움이 될 수 있다. 우리는 미래의 성공적인 재건 노력은 커뮤니케이션 기술과 빠른 커뮤니케이션 네트워크에 크게 의지할 것이라 생각한다.

'재건의 원형a reconstruction prototype'이란 것이 생겨날 것이다. 이는 특정한 위기 이후, 상황에 맞춰 분야별로 활용과 적용이 가능한 관행과 모델들의 집합체를 말한다. 기술 기업들은 시행착오를 감안하여 이러한 원형과 '베타beta' 모델들을 사용한다. 여기에는 불완전한 제품의 경우, 초기 단계에 나오는 피드백이 결국 마지막에 더 좋은 결과를 낳는다는 철학이 깔려있다(기술 기업가들이 가장 좋아하는 격언이 바로 '일찍 그리고 자주 실패하라Fail early, fail often'이다). 재건 노력에 있어 원형과 같은 접근법을 개발하기까지는 다소 시간이 걸리겠지만, 결국 그것은 어려움에 처한 지역사회에 보다 큰 도움을 줄 것이다.

재건의 원형을 구성하는 주된 요소와 그것을 전통적인 재건 노력과 차별화시키는 것은 '커뮤니케이션 우선' 혹은 '모바일 우선'이란 사고방식이다. 커뮤니케이션 네트워크의 복구와 갱신은 이미 현대의 재건 노력 속에서 새로운 고착화를 이루었다. 앞으로는 붕괴된 사회의 통신 인프라를 가장 빠르게 갱신하는 것이 모든 재건 담당자의 최우선순위가 될 것이다. 그것에 꼭 재건의 성공이 달려있어서 그런 것이 아니다. 지난 10년 동안에도 그러한 변화는 꾸준히 목격되어왔다.

2000년대 초만 해도, 갈등 후의 재건은 통신 복구보다 통신 설치에 초점이 맞춰졌다. 아프가니스탄이나 이라크에는 정권교체 전까지 어떤 모바일 네트워크의 형태도 존재하지 않았다. 탈레반 정부는 거의 모든 소비자 기술consumer technology에 극렬히 반대했고(비록 그들은 정부 관계자들만 제한적으로 사용할 수 있었던 작은 GSMGlobal System for Mobile Communications ■이라는 네트워크를 가졌지만 402), 사담 후세인은 자신의 전제주의국가 내에서 휴대전화 사용을 전면 금지했다.403 정권이 무너지자, 이라크 국민은 사실상 아무런 인프라나

GSM
유럽전기통신표준협회가 제정한 디지털 이동통신 시스템의 표준 규격.

현대적인 기기가 없는 상태가 되었다. 그 뒤 이어진 싸움에 참가한 전투원만이 유일하게 이동식 커뮤니케이션 기기(일반 무전기)를 가질 수 있었다.[404]

2003년 이라크에 파견된 미국의 민간 재건팀은 그곳이 통신의 불모지임을 발견했다. 초기에 위성전화를 사용하려고 해봤지만, 양쪽 통화자 모두가 밖에 서 있을 때만 통화가 되는 바람에 당황할 수밖에 없었다. 말할 것도 없이, 이는 전쟁 지역에서 흔히 겪는 불편함이다.* 이라크의 임시당국연합Coalition Provisional Authority, CPA은 응급조치로 현지 통신사인 MTC-보다폰MTC-Vodafone과 계약을 맺고 이라크 남부에 기지국을 세우며 통신서비스를 개시했다.[405] 동시에 또 다른 통신사인 MCI는 바그다드에서 같은 임무를 맡았다.[406] CPA의 전前 고위관계자에 따르면, 말 그대로 하룻밤 사이에 이라크 전역에 기지국들이 세워졌으며, 현지 관리와 UN 직원은 수천 통의 휴대전화를 받아 중요한 정치인들에게 전달했다고 한다(아주 묘하게도 모든 전화가 '917'이라는 지역번호를 사용하면서 뉴욕 5개구와 지역번호를 공유했다).[407] 이러한 노력은 필수적인 인프라를 구축하면서, 절멸 직전의 이라크 통신산업을 되살려놓았다. 그리고 몇 년 사이, 이 분야는 급속하게 발전했다.

탈레반 붕괴 후 곧바로 UN이 모바일 네트워크를 세운(사용을 장려하기 위해 무료로 서비스를 제공했다) 아프가니스탄에서는 지난 10년간 모바일 시장이 급성장했다. 이는 상당 부분 민간 모바일 운영업체에게 허가를 내주기로 결정한 아프가니스탄 정부 덕분이었다. 2011년 아프가니스

---

* 이러한 불편함은 미국이 사담 후세인의 예전 궁전에 작전본부를 세우는 바람에 더 심해졌다. 그 궁전은 이 피해망상에 가득 찬 독재자에 의해 전자장비 사용이 차단되어 있는 것으로 드러났기 때문이다.

탄에는 정부로부터 허가받은 대형 운영업체가 네 곳 있었는데, 이들은 휴대전화 총 가입자 수가 약 1,500만 명에 이른다고 주장했다.[408] 하지만 이라크와 아프가니스탄에 도착한 재건팀은 빈약한 인프라, 전무한 가입자, 의심스러운 상업적 전망 등 백지 상태에 맞닥뜨린 것만 같았다. 전 세계 모바일 보급률과 통신산업의 확장속도를 감안할 때, 앞으로는 이처럼 아무것도 없는 상황과 마주치는 것이 거의 불가능한 일이 될 것이다.

지난 2010년 대지진 이후 아이티에서는 커뮤니케이션 분야의 주된 과제는, 설치가 아니라 처참하게 파손된 통신 인프라의 광범위한 복구였다. 국가 전체가 심한 피해를 입었지만 커뮤니케이션 네트워크를 되살리고 가동하는 작업은 비교적 빠르게 진행되었다. 본 지진과 이어진 여진으로 인해 모바일 인프라는 심각한 피해를 입었지만, 현지 통신사들과 미군의 빠른 판단 및 협력에 힘입어 단 며칠 사이에 통신 기능이 복구될 수 있었다.[409] 지진 발생이 있고 열흘 뒤, 두 곳의 대형 이동통신 운영업체인 디지셀Digicel과 보일라Voila는 지진 이전과 비교해 70~80퍼센트 수준까지 기능을 회복했다고 보고했다.[410]

당시 국무부 소속이던 제러드는 아이티 지진이 일어나자마자 바로 인도네시아의 미국 대사관에 연락을 취했다. 지난 2004년 동남아시아 14개국에서 23만 명의 목숨을 앗아간 쓰나미 이후 얻은 교훈을 알려주기 위해서였다. 제러드의 메시지는 분명했다. '이동전화기지국들을 되살리고 작동시켜라! 그리고 통신 문제가 긴급구조보다 후순위라고 생각하는 사람들의 주장을 제압하라'는 것이었다.[411] 빠르게 작동하는 네트워크를 복구하는 것은 긴급구조보다 후순위의 일이 아니다. 그 둘은 상호보완적이다.

아이티 내 대다수의 이동전화기지국들은 지진 전에도 전력 대신 발전기에 동력을 의존했으므로, 서비스 범위를 유지하는 데 인프라보다는 연료가 더 중요할 때가 종종 있었다. 절박한 사람이 연료를 훔쳐가지 못하도록, 기증받은 이 기지국들을 지켜야 했다.[412] 그럼에도 파괴와 혼돈 속에서 통신서비스를 유지하는 능력은, 지원조직을 편성하여 가장 도움이 절박한 지역 혹은 사람에게 파견하는 일에는 물론, 아이티 안팎에서 가족과 친구들이 서로 연락하게 해주는 데 필수적이라는 사실이 입증됐다. 실제로 지진 발생 뒤, 아이티에서 처음 전해온 사진 중 일부는 아이티인들이 휴대전화로 찍어서 보낸 것이었다. 지진의 직접적인 피해자들은 모두 대규모의 물리적인 피해를 입고 인간적 고통에 시달리는 와중에도, 커뮤니케이션이 가능하다는 게 얼마나 중요한지를 깨달았다.

지난 2010년 시작된 아랍세계의 민주화운동은 이 통신 우선주의가 가진 장점을 보여주는 또 다른 사례에 속한다. 이집트에서 호스니 무바라크가 대통령 자리에서 물러나기 바로 직전, 보다폰은 신속하게 서비스 복구에 나섰다.[413] 이는 통신 분야가 민첩해지고 상황판단이 빨라졌다는 것을 보여주는 전조였다. 보다폰의 CEO 비토리오 콜라오는 이렇게 말했다. "우리는 폐쇄조치가 해제되면 가장 먼저 서비스를 제공할 수 있도록, 직원들을 네트워크 센터에 머물게 했습니다.[414] 음식과 물을 확보해놓고, 인근 호텔에 방도 얻어놓았어요. 그리고 사람들이 우리 시설에 들어와 네트워크를 망가뜨리지 못하도록 확실히 보호했습니다." 이러한 노력의 결과, 보다폰은 가장 먼저 서비스를 재개한 통신업체가 되었다. 이집트는 갑자기 이야깃거리가 많아진 커다란 시장이 되었고, 여기에 진입하려는 회사 입장에서는 그 '첫 번째'라는 것이 아주 중요했다. 콜라오는 이집트 고객에게 보다폰의 가치를 입증해준 똑똑하면서도 공감을 불러일으키는 전략을 소개했다. "우리는 이집트 고객에게 집에 있는 가족과 통화할 수 있는 통화권을 증정했습니다." 보다폰은 또 트래픽 부하traffic load도 해결해주었는데(즉, 이집트 사용자들을 위해 네트워크 공간을 늘려주었다), 콜라오는 "이는 네트워크가 정상화되었을 때, 네트워크를 처음 이용하는 고객들이 자신의 안전을 친척들에게 알릴 수 있도록 20유로어치의 통화를 하게 해주려는 조치"였다고 설명했다.

전기통신에 대한 의존도는 심지어 가난한 사회에서도 이러한 기술이 얼마나 중요해졌는지를 잘 드러낸다. 오늘날 대부분의 경우, 우리는 네트워크 복구에 대해 이야기할 때 인터넷 연결성이 아니라 음성 및 문자 서비스에 대해 주로 언급한다. 하지만 사람들이 어떤 장소에서나 음성 통화보다는 데이터서비스에 더 의존하기 시작하면서, 이러한 추세는 앞으로 10년 뒤엔 바뀔 것이다. 위기를 겪은 뒤에는 인터넷 연결성을 복구해야 한다는 압력이, 현재 우리가 보고 있는 음성 및 문자 서비스 복구에 대한 압력을 작아 보이게 만들 것이다. 이는 사용자를 위해서만이 아니다. 재건 관계자들이 목표를 달성하는 데도 빠른 데이터 네트워크가 도움이 될 것이다. 필요한 경우, 지원단체가 저대역폭low-bandwidth 및 ISP와 맞물려 작동하게 될 이동식 4G 기지국을 배치할 것이다. 그럴 경우 데이터가 모바일 기기에서 근처의 기지국으로 이동한 뒤, 다른 여러 기지국들을 거쳐 결국 광활한 인터넷에 접속할 수 있는 광섬유 케이블에 도착할 수 있다. 정보 검색속도는 느려지겠지만, 이러한 이동식 장비의 배치가 재건을 가속화하는 데 필요한 충분한 연결성을 제공할 것이다.

미래의 스타, 통신업계

전기통신업계가 이처럼 열정적으로 상황을 주도하는 것은 재건의 원형이 가진 주된 특징이 될 것이다. 민간 분야의 통신사들은 이제 국영 기업체나 협력 파트너로서 앞장설 것이다. 오늘날에는 벡텔Bechtel 같은 건설업체가 정부와 계약을 체결해서 물리적 인프라의 재건 임무를 맡는 경우가 종종 있다. 하지만 세상이 커뮤니케이션을 우선시하게 되면서, 여기에 통신사들이 먼저 뛰어들 것이고 다른 기업들처럼 그들도 돈을 벌 것이다. 위기 이후의 사회에서는 수색활동과 구조활동을 공조하고, 사람들과 소통하고, 법치를 유지하고, 구호품 분배를 체계화·용이화하고, 실종자들의 행방을 알아내고, 이재민이 새로운 환경을 헤쳐나갈 수 있도록 돕기 위해, 가능한 빨리 견고한 네트워크를 구축해야 한다. 통신사들은 현대적인 커뮤니케이션 네트워크 설립과 유지를 위해 보유 재원을 투자할 것이고, 타당한 상업적 동기를 갖게 될 것이다. 만일 통신부문이 초기부터 적절히 규제를 받는다면, 모든 당사자에게 돌아갈 공동의 혜택은 꽤 클 것이다. 통신사들은 수익을 올릴 것이고, 재건 담당자들은 더 빠르고 성능 좋은 도구를 갖게 될 것이다. 사람들은 대체로 믿을 수 있고, 빠르고, 저렴한 서비스를 이용할 수 있을 것이다(특히, 통신부문이 초기부터 경쟁을 벌여왔다면 더 그렇다).

건전한 전기통신부문이 선사하는 장기적인 혜택은, 안정성을 회복할 때까지 오랜 시간이 걸리더라도, 그것이 경제성장을 촉진하고 용이하게 만든다는 점이다. 일반적으로 단기적인 지원프로그램보다는 인프라, 일자리, 서비스에 대한 직접투자가 경제에 더 많이 기여한다. 게다가 전기통신은 상업적으로도 보통 수익성이 가장 높으면서, 지속 가능한 분야로 꼽힌다. 아프가니스탄의 최대 이동통신 운영업체인 로샨Roshan은 그곳의 가장 큰 투자자이자 납세자다.[415] 로샨은 아프가니스탄에서 수천 명을 고용하고 있으며, 아프가니스탄 정부의 세수 가운데 약 5퍼센트를 부담하고 있다.[416] 이는 아프가니스탄의 수준 이하의 인프라와 낮은 소득 수준, 여기에 10년 이상 지속된 전쟁에도 불구하고, 사실이다. 미래에는 재건 노력에 참가하는 똑똑한 행위자들(정부, 다국적 조직, 구조단체들)이 통신사를 경쟁자 혹은 나중에 생각해도 되는 대상으로 간주하기보다는, 통신의 가치를 바로 인정하고 그에 따라 네트워크 설립을 우선순위에 올릴 것이다.

전기통신 사업은 수익성이 좋기 때문에(활동이 비정상적으로 많아지는 위기 이후에는 더 그렇다), 현지 기업과 다국적 기업에게는 모두 풍부한 참여의 기회가 생길 것이다. 재능 있는 현지 기술자들은 초창기 경제를 돕기 위해 오픈소스 소프트웨어를 이용하여 자체 플랫폼과 애플리케이션을 만들 것이다. 외부 업체나 조직과 협력하기도 하고, 자신의 기술로 직접 이바지할 수도 있다. 전기통신 분야에 대한 대부분의 투자는, 국민에게 유용한 서비스를 제공하는 간단한 거래이자 노력일 것이다. 하지만 새로이 부상하는 기업가들이 새로운 디지털 과두제寡頭制를 이룰 위험도 일부 있다. 이들은 아마도 재난 이후라는 상황을 이용하여 핵심산업을 거머쥐려는 연줄 든든한 현지 사업가이거나, 사세 확장을 노리는 외국기업의 임원일지도 모른다. 이렇게 되면 다시 규제가 중요해진다. 모든 재건 노력이 그러하듯, 책임자들은 급변하는 환경 속에서 그러한 책략을 경계해야 하며, 감시감독 권한을 효과적으로 활용해야 한다.

다른 국외 투자자 집단, 국외 이주민 그리고 단순히 금전적 이유가 아닌 개인적으로 관심이 있는 사람들이, 이들 기업가와 디지털 과두제 집권층과 뒤섞일 것이다. 미래에는 새로운 국가와 연결을 모색하는 투자자들이 전 세계와 연결되면서 보다 깊고 다면적인 관계가 만들어지는 것을 목격할 수 있을 것이다. 실시간 뉴스속보, 활동적인 소셜네트워크, 자동 언어번역 프로그램으로 인해, 투자자들은 자신이 사업을 벌이고 있는 국가와 더 가까워졌다는 느낌을 받을 것이다. 이는 전 세계 이민자 사회가 가진 깊이 있는 지식과도 비슷하다. 이는 그들을 더 장기적이고 더 나은 투자로 인도할 것이며, 그들과 그들이 상호 작용하는 사회 모두에게 유익한 관계를 만들어줄 것이다.

멕시코의 통신 거물이자 2013년 현재 세계 최고의 부자인 카를로스 슬림Carlos Slim Helu보다 이 사실을 더 잘 이해하는 사람은 드물다. 그는 1,500만 명에 달하는 레바논 이민자 중 한 명이다. 그의 아버지는 1902년 오스만 제국의 징병을 피해 레바논에서 멕시코로 이주했다. 오늘날 그는 전 세계적으로 다양한 기업들에 투자하고 있다(〈뉴욕타임스〉 지분도 8퍼센트를 갖고 있다).[417] 그는 이민자의 아들로서 겪은 일이 어떻게 그의 시각에 영향을 주었는지에 대해 이렇게 설명했다. "나는 내가 단지 레바논인이라는 느낌을 넘어, 전적으로 이 세상의 일부라고 느낍니다. 나는 내가 레바논인이면서 그곳에서 발생하는 도전들에 얽혀있다는 점, 또한 남미에서 활동하는 사업가이면서 내가 사업을 벌이는 국가들을 향해서도 동시에 책임감을 느낀다는 점에서 '절충형 인간' 같습니다."[418]

그는 자신의 경험이 독특하지 않다고 설명했다. 그러면서 미래에는 개인적인 유산에서 비롯된 지역적 관심, 사업 기회, 단순한 호기심이 서로 겹치면서 모든 사람이 "보다 세계화되면서 보다 현지화"될 것이라고 예견했다. 그는 자신을 자칭 '사업적 이주민business diaspora'이라는 새로운 집단의 일원으로 묘사했다. 초국가적 사업가인 그는 이렇게 덧붙였다. "우리는 단지 돈을 넣었다 빼기 위해 다른 국가로 가지 않습니다. 우리는 그곳에 머물기 위해, 그 국가 발전의 일부가 되기 위해 사업을 한다고 믿어요. 이런 말이 너무 낭만적으로 들릴 수도 있습니다. 하지만 이것이 현명한 사업방법입니다. 시장, 수요, 소비자, 가능성을 키운다면 사업도 더 좋아지기 마련이죠."

점점 더 서로 연결되는 세상에서는 기업의 진입 장벽이 낮아지면서 대규모 자본을 투자할 수 있는 재력을 가진 사람만이 사업적 이주민이 되는 특별한 경험을 할 수 있는 것은 아닐 것이다. 예를 들어, 인디애나 주에서 컴퓨터공학을 공부하는 학생이 개발한 대중적인 소셜네트워킹 사이트용 게임이 갑자기 스리랑카 사용자들 사이에서 급격한 인기를 얻었다고 상상해보자. 미래의 사업가라 할 수 있는 그 학생은 아마 여권조차 가지고 있지 않겠지만(더군다나 스리랑카에 대해서는 거의 아는 것이 없을 것이고), 그의 게임은 이유를 막론하고 높은 수익을 올리게 된다. 호기심이 커진 그 학생은 페이스북이나 구글 플러스에 스리랑카인 친구들을 추가하고 트위터를 통해 현지 뉴스를 팔로우 한다. 그러고는 스리랑카에 대해 배우기 시작하고, 여행도 간다. 이렇게 그는 재빨리 스리랑카와의 디지털 관계를 발전시킬 텐데, 이 관계는 향후 몇 년간 지속될 것이다. 수백만 명의 기업가와 애플리케이션 개발자 및 사업가들은 미래에 이와 비슷한 경험을 할 것이다. 실제로 예상하는 것보다 온라인 시장은 더 커지고 다양해질 것이기 때문이다.

이런 전망은 물론 고무적이다. 하지만 아무리 조직적이고 좋은 의도를 가진 통신업체라 해도 정부기관의 중대한 업무를 대신하지는 못할 것이다. 안보나 공중위생 프로그램, 청정수 공급, 대중교통 인프라, 기초교육처럼 오직 정부만이 국민에게 제공해줄 수 있는 기본적인 재화나 사회적 서비스들이 존재한다. 연결성과 전기통신은 이러한 기능들의 효율성을 개선시키겠지만, 이는 다음 사례가 보여주듯 오직 현장의 기관 담당자들과 제휴를 해야만 가능할 것이다.

1991년 최초의 붕괴를 맞은 소말리아는 세계 최악의 파탄국가가 되었다. 기근, 부족 간 전쟁, 외세의 침략, 테러리스트의 내란, 지역 간 분열은 잇따라 들어선 과도정부들을 좌절시켰다. 지난 몇 년간 소말리아 내의 휴대전화 사용자 수 증가는 이 무정부 상태의 나라에 등장한 몇 안 되는 성공담 중 하나다.[419] 제 기능을 하는 정부와 안보가 부재한 가운데서도, 전기통신 산업은 사회적으로 수많은 중요한 역할을 해왔다. 이 산업은 소말리아에 일자리, 정보, 안보 그리고 외부세계와의 중요한 연결점을 제공했다. 실제로 전기통신은 소말리아 내에서 조직화되었고, 부족 간의 역학관계를 초월했으며, 크게 세 개로 나뉜 지역들(사우스센트럴 소말리아(모가디슈Mogadishu), 북동부의 푼트랜드Puntland, 북서부의 소말리랜드 Somaliland)을 넘나드는 거의 유일한 존재였다.[420] 소말리아에는 단 한 곳의 상업은행(2012년 5월에 설립)이 있다. 그래서 휴대전화가 보급되기 전까지 소말리아인들은 자금이체를 위해 비공식적 네트워크인 하왈라에 의존해야만 했다. 이 시스템하에서는 어떤 거래기록도 남지 않는다. 오늘날에는 수십만 명의 소말리아인이 자국 내에서 돈을 이체하거나 국외에서 송금된 돈을 수령할 때 모바일 자금이체 서비스를 이용한다.[421] SMS 기반의 플랫폼은 가입자들이 이메일을 이용하거나 주식과 날씨정보들을 받아볼 수 있게 해준다.

국외 NGO와 기업들은 소말리아 국민의 장래를 밝히고자, 조금씩이나마 정기적으로 모바일 기술 시범사업들을 시작해왔다. 우리는 SMS 기반의 일자리를 찾아주는 플랫폼이나 원격진단을 통한 모바일 건강관리 시스템 등의 시도를 목격했다. 하지만 대부분의 시도는 기반을 마련하는 데 그다지 성공적이지 못했는데, 이는 그곳의 적대적 치안상태나 사업환경을 감안하면 그다지 놀라운 일이 아니다. 때문에 오늘날 소말리아에서, 혁신의 대부분은 소말리아인들 스스로가 만들어내고 있다. 이는 다른 개발도상국에서와 마찬가지로, 가장 창의적인 해결책은 현지에서 등장하며, 무엇보다 필요에 의해 혁신이 주도됨을 보여준다. 소말리아에 정부가 없다는 것은 전기통신 분야가 규제받지 않는다는 의미이며, 이는 곧 그 분야의 가격이 하락할 것이라는 점을 시사한다. 기업가는 기회가 있다고 판단하면(그리고 리스크를 감당할 자신이 있다면) 시장에 진입하여 네트워크를 세우기 때문이다. 이는 정부가 기능을 멈췄을 때 흔히 나타나는 패턴이다. 사담 후세인이 몰락하고 몇 주 뒤, 한 바레인 통신사가 이라크 남부에 진출하려고 했다.[422] 이 회사는 새로운 고객을 확보하고자 그곳과 바레인 국민 모두가 대부분 시아파라는 사실, 즉 종파적 유대관계를 이용하려 했다. 하지만 이 지역을 점령한 군 당국이 종파 간 긴장이 악화되는 것을 우려한 탓에, 결국 이 통신사의 모험은 실패하고 말았다.

소말리아 내의 극단적인 자유방임적 사업환경 덕에, 소말리아는 아프리카에서 가장 싼 국내외 전화요금과 인터넷요금을 자랑하는 국가가 되었다. 이로 인해 극빈층에 속하는 소말리아 국민들은 더 쉽게 모바일 서비스를 이용할 수 있게 되었다. 미국에 있는 소말리아인이 고향에 있는 가족에게 전화를 걸면, 고향의 가족은 그 전화를 끊고 본인이 다시 전화를 걸지도 모른다. 세금 납부를 요구하거나 사업면허에 대해 대가를 요구하고 규제비용을 요구하는 정부가 없으니, 통신사는 흑자를 유지한 채 가입자 기반을 늘리기 위해 낮은 요금을 유지할 수 있는 것이다. 소말리아의 휴대전화 보급률은 예상보다 훨씬 높은 20~25퍼센트 정도다.[423] 네 곳의 주요 통신업체들이 소말리아 전국은 물론, 60~70마일 떨어져 있는 이웃국가 케냐에도 음성 및 데이터 서비스를 제공한다.

이 같은 커뮤니케이션 분야의 성과에도 불구하고, 소말리아는 여전히 극단적으로 불안한 국가로 남아있다. 소말리아 반군들은 불안감을 확산시키기 위해 소말리아의 연결성을 이용해왔다. 알 샤바브 이슬람 반군 세력은 아프리카연합African Union ■의 평화유지군에게 협박전화를 걸거나 메시지를 보낸다. 이슬람 급진주의자들은 모바일뱅킹 플랫폼의 사용을 금지하고 있으며, 전기통신 인프라를 파괴하기도 한다. 소말리아 해변에서 활동하는 해적들은 자신들이 쓰는 위성전화가 다른 국제 전함들에게 추적당하는 것을 우려하여, 현지 통신 네트워크를 이용해 교신한다.[424] UN 안전보장이사회는 지난 2012년 2월 발표한 보고서에서 소말리아 최대 통신사인 호르무드Hormuud의 대표가 알 샤바브의 최고 재력가 중 한 명으로 드러남에 따라 그를 여행금지 대상자 목록에 추가시켰다(이 보고서는 또한 알리 아메드 누르 지말레Ali Ahmed Nur Jim'ale라는 남성이

아프리카연합
2002년, 아프리카경제공동체와 아프리카통일기구를 합쳐 설립한 아프리카 최대 규모의 국제기구. 회원국은 53개국이다.

알 샤바브에게 익명으로 자금을 지원할 수 있도록 호르무드에서 모바일 송금 시스템을 만들었다고 밝혔다).[425]

분명 소말리아가 처한 상황은 복잡하다. 하지만 소말리아가 조만간 이 불안정한 상황에서 벗어난다면, 새로운 정부는 분명히 자국 내 통신 사업자 중에서 호의적인 파트너들을 찾게 될 것이다.

—

원격으로 운영하는 가상정부

이상적으로 봤을 때, 재건 노력은 기존에 존재하던 것을 되살리기 위해 애쓰는 일 외에도 기존의 것을 개선시키고 또 재해의 재발 위험을 줄여주는 방법이나 기관을 개발하는 일에도 관여한다. 세부적으로 뜯어보면 다를지 몰라도, 대부분 위기를 겪은 사회는 기본적으로 필요한 것이나 국가를 건설하는 데 필요한 요소가 대체로 유사하다. 여기에는 행정상 영토의 통제, 폭력을 행사할 수 있는 독점적인 권리, 공공재정의 견실한 관리, 인적 자본에 대한 투자, 인프라 제공, 시민권과 의무 수여 등이 포함된다.* 이러한 조건을 갖추기 위한 노력은 재정적·기술적·외교적으로 상당 부분 국제사회에 의존하겠지만, 이를 주도해야 하는 것은 반드시 그 위기를 겪은 국가여야 한다. 만약 재건작업이 자체적으로 추진되지 않거나, 적어도 그 사회의 정치적·경제적 목표들에 부합되지 않는

---

* 우리는 이런 의무들을 국가효율성연구소Institute for State Effectiveness의 창립자들인 클레어 록하트Clare Lockhart와 아슈라프 가니Ashraf Ghani가 함께 쓴 책 《파탄국가 고치기Fixing Failed States》에서 언급된 10가지 국가 기능 목록에서 가져왔다.[426]

것처럼 보인다면, 재건에 실패할 확률은 급격하게 높아진다.

기술은 실물자산에 대한 가상기록virtual records을 안전하게 지킴으로써 재산권을 보호해줄 것이다. 그래야만 사회가 안정되면서 재산권을 조속히 되찾을 수 있다. 투자자들은 재산의 소유권과 안전이 잘 지켜지지 않는다고 느끼는 국가에는 투자하지 않을 가능성이 크다. 침공 이후, 이라크에서는 외국으로 망명했거나 추방되었다가 돌아온 사람들 혹은 주민들이 사담 후세인 정권에 의해 몰수되었던 재산을 되찾거나 보상받는 것을 허용하기 위한 세 개의 위원회가 설립됐다.427 또 이와 관련된 분쟁을 해결하기 위한 권위기구도 세워졌다.428 이들은 갈등 이후의 불안정한 상황을 이용하여 부당한 이익을 얻거나 무력으로 재산권을 주장하는 사례를 해결하면서, 이라크 재건에 중요한 역할을 했다. 하지만 그 의도는 좋았을지라도(2011년까지 16만 건 이상의 권리 주장이 접수되었다),429 이 위원회들의 업무는 많은 주장을 복잡한 법적 소송으로 몰아가는 관료주의적인 제한요인들 때문에 방해를 받았다. 미래에 국가는 보다 투명하고 안전한 재산권 보호의 형식이 갈등 상황에 생길 번거로운 일들을 사전에 예방할 수 있다는 사실을, 이러한 이라크 모델로부터 배울 수 있을 것이다. 정부는 온라인 토지대장시스템(즉, 토지의 가치와 경계에 대한 온라인 기록시스템)과 모바일로 가능한 측량 소프트웨어를 개발함으로써, 국민이 모든 공적·사적 토지들을 확인할 수 있게 만들 수 있다. 국민은 담장 경계와 같은 사소한 분쟁을, 인가받은 온라인 중재자에게 의뢰할 수도 있다.

미래에 사람들은 단지 개인의 데이터를 백업하는 차원에서 벗어나 정부도 백업할 것이다. 앞으로 등장할 재건의 원형에서는 현실세계의 기관과 함께 가상기관이 존재하면서, 필요 시 현실세계 기관의 백업 역할을 수행할 것이다. 정부 부처를 위해 모든 기록이 보관되고 서비스가 제공되는 건물을 세우기보다, 그 정보를 모두 디지털화하여 클라우드에 저장할 것이다. 또한 많은 정부 기능이 온라인 플랫폼을 통해 실행될 것이다. 쓰나미가 한 도시를 파괴한다면 모든 정부 부처는 복구작업을 수행하는 한편, 일부 기능을 온라인상에서 계속 수행할 것이다.

가상기관은 새로 들어섰거나 전쟁의 충격을 받은 정부가 국가의 서비스를 최대한 효과적으로 제공하고, 모든 재건 노력의 핵심기능을 담당하게 만들어줄 것이다. 가상기관이 모든 일을 할 수는 없겠지만, 어쨌든 이것은 엄청난 도움이 될 것이다. 피난처 배정 등의 업무를 담당하는 사회복지 부서의 경우에는 여전히 국민과 소통할 수 있는 물리적 전초기지가 필요하겠지만, 추가자료를 확보함으로써 침상을 효과적으로 배분하고 무엇보다 가용 재원을 확실히 파악할 수 있을 것이다. 가상군대가 법치를 강제하지는 못하겠지만, 군대와 경찰이 임금을 확실히 받게 해줄 수는 있다. 또한 이는 가상군대에 대한 일부의 우려를 누그러뜨려줄 것이다. 보유한 자료를 클라우드 제공업체에게 맡기는 것에 대해 정부가 여전히 걱정할 수 있겠지만, 데이터를 백업해둔 기관을 통해 얻는 마음의 평화는 클라우드 제공업체가 생기는 것을 정당화시키기에 충분할 것이다.

이러한 기관은 기록을 보존하고, 고용주가 임금을 지급하도록 만들고, 국내에는 물론 국외에 거주하는 이민자들의 데이터베이스도 유지하면서, 국민을 위한 안전망 역시 제공해줄 것이다. 이 모든 것은 재건의 과정에서 현지의 소유권 확보 움직임을 가속화시킬 것이며, 갈등이나 재해 이후 전형적으로 나타나는 낭비 혹은 부패를 제한하는 데 유용할 것이다. 정부가 붕괴될 수도 있고 전쟁이 물리적인 인프라를 파괴할 수도 있지만, 가상기관은 살아남을 것이다.

제2차 세계대전 중에 폴란드나 벨기에, 프랑스 정부는 런던에서 운영되어야 했다. 망명정부는 이제 이들과 다르게 기능을 수행할 수 있을 것이다. 가상기관들이 기능을 잘 수행하기만 한다면, 미래의 정부는 전례 없는 수준의 효율성과 영향력을 발휘하며 원격으로 국정을 운영할 것이다. 이는 자연재해나 이보다 좀 더 장기적인 내전 때문에 생겨나는 움직임이 될 것이다. 알 샤바브 반군들이 점령했거나, 부족 간 전쟁으로 사람이 살기 어려운 환경이 되었다는 이유로, 갑자기 사면초가에 빠진 소말리아 정부에 모가디슈가 적대적으로 변했다고 상상해보자. 가상기관들이 준비되어 있다면, 국내외에서 정부 관계자들이 일시적으로 재배치될 수 있고 일정 형태로 소말리아의 민정民政에 대한 통제를 유지할 수 있을 것이다. 그들은 최소한 국민이 급여를 받도록 주선하고, 지원조직이나 국외 기부자들과 협력하고, 투명한 방식으로 소통하면서, 국민에게 일정 수준의 신뢰를 얻을 수 있을 것이다. 물론 이처럼 원격으로 실시되는 국정이 결코 최후의 수단이 될 수는 없다(확실히 물리적인 거리는 국민이 정부로부터 느끼는 신뢰감과 책임감을 바꿔놓을 것이다). 그리고 그러한 시스템이 작동하려면, 신속하고 믿을 수 있으며 보안이 뛰어난 네트워크, 정교한 플랫폼, 완전히 연결된 국민처럼 일정한 전제조건이 마련되어야 한다. 오늘날 이러한 준비가 된 국가는 없다(소말리아라면 특히 더 그렇다). 하지만 현재 국가들이 그러한 시스템 구축을 시작할 수만 있다면, 그들은 필요할 때 준비되어있을 것이다.

원격의 가상 국정운영virtual governance이 가진 잠재력은 망명 정치인들에게 많은 영향을 미칠 것이다. 본토에서 떨어져 사는 유명인사들이 예전에는 연결성을 유지하려면 비공식적인 채널에 의존해야 했지만(1970년대 이란의 시아파 종교 지도자 아야톨라 호메이니Ayatollah Khomeini는 메시지를 전파하기 위해 파리에서 녹음된 오디오 카세트테이프를 이란으로 밀반입시키는 방법을 썼던 것으로 유명하다), 오늘날에는 보다 빠르고 안전하면서 더욱 효과적인 다양한 대안이 등장했다. 미래에 망명 정치인들은 강력하고 유능한 가상기관과 함께 고국 국민의 욕구를 충족시켜주고 그들과 소통할 수 있는 그림자 정부shadow governments ■를 세울 수 있는 능력을 갖추게 될 것이다.

그림자 정부
음모론에 등장하는 개념으로 전 세계의 정치, 경제 등을 뒤에서 조종하는 실질적인 세계 정부라는 의미.

이것은 생각보다 비현실적인 얘기가 아니다. 연결성 덕분에 망명자들은 전임자들에 비해 국민과의 사이가 멀어지지 않게 될 가능성이 아주 커질 것이다. 그들은 고국의 분위기와 동향에 적절하게 대응하면서, 간단한 대중적 기기들과 플랫폼을 이용하여 뚜렷한 목적이 담긴 메시지를 전달할 것이고, 이로써 국민들 사이에 영향력과 파급력을 넓혀나갈 수 있을 것이다. 망명 지도자들은 정당을 조직하거나 조직적인 운동을 벌이기 위해 한 장소에 모일 필요가 없을 것이다. 이들 사이의 중요한 차이점은 지리적인 것이 아니라 이데올로기적인 것이기 때문이다. 이들이 일관성 있는 플랫폼과 국가 비전을 갖고 있을 때, 이들은 고국 땅에 한 발도 내딛지 않고도 자신들의 계획을 고국 국민에게 신속하고 안전하게 전할 수 있을 것이다. 심지어 공식 정부가 그것의 유입을 막을 수 없도록 수백만 개의 복사본을 만들어 전달할 수도 있다.

망명자들은 대중적인 지지를 얻어내기 위한 홍보 차원에서, 자신들이 통제하는 가상기관을 통해 국민의 전폭적인 지지를 이끌어낼 것이다. 지역사회의 거점을 지키고자 다양한 국적으로 구성된 국내 안전보장군 security force에 비용을 지급하고 이들을 배치하는 그림자 정부가 있다고 상상해보자. 이 그림자 정부는 파리에서 사이버 의료혜택을 제공하고 (독립적인 병원 행정업무, 무료백신 캠페인의 주선, 가상 건강보험 계획의 확대, 의사들의 원격 진료가 가능한 네트워크 준비 등), 런던에서 온라인 학교와 대학을 운영할 수도 있다. 이 망명정부는 모든 선거 유세나 투표를 온라인상에서 진행하면서, 자체 의회를 구성할 수도 있을 것이다. 의회 구성원들은 여러 국가에서 뽑힐 수 있고, 라이브 스트리밍 비디오를 통해 전달되는 의회의 의사진행 과정을 전 세계적으로 수백만 명이 시청할 수 있다. 정부 기능을 수행하는 그림자 정부의 형태만으로도, 고국 국민은 공식 정부에 대한 지지를 철회하고, 망명자들에 의해 원격으로 구성되고 운영되는 정부로 지지를 돌릴지 모른다.

재건의 원형이 가진 남은 특징은, 국외 이주민 공동체와의 밀접한 관계다. 망명정부는 종종 국외 이주민 중 지식인을 끌어들이는데, 외부 공동체의 역할은 정치적인 것뿐만 아니라 재정적인 부분도 있다(송금의 형태로). 연결성은 이러한 집단이 다양한 범위의 이슈에 대해 보다 긴밀하게 공조할 수 있게 된다는 것을 의미한다. 국외 이주민 사회의 일원들이 가지고 있는 지식들, 특히 재건과 관련한 통찰력 있는 지식은 매우 유용하다. 따라서 위기 이후의 사회에서는 커뮤니케이션 기술을 십분 활용, 그러한 예비 인재들을 의미 있는 방식으로 개발할 수 있을 것이다. 우리는 이미 최근 일어난 몇몇 세계의 위기상황에서 이러한 징후를 목격했다. 소말리아의 국외 이주민들은 지난 2011년 '아프리카의 뿔Horn of Africa▪'에서 발생한 가뭄으로 피해를 입은 지역을 확인하기 위해 구글 맵 메이커Google Map Maker▪ 같은 도구를 적극적으로 이용했다.[430] 그들은 다른 외부인보다 정확한 보고서를 작성하기 위해, 본인들의 현지 지식과 연고를 이용했다.

미래에 우리는 의사, 경찰, 건설노동자, 교사 등 직업별로 국외 이주민 예비군이 결성되는 모습을 보게 될 것이다. 국가가 어려운 시기에 필요할 수 있는 기술을 보유한 사람이 누군지 알기 위해, 국가는 국외 이주민 공동체들(단, 그러한 공동체가 모두 국가에 적대적인 망명자 집단이 아니라고 가정했을 경우)을 체계적으로 조직해놓으려 할 것이다.

오늘날 몇몇 국외 이주민 공동체들은 귀향해서 사는 사람보다 오히려 더 큰 성공을 거둔 경우가 많다(여기에는 이란과 쿠바, 레바논 이주민들은 물론 몽족Hmong▪이나 소말리족 등도 포함된다). 하지만 이러한 공동체 중에서 오직 일부만이 여전히 고국과 연결되어 있는 상태다. 다수는 스스로의 선택 때문이건 시간이 지나서건, 기회와 안전 그리고 국가가 제공하는 삶의 질 때문에 현재 거주하는 국가를 받아들였다. 연결성이 확산되면서, 국외 이주민들과 본국의 지역사회 사이의 차이가 줄어들 것이다. 이 와중에 커뮤니케이션 기술과 소셜미디어들은 이렇게 서로 떨어져 있는 집단들을 연결해주는 문화, 언어, 관점 사이의 유대감을 강화시켜줄 것이다. 그리고 두뇌 유출brain drain▪로

아프리카의 뿔
에티오피아, 소말리아, 지부티가 자리 잡고 있는 아프리카 북동부를 가리키는 말.

구글 맵 메이커
사용자들이 기존에 알려진 정보나 아날로그 지도 등을 통해 얻은 내용을 바탕으로 구글 지도에 직접 도로, 랜드마크, 교통상황, 상점 등에 대한 정보를 입력하는 오픈 플랫폼.

몽족
주로 중국 남부와 동남아시아에 사는 소수민족.

두뇌 유출
과학자나 기술자 등 국가의 고급인력이 더 좋은 조건을 찾아 국외로 유출되는 현상.

고국을 떠나는 사람은 고국이 가난하거나 독재적이거나 기회가 부족해서 떠나는 것일 텐데, 그렇더라도 이렇게 떠난 고국에 훨씬 더 연결성이 발달되는 것을 보게 될 것이다. 국외 이주민들은 망명 상태에서 선진국의 우수한 교육기관, 네트워크, 재원을 고국이 건설적으로 받아들일 수 있도록 강력한 영향력을 행사하는 '지식 경제a knowledge economy'를 창조할 것이다.

기회주의와 착취

모든 주요한 갈등이나 자연재해 뒤에는 새로운 행위자들이 쏟아져 나온다. 구조대원, 기자, UN 관계자, 컨설턴트, 기업인, 투기꾼, 여행객이 바로 그들이다. 그중에는 서비스를 제공해주는 사람도 있지만 정치적·경제적 이득을 취하고자 위기상황을 유리하게 이용하려는 사람도 있다. 물론 이 두 가지를 비교적 모두 효과적으로 하는 사람들도 많다.*

금전적인 이득을 노리지도 않고, 이타적 목적을 가지지 않은 사람도 다른 이유로 개입한다. 신생 NGO 입장에서는 위기 이후 국가야말로 자신들의 능력을 입증해보일 수 있는 아주 좋은 장소이며, 기존 NGO들에게는 기부자들에게 스스로의 가치를 증명해보일 수 있는 플랫폼이다.

---

* 기자인 나오미 클라인Naomi Klein은 도발적인 저서 《쇼크 독트린The Shock Doctrine》에서 이런 사람들을 '재난을 이용하는 자본주의자들disaster capitalist'이라고 불렀다. 클라인은 신자유주의 경제학의 옹호자들이 일반적으로 기존의 경제 질서에 피해를 주면서, 자유시장의 이상을 실현하기 위해 위기 후 상황을 자신에게 유리하게 만들려고 애쓴다고 주장했다. 이렇게 자유시장의 근본주의는 심리학적 충격요법처럼 경제 환경을 격렬히 바꿔놓기 위해 새로이 생긴 '백지 상태'를 이용한다.[431]

이렇게 이타주의자와 기회주의자를 총망라한 새로운 참가자들은 아주 좋은 일을 할 수도 있지만, 동시에 엄청난 피해를 줄 수도 있다. 미래의 재건 계획 수립자들이 풀어야 할 숙제는 생산적인 방법으로 이 모든 사람 및 집단의 관심과 행동 사이에서 균형을 맞출 수 있는 방법을 찾아내는 것이다.

일반적으로 말해, 연결성은 이타적인 행동을 가능하게 해주고 또 장려한다. 사람들은 타인이 받는 고통을 더 잘 보게 되면서, 그로부터 많은 통찰은 물론 그에 대해 뭔가 해줄 수 있는 기회도 더 많이 얻게 될 것이다. 어떤 사람들은 소위 슬랙티비즘slacktivism▪이 대두되는 현상을 비웃는다. 하지만 키바Kiva, 킥스타터Kickstarter, 사마소스Samasource 등 초국가적이면서도 미래 지향적인 조직들은 우리의 연결된 미래에 대한 비전을 보여준다. 키바와 킥스타터는 모두 크라우드펀딩crowd-funding▪ 플랫폼이며(키바는 소액금융microfinance▪에 집중하는 반면, 킥스타터는 주로 창조적인 일에 집중한다), 사마소스는 간단한 온라인 플랫폼을 통해 기업들로부터 위탁받은 일을 개발도상국 국민에게 아웃소싱해줌으로써 그곳에서 일자리 창출하는 일을 돕는다. 그 밖에 돈을 기부하기보다 지원 콘텐츠를 만든다거나 대중의 인식을 높이는 것처럼, 점점 더 기부활동에서 중요성이 커지고는 있지만 성량화하기는 다소 어려운, 자기 삶과 동떨어진 명분에 기부하는 다른 방법도 존재한다.

전 세계적으로 연결되는 사람이 점점 더 늘어나면서, 우리는 잠재적

슬랙티비즘
게으른 사람slacker+행동주의activism. 사람들이 사회의 여러 문제에 대해 분명한 의사를 가지고 있음에도 행동으로 옮기는 것은 주저하는 현상.

크라우드펀딩
소셜미디어나 인터넷 등의 매체를 활용해서 자금을 모으는 방식.

소액금융
빈곤층을 지원하기 위한 방안으로, 주택금융, 서민금융, 생업자금융자, 학자금융자 등 금액이 적은 대출 금융제도.

인 기부자와 행위자가 늘어나는 광경을 목격하게 될 것이다. 이들은 대중의 높은 관심을 받게 될 다음 위기에 기꺼이 기여할 준비가 되어 있을 것이다. 우리는 전 세계적으로 일어나는 갈등이나 재난과 관련된 정보에 실시간으로 접근하여, 그것을 확보하는 일이 점점 더 쉬워질 것이다. 이 정보가 다른 언어로 다른 플랫폼 위에서 골고루 확산됨에 따라, 한 나라의 위기는 순식간에 전 세계에 퍼져 나갈 수 있다. 이 소식을 듣는 사람 모두가 적극적인 행동에 나서지는 않겠지만, 충분히 많은 사람들이 그렇게 함으로써 참여 규모가 극적으로 늘어날 것이다.

이 시점에서 다시 한 번 아이티 대지진의 여파를 따져보자. 미래가 어떤 모습일지를 가늠해보는 데 도움이 될 것이다. 2010년 인구밀도가 높은 최빈국 아이티의 수도 인근에서 대지진이 일어나 어마어마한 피해가 발생했다. 주택, 병원, 기관 건물들이 붕괴됐고, 교통과 통신시스템은 전부 파괴되었다. 수십만 명이 목숨을 잃었고, 집을 잃은 사람만도 150만 명이 넘었다.* 그러나 지진이 일어나고 불과 몇 시간 만에 이웃국가에서 긴급 봉사팀을 급파했고, 며칠 만에 전 세계의 많은 국가가 지원을 개시하거나 약속했다.[432]

인도주의 단체는 더 강하게 반응했다. 지진이 일어난 후 며칠 만에 적십자는 휴대전화 사용자가 문자메시지 창에 '아이티HAITI'라고 입력하고 90999번으로 보내면, 자동으로 적십자에 10달러가 기부되고, 나중에 전화요금 고지서로 기부금이 청구되는 혁신적인 '문자 기부' 운동을 벌여

---

* 아이티 대지진에 따른 사망자 수는 기관별로 큰 차이를 보인다. 아이티 정부는 31만 6,000명이 사망한 것으로 믿고 있지만[433], 미국 정부의 유출 자료를 보면, 미국 정부는 사망자 수를 4만 6,190명에서 8만 4,961명 사이로 잡았다.[434]

500만 달러가 넘는 돈을 모았다.[435] NGO들의 기술 인프라를 구축하는 모바일 기부재단Mobile Giving Foundation에 따르면 모바일 기부 플랫폼을 통해 약 4,300만 달러의 기부금이 모금되었다고 한다.[436] 긴급 통신장비 설치 지원을 전문으로 하는 '국경 없는 통신Telecoms Sans Frontieres'은 지진이 일어난 뒤 하루 만에 아이티의 통신 재건을 돕기 위해 긴급 대응팀을 급파, 가족끼리 서로 연락할 수 있도록 콜센터를 설치해주었다.[437] 그리고 지진이 일어난 후 불과 5일 만에 톰슨 로이터 재단Thomson Reuters Foundation이 운영하는 인도주의 뉴스 공급 사이트인 '얼러트넷AlertNet'은 대규모 재난지역에서 발생하는 뉴스를 실시간으로 다루는 긴급정보서비스Emergency Information Service를 제공했다.[438] 여기에 나온 뉴스들은 대지진 후 아이티인들에게 '어디로 탈출해야 할지', 또 '어디에서 구호품을 구해야 할지' 등과 관련된 SMS 긴급 메시지를 무료로 제공해주었다.

긴급구호활동은 장기적인 재건 프로젝트로 전환되었다. 그 후 몇 달 만에 수만 곳의 NGO들이 아이티에서 구호활동을 도왔다. 아이티처럼 작고 인구가 밀집된 재난 국가는 물론이고, 어느 한 장소에서 수만 개나 되는 지원조직이 확실한 목표를 가지고 서로 업무의 중복을 피하면서 효율적으로 일하는 모습은 상상하기 힘들다. 따라서 몇 달이란 시간이 지지부진하게 흘러가자, 비효율적인 구호품 배분을 둘러싸고 불안한 보도가 속속 등장하기 시작했다. 허술한 관리 때문에 창고에는 유통기한이 얼마 남지 않은 의약품이 사용되지 못한 채 넘쳐났다. 우후죽순 늘어가는 비공식 정착지에서는 콜레라가 발생히여 수많은 지진 생존자의 감염 위험이 커졌다. 기관 기부자들(주로 정부)로부터의 자금 지원은 지연되었고, 자금의 추적도 어려웠다.[439] 따라서 기부금 중에서 아이티인의 손에 들어간 것은 거의 없었고, 대신 당시 상황에서 '갑'에 해당하던 수많은 외국의 조직이 이를 탕진해버렸다. 지진 발생 1년이 지난 후에도 여전히 수십만 명의 아이티인들은 도시에서 비위생적인 텐트 생활을 해야 했다.[440] 정부와 NGO 파트너들이 그들을 수용할 방법을 찾아내지 못했기 때문이다. 뉴스 보도, 기금모금, 협력 계획, 선의에도 불구하고 아이티인들은 지진 이후 여전히 열악한 환경에 처해있다.

결과적으로, 아이티에서 일어난 일에 대해 충분히 말할 자격이 있는 사람들(《지진 후 아이티 Haiti After the Earthquake》란 책을 쓴 폴 파머 Paul Farmer 등)은 이러한 불행한 결과를 날카로운 통찰에 근거하여 조명했다.[441] 이들은 모두 이 일을 두고, 기존의 문제점들이 깊숙이 뿌리를 내리고 있는 상황에서, 광범위하게 일어난 재난이 관료주의적인 비효율성과 만나 벌어진 일이라는 결론을 내렸다. 즉, 여러 가지 불행한 요인이 복합적으로 결부되어 생긴 결과였다는 것이다. 커뮤니케이션 기술이 아이티가 겪은 모든 걱정을 덜어줄 것으로 기대할 수는 없을 것이다. 하지만 그것이 올바르게 그리고 광범위하게 활용될 수만 있다면, 공조적인 성격의 온라인 플랫폼들이 이러한 과정을 간소화시킬 수 있는 많은 영역이 존재한다. 그렇게만 되면 미래에 아이티 지진 같은 사건이 발생했을 때, 더 빨리 회복되고 더 좋은 결과를 많이 만드는 한편 낭비는 더 줄일 수 있을 것이다. 우리는 재건 현장에서 활동하는 대형 NGO와 기부자인 외국 정부들과 이들 외 나머지 기관이, 실패하거나 미래에 영향력을 상실할까 두려워 이러한 협력 노력을 기울이길 꺼릴지 모른다는 걸 잘 알고 있다. 하지만 그래도 우리는 이번 장을 통해 몇 가지 생각을 제안해보려 한다.

NGO들의 마케팅 전쟁

지금보다 더 연결된 시대에 일어날 재난과 갈등의 물결을 내다보자. 어떤 패턴의 출현을 예상할 수 있다.[442] 잠재적 기부자들이 확산되자 인상적인 온라인 마케팅이 등장하면서, 위기를 겪은 각각의 사회에서는 'NGO 거품'이 조성될 것이다. 그리고 결국 그 거품이 터져 지원활동이 훨씬 더 분산되고, 수많은 새로운 실험이 등장할 것이다.

역사적으로 봤을 때 기존의 지원기관들 간의 차별성은 그들이 미치는 영향력이 아니라, 그들의 브랜드에서 나타난다. 다시 말해, 기억하기 쉬운 로고, 가슴 아픈 내용의 광고, 유명인들의 후원 참여에 대한 격려 등이 현지의 물류 상황이나 말라리아 예방용 모기장이나 점진적인 성공에 대한 구체적인 보도보다도 대중으로부터 기부금을 받는 데 훨씬 더 좋은 효과를 낸다. 이를 보여주는 최근의 사례로서 '코니 2012Kony 2012'라는 제목의 동영상만 한 것도 없다. 이 악명 높은 동영상은 우간다의 '신의 저항군Lord's Resistance Army LRA ▪'을 이끄는 반인륜적 지도자인 조셉 코니Joseph Kony를 규탄하는 내용으로, '보이지 않는 아이들Invisible Children'이라는 NGO가 우간다 북부에서 수십년 동안 지속되고 있는 전쟁을 알리기 위해 제작했다. LRA의 만행을 종식시키겠

신의 저항군
아프리카 우간다 출신 조셉 코니Joseph Kony의 주도하에 1987년 결성된 중앙아프리카 혁명군사조직. 조셉 코니는 6만 명이 넘는 어린이를 납치해 소년병이나 성적 노예로 삼아온 세계 극악 범죄자 1위로 인터폴에서 수배중이다.

다는 이 NGO의 임무는 고상했지만, 많은 우간다인을 비롯하여 이 갈등을 잘 알고 있던 다수의 사람들은 동영상 내용이 오해의 소지가 있고, 우간다 상황을 지나치게 단순화시켰으며, 궁극적으로 자기 과시적인 성격

을 띤다고 생각했다. 하지만 트위터 팔로워 수가 수백만 명에 이르는 유력인사들의 추천 덕에, 이 동영상은 공개된 지 일주일 만에 1억 회가 넘는 조회 수를 기록했다(그 정도로 높은 조회 수를 올린 동영상은 이것이 처음이었다). 처음에는 보이지 않는 아이들과 그것의 활동에 대해 비판이 제기됐지만(동영상 제작비 가운데 70퍼센트에 달하는 간접비가 기본적으로 직원 월급에서 나왔다는 것 등)[443], 사실상 누구도 이 NGO의 활동이 확산되는 것을 막지 못했다(이 NGO의 공동 설립자 중 한 사람이 자신의 정체를 공개하자, 그가 구금되는 아주 이상하고도 유명한 사건이 터진 후 동영상은 갑자기 중단되었다)[444].

이미 살펴본 것처럼 우리는 디지털 시대에 더욱 평평해진 마케팅 경연장을 보게 될 것이다. 등록된 NGO나 자선단체에 소속된 사람이라면 누구나(그리고 심지어 그런 곳에 소속되어 있지 않더라도) 고품질의 콘텐츠와 멋진 모바일 애플리케이션을 가지고 화려한 온라인 플랫폼을 만들 수 있다. 결과적으로, 이것이 개인이나 단체가 이름을 알릴 수 있는 가장 빠르면서도 쉬운 방법이 될 것이다. 조직의 실체(그것이 얼마나 탄탄하거나 유능한지, 재정 문제를 어떻게 다루는지, 제작한 프로그램이 얼마나 좋거나 나쁜지 등)는 덜 중요하다. 내용보다 스타일을 중시하는 몇몇 신생 혁명처럼, 새로운 참가자들은 지지자의 맹점을 자신에게 유리하게 이용하는 방법을 찾을 것이다. 이 경우, 이러한 집단은 기부자가 현장에서 실제로 어떤 일이 벌어지는지 제대로 감을 잡지 못하는 점을 유리하게 이용할 수 있다.

따라서 재난이 터져 NGO가 현장으로 몰려들 때, 기존 NGO는 신생 NGO, 즉 온라인상에서 강력한 입지를 마련했고 초기 기금도 있지만 일반적으로 검증되지 않은 NGO들과 어깨를 나란히 하게 될 것이다. 신생 NGO는 전통적인 지원조직에 비해 훨씬 뚜렷한 목표를 가지고 임무를 표방할 것이며, 기존 NGO에 못지않거나 오히려 그들보다 유능해 보일 것이다. 그들은 사람들의 관심을 끌겠지만, 지원에 목마른 사람들이 필요로 하는 것을 제대로 제공해주지는 못할 것이다. 신생 NGO 중에서 그러한 지원 능력을 갖춘 곳도 있겠지만, 대부분의 사정은 그렇지 못할 것이다. 그들에게는 전문 NGO가 갖춘 네트워크, 심층 지식, 운영기술이 부족하기 때문이다.

이처럼 신생 NGO가 마케팅한 것만큼 업무를 잘 실행하지 못할 경우, 기존 NGO의 분노를 살 것이다. 신생과 기존 NGO는 똑같은 재원을 놓고 경쟁할 것이다. 전자는 후자로부터 재원을 빼앗아오기 위해 입수한, 여러 누리꾼들에 대한 디지털 상식과 지식을 자신에게 유리하게 이용할 것이다. 그들은 기존의 대형 NGO를, 많은 돈을 쓰고, 대규모 인력을 운영하고, 비인간적이고, 둔하게 움직이고, 비효율적이고, 범접하기 힘든 곳으로 묘사할 것이다. 그러면서 자신들은 중개인을 제거하여 기부자와 지원받는 이들을 훨씬 가까이 연결해주겠다고 약속할 것이다. 새로운 기부자들에게는 이것이 단순명쾌하면서도 아주 매력적인 약속이 아닐 수 없다. 연결성은 다수의 기부자에게 개인적으로 자신이 위기에 참여하고 있다는 느낌을 받도록 만들어줄 것이기 때문이다.

시애틀에 거주하고 있으며 몇 달러 정도 여유를 갖고 살아가는 젊은 선문직 종사자를 떠올려보자. 다른 사람들 일에 관심이 많고 이타적인 성격을 갖고 있는 그는 미래에 일어날 모든 재난을 그저 지켜보고만 있진 않을 것이다. 하지만 지원방법에 있어서는 그야말로 폭탄을 맞게 될 것이다. 그의 이메일함과 트위터 피드, 페이스북 프로필, 검색결과는 모두 그러한 방법을 소개하는 정보로 가득 찰 것이다. 그는 그 많은 정보에 압도당하겠지만, 눈에 보이는 것 위주로 신속하고 신중하게 결정을 내리기 위해 여러 지원방법과 시도를 꼼꼼히 살펴볼 것이다. 어떤 NGO가 가장 멋진 웹사이트를 운영 중이고, 소셜미디어상의 영향력이 가장 크며, 유명한 지원자를 확보해두었는지 살필 것이다. 전문가가 아닌 그가 어떻게 자기 돈을 기부하기에 적절한 조직을 결정할 수 있을까? 그는 특정 집단에 대한 자신의 신뢰감에 의존해야 할 것이다. 그리고 이 점에 있어 그(혹은 그의 프로필)에게 직접 호소할 수 있는 강력한 마케팅 기술을 가진 조직이 유리할 것이다.

전통적인 NGO는 이러한 신생 NGO에게 밀려날 위험이 커졌다. 일부 신생 NGO는 정말 도움이 되기도 하겠지만, 모두가 진정한 도움을 주지는 못할 것이다. 기회주의자들은 새로운 직접 마케팅 가능성과 낮은 진입 장벽을 자신에게 유리하게 이용할 것이다. 이들 집단이 궁극적으로 책임을 져야 할 때 기부자는 이들에 대한 신뢰를 잃어버릴 것이다(아마도 더 사기성 짙은 참가자들을 폭로하고자 하는 욕구가 커질지도 모른다). 또한 유명인과 기업인이 내세우는 '속 빈' 프로젝트들도 과도할 정도로 대거 등장할 것이다. 그들의 치열한 선전활동으로 인해, 사람들은 현장에서 실제로 해야 할 일에서 다른 곳으로 관심을 돌릴 것이다. 결국, 선의를 갖고 해야 할 일이 마케팅 경쟁으로 전락하면서, 기존 NGO가 따돌림을 당하는 가운데 NGO의 숫자는 늘어도 실질적인 도움을 주는 곳은 줄어들 것이다.

앞서 설명했듯이, '개입'에는 전문지식이 요구된다. 현장의 상황이 더욱 복잡해지면 지원 조율, 정부 감독 강화, 현실적인 기대치 설정 등의 활동이 더욱 힘들어진다. 하지만 기술이 이러한 문제를 해결하는 데 도움을 줄 수 있다. 정부는 모든 NGO 운동가들에 대한 중앙집중화된 데이터베이스를 확보한 다음, 대중의 도움을 받아 온라인 플랫폼 위에서 각각의 NGO를 등록, 감시, 등급화할 수 있다. 이미 NGO들을 상대로 한 감시와 등급 시스템은 존재한다.445 예를 들어, NGO 평가단체인 채러티 네비게이터 Charity Navigator, 원 월드 트러스트 One World Trust의 시민사회단체 Civil-Society Organization, CSO 데이터베이스, NGO 레이팅스 NGO Ratings 등이 있다. 이러한 조직들은 NGO에게 책임감을 부여해주는 일을 돕지만, 사실 그들도 대부분 NGO였으며, NGO의 나쁜 관행을 조명하는 일 외에는 실질적인 법집행 능력이 없다.

NGO들을 위한 AAA 신용등급 시스템이 있다고 상상해보자. 지역사회와 지원받는 이들이 하는 NGO에 대한 평가, 그들의 활동·재정·관리 관련 데이터는, NGO 순위를 만드는 데 활용된다. 이는 기부자와 그들의 기부활동에 지침을 줄 수 있어 유용하다. 이 순위는 NGO가 특정 점수에 못 미치는 점수를 받거나 추가적인 정부의 감사와 평가를 받게 될 경우, 정부 지원금을 수령할 자격을 박탈하는 등 현실세계에도 여러 영향을 미칠 수 있다. 통합적이고 투명한 등급 및 감시 시스템이 없으면, 정부와 기부자들은 여러 다른 지원조직들로부터 봇물처럼 쏟아지는 지원 요청에 시달리면서 그들 중 합법적이고 유능한 NGO를 구분해내는 데 어려움을 겪게 될 것이다.

결과적으로, 다른 모든 거품이 그러하듯 기부 처리과정이 지연되고, 기관 기부자들이 재건 노력에 대한 신뢰를 잃으면서 이러한 거품도 터질 것이다. 사태가 진정된 뒤에 살아남은 NGO들은 구체적 지원목표, 기부자들의 강력한 충성심, 그간 효율적이고 투명하게 운영되어왔음을 입증해보이는 데 아주 유리한 입장에 서게 될 것이다. 이 중에는 기존 NGO도 있고, 신생 NGO도 있겠지만, 그들은 디지털 시대의 재건활동에 적합할 수밖에 없는 몇 가지 특성을 공유할 것이다. 그들은 데이터를 생산하는 강력한 프로그램을 운영하고, 현장에서 벌이는 활동을 똑똑한 디지털 마케팅을 통해 알릴 것이다. 이러한 노력을 통해, 그들은 직접 진행한 일을 공개적으로 알리는 한편, 기부자와 지원받는 이들 모두로부터 즉각적인 피드백을 받을 것이다. 이처럼 미래에는 책임감과 투명성을 알리는 일이 매우 중요해질 것이다.

더불어 기부자와 지원받는 이들 사이의 직접적인 관계를 강조하는 추세도 살아남을 것이다. NGO들은 보다 친밀한 관계를 맺고 싶어하는 사람들을 만족시켜주기 위해 새로운 방법을 채택할 것이다. 이로써 오늘날 눈에 띄는 '지원 배분의 분산화the decentralization of aid distribution'라는 또 다른 장기적인 추세의 속도를 끌어올릴 것이다. 이는 지원이 몇몇 핵심적인 기관(크고 기관화된 NGO들)에서 벗어나 보다 규모가 작은 전달자들의 네트워크로 이동한다는 것을 의미한다. 적십자나 세계 최대 규모의 아동구호 NGO인 세이브더칠드런Save the Children의 본사에 기부하는 것을 관두고, 많은 정보를 갖고 참여해온 기부자들은 그들에게 직접 기부 결과를 알려주는 특별하고도 구체적인 프로그램을 찾아 나설 것이다. 혹은 기존 NGO에 비해 규모는 더 작지만 동등한 서비스를 약속하는 신생 NGO에 기부할 것이다. 똑똑한 기존 NGO들은 상명 하달을 하는 지도자가 아니라 통합적인 관리자로서의 역할을 수행하기 위해, 자신의 본래 기능을 꼼꼼히 조정하면서 기부자들을 지원받는 이들과 직접 연결해주는 시스템으로 변신하려 할 것이다(이들은 지진 피해를 입은 곳의 국민들에게 선진국 의사들을 연결해주는 것처럼, 그들에게 적절한 개인적 '경험'을 제공할 것이다). 또한, 완전히 계획적인 통제 시스템을 유지할 것이다(분명 모든 기부자가 자신이 지원하는 조직과 개인에 대해 그렇게 속속들이 알려고 하지는 않을 것이다. 그들은 아주 간단히 그런 관심을 끊어버릴 수 있다).

한편, 재난이나 갈등으로 고통받는 국가에 거주하는 사람들이 새로운 디지털 지원 생태계에서 수행할 역할 또한 무시할 수 없다. 연결성은 위기를 겪은 사회가 직면하는 가장 크고 통상적인 문제 중 하나인 실향민 Internally Displaced People, IDP 문제의 해결에 영향을 미칠 것이다. 국내에서 일어난 전쟁, 기근, 자연재해 등 실향민을 낳는 상황을 막기 위해, 외부에서 할 수 있는 일은 거의 없다. 하지만 휴대전화는 희생자의 미래를 바꿔놓을 것이다. 대부분의 실향민은 휴대전화를 갖고 있을 것이고, 그렇지 않다 해도(혹은 그들이 휴대전화를 남겨두고 와야 했더라도) 구호단체는 그들에게 휴대전화를 보급해줄 것이다. 난민촌에는 쉽고 저렴하게 통화할 수 있는 4G 핫스팟이 설치될 것이고, 휴대전화가 있으면 실향민 등록은 정말 누워서 떡 먹기 정도로 쉬워질 것이다.

대부분의 실향민과 난민은 그들이 겪는 가장 큰 어려움 중 하나가 정보의 부족이라고 말한다. 그들은 한 장소에서 얼마나 머물러야 할지, 식량이 언제 도착할지, 식량을 어떻게 구할지, 상작과 물과 공공 의료시비스를 어디서 찾을 수 있을지, 치안 위협이 어느 정도 될지를 전혀 알 수 없다. 실향민은 이러한 걱정을 해결해주는 전문 플랫폼에 등록하여, 새로운 환경에 적응하면서 경계경보를 제공받고 현장에 있는 국제 구호단체로부터 보급물자와 혜택을 받을 수 있을 것이다. 실종됐거나 잃어버린 사람을 찾는 데는 얼굴인식 소프트웨어의 활용도가 높아질 것이다. 문맹 사용자들은 친척 이름을 말하면, 데이터베이스가 언어인식 기술을 이용하여 친척이 난민촌에 함께 머물고 있는지를 알려줄 것이다. 온라인 플랫폼과 휴대전화는 난민촌이 기술, 배경, 관심에 따라 난민들을 분류하고 정리할 수 있게 해줄 것이다. 오늘날의 난민촌에는 필요한 기술을 가진 사람들(의사, 교사, 축구코치 등)이 많이 있지만, 그들은 단지 즉흥적으로 그런 기술을 기부하고 있을 뿐이며, 기부 사실도 난민촌에서 입소문으로나 천천히 퍼질 것이다. 미래의 실향민은 기술 추적 애플리케이션을 이용하여 자신의 기술을 기부하거나, 자신에게 필요한 기술을 찾기 위해 데이터베이스를 검색할 수 있을 것이다. 이에 따라 어떤 기술도 방치되지 않을 것이며, 기부 의지가 있는 사람들이 배제되는 일 또한 벌어지지 않을 것이다.

휴대전화가 광범위하게 활용되면서 기존의 지원 분배 모델을 개편하려는 사람들은 새로운 기회를 얻을 것이다. 약간의 기술적 노하우로 무장한 기획력 있는 사람들은 지원받는 이들이 필요로 하는 것과 개인정보를 목록으로 정리해놓은 다음, 그것을 클라우드에 보내서 개인 기부자가 그들을 선택하여 직접 지원해줄 때까지 기다리는 개방형 플랫폼을 구축할 수 있을 것이다. 이것은 지원 범위가 더 넓고, 더 개인적인 성격을 띠고, 대출보다 기부에 더 초점을 맞추고 있다는 점을 제외하고는, 키바가 소액금융 기금모금을 할 때 사용하는 플랫폼과 별반 차이가 없다(당연히 이러한 플랫폼은 올바로 기능하기 전에 수정이 필요한 일련의 기계적

·법적 문제들에 직면할 것이다).

　이러한 플랫폼을 전 세계의 훨씬 광범위한 사람들에게 알리면서 동시에 의심 많은 사용자를 달랠 수 있도록, 이것의 기능을 입증해줄 수 있는 더 큰 조직과 손을 잡았다고 상상해보자. 서양의 한 엄마는 아이의 축구 게임을 지켜보다가 아이패드로 누가 어디서 무엇을 필요로 하는지 보여주는 전 세계 실시간 지도(상호 작용하면서 꾸준히 자료가 갱신되는)를 살펴볼 수 있을 것이다. 이제 그녀는 개인의 이야기나 그들에게 필요한 도움 수준을 스스로 판단하여, 누구에게 돈을 지원할지 결정할 수 있다. 그녀는 이미 활용되고 있는 모바일 자금이체 시스템을 통해, 문자메시지를 보내는 것만큼 빠르고 간편하게 지원 대상에게 직접 입금을 진행할 수 있다.

　단, 이러한 종류의 플랫폼은 지원 마케팅의 직접적인 책임이 지원받는 이들 자신에게 있다는 데 문제가 있다. 난민촌 생활은 이미 너무나 힘들다. 자신의 온라인 프로필이 도움받을 자격을 충분히 드러내는지 고민할 여유가 없다. 또한 그러한 플랫폼 때문에 지원받는 이들이 뛰어들게 될 냉혹한 자원 쟁탈전은 그 자체로 혐오스럽다. 또한 기부자가 현장의 상황을 잘 판단하지 못하는 바람에, 가장 도움이 절실한 사람이 아니라 가장 마케팅 활동을 잘한 사람(혹은 시스템을 갖고 장난친 사람)에게 부당하게 많은 지원을 하게 될 위험도 존재한다. 기존 NGO를 피해 지원할 경우, 그들이 보유한 '지원 수준을 파악하고, 그에 따라 적절히 재원을 분배할 수 있는 능력'을 얻지 못하게 되는 셈이다. 이렇게 통제가 부재한 상황에서 중구난방으로 직접 기부가 이루어지면, 분명 자원이 공평하게 분배되지 못할 것이다. 키바 웹사이트를 통해 진행된 '동료 간'

대출에 대한 싱가포르 연구원들의 분석결과를 보면, 대부자는 매력적이고, 피부색깔이 밝고, 뚱뚱하지 않은 대출자를 선호하는 차별 경향을 나타냈다.

아울러 이러한 플랫폼의 출현에는 더 밀접한 관계를 맺고자 하는 욕구가 충족되어야 한다는 전제가 깔려 있다. 즉, 지원받는 이들이 그러한 연결에 참여하기를 원해야 하는데, 이는 처음에 아무 기대 없이 연결에 참여했던 많은 사람들을 놀라게 할 것이다. 분명 위기를 겪은 국가(뿐만 아니라 개발도상국들도)의 일부 국민은 이를 통해 보다 신뢰할 수 있는 지원자금을 얻어낼 수 있다는 걸 알게 되면, 스스로를 직접 마케팅하려 할지도 모른다. 하지만 다수는 그렇게 하지 않을 것이다. 지원받아야 할 이들이 대출을 직접 요청하는 키바와 달리, 이러한 지원을 받는 이들은 공개적으로 자선기금을 요구할 것이다. 인간이라면 누구나 자존심을 갖고 있고, 특히 가진 게 별로 없는 사람들의 자존심은 일반인들보다 더 센 편이다. 따라서 그러한 공개 기금모금 플랫폼을 이용할 수 있다 하더라도, 피난민과 실향민, 그 외 지원받아야 할 이들이 기꺼이 전 세계인을 상대로 필요한 것을 광고할 것이라고는 상상하기 힘들다. 기존 NGO들이 수행하는 한 가지 중요한 기능은 지원받는 이들과 기금 지원자들 사이에 거리를 벌려주는 것이다. 결국, 우리가 지금까지 설명한 모든 변화들(신생 NGO들, 극소수를 겨냥한 프로그램, 분산 지원) 가운데, 개발 및 지원 분야의 몇몇 측면이 왜 지금과 같은 상태로 작동하고 있는 것인지 상기하는 것은 가치 있는 일이다.

혁신의 여지

격변은 제도와 시스템의 붕괴를 불러오고 있다. 이 속에서 한 줄기 희망의 빛을 찾는다면, 그것은 격변이 새로운 생각이 등장할 길을 열어준다는 점이다. 장소불문하고, 심지어 고되고 복잡한 재건작업 속에서조차 혁신은 존재한다. 또한 혁신은 빠른 네트워크, 훌륭한 리더십, 휴대전화와 태블릿PC 같은 많은 기기와 더불어 더욱 강력해질 것이다.

우리는 이미 위기 이후, 인터넷 도구들이 위기 극복을 지원하기 위해 어떻게 개조되고 있는지를 목격하고 있다. 우샤히디Ushahidi(스와힐리어로 '증언'이란 뜻)는 2010년 아이티 대지진 이후 이 같은 사실을 아주 강력하게 입증해주었다.446 우샤히디란 생생한 정보 지도를 구축하기 위해 크라우드소스로 얻은 데이터를 종합해놓은 오픈소스 위기 매핑crisis-mapping 플랫폼이다. 미국 내의 우샤히디 자원봉사자들은 기본적인 매핑 플랫폼을 이용하여 아이티 대지진이 일어난 지 불과 1시간 만에 실시간 위기 지도를 만들었다.447 또한 사건 현장에 있는 사람들이 정보를 문자 메시지로 보낼 수 있도록 기지국이 사용하는 짧은 암호(4636)를 지정해주었다. 이 코드는 곧바로 아이티의 전국·지방 라디오 방송사를 통해 세상에 알려졌다. 아이티 밖에 거주하는 엔지니어들은 이렇게 수집된 정보를 재난 보도, 필요한 긴급 보급품, 매몰자, 폭력이나 범죄 등을 모두 모아놓은 '대화형interactive' 온라인 지도에 덧붙였다. 문자메시지들 중 다수가 크리올어Creole ■로 되어 있었는데, 우샤히디는 수천 명의 아이티 출신 미국인

> **크리올어**
> 유럽의 언어와 특히 서인도 제도 노예들이 사용하던 아프리카어의 혼성어로서 1987년부터 아이티의 공용어로 사용되었다.

들로 이루어진 네트워크와 함께 메시지 번역에 나서 번역시간을 10분 내로 줄였다. 그리고 몇 주 만에 우샤히디는 약 2,500개의 메시지들로 지도를 만들었다. 우샤히디의 아이티 커뮤니케이션 및 제휴 담당관인 캐롤 워터스Carol Waters는 이러한 메시지 중 다수가 단지 '돌무더기 잔해 속에 갇혔지만 아직 살아있다'는 내용이었다고 말했다.⁴⁴⁸

우샤히디의 빠른 생각과 빠른 암호화는 많은 생명을 구했다. 미래에는 이러한 위기 지도가 표준이 될 것이며, 지도가 정부 주도로 제작될 가능성도 있다. 정보 확보의 창구를 믿을 만한 곳으로 단일화시킴으로써, 우샤히디가 겪은 문제들(플랫폼에 대해 모르는 다른 NGO 때문에 생긴 문제들) 중 몇 가지를 피할 수 있을 것이다. 물론 정부 주도의 프로젝트가 관료주의나 법적 규제의 희생물이 되어, 우샤히디 같은 비국가 활동세력을 따라잡지 못할 위험도 있다. 하지만 즉각적인 대응이 이루어진다면 정부 주도의 위기 지도는 엄청난 잠재력을 가질 것이다. 그것은 비상정보보다 훨씬 더 많은 정보를 포괄하는 수준으로 성장하는 것이 가능하기 때문이다. 이 지도는 재건과정 내내 활성화될 수 있고, 정부가 다양한 재건 프로젝트와 관리하는 환경에 대한 정보를 주고받는 플랫폼으로서의 역할도 수행할 수 있다.

위기를 겪은 어떤 사회에서나, 시민들은 이웃에 알려진 안전지대(예를 들어, 지뢰나 반군을 피할 수 있는 장소)나 휴대전화가 가장 잘 통하는 장소, 재건활동에 대해 가장 큰 투자가 이루어진 장소가 어디인지 알 수 있을 것이다. 시민들은 계속해서 정부에게 범죄나 폭력, 부패사건을 알려줄 것이다. 이 같은 통합적인 위기정보 시스템은 국민을 더 안전하고, 건강하고, 자각하게 만들어줄 뿐만 아니라, 재건활동이 항상 야기하는 일부 낭비, 부패, 지원의 중복도 줄여줄 것이다. 위기를 겪은 정부가 모두 그러한 투명성에 관심을 갖지는 않겠지만, 국민과 국제사회가 이 모델을 광범위하게 인식하고 있다면 정부는 어떻게든 그것을 도입하라는 대중의 압력을 충분히 받게 될지도 모른다. 심지어 외국의 원조도 그것의 도입 여부가 좌우할지 모른다. 이 과정에 기꺼이 참여할 준비가 된 비국가 활동세력과 자원봉사자의 숫자도 많을 것이 분명하다.

하지만 위기를 겪은 국가에게 최우선순위는 일반적으로 취약한 안보환경을 관리하는 것이다. 대화형 지도가 이 문제를 해결하는 데 도움이 되겠지만, 그것만으로는 충분치 않다. 갈등이 해소되는 초기가 가장 위험할 것이다. 과도정부는 스스로가 상황을 장악했고 사람들에게 관심을 보이고 있다는 것을 증명하지 못할 경우, 자신들을 세운 바로 그 시민들에 의해 추방당할지도 모른다. 시민들은 일상적인 삶으로 복귀하기 위해 회사 문을 다시 열고, 집을 다시 짓고, 농작물을 다시 심을 수 있을 만큼 충분한 안도감을 느껴야 한다. 때문에 재건과정에서 시민의 신뢰를 얻으려면 환경적 변수를 줄이는 것이 필수적이다. 국가는 기술을 똑똑하게 이용함으로써 법치가 다시 효력을 발휘하도록 만들어야 한다.

휴대전화는 그 기능 덕분에 국가가 안보환경을 관리하는 핵심적인 통로이자 소중한 자산이 될 것이다. 군대를 보유한 국가에서는 군인들이 법치를 수호할지(국가를 버리거나 범죄행위를 저지르거나 직접 권력을 찬탈하는 것과 반대로) 말지 결정하는 것이 개인적인 동기보다 정부의 능력에 대한 그들의 믿음에 좌우될 것이다. 즉, 대부분의 군인에게는 부패 없이 확실하게 보수를 받을 수 있는지가 비교적 중요한 문제다. 그들은 이 문제의 책임자가 누구인지 알 필요가 있다.

모든 경찰과 육군 장교에게 몇 가지 뚜렷한 특징을 가진(그리고 매우 안전한) 애플리케이션이 설치된 특별한 휴대전화가 지급됨에 따라, 미래의 기술 플랫폼이 법집행을 도울 수 있을 것이다. 어떤 애플리케이션은 육군 장교에게 임금을 지급하는 부처 사이의 접점 역할을 할 것이다. 아프가니스탄에서는 전기통신회사 로샨이 모바일뱅킹 플랫폼을 통해 전자적으로 경찰관에게 임금을 지급하기 위한 시범 프로그램을 선보였다.[449] 이는 국가의 재정을 좀먹는 부패가 이미 만연한 상황에서, 이를 종식시키기 위해 취해진 대담한 조치였다. 이 특별한 휴대전화에 깔린 또 다른 애플리케이션은 장교들에게 순찰일지를 보고하듯 그들의 일상적인 활동을 보고하도록 요구하는 기능을 가지고 있다. 이렇게 얻은 정보는 지휘관이 나중에 효율성과 영향력 평가 때 쓸 수 있도록 클라우드에 저장된다. 또 다른 애플리케이션은 새로 충원된 장교에게 훈련에 관한 조언이나 가상멘토를 제공할 수 있다(많은 전투병이 새로 만든 군에 통합된 리비아의 경우처럼). 이 애플리케이션은 익명으로 부패나 다른 장교가 저지른 불법행위를 보고할 수 있는 안전한 온라인 공간을 제공할 수도 있다.

국가와 시민이 협력하기로 한 이상, 모바일 플랫폼으로 들어오는 시민의 신고는 국가안보 유지 능력을 강화시켜줄 것이다. 모바일 기기를 갖고 있는 모든 시민은 어떤 법집행기구보다 폭넓게 흩어져 있으면서 범법행위의 증거를 기록할 준비가 된 잠재적인 목격자이자 수사관이다. 최상의 경우 시민은 애국심 때문이건 사욕私慾 때문이건 이러한 모바일 경계활동mobile vigilance activities에 참여하고, 정부와 함께 더 안전하고 정직한 사회를 세우는 데 힘쓸 것이다. 반대로 다수의 시민이 정부를 불신하거나, 전투원 출신들ex-combatants(카다피에 맞서 싸웠던 군인 등)을 선호하는 최악의 경우에는, 이러한 시민 신고채널이 허위 정보를 공유하고 경찰의 시간을 낭비하는 데 쓰일 수 있다.

시민 참여는 초기의 안보 이슈보다 훨씬 중대한 문제다. 적절한 플랫폼과 투명성 제고를 위해 움직이는 정부가 있다면, 현장의 시민들은 진행과정을 감시하고 부패를 신고하고 제안을 공유할 것이다. 또한 이들은 정부, NGO, 국외 운동가들(이들 모두 휴대전화를 사용한다) 사이의 소통에서 필수적인 한 부분이 될 것이다. 우리는 르완다의 대통령 폴 카가메Paul Kagame와 이야기를 나눈 적이 있다. 그는 기술 분야에 조예가 깊은 아프리카 대통령 중 한 명이다. 시민들이 지역 현안을 해결하는 방식에 모바일 기술이 어떤 변화를 주고 있느냐고 물었더니, 그는 이렇게 대답했다. "사람들은 경제적·안보적·사회적 차원에서 욕구를 느낄 때 휴대전화에 의존할 것입니다.450 전화기가 그들을 지킬 수 있는 유일한 방법이기 때문이죠. 즉각적인 도움이 필요한 사람은 이제 그것을 언제든 구할 수 있습니다." 그는 이것이 개발도상국 국민, 특히 그중에서도 갈등이나 위기로부터 벗어나고 있는 국민에게는 획기적인 변화라고 설명했다. 정부를 향한 신뢰의 구축이 중요한 일인 이상, 개방형 플랫폼을 통해 시민의 참여를 최대한 이끌어냄으로써 이러한 과정이 더 빨라지고, 더 지속 가능해질 수 있다. 카가메는 "르완다에서 우리는 지역사회가 정보를 넘겨주는 '지역사회 순찰 프로그램community policing program'을 만들었습니다"라고 밝혔다. 그러면서 그것이 기술을 이용하여 훨씬 효과적으로 작동하게 되었다고 강조했다.

크라우드소싱은 법치의 미래에 있어 두드러진 특징이 될 것이다(적어도 갈등이나 재난 이후). 이에 따라, 책임감을 강조하는 문화가 천천히 등장할 것이다. 폭력이나 약탈에 대한 두려움은 지속되겠지만, 미래 사회는 모든 개인적 소유물과 역사적 유물을 온라인에 기록해놓음으로써 다시 안전한 상황이 도래했을 때 무엇이 사라졌는지 묻지 않도록 해줄 것이다. 시민들은 도둑의 얼굴과 약탈품이 담긴 사진을 보내면(그들이 심지어 경찰이더라도), 보상받을 수 있을 것이다. 보복의 위험이 존재하겠지만, 두려움에도 불구하고 그러한 위험을 감수하려는 사람은 거의 항상 존재한다. 게다가 범죄를 신고하는 사람들이 많을수록, 개인에게 가해지는 위험은 줄어들기 마련이다. 2003년 걸프전 당시 그 유명한 바그다드 박물관Baghdad Museum에서 수많은 조각상과 비석이 사라졌던 사건을 상기해보자. 이 사건이 20년 뒤 일어난다고 가정해보자. 도난당한 물건들이 즉시 전국적으로 기록 및 방송되고, 시민들이 이것들을 발견하는 즉시 신고하고자 한다면, 도둑이 과연 얼마나 오랫동안 그 훔친 물건들을 숨겨놓을 수 있겠는가(혹은 그것들을 팔려는 시도를 할 수 있었을까?).

유물이 유실되면 사회의 위엄과 문화의 보존에 피해가 가지만, 무기가 유실되면 국가 안정에 훨씬 더 큰 위험이 생겨난다. 갈등이 있고 나서, 무기와 권총 같은 휴대용 병기는 정기적으로 사라진 다음 암시장에 쏟아져나오고(매년 암시장에서 거래되는 무기는 10억 달러어치로 추산된다[451]), 나중에 다른 나라의 반군, 갱단, 군대의 손에 다시 들어간다. RFIDRadio Frequency Identification■ 칩이 이러한 도전의 해결책이 될 수 있다. RFID 칩이나 태그tag■는 쌀알만큼 크기가 작은데, 거기에는 전자적으로 저장된 정보가

RFID
IC칩과 무선주파수를 이용해 ID를 식별하는 차세대 인식 기술.

태그
정보통신 분야 용어로, 연산처리를 할 때 각 데이터의 내부표현에 사용되는 형의 정보. 프로세서부나 데이터부의 특정 부위에 속성이 드러나는 정보.

402

들어있다. 이러한 RFID 칩이나 태그는 일반 전화기와 여권에서부터 우리가 구매하는 제품들에 이르기까지 모든 것에 들어간다(심지어 애완견에도 들어간다. 애완견 피부나 귓속에 심은 RFID 칩은 잃어버린 동물의 신원을 확인하는 데 유용하게 쓰인다). 주요 국가들이, 무기 제조업체들이 생산된 무기 전체에 제거 불가능한 RFID 칩을 장착하는 것을 의무화하는 조약에 서명한다면, 지금보다 훨씬 더 쉽게 무기의 은닉처를 찾아내고 무기 수출을 막는 것이 가능해진다. 오늘날 사용되는 RFID 칩은 전자레인지에 들어가면 쉽게 타버리지만, 이러한 문제점을 감안하여 미래의 칩에는 그러한 손상을 막는 보호장치가 장착될 것이다(우리는 RFID 칩을 통해 무기 추적에 나서는 정부와, 비밀리에 무기를 거래하려고 하는 무기 밀매상들 사이에 쫓고 쫓기는 기술 게임이 벌어질 것이라 가정한다). RFID 칩이 장착된 무기를 발견했는데 그 칩 자체가 장소 데이터를 저장할 수 있도록 설계된 것이라면, 앞서 무기들이 어디에 있었는지 추적할 수도 있다. 이것으로 무기 밀매가 완전히 근절되지는 않겠지만, 이는 무기 거래의 속칭 '큰손'들에게 상당한 부담을 줄 것이다.

반란 운동에 무기를 기증하는 국가들은 그런 무기가 어떻게 됐는지 종종 궁금할지도 모른다. RFID 칩은 그러한 투자를 추적할 수 있게 해준다. 리비아 반군은 거의 대부분의 사람들에게 정체가 알려지지 않아서, 추적능력을 갖추지 않은 채 그들에게 무기를 제공해준 정부들은 성공한 혁명이 주는 혜택과 그러한 무기들이 지하로 숨게 될 가능성을 같이 서울질해봐야 했다(2012년 초 리비아 반군이 사용했던 무기들이 독립을 요구하는 말리의 투아레그족Tuareg■ 반군의 손에 들어갔다.[452] 카다피의 용병으로 활

투아레그족
사하라사막을 터전으로 하여 나이지리아, 수단 등 목초지를 찾아 이동하는 유목민으로서, 베르베르 인의 한 종족이며 이슬람교를 믿는다.

약했던 투아레그족이 카다피 몰락 이후 손에 넣은 무기를 이용해 정부군을 압박하는 가운데, 반군과 싸우고 있음에도 군비 증강에 인색한 정부에 불만을 품은 군대가 쿠데타를 일으켰다).

전자적으로 추적할 수 있는 무기 거래를 하려면, 여러 가지 장애물을 극복해야 한다. RFID 칩이 장착된 무기를 설계하려면 돈이 많이 들 것이다. 무기 제조업체들은 대형 불법 무기시장에서 이윤을 취한다. 그리고 국가와 무기 거래상들은 지금처럼 익명으로 이루어지는 무기의 유통을 선호한다. 어떤 초강대국이라도 장기적으로 몇 가지 더 큰 이익을 얻기 위해 무기 은닉이나 은밀하게 공급된 무기에 대한 '타당성 있는 부정plausible deniability'을 기꺼이 포기하리라고는 상상하기 어렵다. 더군다나 국가는 갈등지대에 다른 나라의 무기를 잘못 설치할 경우, 그것이 자신의 개입을 의미하게 되면서 더 큰 갈등으로 확산될 것이라고 주장할지 모른다. 하지만 국제적인 압력으로 인해 다른 결과가 만들어질 수도 있다.

다행히도 RFID 기술을 재건활동에 단기적으로 사용할 수 있는 다른 방법은 너무나 많다. RFID 태그는 전달된 구호품을 비롯한 필수 보급품들을 추적하고, 의약품과 다른 제품이 합법적임을 입증하고, 일반적으로 대형 계약 건에서 낭비나 부정적인 이득을 제한하는 데 사용될 수 있다. 기아 퇴치를 목적으로 활동하는 국제기구인 세계식량계획World Food Program, WFP은 어떤 공급업체가 정직하고, 목표로 하는 지점에 제대로 식량을 갖다 주는지 알아보고자, 바코드와 RFID 기술을 사용하여 소말리아 내에서 식량이 배달되는 경로를 추적하는 실험을 해왔다. 이처럼 저렴하고 어디서나 쓸 수 있고 믿을 수 있는 추적 시스템은 복잡하게 엉킨 구호품 전달 문제를 효율적으로 푸는 데 분명 도움을 줄 수 있을 것이다. 이는 책임감을 고양시키고 연결이 거의 안 된 지역에서조차 성공 여부와 효율성을 측정하는 데 활용할 수 있는 데이터를 제공해주기 때문에 가능한 일이다.

—
작은 휴대전화 하나로
평화와 통합을

갈등을 겪은 정부가 모바일 기기를 혁신적으로 사용하는 다른 예는 전투원 출신을 상대할 때 찾아볼 수 있다. 무기 대신 휴대전화를 주는 식의 거래는 '무장해제, 군대 해산, 재통합Disarmament Demobilization Reintegration, DDR' 프로그램의 핵심적인 특징이 될지 모른다. 폴 카가메가 이끄는 정부는 인권과 통치집단에 관련된 논란에 휘말리기도 했지만, 르완다 군대 해산 및 재통합 프로젝트Rewanda Demobilization and Reintegration Project를 통해 수만 명에 이르는 전투원 출신들의 비무장화를 감시해왔다.[453] 카가메는 이렇게 설명했다. "우리는 전투원 출신들의 인생을 바꾸려면, 그들 손에 도구를 쥐어줘야 한다고 믿습니다. 우리는 그들에게 약간의 돈을 포함하여 여러 가지를 주었어요. 그들이 모든 가능성을 엿볼 수 있도록 전화기도 주었죠."[454] 르완다에서 여전히 추진되고 있는 이 프로그램을 거친 대부분의 전투원 출신들은, 사회 재통합 준비를 하기 위해 온갖 형태의 훈련을 빈는다. 이때 심리치료도 중요하다. 우리는 이러한 프로그램이 가동되는 것을 지켜봤는데, 그것은 수업, 기숙사, 특별활동이 갖춰진 여름 캠프와 비슷했다. 르완다의 전투원 출신 중 대다수가 사실상 어린이들이기 때문에 그렇다. 가장 중요한 것은, 그들이 같은 경험을 갖고 있는 수백 명의 다른 전투원 출신과 함께 프로그램을 거치면서 전투의 반대편에 좋은 삶이 존재한다는 믿음을 갖게 되는 것이다.

카가메의 이야기는 이러한 시도를 하는 국가가 더 많이 등장할 날이 머지않았다는 것을 시사한다. 모든 갈등이 끝난 뒤에는 전투원 출신들의 무장해제야말로 최우선과제가 된다(간혹 무장해제는 비무장화demilitarization나 무기 통제weapon control라는 말로 불리기도 하는데, 이는 반란군이건 민간인적이건 이전 정권의 군 파벌이건 간에, 교전 중인 파벌들의 전투력을 제거하는 과정에 해당한다). 일반적인 DDR 프로그램에서 무기는 정해진 기한 내에 교전 당사자들로부터 평화유지군에게로 전달된다. 이때 종종 어느 정도의 보상도 주어진다.

갈등이 오래 지속될수록 이 과정을 완료하는 데 시간이 더 많이 걸린다. 일례로, 수단 남부와 북부 사이에 지속된 싸움이 남수단(우리는 2013년 1월 이곳을 방문할 수 있는 기회를 얻었다)을 낳는 데까지는 너무나 긴 시간이 걸렸다. 때문에 새로 들어선 남수단 정부와 국제사회는 즉시 종합적인 DDR 프로그램이 필요하다는 것을 인식하게 되었다. UN, 중국, 일본, 노르웨이, 미국으로부터 3억 8,000만 달러가 넘는 구호기금을 받은 남과 북의 수단인들은 2017년까지 약 20만 명의 전직 군인들을 무장해제시키기로 합의했다.[455] 이웃국가인 우간다와 케냐는 전투원이었다가 용병으로 바뀌는 사람들이 늘어나고 국경을 따라 불법 무기거래가 빈발할까 봐 걱정했지만, 이 두 나라 역시 이 계획에 필수적인 지역 안보의 강화를 위해 지원할 것을 약속했다. 그러나 이들 지역만큼 예측하기 힘들고 갈등이 쉽게 벌어지는 지역이 없으니, 이 약속 역시 어느 정도 사정을 감안하고 받아들여야 할 것이다.

갈등이 끝난 후에는 보통 무장한 전투원 출신들이 남는다. 이들은 일자리나 목적, 지위가 없고 사회적으로도 인정받지 못한다. 이 문제가 해결되지 않는다면, 이들은 범죄자나 반란군이나 용병으로 다시 폭력의 세계에 복귀할 것이다. 특히 그들이 여전히 무기를 갖고 있다면 더욱 그렇다. 정부가 전투원 출신들에게 AK—47 자동소총을 반납하게 만들 유인책을 마련하고자 고심하는 가운데, 그들에게 스마트폰을 받게 된다는 기대를 심어주는 것만으로 유인책을 시작하는 것 이상의 충분한 효과가 발휘될지 모른다. 전투원 출신은 보상, 지위 그리고 다음 단계를 필요로 한다. 스마트폰이 소통의 기회뿐만 아니라 여러 가지 혜택과 임금을 받을 수 있는 길이라는 것을 그들이 이해하게 되었을 때, 그것은 무기와 거래할 만한 가치가 있는 좋은 투자대상이 될 것이다.

문화와 기술적 정교함의 수준에 따라, 사회마다 이러한 프로그램에서 제공하는 패키지들이 약간씩 다를 것이다. 하지만 공짜로 주는 최신 휴대전화, 저렴한 문자와 음성 서비스, 애플리케이션 신용 구매, 사람들이 저렴하게 인터넷과 이메일을 사용할 수 있게 해주는 데이터 보조금 등, 이 과정의 필수 혜택들은 보편적인 관심을 끌 것이다. 이러한 스마트폰은 일반 국민 대다수가 쓰는 휴대전화에 비해 더욱 성능이 뛰어나면서 사용하기는 더 쉬워질 것이다. 거기에는 휴대전화를 사용하는 전투원 출신들이 점점 늘어남에 따라 영어 명령이나 기본적인 읽기, 쓰기 교육 등 특별한 서비스를 제공해주는 매력적인 직업 관련 애플리케이션들이 미리 설치되어 있을 수 있다. 어린 나이에 강제로 가족과 이별한 후 군인이 되었다가 현재 남수단 난민촌에서 생활하고 있는 소년이라면, 현지 친척들뿐만 아니라, 미국에 성공적으로 망명해서 완전히 새로운 삶을 살고 있는 수단 출신의 잠재적인 멘토와 연결되는 휴대전화를 구할 수 도 있다.

기부국은 이러한 프로그램의 초기 단계에 기부한 다음, 기부 대상국 에게 비용과 통제권을 넘겨줄 가능성이 크다. 그럴 경우, 기부 대상국 정 부는 사회의 전투원 출신들에 대해 어느 정도의 영향력을 유지할 수 있 게 된다. 휴대전화에는 일정 시간 동안 전투원 출신들을 추적하거나 그 들의 인터넷 검색기록을 감시할 수 있게 해주는 소프트웨어가 미리 들 어있을 수도 있다. 그러면, 전투원 출신들에게는 프로그램의 규칙을 따 르지 않을 경우 데이터 요금제나 전화기와 작별할 위험이 생긴다. 국가 는 이러한 전화기에 위치 데이터와 연관된 '삼진아웃 정책a three-strike policy'을 시행할 수 있다.

첫째, 미리 정해둔 시간에 담당 보호관찰관에게 연락하지 않으면, 전 투원 출신은 짧은 동영상 경고를 받는다. 둘째, 같은 잘못을 저지르면 일 정 기간 동안 데이터 요금제가 중단된다. 셋째, 같은 잘못을 저지르면 데 이터 요금제가 철회되고, 휴대전화를 몰수당한다.

물론 강제 집행이 쉽지는 않겠지만, 국가는 적어도 일회성으로 현금 을 지급해줄 때보다는 훨씬 더 강력한 영향력을 발휘할 것이다. 그리고 유용한 애플리케이션과 지위를 상징하는 전화기 외에도 이 프로그램을 바람직하게 만드는 다른 방법들이 존재한다. 전투원 출신들은 가족을 부양하기 위해 연금이나 복지혜택에 의존할 가능성이 크므로, 그와 관 련된 돈 지급을 모바일머니 시스템에 통합해놓는 것은 그들이 바른 길 을 걷게 만드는 똑똑한 방법이 된다.

그러나 이런 식으로 무기를 받고 휴대전화를 내주는 프로젝트가 성공하려면, 종합적이고 성공적인 프로그램과 연계되어야 한다. 휴대전화만으로는 수천 명의 전투원 출신들을 어떤 식의 지속 가능한 방식으로도 재통합시키기 어렵기 때문이다. 재통합과 책임감 제고 프로그램의 일환으로, 일부 전투원 출신들은 무기 은닉처에 관한 정보나 대학살 현장의 사진을 제공하는 대신, 현금이나 특별한 휴대전화 기능을 받을 것이다. 전투원 출신들로 하여금 총과 권위의식을 모두 내려놓게 하려면, 자신들이 정당하게 대접받고, 적절히 보상받고 있다고 느끼도록 만들어야 한다. 이때 카운슬링과 직무기술 수업이 포함된 프로그램이, 이들이 민간인으로 돌아가는 것을 지원하는 중요한 역할을 할 것이다.

콜롬비아에서는 게릴라 출신들을 사회로 재통합시키기 위한 DDR 프로그램이 대체로 성공을 거둔 것으로 평가된다.[456] 이 프로그램에는 교육, 법률, 심리학, 건강 서비스를 제공하는 광범위한 지원 네트워크가 포함되어 있다. 도심에서 멀리 벗어난 곳에서 운영되는 다른 DDR 프로그램들과 달리, 콜롬비아 정부는 다수의 재통합 전문기관을 도시 한복판에 설치해 운영하는 대담한 조치를 취했다. 정부는 이들 전투원 출신들과 사회 구성원 모두로부터 프로그램에 대한 신뢰를 얻고자, 그들에게 어떤 것이 필요한지 파악하는 작업부터 시작했다. 가출한 10대를 위한 쉼터와 매우 흡사하게 지어진 이 센터는 결국 이웃과 다른 주민들이 참여하는 가운데 지역사회의 일부로 편입되었다. 정부는 콜롬비아인이 폭력에 의존해서는 안 되는 이유를 설명해줄 대변인들로 전투원 출신들을 활용했다. 이들은 대학에서 강의했고, 2013년 현재 38년 역사를 가진 콜롬비아 테러조직인 콜롬비아무장혁명군 출신들을 상대로도 연설했다. 또한, 지역사회 원탁회의를 주최하기도 했다.

커뮤니케이션 기술이 이들과 비전투원이 융합하는 과정에 도움이 될지, 방해가 될지는 불확실하다. 한편, 갈등의 와중에 누구나 이러한 기기를 쓸 수 있게 된다면, 시민들은 갈등이 지난 다음 정의를 추구하는 데 사용할 수 있는 증거를 포착하기가 쉬워질 것이다. 반면, 그토록 만연한 폭력과 고통의 증거가 디지털 테이프에 찍힌 후(그리고 영구히 보존되고 폭넓게 공유되어) 세상에 공개되면, 애초 갈등을 야기했던 사회적·윤리적 분열이 더욱 고착화될 가능성도 있다. 민간이나 민족적 갈등에 의해 찢긴 사회를 치유하는 과정은 충분히 고통스럽다. 이때는 어느 정도 집단 기억이 상실될 필요가 있다. 증거가 더 많이 나올수록 용서할 것이 더 많아질 것이기 때문이다.

갈등 이후에 진정 필요한 것들

미래에는 기술이 과도적인 정의실현을 위한 다양한 추진 내용을 문서화하고 기록함으로써, 이를 누구나 쉽게 열람할 수 있도록 투명하게 만들 것이다. 여기에는 배상, 신원 조사(탈脫 바스당화de-Baathification▪ 추진 노력 등), 진실화해위원회, 심지어 재판도 포함된다. 이러한 변화에는 장단점이 존재한다. TV로 중계된 독재자 사담 후세인의 재판 장면은 많은 이라크인에게 카타르시스를 느끼게 해주었지만, 그것은 또한 후세인과 그의 지지자들에게는 무대를 제공해준 격이었다. 따라서 니겔 스노아드Nigel Snoad(전직

탈 바스당화
사담 후세인 정권의 축출 이후 이루어진 후세인 추종자 제거작업.

고위 UN 국제구호원으로 현재 구글에서 근무 중)의 예상대로, '인권 및 정의실현 집단이 추진하는 활동을 통해 갈등 도중 피살당하거나 실종된 이들의 이야기를 해주고, 그들을 위한 추모비를 세워주는 시스템을 구축할 수 있다.'[457] 그는 이러한 증언과 추모비를 통해 '분열된 사회를 재통합할 수 있으며, 상충된 설명이 등장하거나 온라인상에서 상호 비방전이 일어나더라도 사과하고, 진실을 말하고, 화해를 이끌어내는 공간을 만들 수 있다'고 주장했다.

화해는 원래 더디고 고통스럽다. 이러한 특성은 인터넷 기술로 없어지지 않을 것이고, 또 그래서도 안 된다. 공개적인 범죄 사실 인정, 판결과 처벌, 용서의 제스처가 갈등에서 벗어나는 사회에 카타르시스를 선사할 것이다. 오늘날 국제적인 차원에서 벌어지는 반인류적 범죄 등에 대한 형사소추刑事訴追 ▪ 모델은 더디고, 관료적이며, 부패에 연루되기 쉽다. 수십 명의 범죄자[458]가 심지어 재판이 시작되기도 전에 헤이그 국제사법재판소에 몇 달씩

형사소추
검사가 형사책임을 져야 할 피고인을 법원에 기소하여, 그 죄를 추궁하는 것.

앉아 있다.[459] 오늘날의 갈등 후 환경에서는 이처럼 시간을 많이 소모하는 국제기관보다 현지의 사법시스템과 기구들이 더 선호된다.

기술의 확산은 이러한 추세를 악화시킬 가능성이 있다. 범죄와 폭력에 대한 방대한 자료만으로도 정의실현에 대한 기대감이 높아지겠지만, 국제사법재판소 같은 국제 사법기구의 더딘 움직임은 이러한 기구들이 기술 변화에 빠르게 적응하지 못하도록 막을 것이다. 예를 들어, 국제사법재판소는 재판의 절차를 아주 중시하기 때문에 휴대전화로 찍은 입증 안 된 동영상을 증거로 채택할 가능성이 적지만(다만 글로벌 위트니스 Global Witness 같은 조직은 이러한 문화를 바꿔놓기 위해 애쓰고 있다), 현지

사법시스템은 국제사법재판소에 비해 법적인 제약이 더 적고 보다 유연한 태도를 견지할 수 있으므로 직접 찍은 동영상을 효과적으로 입증할 수 있게 해주는 디지털 워터마크 기술의 발전에 보다 개방적일지도 모른다. 사람들은 이런 식의 재판을 점점 더 선호할 것이다.

현지 사법시스템이 인정을 받으려면, 심판관(전직 판사건 부족장이건 지역사회 지도자건 상관없이)이 내부의 메커니즘, 주요 운동가들, 주요 악인들, 멀리 떨어져 있는 기구들이 이해하는 데 애를 먹는 온갖 뉘앙스 등 사회에 대해 친밀하고 광범위한 지식을 갖고 있어야 한다. 그래야만 디지털 증거가 제시됐을 때 입증 필요성이 줄어든다. 증거에 등장하는 사람과 장소가 이미 낯익기 때문이다. 위기 후의 환경에서는 지역사회로부터 신속히 정의를 실현하라는 압력이 뚜렷하게 제기된다. 현지 법원이 국제재판소들에 비해 얼마나 공정할지는 논란거리지만, 확실한 것은 그들이 더 신속하게 움직일 것이라는 점이다.

이러한 추세는 미래의 진실화해위원회나 주요 갈등 뒤에 일시적으로 등장하는 사법구조에서 분명히 드러날 수 있다. 르완다 대학살 이후 르완다의 새로운 정부는 죄를 지은 사람들이 처벌을 받아야만 화해가 성립한다는 주장을 펴면서 남아프리카공화국의 진실화해 모델을 거부했다.[460] 하지만 공식적인 사법시스템은 대학살 가담 혐의가 있는 자들을 처리하는 데 아주 긴 시간이 걸렸다. 10만 명이 넘는 르완다인이 몇 년간 수감된 채, 자신의 재판 차례가 오기만을 기다렸다. 르완다 정부는 이러한 재판의 지체를 막기 위해, 지역사회에 기초한 보통 사람들의 갈등해결 과정에서 영감을 받아 가차차 Gacaca ■라는 새로운 지역 재판 시스템을 만

가차차
'잔디가 깔린 마당'이라는 뜻을 가진 아프리카의 특수형태의 법정. 가해자와 피해자 간의 진실규명과 화해를 위해 지역사회의 힘을 빌려 재판한다.

들었다.461 가차차 재판 때는 피고인이 지역사회 출신 재판관들 앞에서 자신의 범죄를 시인하거나, 일어난 일을 실토하거나, 자신이 죽인 사람들의 유품을 확인해줄 경우 형이 감면되었다. 마을 재판에 기반을 두고 있지만, 이 가차차 재판 시스템에는 여러 판단 단계가 개입되는 등 그 구조가 복잡했다. 1단계는 감방 차원의 재판으로 불렸다. 이 단계에서 피고인은 죄를 저지른 지역사회 사람들로 이루어진 재판관들 앞으로 나왔다. 재판관들은 피고인이 지구, 지역, 주 가운데 어디에서 재판(이 세 곳에서 모두 항소가 가능하다)을 받는 것이 마땅한지 알아보고자 죄질을 결정했다.

가차차 시스템은 결코 완벽하진 않았다. 여자 재판관을 배제했고, 여성을 상대로 저지른 흉포한 범죄를 남성을 상대로 저지른 범죄와 똑같이 간주해 기소하지 않는 등 전통적인 문화적 편견의 완전한 집합체였기 때문이다. 그러나 이러한 점들을 제외하면, 정의가 빠르게 실현되었고 재판에 참가하는 지역사회도 일반적으로 재판과정을 만족스러워했다. 이후 위기를 겪게 된 전 세계의 정부들은 이 모델이 수많은 화해의 목표를 성취하는 데 매우 효과적이었다는 점을 감안, 이를 도입하는 방안을 검토했을 것이다.

미래의 시민들이 갖고 있는 디지털 증거를 국제사법재판소와 현지 재판기구 중 어디에 제출하든, 그들은 분명 과도기적인 정의실현 과정에 참여할 수 있는 기회를 더 많이 얻게 될 것이다. 그들은 갈등의 현장이나 억압적인 이전 정권으로부터 확보한 문서와 사진, 기타 증거들을 나중에 법원과 기자 등이 참조할 수 있도록 분류하고, 적절한 공개 파일에 첨가하는 국제적인 클라우드 기반 데이터 은행에 즉시 업로드할 것이다.

사람들이 조직적으로 불만을 토로할 수 있게 해주는 참여적인 추모비와 포괄적인 피드백 루프(아마도 지역사회는 가장 권위적인 피드백을 수집하기 위해 알고리즘 논쟁 매핑을 사용할 것이다)는, 갈등이 종료된 후 무시받고 있다고 느낄 수 있는 집단의 신뢰감을 유지하는 데 유용할 것이다. 시민들은 휴대전화를 통해 전 세계로 생중계되는 주요 인물들의 재판과정을 실시간으로 지켜보면서, 재판과정 각 단계의 풍부한 정보를 즉시 얻을 수 있을 것이다.

몰락한 정권의 범죄자들에 관한 범죄 기록(현실세계의 기록과 가상기록 모두)은 기소 이외에 더 폭넓은 목적에도 쓰인다. 즉, 일단 이전 정부의 모든 더러운 비밀이 온라인에 공개될 경우, 미래의 어떤 정부도 그와 아주 똑같은 짓을 할 수 없을 것이다. 정치 전문가들은 항상 갈등 이후 들어서는 정부가 독재정부로 회귀할 가능성에 대해 우려하면서, 그러한 회귀의 조짐을 예의주시한다. 이전 정권의 부정행위들을 100퍼센트 폭로(반대파를 얼마나 잔인하게 대우했고, 국외로 돈을 얼마나 빼돌렸는지 등)하는 것은 그러한 가능성을 차단하는 데 유용할 것이다.

―――――

우리가 지금까지 다룬 모든 주제들 중에서 재건의 미래야말로 아마 가장 낙관적으로 볼 수 있는 분야일지 모른다. 자연재해나 전쟁 혹은 두 가지 모두만큼 국가와 국민에게 엄청난 피해를 주는 일은 거의 있을 수 없다. 하지만 우리는 위기 이후 짧은 기간 내에 더 만족스러운 결과를 수반하는 변화가 분명히 일어나고 있음을 목격하고 있다. 지정학적으로 많은 일들이 벌어질 수 있지만, 세계는 각각의 재건 사례로부터 무엇이 효과적이고, 무엇이 효과적이지 않은지, 무엇이 개선 가능한 것인지 배우고 있다.

커뮤니케이션 기술의 발달과 널리 확산된 연결성은 재건의 속도를 단축시키고 사람들에게 정보와 권한을 주고 더 나은 사회, 더 강하고 회복력 있는 사회를 구축하는 것을 도와줄 것이다. 약간의 창조성과 넉넉한 대역폭과 혁신하고자 하는 의지만 있다면, 이 모든 것이 가능하다.

새로운 문명을 낙관하라

우리가 예상하는 미래는, 인류 역사상 가장 빠르게 움직이면서 가장 흥분된 시간과 약속, 도전으로 가득 찬 멋진 신세계다. 우리는 과거 그 어느 세대보다 빠르게 일어나는 변화를 더 많이 경험할 것이다. 우리가 들고 있는 기기들에 의해 일부 주도될 이러한 변화는 상상할 수 있는 것보다 훨씬 더 개인적·참여적 성격을 띨 것이다.

1999년 미래학자 레이 커즈와일Ray Kurzweil은 기념비적인 저서 《21세기 호모 사피엔스The Age of Spiritual Machines》에서 '수확 가속의 법칙Law of Accelerating Returns'이란 새로운 개념을 제시했다. 그는 '기술은 다른 수단에 의한 지속적인 진화이며, 그 자체가 진화 과정'이라고 주장했다.462 진화란 고유의 발전 질서를 구축하다가 시간이 지나면서 기하급수적인 성장과 급격한 수확으로 이어진다는 것이다. 우리가 오늘날 목격하고 있는 모든 기술의 근간인 계산computation도 이와 상당히 흡사한 방식으로 움직인다. 무어의 법칙은 궁극적으로 어쩔 수 없는 한계를 노출하고 있지만, 불과 몇 년 뒤 극소형 반도체가 출현할 것을 약속한다. 우리는 이제 2일마다 문명의 새벽부터 2005년까지 우리가 창조했던 것만큼의 많은 디지털 콘텐츠를 창조하고 있다.[463] 온라인에 들어올 수 있는 70억 명 중 아직까지 불과 20억 명만이[464] 활동하고 있는데도, 약 5엑사바이트exabyte의 정보가 생산되고 있다.[465] 전 세계적으로 기술이 확산되면서, 얼마나 많은 새로운 생각과 새로운 시각과 새로운 창조물이 등장하고, 그것들이 미치는 영향이 얼마나 더 빨리 감지될까? 가상세계로 들어오는 사람이 많을수록 그것들에게 유익하다. 또한 그것은 우리에게도 유익하다. 인간의 지식과 창조성을 공유함으로써 누리는 집단의 혜택은 엄청난 속도로 증가하고 있다.

미래에는 정보기술을 전기처럼 어디서나 쓸 수 있게 될 것이다. 이는 기정사실이며, 정보기술은 우리 삶에 완전히 동화되어 정보기술 이전의 삶을 아이들에게 설명하는 데 애를 먹게 될 수도 있다. 연결성 덕분에 앞으로 수십억 명에 이르는 사람들이 추가로 기술의 세계에 입장할 것이다. 이에 따라 우리는 기술이 조만간 이 세상의 모든 도전과제와 뒤얽힐 것임을 알고 있다. 국가, 시민, 기업은 기술을 모든 해결방법의 일부로 삼을 것이다.

연결성의 확대를 억제하거나 사람들의 접근을 차단하려는 노력은, 앞으로도 계속해서 실패할 것이다. 정보는 늘 물처럼 스스로 흘러나갈 길을 찾을 것이다. 국가, 시민, 기업, NGO, 컨설턴트, 테러리스트, 엔지니어, 정치인, 해커들은 모두 이러한 변화에 적응하고, 그것의 여파를 통제하기 위해 애쓰겠지만, 누구도 변화를 제대로 통제하지는 못할 것이다.

우리는 대다수의 전 세계인들이 더 커진 효율성과 더 많아진 기회, 개선된 삶의 질을 경험하면서 연결성의 순純 수혜자가 될 것이라 믿는다. 하지만 이러한 혜택을 누구나 느끼더라도 사실상 연결된 경험이 모두에게 똑같지는 않을 것이다. 디지털 카스트제도는 미래에도 존속할 것이며, 사람들의 경험은 그들이 속한 계급에 따라 크게 좌우될 것이다. 최상위 계급에 속한 극소수는 재산이나 접근성이나 위치로 인해 기술이 야기할 수 있는 불쾌한 결과를 대부분 피할 수 있을 것이다. 세계의 중산층은 발명가이자, 이민자 공동체의 지도자이자, 중소기업 사장으로서, 이러한 변화의 대부분을 주도할 것이다. 그들이 이미 가장 먼저 연결되어 있는 20억 명에 속한다.

다음에 온라인 세계로 들어올 50억 명은 단순히 그들의 숫자와 거주지 때문에 훨씬 많은 변화를 겪을 것이다. 그들은 연결성의 최대 수혜자가 되겠지만, 동시에 디지털 시대가 낳은 최악의 문제점을 경험하게 될 것이다. 혁명을 주도하고, 경찰국가에 맞설 사람들이 바로 그들이다. 그들은 또한 정부에게 추적당하고, 온라인 증오집단에게 시달리고, 마케팅 전쟁 때문에 혼란에 빠질 사람들이다. 기술이 확산되더라도 그들이 사는 세계의 많은 도전과제는 지속될 것이다.

미래에 일어날 일들

그렇다면 당신은 우리의 미래 세계에 대해 무엇을 알고 있다고 생각하는가?

첫째, 기술만으로 세상의 모든 문제를 고칠 수 있는 것은 아니지만, 기술을 똑똑하게 사용하면 지금과 다른 세상을 만들 수 있는 것만은 분명하다. 미래에는 컴퓨터와 인간이 각자 수행하는 역할에 따라 점점 더 임무를 쪼개어 맡을 것이다. 우리는 판단, 직관, 뉘앙스 그리고 인간만이 하는 상호 작용을 위해 인간의 지능을 활용할 것이다. 하지만 무한한 기억, 무한대로 빠른 처리, 인간이 하기에 생물학적으로 한계가 있는 행동 등에 대해서는 컴퓨터가 가진 힘에 의존할 것이다. 우리는 테러리스트를 추적하고 체포하기 위해 방대한 양의 데이터를 기반으로 '예측적 상관관계predictive correlations'를 알아보는 데 컴퓨터를 이용할 것이다. 하지만 체포한 테러리스트를 어떻게 심문하고 상대할지는 계속해서 인간과 인간이 만든 법의 테두리 안에서 해야 할 일로 남을 것이다. 참전 로봇이 탁월한 정밀성과 상황파악 능력을 통해 사람들의 죽음을 막아주겠지만, 그들의 활용 맥락과 취할 행동을 결정하는 것은 인간의 몫일 것이다.

둘째, 가상세계는 기존의 세계 질서를 넘어서거나 앞지르지 못하겠지만, 거의 모든 행동을 복잡하게 만들 것이다. 국민과 국가는 더 많은 통제력을 가질 수 있는 세계(국민에게는 그것이 가상세계를, 국가에게는 그것이 현실세계를 각각 의미한다)를 선호하겠지만, 둘 사이의 이러한 긴장관계는 인터넷이 존재하는 한 계속 존재할 것이다. 가상세계에서는 용기 있는 사람들만 나서도 충분히 혁명을 일으킬 수 있지만, 국가는 계속해서 잔혹한 길거리 진압전략에 의지할 수 있다. 소수자집단은 가상 국정 운영을 추구하고, 그 과정에서 연대감을 강화할지 모르지만, 이러한 모험이 잘못되면 그 결과로 인해 참가자들과 그들이 내세우는 명분은 현실세계와 가상세계에서 모두 더 나쁜 결과로 이어질 수 있다.

셋째, 국가는 가상세계와 현실세계에 각각 맞춘 두 가지 외교정책과

두 가지 국내 정책을 실행해야 할 것이다. 이러한 정책들은 상호 모순적인 것처럼 보일 수도 있다. 국가는 군사공격을 꿈꿀 수 없는 다른 국가를 겨냥하여 사이버 공격을 단행할 것이다. 그들은 반체제인사가 온라인에서 토로하는 불만은 용인하더라도, 그들을 색출하기 위해 눈을 부릅뜨고 도시의 광장을 순찰할 것이다. 국가는 현장에 로봇을 파견하는 방안을 고려하지 않고도 긴급한 통신 개입을 지원할 것이다.

마지막으로, 전 세계적으로 연결성과 휴대전화가 확산됨에 따라 시민들은 역사상 그 어느 때보다 많은 힘을 갖게 되겠지만, 반면 사생활과 보안 문제에 있어서는 그에 따른 대가를 치러야 할 것이다. 우리가 말하는 기술은 당신의 과거와, 현재와, 미래의 위치 그리고 당신이 소비하는 정보 등의 개인정보를 대량으로 수집하고 저장하며, 이 모든 정보는 시스템이 작동될 때까지 임시로 저장된다. 과거에는 그러한 정보를 얻는 것이 불가능했지만, 이제는 그것이 항상 당신에게 불리하게 사용될 가능성이 생겼다. 국가는 이러한 행위를 대부분 합법화할 것이며, 그들의 정책은 민주주의국가에서부터 독재국가, 심지어 비슷한 정치제도를 가진 국가들 내에서까지 서로 다를 것이다. 이러한 정보가 풀리게 되면서 생기는 위험성이 점점 커지고 있다. 정보를 보호하는 기술을 활용할 수는 있지만, 인간의 실수와 비도덕적인 활동, 시간의 경과 등으로 인해 정보를 지키는 일이 더욱 더 어려워질 것이다. 정보 저장을 맡은 기업들은 지금도 정보 보안을 보장해줄 책임을 지고 있고, 앞으로도 그러한 책임은 바뀌지 않을 것이다. 개인의 사생활 보호 역시도 그들이 책임져야 하겠지만, 이는 사용자들과 공유하는 책임이기도 하다.

우리는 사생활을 지키기 위해 싸워야 한다. 그렇지 않을 경우, 특히 안보 강성론자들이 테러범죄가 터질 때마다, '정부에게는 현재와 과거의 개인정보에 더 많이 접근할 권한이 있다'라고 주장할 것이다. 이렇게 국가 위기의 순간이 닥칠 때 자칫 사생활을 잃게 될 수 있다. 정부는 새로운 사생활의 경계가 어디까지인지를 정하고, 그것을 지켜야 한다. 예를 들어, 얼굴인식 기술은 범법자를 더 쉽게 체포할 수 있게 만들어 애초에 범죄를 저지르려는 생각을 막고, 국민의 안전을 지키는 한편 국민이 인구조사에서부터 투표에 이르기까지 모든 일에 안심하고 참가할 수 있게 해줄 것이다. 하지만 그 기술이 또한 정부에게 국민을 더 철저히 감시할 수 있는 힘을 부여해줄 수도 있다.

미래에 비밀은 어떻게 보호될까? 비밀은 사람과 제도가 온전히 기능하는 데 사생활보호 못지않게 중요한 요소다. 사람들 사이에서 비밀을 암호화하고 정보를 퍼뜨리는 능력은 몇 가지 이례적인 새로운 문제를 야기할 것이다. 범죄자에서부터 반체제인사에 이르기까지 분리 집단들 separate groups은 조만간 비밀(아마도 일련의 코드나 비밀 문건들)을 가지고서 그것을 암호화한 다음 암호 키를 각 집단의 구성원에게 조금씩 할당하는 식으로 비밀을 쪼갤 수 있을 것이다. 집단은 이어 상호 확인 후, 비밀을 공개하기로 약속할 수 있다. 이 경우 어떤 조건이 맞아야 모든 구성원이 각자 조금씩 갖고 있는 암호 키를 합쳐 데이터를 공개할 것이다. 그러한 합의가 정부를 길들이거나 개인을 공포에 떨게 만드는 데 사용될 수 있다. 그리고 만일 알카에다 같은 테러조직이 CIA 비밀 요원들의 이름과 위치처럼 민감한 암호화 데이터를 손에 넣는다면, 그들은 그것의 사본을 소속 대원들에게 나눠준 후 대원들 중 한 명이라도 공격받을 경우 그 정보를 공개하겠다고 위협할 수 있다.

두 가지 문명에 관한 이야기

미래에 일어날 일 그리고 우리가 분명히 말하고자 했던 것은, 바로 두 가지 문명에 관한 이야기다. 그 중 하나는 현실세계의 문명으로, 이는 지난 수천 년의 시간을 거쳐 발전해왔다. 다른 하나는 가상세계의 문명이며, 이는 여전히 완연한 형성단계를 밟고 있다. 이 두 문명은 서로 상대방의 부정적인 면을 억제하면서 어느 정도 평화로운 방식으로 공존할 것이다. 가상세계는 시민들에게 새로운 저항의 기회를 제공하면서, 국가의 억압적인 통제로부터 벗어나도록 해줄 것이다. 물론 시민들 중에는 그저 연결하고, 배우고, 노는 사람도 있을 것이다. 현실세계는 가상세계의 무정부 상태를 억제할 수 있도록 돕고, 테러리스트 해커들, 잘못된 정보, 심지어 젊은 날 저지른 비행을 보여주는 디지털 기록들로부터 사람들을 보호해주는 법규를 적용할 것이다. 향후 영원히 남게 될 증거는 가해자들(법인들)이 저지른 범죄를 축소하거나 부정하기 힘들게 만들어버림으로써, 과거에는 결코 보지 못했던 방식으로 현실세계에서 책임을 강요할 것이다.

가상세계의 문명과 현실세계의 문명 모두 서로 영향을 주고받으며 형성될 것이다. 두 문명 사이의 균형이 우리가 사는 세계를 정의하게 될 것이다. 우리의 관점에서는 그러한 다차원적인 결과가 비록 완벽하지는 않더라도 상상할 수 있는 수준 이상으로 평등하고, 투명하고, 흥미로울 것 같다. 사회계약을 체결한 것처럼, 사용자들은 가상세계에 연결됨으로써 따라오게 될 여러 혜택을 얻기 위해 사생활, 안보, 개인 데이터처럼 현실세계에서 가치를 두는 것들을 자발적으로 포기할 것이다. 반대로, 그들이 혜택을 누리지 못한다고 느낀다면, 책임감을 요구하고 변화를 추진하기 위한 도구들을 현실세계에서 재량껏 동원하게 될 것이다.

이렇게 낙관할 수 있는 것은 공상과학소설에 등장하는 도구나 홀로그램 때문이 아니라, 우리가 사는 세계에서 목격되는 남용, 고통, 파괴를 저지할 수 있는 기술과 연결성이 가진 능력 때문이다. 폭로할 기회가 생겼을 때 폭로할 수 있는 가능성은 무궁무진하다. 자신의 삶의 질을 개선하기 위해 누구나 할 수 있는 최선의 일은 연결성과 기술적인 기회를 만드는 것이다. 연결되기만 하면 나머지 일은 사람들이 알아서 해줄 것이다. 그들은 이미 자신에게 필요한 것이 무엇인지, 무엇을 만들고 싶은지를 안다. 또한 아무리 빈약한 도구를 가지고 있다 해도 혁신할 방법을 찾을 것이다. 경제적 번영, 인권, 사회적인 정의, 교육, 자결권에 관해 열정적인 관심을 가진 사람이라면, 우리가 그러한 목표를 성취하는 것뿐만 아니라 심지어 목표를 넘어 움직이는 데 연결성이 어떤 도움을 줄 수 있을지 고려해야 한다. 불평등이나 권력의 남용을 없앨 수는 없다. 하지만 기술을 받아들임으로써 우리는 권력이 개인의 손으로 이양되도록 도울 수 있으며, 개인들이 기꺼이 그것을 받으리라 믿는다. 쉽지 않은 일이다. 하지만 이는 충분히 가치 있는 일이다.

주

NOTES

머리말

1. 이 인용문은 1997년 4월에 샌프란시스코에서 열린 자바원 컨퍼런스JavaOne Conference에서 에릭 슈미트가 한 연설 내용 중 일부를 각색한 것이다. 원래 연설문은 "인터넷은 인류가 만들어놓고도 잘 이해하지 못하는 최초의 것이자 우리가 지금까지 무정부 상태에서 해본 최대 실험이다"였다. 우리는 이 인용문을 현재 우리 관점에 맞게 변형해서 '최초의 것'이란 말 대신에 핵무기, 증기력, 전기를 포함한 '몇 안 되는 것'이라고 했다.

2. 인쇄기, 일반 전화, 라디오, 텔레비전, 팩시밀리는 모두 기술 혁신을 상징하지만, 모두 중재자가 필요했다.

3. 다음 자료 중 2000년에 해당하는 숫자 참조. "Estimated Internet Users (World) and Percentage Growth," ITU World Telecommunication Indicators (2001), referred to by Claudia Sarrocco and Dr. Tim Kelly, *Improving IP Connectivity in the Least Developed Countries*, International Telecommunication Union (ITU), Strategy and Policy Unit, 9, accessed October 23, 2012, http://www.itu.int/osg/spu/ni/ipdc/study/Improving%20IP%20Connectivity%20in%20the%20Least%20Developed%20Countries.pdf.

4. 다음 자료 중 2010년에 해당하는 자료 참조. "Global Number of Individuals Using the Internet, Total and Per 100 Inhabitants, 2001-2011," International Telecommunication Union (ITU), ICT Data and Statistics (IDS), accessed October 8, 2012, http://www.itu.int/ITU-D/ict/statistics/.

5. 다음 자료 중 남성과 여성 인구의 총계를 참조. "World Midyear Population by Age and Sex for 2025," U.S. Census Bureau, International Data Base, accessed October 8, 2012, http://www.

census.gov/population/international/data/idb/worldpop.php.

6. 이 개념은 우리가 잠시 동안 논의했던 것이지만, 절친한 친구 알렉 로스Alec Ross와 얘기를 나누고 나서야 이런 식으로 정리할 수 있었다. 우리가 이 개념을 얻을 수 있었던 데 로스의 도움이 컸다. 다음 자료 참조. "How Connective Tech Boosts Political Change," CNN, June, 20, 2012, http://www.cnn.com/2012/06/20/opinion/opinion-alec-ross-tech-politics/index.html.

7. "Better than Freedom? Why Iraqis Cherish Their Mobile Phones," *Economist*, November 12, 2009, http://www.economist.com/node/14870118.

8. "Iraq: Key Facts and Figures," BBC, September, 7, 2010, http://www.bbc.co.uk/news/world-middle-east-11095920.

9. Zaineb Naji and Dawood Salman, "Baghdad's Trash Piles Up," Environmental News Service, July 6, 2010, http://www.ens-newswire.com/ens/jul2010/2010-07-06-01.html.

1장_ 인간의 미래

10. *The World in* 2011: ICT Facts and Figures, International Telecommunication Union (ITU). 2012년 10월 접속. http://www.itu.int/ITUD/ict/facts/2011/material/ICTFactsFigures2011.pdf. 이 자료는 2011년 현재 전 세계 인구의 35퍼센트가 온라인에 접속하고 있다는 걸 보여준다. 우리는 인구 증가 추정치를 반영해서 가상세계에 진입할 사람 수를 50억 명으로 추정했다.

11. 여성 어부의 사고 실험은 레베카 코언Rebecca Cohen과 나누던 대화에서 나왔다. 그리고 우리가 이 여성 어부의 이야기를 콩고를 배경으로 하고 있지만, 이 사례를 처음 찾아낸 건 코언이었다.

12. "Africa's Mobile Phone Industry 'Booming,'" BBC, November 9, 2011, http://www.bbc.co.uk/news/world-africa-15659983.

13. 다음 자료의 휴대전화 가입자 숫자를 참조. "Key ICT Indicators for the ITU/BDT Regions (Totals and Penetration Rates)," International Telecommunication Union (ITU), ICT Data and Statistics (IDS), updated November 16, 2011, http://www.itu.int/ITU-D/ict/statistics/at_glance/KeyTelecom.html.

14. 위 자료에서 2011년 현재 휴대전화 가입자 수와 실제 무선 인터넷 가입자 수를 비교해보라.

15. "Country Comparison: Life Expectancy at Birth," CIA, World Fact Book, accessed October 11, 2012, https://www.cia.gov/library/publications/the-world-factbook/rankorder/2102rank.html#top.

16. 우리 저자들 중에 한 사람이 전기, 수돗물, 휴대전화, 혹은 유선전화가 없는 이 외지 마을에서 2010년 여름을 보냈다. 2010년 가을에 돌아올 무렵, 다수의 마사이족 여성들은 이미 휴대전화를 담

을 구슬로 아름답게 치장된 파우치들을 만들어서 쓰고 있었다.

17. "Inside the Knockoff-Tennis-Shoe Factory," *New York Times Magazine*, August 19, 2010, Global edition, http://www.nytimes.com/2010/08/22/magazine/22fake-t.html?pagewanted=all.

18. "The Printed World: Three-Dimensional Printing from Digital Designs Will Transform Manufacturing and Allow More People to Start Making Things," *Economist*, February 10, 2011, http://www.economist.com/node/18114221.

19. "Hi-Tech Shares Take US for a Walk on the High Side," *Guardian* (Manchester), March 16, 2012, http://www.guardian.co.uk/money/2012/mar/16/hi-tech-shares-us.

20. "Gesture Recognition, Mind-Reading Machines, and Social Robotics," *H+ Magazine*, February 8, 2011,http://hplusmagazine.com/2011/02/08/gesture-recognition-mind-reading-machines-and-social-robotics/.

21. Helen Thomson, "Robot Avatar Body Controlled by Thought Alone," *New Scientist*, July 2012, 19-20.

22. "Shoe Technology to Charge Cell Phones," *Daily Nation*, May 2012, http://www.nation.co.ke/News/Shoe+technology+to+charge+cell+phones++/-/1056/1401998/-/view/printVersion/-/sur34lz/-/index.html.

23. 위 자료 참조.

24. 이렇게 완전한 공짜 정보 정신을 존중하는 에릭 슈미트는 칸 아카데미 이사다.

25. Clive Thompson, "How Khan Academy Is Changing the Rules of Education," *Wired Magazine*, August 2011, posted online July 15, 2011, http://www.wired.com/magazine/2011/07/ff khan/.

26. Nicholas Negroponte, "EmTech Preview: Another Way to Think About Learning," *Technology Review*, September 13, 2012, http://www.technologyreview.com/view/429206/emtech-preview-another-way-to-think -about/.

27. David Talbot, "Given Tablets but No Teachers, Ethiopian Children Teach Themselves," *Technology Review*, October 29, 2012, http://www.technologyreview.com/news/506466/given-tablets-but-no-teachers-ethiopian-children-teach-themselves/.

28. "Field Listing: Literacy," CIA, World Fact Book, accessed October 11, 2012, https://www.cia.gov/library/publications/the-world-factbook/fields/2103.html#af.

29. Chris Gay-lord, "Ready for a Self-Driving Car? Check Your Driveway," *Christian Science*

Monitor, June 25, 2012, http://www.csmonitor.com/Innovation/Tech/2012/0625/Ready-for-a-self-driving-car-Check-your-driveway.

30. "California Affirms Legality of Driverless Cars," *The Tech Chronicles* [blog], *San Francisco Chronicle*, September 25, 2012, http://blog.sfgate.com/techchron/2012/09/25/california-legalizes-driverless-cars/; Florida has passed a similar law. See Joann Muller, "With Driverless Cars, Once Again It Is California Leading the Way," Forbes, September 26, 2012, http://www.forbes.com/sites/joannmuller/2012/09/26/with-driverless-cars-once-again-it-is-california-leading-the-way/.

31. Erin Kim, "'Digital Pill' with Chip Inside Gets FDA Green Light," *CNN Money*, August 3, 2012, http://money.cnn.com/2012/08/03/technology/startups/ingestible-sensor-proteus/index.htm; Peter Murray, "No More Skipping Your Medicine?FDA Approves First Digital Pill," Forbes, August 9, 2012, http://www.forbes.com/sites/singularity/2012/08/09/no-more-skipping-your-medicine-fda-approves-first-digital -pill/.

32. 위 자료 참조.

33. Daniel Cressey, "Say Hello to Intelligent Pills: Digital System Tracks Patients from the Inside Out," *Nature*, January 17, 2012, http://www.nature.com/news/say-hello-to-intelligent-pills-1.9823; Randi Martin, "FDA Approves 'Intelligent' Pill That Reports Back to Doctors," WTOP, August 2, 2012,
http://www.wtop.com/267/2974694/FDA-approves-intelligent-pill-that-reports-back-to-doctors.

34. Cressey, "Say Hello to Intelligent Pills," *Nature*, January 17, 2012, and Martin, "FDA Approves 'Intelligent' Pill," WTOP, August 2, 2012.

35. Randi Martin, "FDA Approves 'Intelligent' Pill That Reports Back to Doctors," WTOP, August 2, 2012.

36. Henry Fountain, "One Day, Growing Spare Parts Inside the Body," *New York Times*, September 17, 2012, http://www.nytimes.com/2012/09/18/health/research/using-the-body-to-incubate-replacement-organs .html?pagewanted =all; Henry Fountain, "A First: Organs Tailor-Madewith Body's Own Cells," *New York Times*, September 15, 2012, http://www.nytimes.com/2012/09/16/health/research/scientists-make-progress-in-tailor-made-organs.html?pagewanted =all; Henry Fountain, "Synthetic Windpipe Is Used to Replace Cancerous One," *New York Times*, January 12, 2012, http://www.nytimes.com/2012/01/13/health/

research/surgeons-transplant-synthetic-trachea-in-baltimore-man .html.

37. Gina Kolata, "Infant DNA Tests Speed Diagnosis of Rare Diseases," *New York Times*, October 3, 2012, http://www.nytimes.com/2012/10/04/health/new-test-of-babies-dna-speeds-diagnosis.html?_r=I; Gina Kolata, "Genome Detectives Solve a Hospital's Deadly Outbreak," *New York Times*, August 22, 2012, http://www.nytimes.com/2012/08/23/health/genome-detectives-solve-mystery-of-hospitals-k-pneumoniae-outbreak.html; Gina Kolata, "A New Treatment's Tantalizing Promise Brings Heartbreaking Ups and Downs," *New York Times*, July 8, 2012, http://www.nytimes.com/2012/07/09/health/new-frontier.

38. "One Size Dose Not Fit All: The Promise of Pharmacogenomics," National Center for Biotechnology Information, Science Primer, revised March 31, 2004, http://www.ncbi.nlm.nih.gov/About/primer/pharm.html.

39. "mHealth in the Developing World," m+Health, accessed October 23, 2012, http://mplushealth.com/en/SiteRoot/MHme/Overview/mHealth-in-the-Developing-World/.

40. "SmartTrack," CATER (Cost-effective Appropriate Technologies for Emerging Region), New York University, accessed October 11, 2012, http://cater.cs.nyu.edu/smarttrack#ref3.

41. Kevin Spak, "Coming Soon: X—Ray Phones," *Newser*, April 20, 2012, http://www.newser.com/story/144464/coming—soon—x—ray—phones.html.

42. A New Yorker cartoon by Tom Cheney in 2012 expressed a similar idea. Its caption read "The Cloud Ate My Homework." See "Cartoons from the Issue," *New Yorker*, October 8, 2012, http://www.newyorker.com/humor/issuecartoons/2012/10/08/cartoons20121001#slide.

2장_ 신원, 시민권, 보도의 미래

43. Eli Pariser describes this as a "filter bubble" in his book *The Filter Bubble*: What the Internet Is Hiding from You (New York: Penguin Press, 2011).

44. R. Kelly Garrett and Paul Resnick, "Resisting Political Fragmentation on the Internet," *Daedalus 140*, no. 4 (Fall 2011): 108-120, doi:10.1162/DAED_a_00118.

45. Steven D. Levitt and Stephen J. Dubner, *Freakonomics: A Rogue Economist Explores the Hidden Side of Everything*(New York: William Morrow, 2005); 두 사람의 연구는 이름이 아이의 성공이나 실패의 원인이 아니라 아이가 얻을 기회에 실질적인 영향을 주는 다른 지표들(특히 사회경제학적 차원의 지표들)을 알려주는 징후임을 보여줬다. See Steven D. Levitt and Stephen J. Dubner, "A Roshanda by Any Other Name," Slate, April 11, 2005, http://www.slate.com/articles/business/

thedismalscience/2005/04/aroshanda_by_any_other_name.single.html.

46. Nick Bilton, "Erasing the Digital Past," *New York Times*, April 1, 2011, http://www.nytimes. com/2011/04/03/fashion/03reputation.html?pagewanted=all.

47. 2011년 6월 저자들과 줄리언 어산지가 나눈 대화 중에서.

48. Atika Shubert, "WikiLeaks Editor Julian Assange Dismisses Reports of Internal Strife," CNN, October 22, 2010, http://articles.cnn.com/2010-10-22/us/wikileaks.interview_1_julian-assange-wikileaks-afghan-war-diary?_s=PM:US.

49. 2011년 6월 줄리언 어산지가 저자들과 나눈 대화 중에서.

50. James Cowie, "Wikileaks: Moving Target," *Renesys* (blog), December 7, 2010, http://www. renesys.com/blog/2010/12/wikileaks-moving-target.shtml.

51. Ravi Somaiya, "Pro-Wikileaks Activists Abandon Amazon Cyber Attack," BBC, December 9, 2010, http://www.bbc.com/news/technology-11957367.

52. Matthew Kaminski, "The Man Vladimir Putin Fears Most," *Wall Street Journal*, March 3, 2012, http://online.wsj.com/article/SB10001424052970203986604577257321601811092.html; "Russia Faces to Watch: Alexei Navalny," BBC, June 12, 2012, http://www.bbc.co.uk/news/world-europe-18408297.

53. Tom Parfitt, "Alexei Navalny: Russia's New Rebel Who Has Vladimir Putin in His Sights," *Guardian* (Manchester), January 15, 2012, http://www.guardian.co.uk/theguardian/2012/jan/15/alexei-navalny-profile-vladimir-putin.

54. "Russia Checks Claims of $4bn Oil Pipeline Scam," BBC, November 17, 2010, http://www. bbc.co.uk/news/world-europe-11779154.

55. Tom Parfitt, "Russian Opposition Activist Alexei Navalny Fined for Suggesting United Russia Member Was Thief," *Telegraph* (London), June 5, 2012, http://www.telegraph.co.uk/news/worldnews/europe/russia/9312508/Russian—opposition—activist—Alexei—Navalny—fined—for—suggesting—United—Russia—member—was—thief.html; Stephen Ennis, "Profile: Russian Blogger Alexei Navalny," BBC, August 7, 2012, http://www.bbc.co.uk/news/world—europe—16057045.

56. Ellen Barry, "Rousing Russia with a Phrase," *New York Times*, December 9, 2011, http://www.nytimes.com/2011/12/10/world/europe/the-saturday-profile-blogger-aleksei-navalny-rouses-russia.html. Robert Beckhusen, "Kremlin Wiretaps Dissident Blogger?Who Tweets the Bug," *Danger Room* (blog), *Wired*, August 8, 2012, http://www.wired.com/

dangerroom/2012/08/navalny-wiretap/. "Navalny Charged with Embezzlement,Faces up to 10 Years," RT (Moscow), last updated August 1, 2012, http://rt.com/politics/navalny-charged-travel-ban-476/.

57. Russia's New Rebel Who Has Vladimir Putin in His Sights," http://www.guardian.co.uk/theguardian/2012/jan/15/alexei-navalny-profile-vladimir-putin.

58. Kaminski, "The Man Vladimir Putin Fears Most," http://online.wsj.com/article/SB100014 24052970203986604577257321601811092.html.

59. Mikhail Khodorkovsky," *New York Times*, 2012년 8월 8일에 마지막 업데이트. http://topics.nytimes.com/top/reference/timestopics/people/k/mikhail_b_khodorkovsky/index.html;Andrew E. Kramer, "Amid Political Prosecutions, Russian Court Issues Ruling Favorable to Oil Tycoon," *New York Times*, August 1, 2012,
http://www.nytimes.com/08/02/europe/russian—court—issues—favorable—ruling—to—oil—tycoon.html 이 책이 출간될 무렵 호도르코프스키는 수감 중이다. 일부에서 푸틴 대통령이 그의 형량을 13년 줄여줄지 모른다는 추측이 나오기도 했다.

60. "Mikhail Khodorkovsky," *New York Times*, last updated August 8, 2012, http://topics.nytimes.com/top/reference/timestopics/people/k/mikhailbkhodorkovsky/index.html; Andrew E. Kramer, "Amid Political Prosecutions, Russian Court Issues Ruling Favorable to Oil Tycoon," *New York Times*, August 1, 2012, http://www.nytimes.com/08/02/europe/russian-court-issues-favorable-ruling-to-oil-tycoon.html. publication of this book, Khodorkovsky remained in prison. There speculation that President Vladimir Putin might commute the thirteen-year prison sentence.

61. Ellen Barry, "Russia Charges Anticorruption Activist in Plan to Steal Timber," *New York Times*, July 31, 2012, http://www.nytimes.com/2012/08/01/world/europe/aleksei-navalny-charged-with-embezzlement.html.

62. Mathew J. Schwartz, "Sony Hacked Again, 1Million Passwords Exposed," *InformationWeek*, June 3, 2011, http://www.informationweek.com/security/attacks/sony-hacked-again-1-million-passwords-ex/229900111.

63. 2011년 6월 줄리언 어산지가 저자들과 나눈 대화 중에서.

64. "Holder Directs U.S. Attorneys to Track Down Paths of Leaks," *New York Times*, June 8, 2012, http://www.nytimes.com/2012/06/09/us/politics/holder-directs-us-attorneys-to-investigate-leaks.html?pagewanted =all.

65. Reed Stevenson, Reuters, "Sohaib Athar Captures Osama bin Laden Raid on Twitter," *Huffington Post*, first posted May 2, 2011, last updated July 2, 2011, http://www.huffingtonpost.com/2011/05/02/osama-bin-laden-raid-twitter-sohaib-athar_n_856187.html.

66. 소하이브 아트하가 2011년 5월 1일 오전 12시 58분에 올린 트위터 게시글 중에서. https://twitter.com/ReallyVirtual/status/64780730286358528. 미군이 빈 라덴을 급습한 날 저녁에 소하이브 아트하가 올린 다섯 개의 트윗 (1) "새벽 1시에 아보타바드 상공에 헬리콥터가 떠다니고 있다(이례적인 일이다)." 당시 급습에 대해 그가 올린 첫 번째 트윗 (2) "꺼져 버려라, 헬리콥터야. 내가 초대형 파리채 꺼내오기 전에:—/" 트윗 (3) "이곳 아보타바드 칸트에 굉음이 들리면서 큰 창문이 흔들린다. 뭔가 끔찍한 일이 일어나지 않기를 바란다:—S" 트윗 (4) "지금 이 저녁 시간에 온라인에 접속한 사람들이 그러는데, 헬리콥터 중 한 대는 파키스탄 헬리콥터가 아니라고…" 트윗 (5) "탈레반은 (아마도) 헬리콥터를 안 갖고 있으니까, '우리 것'이라고 말하지 않을 게 뻔하고. 그럼 아보타바드 상황이 아주 복잡해진다." 다음 자료 참조. Rik Myslewski, "Pakistani IT Admin Leaks bin Laden Raid on Twitter," Register, May 2, 2011, http://www.theregister.co.uk/2011/05/02/bin_laden_raid_tweeted/.

67. 다음 자료에 소개된 북한과 에리트레아처럼 언론자유 지수Press Freedom Index가 제일 낮은 국가들의 낮은 휴대전화 보급률 참조. "Mobile—Cellular Telephone Subscriptions Per 100 Inhabitants," International Telecommunication Union (ITU), ICT Data and Statistics (IDS), 2012년 10월 15일에 확인. http://www.itu.int/ITUD/ict/statistics/, and "Press Freedom Index 2011/2012," Reporters Without Borders (RSF), 2012년 10월15일 접속. http://en.rsf.org/press-freedom-index-2011-2012,1043.html.

68. "ICC/DRC: Second Trial of Congolese Warlords," Human Rights Watch, News, November 23, 2009, http://www.hrw.org/news/2009/11/23/iccdrc-second-trial-congolese-warlords; Marlise Simons, "International Criminal Court Issues First Sentence," *New York Times*, July 10, 2012, http://www.nytimes.com/2012/07/11/world/europe/international-criminal-court-issues-first-sentence.html.

69. "Presidential Records Act (PRA) of 1978," National Archives, Presidential Libraries, Laws and Regulations, accessed October 12, 2012, http://www.archives.gov/presidential-libraries/laws/1978-act.html; "Presidential Records," National Archives, Basic Laws and Authorities, accessed October 12, 2012, http://www.archives.gov/about/laws/presidential-records.html.

70. Mike Giglio, "Saudi Writer Hamza Kashgari Detained in Malaysia over Muhammad Tweets," *Daily Beast*, February 10, 2012, http://www.thedailybeast.com/articles/2012/02/08/twitteraflame-with-fatwa-against-saudi-writer-hamza-kashgari.html.

71. Asma Alsharif and Amena Bakr, "Saudi Writer May Face Trial over Prophet Mohammad," *Reuters*, February 13, 2012, http://www.reuters.com/article/2012/02/13/us-saudi-blogger-idUSTRE81C13720120213.

72. Liz Gooch and J. David Goodman, "Malaysia Detains Saudi over Twitter Posts on Prophet," *New York Times*, February 10, 2012, http://www.nytimes.com/2012/02/11/world/asia/malaysia-detains-saudi-over-twitter-posts-on-prophet.html.

73. Ellen Knickmeyer, "Saudi Tweeter Is Arrested in Malaysia," *Wall Street Journal*, February 10, 2012, http://online.wsj.com/article/SB10001424052970204642604577213553613859184.html; Nadim Kawach, "Malaysia Deports Saudi over Twitter Posts," Emirates 24/7, February 11, 2012, http://www.emirates247.com/news/region/malaysia-deports-saudi-over-twitter-posts-2012-02-11-1.442363.

74. "Saudi Writer Kashgari Deported," Freedom House, News and Updates, accessed October 12, 2012, http://www.freedomhouse.org/article/saudi-writer-kashgari-deported; "Saudi Arabia: Writer Faces Apostasy Trial," Human Rights Watch (HRW), News, February 13, 2012, http://www.hrw.org/news/2012/02/13/saudi-arabia-writer-faces-apostasy-trial.

75. Laura Bashraheel, "Hamza Kashgari's Poem from Prison," *Saudi Gazette* (Jeddah), last updated Tuesday, August 21, 2012, http://www.saudigazette.com.sa/index.cfm?method=home.regcon&contentid=20120821133653.

76. "The Drivers Privacy Protection Act (DPPA) and the Privacy of Your State Motor Vehicle Record," Electronic Privacy Information Center, accessed October 13, 2012, http://epic.org/privacy/drivers/.

77. "Existing Federal Privacy Laws," Center for Democracy and Technology, accessed October 13, 2012, https://www.cdt.org/privacy/guide/protect/laws.php#vpp.

78. "Harris v. Blockbuster," Electronic Privacy Information Center, accessed October 13, 2012, http://epic.org/amicus/blockbuster/default.html; Cathryn Elaine Harris, Mario Herrera, and Maryam Hosseiny v. Blockbuster, Inc., Settlement, District Court for the Northern District of Texas Dallas Division, Civil Action No. 3:09-cv-217-M, http://www.scribd.com/doc/28540910/Lane-v-Facebook-Blockbuster-Settlement.

79. Ben Brumfield, "Computer Spyware Is Newest Weapon in Syrian Conflict," CNN, February 17, 2012, http://articles.cnn.com/2012-02-17/tech/tech_web_computer-virus-syria_1_

opposition-activists-computer-viruses-syrian-town?_s=PM:TECH.

80. 위 자료 참조.

81. Michael Wines and Sharon LaFraniere, "In Baring Facts of Train Crash, Blogs Erode China Censorship," *New York Times*, July 28, 2011, http://www.nytimes.com/2011/07/29/world/asia/29china.html?pagewanted-all.

82. Sharon LaFraniere, "Design Flaws Cited in Deadly Train Crash in China," *New York Times*, December 28, 2011, http://www.nytimes.com/2011/12/29/world/asia/design-flaws-cited-in-china-train-crash.html; "China Bullet Train Crash 'Caused by Design Flaws,'" BBC, December 28, 2011, http://www.bbc.co.uk/news/world-asia-china-16345592.

83. David Bandurski, "History of High-Speed Propaganda Tells All," *China Media Project*, July 25, 2011, http://cmp.hku.hk/2011/07/25/14036/?utm_source =twitterfeed&utm_medium=twitter

84. Abdinasir Mohamed and Sarah Childress, "Telecom Firms Thrive in Somalia Despite War, Shattered Economy," *Wall Street Journal*, May 11, 2010, http://online.wsj.com/article/SB1000 1424052748704608104575220570113266984.html.

85. Eric J. Sinrod, "Perspective: A Cyberspace Update for Hoary Legal Doctrine," CNET, April 4, 2007, http://news.cnet.com/A-cyberspace-update-for-hoary-legal-doctrine/2010-10303-6172900.html.

86. Andrew Quinn, "Cell Phones May Be New Tool vs. Somalia Famine," *Reuters*, September 21, 2011, Africa edition, http://af.reuters.com/article/topNews/idAFJOE78K00L20110921.

87. Sahra Abdi, "Mobile Transfers Save Money and Lives in Somalia," *Reuters*, March 3, 2010, http://www.reuters.com/article/2010/03/03/us-somalia-mobiles-idUSTRE6222BY20100303.

88. 다음 자료에 나오는 적도기니, 말리, 니제르 같은 국가들의 휴대전화 가입자와 인터넷 가입자 통계를 비교해보라. "Mobile-Cellular Subscriptions" and "Fixed (Wired) Internet Subscriptions," International Telecommunication Union (ITU), ICT Data and Statistics(IDS), 2012년 10월 13일 접속, http://www.itu.int/ITU—D/ict/statistics/.

89. Michael Byrne, "Inside the Cell Phone File Sharing Networks of Western Africa (Q+A)," *Motherboard*, January 3, 2012, http://motherboard.vice.com/2012/1/3/inside-the-cell-phone-file-sharing-networks-of-western-africa-q-a.

90. Dena Cassella, "What Is Augmented Reality (AR): Augmented Reality Defi ned, iPhone Augmented Reality Apps and Games and More," *Digital Trends*, November 3, 2009, http://www.digitaltrends.com/mobile/what-is-augmented-reality-iphone-apps-games-flash-yelpandroid-ar-software-and-more/.

91. Babak Parviz, Steve Lee, Sebastian Thrun, "Project Glass," Google+, April 4, 2012, https://plus.google.com/+projectglass/posts; Nick Bilton, "Google Begins Testing Its Augmented-Reality Glasses," *Bits* (blog), *New York Times*, April 4, 2012, http://bits.blogs. nytimes.com/2012/04/04/google-begins-testing-its-augmented-reality-glasses/.

92. Todd Wasserman, "Apple Patent Hints at Google Glass Competitor," Mashable, July 5, 2012, http://mashable.com/2012/07/05/apple-patent-google-glass/; Molly McHugh, "Google Glasses Are Just the Beginning: Why Wearable Computing Is the Future," *Digital Trends*, July 6, 2012, http://www.digitaltrends.com/computing/google-glasses-are-just-the-beginning -why -wearable-computing-is-the-future/#ixzz29PI4PWK4.

93. Declan McCullagh, "FBI: We Need Wiretap-Ready Web Sites?ow," *CNET*, May 4, 2012, http://news.cnet.com/8301-1009_3-57428067-83/fbi-we-need-wiretap-ready-web-sites-now/; Charlie Savage, "As Online Communications Stymie Wiretaps, Lawmakers Debate Solutions," *New York Times*, February 17, 2011, http://www.nytimes.com/2011/02/18/us/18wiretap.html.

94. Matt Richtel, "Technology; Judge Orders Napster to Police Trading," *New York Times*, March 7, 2001, http://www.nytimes.com/2001/03/07/business/technology-judge-orders-napster-to-police-trading.html?ref=marilynhallpatel; Matt Richtel, "With Napster Down, Its Audience Fans Out," *New York Times*, July 20, 2001, http://www.nytimes.com/2001/07/ 20/business/technology-with-napster-down-its-audience -fans -out.html?pagewanted =all&src=pm.

95. Matt Richtel, "Napster Appeals an Order to Remain Closed Down," *New York Times*, July 13, 2001, http://www.nytimes.com/2001/07/13/business/technology-napster-appeals-an-order-to-remain-closed-down.html; Lawrence Lessig, Free Culture: How Big Media Uses Technology and the Law to Lock Down Culture and Control Creativity (New York: Penguin Press, 2004), 73?74, http://www.free—culture.cc/freeculture.pdf.

96. "Beware: Dangers of Bluetooth in Saudi...," Emirates 24/7, December 1, 2010, http://www. emirates247.com/news/region/beware-dangers-of-bluetooth-in-saudi-2010-12-01-1 .323699 Associated Press (AP), "In Saudi Arabia, a High-Tech Way to Flirt," MSNBC, August 11, 2005, http://www.msnbc.msn.com/id/8916890/ns/world_news-mideast_n_africa/t/saudi-arabia-high-tech-way-flirt/#.UJBU0sVG-8A.

97. "RIM Warns Update Has Spyware," *Wall Street Journal*, July 23, 2009, http://online.wsj. com/article/SB124827172417172239.html; John Timmer, "UAE Cellular Carrier Rolls Out Spyware as a 3G 'Update,'" Ars Technica, July 23, 2009, http://arstechnica.com/ business/2009/07/mobile—carrier—rolls—out—spyware—as—a—3g—update/.

98. "UAE Spyware Blackberry Update," *Digital Trends*, July 22, 2009, http://www.digitaltrends. com/mobile/uae-spyware-blackberry -update/.

99. "Etisalat Accused in Surveillance Patch Fiasco," *Arabian Business*, July 21, 2009, http:// www.arabianbusiness.com/etisalat-accused-in-surveillance-patch-fiasco-15698.html; see also, Adam Schreck, Associated Press (AP), "United Arab Emirates, Saudi Arabia to Block BlackBerry over Security Fears," *Huffington Post*, August 1, 2010, http://www.huffingtonpost. com/2010/08/01/uae-saudi-arabia-blackberry-ban _n_666581.html.

100. Margaret Coker, Tim Falconer, Phred Dvorak, "U.A.E. Puts the Squeeze on BlackBerry," *Wall Street Journal*, August 2, 2010, http://online.wsj.com/article/SB10001424052748704702304575402 493300698912.html; Kayla Webley, "UAE, Saudi Arabia Ban the Blackberry," Time, August 5, 2010, http://www.time.com/time/specials/packages/article/0,28804,2008434_2008436_2008440,00. html; "Saudi Arabia Begins Blackberry Ban, Users Say," BBC, August 6, 2010, http://www.bbc. co.uk/news/world-middle-east-10888954.

101. Bappa Majumdar and Devidutta Tripathy, "Setback for BlackBerry in India; Saudi Deal Seen," *Reuters*, August 11, 2010, India edition, http://in.reuters.com/article/2010/08/11/ idINIndia -50769520100811.

102. Laura Davis, "The Debate: Could the Behaviour Seen at the Riots Ever Be Justified?," *Notebook* (blog), *Independent* (London), August 8, 2012, http://blogs.independent.co. uk/2012/08/08/the-debate—could—the—behaviour—seen—at—the—riots—ever—be—justified/.

103. John Benyon, "England's Urban Disorder: The 2011 Riots," *Political Insight*, March 28, 2012, http://www.politicalinsightmagazine.com/?p=911 "A Little Bit of History Repeating," *Inside Housing*, July 27, 2012, http://www.insidehousing.co.uk/tenancies/a-little-bit-of-history-repeating/6522947.article.

104. Sky News Newsdesk, Twitter post, August 9, 2011, 5:32 a.m., https://twitter.com/ SkyNewsBreak/status/100907315603054592; Bill Ray, "Tottenham MP Calls for BlackBerry Messenging Suspension," *Register*, August 9, 2011, http://www.theregister.co.uk/2011/08/09/ bbm suspension/.

105. "PM Statement on Disorder in England," Number 10 (official website of the British Prime Minister's Office), August 11, 2011, http://www.number10.gov.uk/news/pm-statement-on-disorder-in-england/.

106. Rich Trenholm, "Cameron Considers Blocking Twitter, Facebook, BBM after Riots," *CNET*, August 11, 2011, http://crave.cnet.co.uk/software/cameron-considers-blocking-twitter-facebook-bbm-after-riots-50004693/; Olivia Solon, "Cameron Suggests Blocking Potential Criminals from Social Media," Wired UK, August 11, 2011, http://www.wired.co.uk/news/archive/2011-08/11/david-cameron-social-media.

107. "Social Media Talks About Rioting 'Constructive,'" BBC, August 25, 2011, http://www.bbc.co.uk/news/uk-14657456.

108. 비트코인은 오늘날 가장 성공한 디지털 통화의 실험에 해당한다. 이것은 온라인 결제 처리를 위해서 P2P 네트워킹과 암호화된 서명을 섞어서 사용한다. 비트코인의 가치는 이것이 처음 도입된 이후 급격히 바뀌었다. 맨 처음 일반적으로 거래된 비트코인의 가치는 3센트였으나, 이후 1년여의 시간이 지난 다음에 이것의 가치는 개당 29.57달러였다. 비트코인은 디지털 '지갑'에 넣고 다니면서 광범위한 가상 및 물리적 재화 구매에 사용된다. 최근 실시된 한 조사를 보면, 사람들이 불법으로 마약을 거래하기 위해 암호화된 경로를 이용할 수 있는 일명 실크 로드Silk Road라고 불리는 불법 온라인 시장에선 비트코인이 유일하게 통용되는 통화이며, 매년 2,200만 달러어치가 거래되고 있다. 다음 자료 참조. "$22 Million in Annual Sales," *Forbes,* August 6, 2012, http://www.forbes.com/sites/andygreenberg/2012/08/06/black-market-drug-site-silk-road-booming-22-million-in-annual-mostly-illegal-sales/; Nicolas Christin, "Traveling the Silk Road: A Measurement Analysis of a Large Anonymous Online Marketplace" (working paper, INI/CyLab, Carnegie Mellon, Pittsburgh, PA, August 1, 2012), http://arxiv.org/pdf/1207.7139v1.

109. 2011년 11월 브루노 페라리와 저자들이 나눈 대화 중에서.

110. 북한, 적도 기니, 에리트레아 같은 세계에서 가장 억압적인 사회에 속하는 국가들의 낮은 휴대전화과 인터넷 사용자 비율을 참조하라. 다음 자료 참조. The World's Most Repressive Societies, Freedom House, accessed October 15 2012, http://www.freedomhouse.org/sites/default/files/Worst%20of%20the%20Worst%202012%20final%20report.pdf, "Mobile-Cellular Telephone Subscriptions Per 100 Inhabitants" and "Percentage of Individuals Using the Internet," International Telecommunication Union (ITU), ICT Data and Statistics (IDS), accessed October 15, 2012, http://www.itu.int/ITU-D/ict/statistics/.

111. William J. Dobson, *The Dictator's Learning Curve: Inside the Global Battle for Democracy*

(New York: Doubleday, 2012), 4.

112. 위 자료 참조.

113. 위 자료 참조.

114. 북한, 적도 기니, 에리트레아 같은 세계에서 가장 억압적인 사회들에 속하는 국가들의 낮은 인터넷 보급률을 참조하라. The World's Most Repressive Societies, Freedom House, accessed October 15, 2012, http://www.freedomhouse.org/sites/default/files/Worst%20of%20the%20Worst%202012%20final%20report.pdf, and "Percentage of Individuals Using the Internet," International Telecommunication Union (ITU), ICT Data and Statistics (IDS), accessed October 15, 2012, http://www.itu.int/ITU-D/ict/statistics/.

115. Alessandro Acquisti, Ralph Gross, Fred Stutzman, "Faces of Facebook: Privacy in the Age of Augmented Reality," Heinz College and CyLab, Carnegie Mellon University (presented at the 2011 Black Hat security conference, Las Vegas, NV, August 3?4, 2011), http://media.blackhat.com/bh-us-11/Acquisti/BH_US_11_Acquisti_Faces_of_Facebook_Slides.pdf.; Declan McCullagh, "Face-Matching with Facebook Profiles: How It Was Done," *CNET*, August 4, 2011, http://news.cnet.com/8301-31921_3-20088456-281/face-matching-with-facebook-profiles-how-it-was-done/.

116. "UIDAI Background," Unique Identification Authority of India, accessed October 13, 2012, http://uidai.gov.in/about-uidai.html.

117. "Aadhaar Concept," Unique Identification Authority of India, accessed October 13, 2012, http://uidai.gov.in/aadhaar.html.

118. "What Is Aadhaar?," Unique Identification Authority of India, accessed October 13, 2012, http://uidai.gov.in/what-is-aadhaar-number.html.

119. Sunil Dabir and Umesh Ujgare, "Aadhaar: The Numbers for Life," *News on Air* (New Delhi), accessed October 13, 2012, http://www.newsonair.nic.in/AADHAAR-UID-Card-THE-NUMBERS-FOR-LIFE.asp.

120. Surabhi Agarwal and Remya Nair, "UID-Enabled Bank Accounts in 2-3 Months," Mint with the *Wall Street Journal* (New Delhi), May 17, 2011, http://www.livemint.com/Politics/Go6diBWitlaus61Xud70EK/UIDenabled-bank-accounts-in-23-months.html; "Reform by Numbers," Economist, January 14, 2012, http://www.economist.com/node/21542814.

121. "Salaried Taxpayers May Be Spared Filing Returns," *Business Standard* (New Delhi), January 19, 2011, http://business-standard.com/india/news/salaried-taxpayers-may-be-spared-filing-returns/422225/.

122. "Identity Cards Act 2006," The National Archives (United Kingdom), Browse Legislation, accessed October 15, 2012, http://www.legislation.gov.uk/ukpga/2006/15/introduction.

123. Alan Travis, "ID Cards Scheme to Be Scrapped Within 100 Days," *Guardian* (Manchester), May 27, 2010, http://www.guardian.co.uk/politics/2010/may/27/theresa-may-scrapping-id-cards; "Identity Cards Scheme Will Be Axed 'Within 100 Days,'" BBC, May 27,2010, http://news.bbc.co.uk/2/hi/8707355.stm.

124. "Opinion 15/2011 on the Definition of Consent," Article 29 Data Protection Working Party, European Commission, adopted July 13, 2011, http://ec.europa.eu/justice/policies/privacy/docs/wpdocs/2011/wp187en.pdf.

125. "EU Directive 95/46/EC-he Data Protection Directive: Chapter III Judicial Remedies, Liability and Sanctions," Data Protection Commissioner, http://www.dataprotection.ie/viewdoc.asp?DocID=94.

3장_ 국가의 미래

126. "Google Confirms Gmail and YouTube Blocked in Iran Since Feb. 10," *Bloomberg*, February 13, 2012, http://www.bloomberg.com/news/2012-02-13/google-confirms-gmail-and-youtube-blocked-in-iran-since-feb-10.html.

127. 우리는 잭 골드스미스와 팀 우의 공저 《인터넷 권력전쟁Who Controls the Internet?》(New York: Oxford University Press, 2006)를 읽어볼 것을 권유한다.

128. 저자가 10년 동안 구글의 CEO로, 그리고 2년 동안 구글의 회장으로 지낸 경험에 기초해서 내린 결론.

129. Mark McDonald, "Watch Your Language! (In China, They Really Do)," *Rendezvous* (blog), International Herald Tribune, the global edition of the New York Times, March 13, 2012, http://rendezvous.blogs.nytimes.com/2012/03/13/watch-your-language-and-in-china-they-do/.

130. 구글 회장 에릭 슈미트가 보고 느낀 생각.

131. Nate Anderson, "280,000 Pro-China Astroturfers Running Online," *Ars Technica*, March 26, 2010, http://arstechnicanews/2010/03/280000-pro-china-astroturfers-are-running-amok-online-ars; Rebecca MacKinnon, "China, the Internet, and Google," prepared not delivered) for Congressional-Executive Commission 2010, http://rconversation.blogs.com/MacKinnonCECC_Mar1.pdf; David Bandurski, "China's Guerrilla War for the Web," Far Eastern Economic Review, July 2008, http://www.feer.com/essays/2008/august/chinas-guerrilla-warfor-the-web. Note: the 280,000 figure was originally published in 2008, but restated in 2010.

132. The Internet in China, IV. Basic Principles and Administration (June 8, 2010), Chinese Government's Official Web Portal, http://english.gov.cn/2010-06/08/content_1622956_6.htm.

133. Tom Zeller, Jr., "YouTube Banned in Turkey after Insults to Ataturk," *The Lede* (blog), *New York Times*, March 7, 2007, http://thelede.blogs.nytimes.com/2007/03/07/youtube-banned-in-turkey-after-insults-to-ataturk/.

134. Jeffrey Rosen, "Google's Gatekeepers," *New York Times Magazine*, November 28, 2008, http://www.nytimes.com/2008/11/30/magazine/30google-t.html?partner=permalink&exprod=permalink.

135. Ayla Albayrak, "Turkey Dials Back Plan to Expand Censorship," *Wall Street Journal*, August 6, 2011, http://online.wsj.com/article/SB10001424053111903885604576490253692671 470.html.

136. Sebnem Arsu, "Internet Filters Set Off Protests Around Turkey," *New York Times*, May 15, 2011, http://www.nytimes.com/2011/05/16/world/europe/16turkey.html?r=3&.

137. 위 자료 참조.

138. Ayla Albayrak, "Turkey Dials Back Plan to Expand Censorship," *Wall Street Journal*, August 6, 2011.

139. "New Internet Filtering System Condemned as Backdoor Censorship," Reporters Without Borders, December 2, 2011, http://en.rsf.org/turquie-new-internet-filtering-system-02-12-2011,41498.html.

140. 위 자료 참조.

141. "Internet Filters Block Evolution Website for Children in Turkey," *Hurriyet* (Istanbul), December 8, 2011, http://www.hurriyetdailynews.com/internet-filters-block-evolution-website-for-children-in-turkey.aspx?pageID=238&nID=8709&NewsCatID=374; Sara Reardon, "Controversial Turkish Internet Censorship Program Targets Evolution Sites," Science, December 9, 2011, http://news.sciencemag.org/scienceinsider/2011/12/controversial-turkish-internet-c.html.

142. "Countries Under Surveillance: South Korea," Reporters Without Borders, accessed October 21, 2012, http://en.rsf.org/surveillance-south-korea,39757.html.

143. 위 자료 참조.

144. Clara Chooi, "Nafib Repeats Promise of No Internet Censorship," *Malaysian Insider* (Kuala

Lumpur), April 24, 2011, http://www.themalaysianinsider.com/malaysia/article/najib-repeats-promise-of-no-internet-censorship.

145. Ricky Laishram, "Malayasian Government Blocks the Pirate Bay, MegaUpload and Other File Sharing Websites," *Techie Buzz*, June 9, 2011, http://techie–buzz.com/tech–news/malayasian–government–blocks–websites.html.

146. Wong Pek Mei, "MCMC Wants Block of 10 Websites That Allow Illegal Movie Downloads," *The Star* (Petaling Jaya), June 10, 2011, http://thestar.com.my/news/story.asp?file=/2011/6/10/nation/20110610161330&sec=nation.

147. 2011년 11월 수흐바타르 바트볼드 전 몽골 총리와 저자들이 나눈 대화 중에서.

148. Tim Stevens, "Chile Becomes First Country to Guarantee Net Neutrality, We Start Thinking About Moving," *Engadget*, July 15, 2010, http://www.engadget.com/2010/07/15/chile-becomes-first-country-to-guarantee-net-neutrality-we-star/.

149. 다음 자료에 나오는 2011년 현재 인구와 인터넷 사용자 비율을 참조하라. "Midyear Population and Density—Custom Region—Chile, 2011," U.S. Census Bureau, International Data Base, http://www.census.gov/population/international/data/idb/informationGateway.php and "Percentage of Individuals Using the Internet," International Telecommunications Union(ITU), ICT Data and Statistics (IDS), 2012년 10월 21일 확인. http://www.itu.int/IT—D/ict/ statistics/.

150. Neal Ungerleider, "Iran Cracking Down Online with 'Halal Internet,'" *Fast Company*, April 18, 2011, http://www.fastcompany.com/1748123/iran-cracking-down-online-halal-internet.

151. Neal Ungerleider, "Iran's 'Second Internet' Rivals Censorship of China's 'Great Firewall,'" *Fast Company*, February 23, 2012, http://www.fastcompany.com/1819375/irans-second-internet-rivals-censorship-chinas-great-fi rewall.

152. David Murphy, "Iran Launches 'Mehr,' Its Own YouTube-like Video Hub," http://www.pcmag.com/article2/0,2817,2413014,00.asp.

153. S. Isayev and T. Jafarov, "Iran Bans Import of Foreign Computer Security Software," *Trend*, February 20, 2012, http://en.trend.az/regions/iran/1994160.html.

154. Rhoads and Fassihi, "Iran Vows to Unplug Internet," http://online.wsj.com/article/SB10001424052748704889404576277391449002016.html.

155. "Request for Proposal: National URL Filtering and Blocking System," National ICT R&D Fund, accessed October 21, 2012, http://ictrdf.org.pk/RFP-%20URL%20Filtering%20%26%20Blocking.pdf; Ungerleider, "Iran's 'Second Internet' Rivals Censorship of China's 'Great

Firewall,'" http://www.fastcompany.com/1819375/irans-second-internet-rivals-censorship-chinas-great-firewall; Danny O'Brien, "Pakistan's Excessive Internet Censorship Plans," Committee to Protect Journalists (CPJ), March 1, 2012, http://www.cpj.org/internet/2012/03/pakistans-excessive-net-censorship-plans.php. It is worth noting that at the time of writing, the Pakistani program had been "shelved." See Shahbaz Rana, "IT Ministry Shelves Plan to Install Massive URL Blocking System," *The Express Tribune* (Karachi) (blog) with the *International Herald Tribune*, March 19, 2012, http://tribune.com.pk/story/352172/it-ministry-shelves-plan-to-install-massive-url-blocking-system/.

156. Also Available to Earthlings," *Economist*, February 11, 2012, http://www.economist.com/node/21547295.

157. 위 자료 참조.

158. 위 자료 참조.

159. 위 자료 참조. David Matthew, "Understanding the Growth of KoryoLink," *NK News*, December 15, 2011, http://www.nknews.org/2011/12/understanding-koryo-link/.

160. "Mobile Phones in North Korea: Also Available to Earthlings," *Economist*, February 11, 2012.

161. 위 자료 참조.

162. Steve Stecklow, Farnaz Fassihi and Loretta Chao, "Chinese Tech Giant Aids Iran," *Wall Street Journal*, October 27, 2011, http://online.wsj.com/article/SB10001424052970204644504576651503577823210.html?_nocache=1346874829284&user=welcome&mg=id-wsj.

163. 위 자료 참조.

164. 위 자료 참조.

165. 위 자료 참조.

166. 위 자료 참조.

167. Huawei, "Statement Regarding Inaccurate and Misleading Claims About Huawei's Commercial Operations in Iran," press release, November 4, 2011, http://www.huawei.com/en/about-huawei/newsroom/press-release/hw-104191.htm.

168. Huawei, "Statement Regarding Huawei's Commercial Operations in Iran," press release, December 9, 2011, http://www.huawei.com/en/about-huawei/newsroom/press-release/hw-104866-statement-commercialoperations.htm.

169. 후진타오 전 중국 국가주석이 2011년 열린 아시아태평양경제협력체APEC CEO 정상회의에서

몇몇 기업 리더들과 나눈 대화 중에서.

170. 2010 Report to Congress on China's WTO Compliance, United States Trade Representative (December 2010), 5, http://www.ustr.gov/webfm_send/2460.

171. 위 자료 참조.

172. 2011 Special 301 Report, United States Trade Representative, see "Section II: Country Reports Priority Watch List," 25, 28, 30, http://www.ustr.gov/webfm_send/2841

173. 위 자료 참조.

174. Richard A. Clarke and Robert K. Knake, *Cyber War: The Next Threat to National Security and What to Do About It* (New York;Ecco, 2010), 6.

175. Elisabeth Bumiller and Thom Shanker, "Panetta Warns of Dire Threat of Cyberattack on U.S.," *New York Times*, October 11, 2012, http://www.nytimes.com/2012/10/12/world/panetta-warns-of-dire-threat-of-cyberattack.html?hp&_r=1&.

176. Carl von Clausewitz, *On War*(Baltimore: Penguin books,1968). The original quote is "war as a continuation of politik by other means."

177. 2011년 11월 크레이그 먼디가 저자들과 나눈 대화 중에서.

178. Craig Mundie, "Information Security in the Digital Decade." Remarks at the American Chamber of Commerce in Bangkok, Thailand, October 20, 2003, http://www.microsoft.com/en-us/news/exec/craig/10-20security.aspx.

179. "Resource 207: Kaspersky Lab Research Proves That Stuxnet and Flame Developers Are Connected," Kaspersky Lab, June 11, 2012, http://www.kaspersky.com/about/news/virus/2012/Resource_207_Kaspersky_Lab_Research_Proves_that_Stuxnet_and_Flame Developers are Connected.

180. David E. Sanger, "Obama Order Sped Up Wave of Cyberattacks Against Iran," *New York Times*, June 1, 2012, http://www.nytimes.com/2012/06/01/world/middleeast/obama-ordered-wave-of-cyberattacks-against-iran.html?_r=1&ref=davidesanger&pagewanted=all.

181. 위 자료 참조.

182. Julian Borger and Saeed Kamali Dehghan, "Attack on Iranian Nuclear Scientists Prompts Hit Squad Claims," *Guardian* (Manchester), November 29, 2010, http://www.guardian.co.uk/world/2010/nov/29/iranian-nuclear-scientists-attack-claims.

183. Sanger, "Obama Order Sped Up Wave of Cyberattacks Against Iran," http://www.nytimes.com/2012/06/01/world/middleeast/obama-ordered-wave-of-cyberattacks-against-iran.

html?_r=1&ref=davidesanger&pagewanted =all.

184. Elinor Mills, "Stuxnet: Fact vs. Theory," *CNET*, October 5, 2010, http://news.cnet.com/8301–27080_3–20018530–245.html.

185. Michael Joseph Gross, "A Declaration of Cyber–War," *Vanity Fair*, April 2011, http://www.vanityfair.com/culture/features/2011/04/stuxnet-201104.

186. Elinor Mills, "Shared Code Indicates Flame, Stuxnet Creators Worked Together," *CNET*, June 11, 2012, http://news.cnet.com/8301–1009_3–57450292–83/shared–code–indicates–flame–stuxnet–creators_worked–together/.

187. Sanger, "Obama Order Sped Up Wave of Cyberattacks Against Iran," http://www.nytimes.com/2012/06/01/world/middleeast/obama–ordered–wave–of–cyberattacks–against–iran.html?_r=1&ref=davidesanger&pagewanted=all.

188. 2012년 6월 메이어 다간과 저자들이 나눈 대화 중에서.

189. Sanger, "Obama Order Sped Up Wave of Cyberattacks Against Iran," http://www.nytimes.com/2012/06/01/world/middleeast/obama–ordered–wave–of–cyberattacks–against–iran.html?_r=1&ref=davidesanger&pagewanted=all.

190. 위 자료 참조.

191. Larry Constantine, interview by Steven Cherry, "Stuxnet: Leaks or Lies?," Techwise Conversations (podcast), *IEEE Spectrum*, September 4, 2012, http://specrtum.ieee.org/podcast/computing/embedded–systems/stuxnet–leaks–or–lies.

192. Sanger, "Obama Order Sped Up Wave of Cyberattacks Against Iran," http://www.nytimes.com/2012/06/01/world/middleeast/obama–ordered–wave–of–cyberattacks–against–iran.html?_r=1&ref=davidesanger&pagewanted=all.

193. 위 자료 참조.

194. "Resource 207: Kaspersky Lab Research Proves That Stuxnet and Flame Developers Are Connected," http://www.kaspersky.com/about/news/virus/2012/Resource207_Kaspersky_Lab_Research_Proves_that_Stuxnet_and_Flame_Developers_are_Connected; Mills, "Shared Code Indicates Flame, Stuxnet Creators Worked Together," http://news.cnet.com/8301-1009_3-57450292-83/shared-code-indicates-flame-stuxnet-creators-worked-together/.

195. "Resource 207: Kaspersky Lab Research Proves That Stuxnet and Flame Developers Are Connected," http://www.kaspersky.com/about/news/virus/2012/Resource_207_Kaspersky_

Lab_Research_Proves_that_Stuxnet_and_Flame_Developers_are_Connected.

196. "Shared Code Indicates Flame, Stuxnet Creators Worked Together," http://news.cnet.com/8301-1009_3-57450292-83/shared-code-indicates-flame-stuxnet-creators-worked-together/.

197. "Bronze Soldier Installed at Tallinn Military Cemetery," *RIA Novosti* (Moscow), April 30, 2007, http://en.rian.ru/world/20070430/64692507.html.

198. "Russia Accused of Unleashing Cyberwar to Disable Estonia," *Guardian* (Manchester), May 16, 2007, http://www.guardian.co.uk/world/2007/may/17/topstories3.russia.

199. Joshua Davis, "Hackers Take Down the Most Wired Country in Europe," *Wired*, August 21, 2007, http://www.wired.com/politics/security/magazine/15–09/ffestonia?currentPage=all.

200. Doug Bernard, "New Alarm Bells, and Old Questions, About the Flame Virus and Cyber-War," *VOA* (blog), May 30, 2012, http://blogs.voanews.com/digital-frontiers/tag/cyber-war/.

201. "Estonia Has No Evidence of Kremlin Involvement in Cyber Attacks," *RIA Novosti* (Moscow), June 9, 2007, http://en.rian.ru/world/20070906/76959190.html.

202. John Markoff, "Georgia Takes a Beating in the Cyberwar with Russia," *Bits* (blog), *New York Times*, August 11, 2008, http://bits.blogs.nytimes.com/2008/08/11/georgia-takes-a-beating-in-the-cyberwar-with-russia/; John Markoff, "Before the Gunfire, Cyberattacks," *New York Times*, August 12, 2008, http://www.nytimes.com/2008/08/13/technology/13cyber.html.

203. Gregg Keizer, "Russian 'Cybermilitia' Knocks Kyrgyzstan Offline," *Computerworld*, January 28, 2009, http://www.computerworld.com/s/article/9126947/Russiancybermilitia_knocks_Kyrgyzstan_offline.

204. Christopher Rhoads, "Kyrgyzstan Knocked Offline," *Wall Street Journal*, January 28, 2009, http://online.wsj.com/article/SB123310906904622741.html.

205. "Kyrgyzstan to Close US Airbase, Washington Says Made," *Hurriyet* (Istanbul), January 17, 2009, http://www.hurriyet.com.tr/english/world/10796846.asp?scr=1.

206. David Drummond, "A New Approach to China," Google Blog, January 12, 2010, http://googleblog.blogspot.com/2010/01/new-approach-to-china.html.

207. David Drummond, "A New Approach to China, an Update," Google Blog, March 22, 2010, http://googleblog.blogspot.com/2010/01/new–approach–to–china.html.

208. "U.S. Cyber Command," U.S. Strategic Command, updated December 2011, http://www.stratcom.mil/factsheets/cyber_command/.

209. Misha Glenny, "Who Controls the Internet?," *Financial Times Magazine* (London), October 8, 2010, http://www.ft.com/cms/s/2/3e52897c-d0ee-11df-a426-00144feabdc0. html#axzz1nYp7grM6; Susan P. Crawford, "When We Wage Cyber-war, the Whole Web Suffers," Bloomberg, April 25, 2012, http://www.bloomberg.com/news/2012-04-25/when-we-wage-cyberwar-the-whole-web-suffers.html.

210. Ron Deibert and Rafal Rohozinski, "The New Cyber Military-Industrial Complex," *Globe and Mail* (Toronto), March 28, 2011, http://www.theglobeandmail.com/commentary/the-new-cyber-military-industrial-complex/article573990.

211. 위 자료 첨부, Eli Lake, "British Firm Offered Spy Software to Egypt," *Washington Times*, April 25, 2011, http://www.washingtontimes.com/news/2011/apr/25/british-firm-offered-spy-software-to-egypt/?page=all#pagebreak.

212. WikiLeaks cable, "Subject: STIFLED POTENTIAL: FIBER-OPTIC CABLE LANDS IN TANZANIA, Origin: Embassy Dar Es Salaam (Tanzania), Cable time: Fri. 4 Sep 2009 04:48 UTC," http://www.cablegatesearch.net/cable.php?id=09DARESSALAAM585.

213. Fumbuka Ng'wanakilala, "China Co Signs $3 Bln Tanzania Coal, Iron Deal," *Reuters*, September 22, 2011, http://www.reuters.com/article/2011/09/22/tanzania—china—mining—idUSL5E7KM1HU20110922.

214. "China, Tanzania Sign $1 Bln Gas Pipeline Deal: Report," *Reuters*, September 30, 2011, Africa edition, http://af.reuters.com/article/investingNews/idAFJOE78T08T20110930?pageNumber=1&virtualBrandChannel =0.

215. "Emerging—Market Multinationals: The Rise of State Capitalism," *Economist*, January 21, 2012, http://www.economist.com/node/21543160.

216. Andrea Marshall, "China's Mighty Telecom Footprint in Africa," eLearning Africa News Portal, February 21, 2011, http://www.elearning-africa.com/eLA_Newsportal/china%E2%80%99s-mighty-telecom-footprint-in-africa/.

217. "East Africa: kenya, China in sh8 Billion University Hospital Deal," Allafrica, April 22, 2011, http://allafrica.com/stories/201104250544.html.

218. John G. Whiteside, "Better Diplo-macy, Better Science," *China Economic Review*, January 1, 1970, http://www.chinaeconomicreview.com/content/better—diplomacy—better—science.

219. 저자의 견해.

220. Michael Riley and Ashlee Vance, "Cyber Weapons: The New Arms Race," *Bloomberg*

BusinessWeek, July 20, 2011, http://www.businessweek.com/magazine/cyber-weapons-the-new-arms-race-07212011.html. As you can see, we did not coin the term "code war."

221. Kim Zetter, "Lawmaker Wants 'Show of Force' Against North Korea for Website Attacks," *Wired*, July 10, 2009, http://www.wired.com/threatlevel/2009/07/show-of-force/.

222. Choe Sang-Hun and John Markoff, "Cyberattacks Jam Government and Commercial Web Sites in U.S. and South Korea," *New York Times*, July 9, 2009, http://www.nytimes.com/2009/07/10/technology/10cyber.html?_r=1; Associated Press (AP), "U.S. Officials Eye N. Korea in Cyberattack," *USA Today*, July 9, 2009, http://usatoday30.usatoday.com/news/washington/2009-07-08-hacking-washington-nkorea_N.htm.

223. Choe and Markoff, "Cyberattacks Jam Government and Commercial Web Sites in U.S. and South Korea," *New York Times*, July 9, 2009.

224. Zetter, "Lawmaker Wants 'Show of Force' Against North Korea for Website Attacks," *Wired*, July 10, 2009.

225. Lolita C. Baldor, Associated Press (AP), "US Largely Ruling Out North Korea in 2009 Cyber Attacks," *USA Today*, July 6, 2010, http://usatoday30.usatoday.com/tech/news/computersecurity/2010-07-06-nkorea-cyber-attacks_N.htm.

226. "UK, Not North Korea, Source of DDoS Attacks, Researcher Says," *IDG News Service and Network World*, July 14, 2009, http://www.networkworld.com/news/2009/071409-uk-not-north-korea-source.html?ap1=rcb.

227. "N. Korean Ministry Behind July Cyber Attacks: Spy Chief," *Yonhap News*, October 30, 2009, http://english.yonhapnews.co.kr/northkorea/2009/10/30/0401000000AEN20091030002200315.HTML.

228. Michael Riley and Ashlee Vance, "Inside the Chinese Boom in Corporate Espionage," *Bloomberg BusinessWeek*, March 15, 2012, http://www.businessweek.com/articles/2012-03-14/inside-the-chinese-boom-in-corporate-espionage.

229. "Famous Cases of Corporate Espionage," *Bloomberg BusinessWeek*, September 20, 2011, http://images.businessweek.com/slideshows/20110919/famous-cases-of-corporate-espionage#slide3.

230. Ed White, Associated Press (AP), "Shanshan Du, Ex-GM Worker, Allegedly Tried to Sell Hybrid Car Secrets to Chinese Companies," *Huffington Post*, July 23, 2010, http://www.huffingtonpost.com/2010/07/23/shanshan-du-ex-gm-worker_n_656894.html.

231. "Cyber Espionage: An Economic Issue," *China Caucus* (blog), Congressional China Caucus, November 9, 2011, http://forbes.house.gov/chinacaucus/blog/?postid=268227; Foreign Spies Stealing U.S. Economic Secrets in Cyberspace, Report to Congress on Foreign Economic Collection and Industrial Espionage, 2009-2011, Office of the National Counterintelligence Executive, (October 2011), 3, http://www.ncix.gov/publications/reports/fecie_all/Foreign_Economic

232. "Economic Espionage," Office of the National Coun-terintelligence Executive, accessed October 22, 2012, http://www.ncix,gov/issues/economic/index.php

233. 2011년 11월 크레이그 먼디와 저자들이 나눈 대화 중에서.

234. 위 자료 참조.

235. DARPA, "DARPA Increases Top Line Investment in Cyber Research by 50 Percent over next Five Years," news release, November 7, 2011, http://www.darpa.mil/NewsEvents/Releases/2011/11/07.aspx; Spencer Ackerman, "Darpa Begs Hackers: Secure Our Networks, End 'Season of Darkness,'" Danger Room (blog), *Wired*, November 7, 2011, http://www.wired.com/dangerroom/2011/11/darpa-hackers-cybersecurity/.

236. 2012년 7월 레지나 더간이 저자들과 나눈 대화 중에서.

237. Cheryl Pellerin, American Forces Press Service, "DARPA Goal for Cybersecurity: Change the Game," U.S. Air Force, December 20, 2010, http://www.af.mil/news/story.asp?id=123235799.

4장_ 혁명의 미래

238. 다음 자료에서 에티오피아, 파키스탄, 필리핀의 2011년 현재 낮은 인터넷 보급률을 참조. International Telecommunication Union (ITU), ICT Data and Statistics (IDS), accessed October 16, 2012, http://www.itu.int/ITU-D/ict/statistics/, and young populations for those countries as of 2011 in "Mid-Year Population by Five Year Age Groups and Sex?Custom Region?Ethiopia, Pakistan, Philippines," U.S. Census Bureau, International Data Base, accessed October 16, 2012, http://www.census.gov/population/international/data/idb/region.php.

239. Courtney C. Radsch, "Unveiling the Revolutionaries: Cyberactivism and the Role of Women in the Arab Uprisings," James A. Baker III Institute for Public Policy, Rice University, May 17, 2012 Jeff Falk, "Social Media, Internet Allowed Young Arab Women to Play a Central Role in Arab Spring," May 24, 2012, Rice University, News and Media, http://news.rice.

edu/2012/05/24/social-media-and-the-internet-allowed-young-arab-women-to-play-a-central-role-in-the-arab-spring-uprisings-new-rice-study-says-2/; Women and the Arab Spring: Taking Their Place?, International Federation for Human Rights, accessed November 4, 2012, http://www.europarl.europa.eu/document/activities/cont/201206/20120608ATT46510/2 0120608ATT46510EN.pdf; Lauren Bohn, "Women and the Arab Uprisings: 8'Agents of Change' to Follow," CNN, February 3, 2012, http://www.cnn.com/2012/02/03/world/africa/women-arab-uprisings/index.html.

240. 2012년 1월 트리폴리 과도정부 장관들과 저자들이 나눈 대화 중에서.

241. "Fresh Protests Erupt in Syria," Al Jazeera, last updated April 8, 2011, http://www.aljazeera.com/news/middleeast/2011/04/201148101927711611.html.

242. 위 자료 참조.

243. "Al Jazeera: One Organization, Two Messages," Washington Institute, Policy Analysis, April 28, 2011, http://www.washingtoninstitute.org/policy-analysis/view/aljazeera-one-organization-two-messages.

244. 위 자료 참조.

245. 2012년 1월 재스민 혁명 참가자들과 저자들이 나눈 대화 중에서.

246. Stephan Faris, "Meet the Man Tweeting Egypt's Voices to the World," *Time*, February 1, 2011, http://www.time.com/time/world/article/0,8599,2045489,00.html.

247. 위 자료 참조.

248. Andy Carvin, interview by Robert Siegel, "The Revolution Will Be Tweeted," NPR, February 21, 2011, http://www.npr.org/2011/02/21/133943604/The-Revolution-Will-Be-Tweeted.

249. "Anti-Gaddafi Figures Say Form National Council," *Reuters*, February 27, 2011, Africa edition, http://af.reuters.com/article/idAFWEB194120110227.

250. Dan Murphy, "The Members of Libya's National Transitional Council," *Christian Science Monitor*, September 2, 2011, http://www.csmonitor.com/World/Backchannels/2011/0902/The-members-of-Libya-s-National-Transitional-Council; David Gritten, "Key Figures in Libya's Rebel Council," BBC, August 25, 2011, http://www.bbc.co.uk/news/world-africa-12698562.

251. "Tunisia's Leaders Resign from Ruling Party," NPR, January 20, 2011, http://www.npr.org/2011/01/20/133083002/tunisias-leaders-resign-from-ruling-party; Christopher Alexander, "Après Ben Ali: Déluge, Democracy, or Authoritarian Relapse?," *Middle East Channel* (blog), *Foreign Policy*, January 24, 2011, http://mideast.foreignpolicy.com/

posts/2011/01/24/apres_ben_ali_deluge_democracy_or_authoritarian_relapse.

252. 2012년 1월 하마디 제발리와 저자들이 나눈 대화 중에서.

253. David D. Kirkpatrick, "Opposition in Tunisia Finds Chance for Rebirth," *New York Times*, January 20, 2011, http://www.nytimes.com/2011/01/21/world/africa/21islamist. html?pagewanted=all; Tarek Amara and Mariam Karouny, "Tunisia Names New Government, Scraps Secret Police," *Reuters*, March 8, 2011, http://in.mobile.reuters.com/article/worldNews/idINIndia-55387920110307?irpc=984.

254. 2011년 12월 헨리 키신저와 저자들이 나눈 대화 중에서.

255. Mahmoud Sale, "Chapter's End!," *Rantings of a Sandmonkey* (blog), Kune 18, 2012, http://www.sandmonkey.org/2012/06/18/chapters-end/.

256. Mohmoud Salem, "For the Light to Come Back," *Rantings of a Sandmonkey* (blod), March 30, 2012, http://www.sandmonkey.org/2012/03/30/for-the-light-to-come-back/.

257. For a more detailed interpretation of Tina Rosenberg's Join the Club: How Peer Pressure Can Transform the World, see saul Austerlitz, "Power of Persuasion: Tina Rosenbergs's Join the Club," review, *The National* (Abu Dhabi)m February 25, 2011, http://www.thenational.ae/arts-culture/books/power-of-perauasion-tina-rosenbergs-join-the-club#full; Jeffrey D. Sachs, "Can Social Networking Cure Social Ills?," review, New York Times, May 20, 2011, http://www.nytimes.com/2011/05/22/books/review/book-review-join-the-club-by-tina-rosenberg.html?pagewanted=all; Thomas Hodgkinson, "Join the Club by Tina Rosenberg?eview," *Guardian* (Manchester), September 1, 2011, http://www.guardian.co.uk/books/2011/sep/02/join-club-tina-rosenberg-review; and Steve Weinberg, "C'mon, Everyone's Doing It," review, *Bookish* (blog), *Houston Chronicle*, March 27, 2011, http://blog.chron.com/bookish/2011/03/cmon-everyones-doing-it-a-review-of-tina-rosenbergs-new-book/.

258. Tina Rosenberg, Join the Club: How Peer Pressure Can Transform the World (New York: W. W. Norton and Co., 2011).

259. 위 자료 참조.

260. "Egypt Anti-Military Protesters Fill Tahrir Square," BBC, June 22, 2012, http://www.bbc.co.uk/news/world-middle-east-18547371; Aya Batrawy, Associated Press (AP), "Egypt Protests: Thousands Gather in Tahrir Square to Demonstrate Against Military Rule," Huffington Post, April 20, 2012, http://www.huffingtonpost.com/2012/04/20/egypt-protests-tahrir-square_n_1439802.html; Gregg Carlstrom and Evan Hill, "Scorecard: Egypt Since the Revolution," Al

Jazeera, last updated January 24, 2012, http://www.aljazeera.com/indepth/interacti
ve/2012/01/20121227117613598.html; "Egypt Protests: Death Toll Up in Cairo's Tahrir Square,"
BBC, November 20, 2011, http://www.bbc.co.uk/news/world-africa-15809739.

261. Christopher Rhoads, Geoffrey A. Fowler, and Chip Cummins, "Iran Cracks Down on
Internet Use, Foreign Media," *Wall Street Journal*, June 17, 2009, http://online.wsj.com/article/
SB124519888117821213.html.

262. James Cowie, "Egypt Leaves the Internet," *Renesys* (blog), January 27, 2011, http://www.
renesys.com/blog/2011/01/egypt—leaves—the—internet.shtml.

263. Cowie, "Egypt Leaves the Internet," http://www.renesys.com/blog/2011/01/egypt—
leaves—the—internet.shtml.

264. "Egypt Returns to the Internet," *Renesys* (blog), Fevruary 2, 2011, http://www.renesys.
com/blog/2011/02/egypt—returns—to—the—internet.shtml.

265. "Vodafone: Egypt Ordered Cell Phone Service Stopped," *Huffington Post*, January 28,
2011, http://www.huffingtonpost.com/2011/01/28/vodafone-egypt-service-dropped_
n_815493.html.

266. "Statements-odafone Egypt," Vodafone, see January 28, 2011, http://www.vodafone.com/
content/index/media/press_statements/statement_on_egypt.html.

267. James Glanz and John Markoff, "Egypt Leaders Found 'Off ' Switch for Internet," *New
York Times*, February 15, 2011, http://www.nytimes.com/2011/02/16/technology/16internet.
html?pagewanted=all&_r=0.

268. 위 자료 참조.

269. 2011년 8월 비토리오 콜라오와 저자들이 나눈 대화 중에서.

270. 위 자료 참조. "Statements?odafone Egypt," Vodafone, see January 28, 2011?February 3,
2011, http://www.vodafone.com/content/index/media/press_statements/statement_on_
egypt.html.

271. "Statements-Vodafone Egypt," Vodafone, see February 3, 2011, http://www.vodafone.
com/content/index/media/press_statements/statement_on_egypt.html; Jonathan Browning,
"Vodafone Says It Was Instructed to Send Pro-Mubarak Messages to Customers," *Bloomberg*,
February 3, 2011, http://www.bloomberg.com/news/2011-02-03/vodafone-ordered-to-send-
egyptian-government-messages-update1-.html.

272. 2011년 8월 비토리오 콜라오와 저자들이 나눈 대화 중에서.

273. 위 자료 참조.

274. Jonathan Browning, "Google, Twitter Offer Egyptians Option to Tweet," *Bloomberg*, February 1, 2011, http://www.bloomberg.com/news/2011-01-31/egyptians-turn-to-dial-up-service-to-get-around-government-s-web-shutdown.html.

275. Ujjwal Singh and AbdelKarim Mardini, "Some Weekend Work That Will (Hopefully) Enable More Egyptians to Be Heard," Google Blog, January 31, 2011, http://googleblog.blogspot.com/2011/01/some-weekend-work-that-will-hopefully.html.

276. 2011년 8월 비토리오 콜라오와 저자들이 나눈 대화 중에서.

277. In a Time of Torture: The Assault on Justice in Egypt's Crackdown on Homosexual Conduct, Human Rights Watch (HRW): 2004, http://www.hrw.org/en/reports/2004/02/29/time-torture.

278. "Chinese Government Responds to Call for Protests," *New York Times*, February 20, 2011, http://www.nytimes.com/2011/02/21/world/asia/21china.html?_r=1.

279. "Flogging Sentence for Female Saudi Driver," CNN, September http://articles.cnn.com/2011-09-27/middleeast/world_arabia_flogging_1_flogging-sentence-women2drive-saudi-woman?_s=PM:MIDDLEEAST.

280. 위 자료 참조. Amnesty International (AI), "Flogging Sentence for Saudi Arabian Woman After Driving 'Beggars Belief,'" press release, Septem ber 27, 2011, https://www.amnesty.org/en/for-media/press-releases/flogging-sentence-saudi-arabian-woman-after-driving-%E2%80%9Cbeggars-belief%E2%80%9D-2011-0.

281. "Saudi King Revokes Flogging of Female Driver," CNN, September 29, 2011, http://www.cnn.com/2011/09/28/world/meast/saudi—arabia—flogging/index.html.

282. 2011년 2월 알와리드 빈 타랄 알사우드 사우디 왕자와 저자들이 나눈 대화 중에서.

283. 위 자료 참조.

284. 위 자료 참조.

285. "Saudi Arabia Ranks First in You-Tube Views," *Al Arabiya*, May 22, 2012, http://english.alarabiya.net/articles/2012/05/22/215774.html; Simon Owens, "Saudi Satire Ignites YouTube's Massive Growth in Middle East," U.S. News, May 30, 2012, http://www.usnews.com/news/articles/2012/05/30/saudi-satire-ignites-youtubes-massive-growth-in-middle-east.

286. Driving Economic and Social Development Through Mobile Services, Groupe Speciale Mobile (GSM), 9, accessed October 17, 2011, http://www.gsma.com/publicpolicy/wp-content/

uploads/2012/04/africamobileobservatory2011-1.pdf.

287. 2011년 11월 리센룽 총리와 저자들이 나눈 대화 중에서.

288. 젊은이들이 멋지게 살고 싶어한다는 리센룽 총리의 주장은 오트포르 전략의 핵심인 '멋져야 한다'는 미국 기자인 티나 로젠버그의 주장에 의해 재확인된다. 이 전략은 전 세계 반대집단들에게 중요한 교훈이 되었다. 오트포르에서 '멋진 행동을 유발하는 요인들'에 대한 사례는 다음 책 참조. *Join the Club*, 223-224, 229, 256-58, 260, 276.

289. Shamim Adam, "Singapore Curry Protest Heats Up Vote with Facebook Campaign," *Bloomberg*, August 19, 2011, http://www.bloomberg.com/news/2011-08-18/singapore-curry-protest-heats-up-vote.html; "Singaporeans to Launch Largest 'Protest' over 'Currygate' Incident," TR Emeritus (blog), August 21, 2011, http://www.tremeritus.com/2011/08/21/singaporeans-to-launch-largest-protest-over-currygate-incident/.

290. 2011년 11월 리센룽 총리와 저자들이 나눈 대화 중에서.

291. Michael Kan, International Data Group (IDG) News Service, "China's Internet Population Reaches 538 Million," July 19, 2012, PCWorld, http://www.pcworld.com/article/259482/chinas_internet_population_reaches_538_million .html; 이 글을 쓰고 있는 현재 중국의 인구수는 13억 명을 넘어섰기 때문에 이제 앞으로 인터넷에 접속해야 할 사람은 약 8억 명이 남게 됐다. 우리가 말한 '10억 명 가까운 사람들'은 향후 10년 동안의 인구 증가 추정치를 반영해서 계산한 숫자다. 언론의 자유를 위해 설립된 NGO인 언론인보호위원회Committee to Protect Journalists가 2012년 발표한 보고서에 따르면 에리트레아가 가장 감시가 심한 국가로 평가됐다. 2위는 북한이다.

292. 2011년 11월 리센룽 총리와 저자들이 나눈 대화 중에서.

293. 2011년 12월 헨리 키신저와 저자들이 나눈 대화 중에서.

5장_ 테러리즘의 미래

294. 사이버 테러와 해킹 범죄는 전략면에서 일부 겹쳐지기는 하지만 일반적으로 동기에서 서로 차이가 난다. 이 차이는 마약밀매와 테러 사이의 차이와 다르지 않다.

295. 2009년 11월 이라크에 주둔 중인 미군 대위와 저자들이 나눈 대화 중에서.

296. 위 자료 참조.

297. 우리 중 한 사람이 이 사실을 2005년에 존스 홉킨스 국제대학원Johns Hopkins School of Advanced International Studies에서 존 파워스John Powers란 사람과 패널 토론을 하던 중에 처음으로 알게 되었다. 이후로 저자들은 지난 10년 동안 이라크에서 일했거나 파견됐던 민간인과 군 관리들로부터 들은 일화들을 통해 파워스가 해준 말을 더 구체적으로 확인할 수 있었다.

298. 2012년 2월 앤디 루빈과 저자들이 나눈 대화 중에서.

299. Will Oremus, "Twitter of Terror," *Slate*, December 23, 2011, http://www.slate.com/articles/technology/technocracy/2011/12/al_shabaab_twitter_a_somali_militant_group_unveils_a_new_social_media_strategy_for_terrorists.html.

300. "Profile: Anwar al-Awlaki," Anti-Defamation League (ADL), updated November 2011, http://www.adl.org/main_Terrorism/anwar_al-awlaki.htm.

301. Pierre Thomas, Martha Raddatz, Rhonda Schwartz and Jason Ryan, "Fort Hood Suspect Yells Nidal Hasan's Name in Court," ABC Blotter, July 29, 2011, http://abcnews.go.com/Blotter/fort-hood-suspect-naser-jason-abdo-yells-nidal-hasan/story?id=14187568#.UIlwW8VG-8C; Bruce Hoffman, "Why al Qaeda Will Survive," Daily Beast, September 30, 2011, http://www.thedailybeast.com/articles/2011/09/30/al-awlaki-s-death-nothing-more-than-a-glancing-blow-al-qaeda-stronger-than-everest.html.

302. 2012년 2월 알와리드 빈 타랄 알사우드 사우디 왕자와 저자들이 나눈 대화 중에서.

303. 2012년 2월 마지즈 나와즈와 저자들이 나눈 대화 중에서.

304. "Colombia Catches Girl 'Smuggling 74 Mobiles into Jail,'" BBC, February 6, 2011, http://www.bbc.co.uk/news/world-latin-america-12378390.

305. "Pigeons Fly Mobile Phones to Brazilian Prisoners," *Telegraph* (London), March 30, 2009, http://www.telegraph.co.uk/news/newstopics/howaboutthat/5079580/Pigeons-fly-mobile-phones-to-Brazilian-prisoners.html.

306. Associated Press (AP), "Police: Brazilian Teen Used Bow and Arrow to Launch Illegal Cell Phones over Prison Walls," *Fox News*, September 2, 2010, http://www.foxnews.com/world/2010/09/02/police-brazilian-teen-used-bow-arrow-launch-illegal-cell-phones-prison-walls/.

307. 2012년 4월 사우스 센트럴 로스앤젤레스 전 조직원과 저자들이 나눈 대화 중에서.

308. "Mobile—Cellular Subscriptions" and "Percentage of Individuals Using the Internet," International Telecommunication Union (ITU), ICT Data and Statistics (IDS), accessed October 19, 2012, http://www.itu.int/ITU-D/ict/statistics/.

309. 저자들은 2009년 2월 열린 공개 브리핑 시간에 감옥 관계자들로부터 이 정보를 입수했다.

310. Rod Nordland and Sharifullah Sahak, "Afghan Government Says Prisoner Directed Attacks," *New York Times*, February 10, 2011, http://www.nytimes.com/2011/02/11/world/asia/11afghan.html?_r=1&scp=3&sq=pul%20e%20charki&st=cse.

311. 풀에차르키 감옥에서 운영하는 테러리스트 수감동에 대한 설명은 제러드가 2009년 2월 본 감옥을 방문했던 당시 들은 브리핑(공개)과 나눈 인터뷰에서 얻은 정보를 바탕으로 한 것이다. 다음 자료도 참조하라. Joshua Philipp, "Corruption Turning Afghan Prisons into Taliban Bases: Imprisoned Tali-ban Leaders Coordinate Attacks from Within Prison Walls," Epoch Times, August 29, 2011, http://www.theepochtimes.com/n2/world/corruption-turning-afghan-prisons-into-taliban-bases-60910.html.

312. 2009년 2월 물라 아크바 에이지와 제러드가 나눈 대화 중에서.

313. "Anonymous (Internet Group)," *New York Times*, updated March 8, 2012, http://topics.nytimes.com/top/reference/timestopics/organizations/a/anonymous_internet_group/index.html.

314. Sean-Paul Correll, "Operation: Payback Broadens to Operation Avenge Assange." *Pandalabs* (blog), December 6, 2010, http://pandalabs.pandasecurity.com/operationpayback-broadens-to-operation-avenge-assange/; Mathew Ingram, "WikiLeaks Gets Its Own 'Axis of Evil' Defense Network," *GigaOM* (blog), December 8, 2010, http://gigaom.com/2010/12/08/wikileaks-gets-its-own-axis-of-evil-defence-network/.

315. U.S. Department of Justice, "Sixteen Individuals Arrested in the United States for Alleged Roles in Cyber Attacks," national press release, July 19, 2011, http://www.fbi.gov/news/pressrel/press-releases/sixteen-individuals-arrested-in-the-united-states-for-alleged-roles-in-cyber-attacks; Andy Greenberg, "Fourteen Anonymous Hackers Arrested for 'Operation Avenge Assange,' LulzSec Leader Claims He's Not Affected," Forbes, July 19, 2011, http://www.forbes.com/sites/andygreenberg/2011/07/19/anonymous-arrests-continue-lulzsec-leader-claims-hes-not-affected/; "Hackers Arrested in US, NL and UK," Radio Netherlands Worldwide, July 20, 2011, http://www.rnw.nl/english/bulletin/hackers—arrested—us—nl—and—uk.

316. Somini Sengupta, "Hacker Rattles Security Circles," *New York Times*, September 11, 2011, http://www.nytimes.com/2011/09/12/technology/hacker-rattles-internet-security-circles.html?pagewanted=all&_r=0.

317. 위 자료 참조.

318. 위 자료 참조.

319. 위 자료 참조.

320. "I Will Finish Israel Off Electronically: Ox-Omar," Emirates 24/7, January 22, 2012, http://

www.emirates247.com/news/world/i-will-finish-israel-off-electronically-ox-omar-2012-01-22-1.438856.

321. Chloe Albanesius, "Hackers Target Israeli Stock Exchange, Airline Web Sites," *PC Magazine*, January 16, 2012, http://www.pcmag.com/article2/0,2817,2398941,00.asp.

322. "Cyberattack Exposes 20,000 Israeli Credit Card Numbers and Details About Users," *New York Times*, January 6, 2012, http://www.nytimes.com/2012/01/07/world/middleeast/cyberattack-exposes-20000-israeli-credit-card-numbers.html

323. Jonathon Blakeley, "Israeli Credit Card Hack," deLiberation, January 5, 2012, http://www.deliberation.info/israeli-credit-card-hack/.

324. Ehud Kenan, "Saudi Hackers Leak Personal Information of Thousands of Israelis," YNet, January 3, 2012, http://www.ynetnews.com/articles/0,7340,L-4170465,00.html.

325. Isabel Kershner, "2 Israeli Web Sites Crippled as Cyberwar Escalates," *New York Times*, January 16, 2012, http://www.nytimes.com/2012/01/17/world/middleeast/cyber-attacks-temporarily-cripple-2-israeli-web-sites.html.

326. 위 자료 참조.

327. 2012년 1월 13일과 16일 대니 아얄론의 페이스북에 올라온 글들. 2012년 10월 20일 확인. https://www.facebook.com/DannyAyalon. Yaakov Lappin," 'I Want to Harm Israel,' Saudi Hacker Tells 'Post,'" Jerusalem Post, January 16, 2012, http://www.jpost.com/NationalNews/Article.aspx?id=253893 Saar Haas, "'OxOmar' De-mands Israeli Apology," YNet, January 16, 2012, http://www.ynetnews.com/articles/0,7340,L-4176436,00.html?utm_source=dlvr.it&utm_medium=twitter.

328. Austin Wright, "With Cyber Fast Track, Pentagon Funds Hacker Research," *Politico*, December 7, 2011, http://www.politico.com/news/stories/1211/70016.html.

329. 레지나 더간이 2010년 3월 23일에 미국 하원 군사위원회House Armed Services Committees 산하 테러리즘과 이례적 위협 및 능력에 대한 소위원회Subcommittee on Terrorism, Unconventional Threats and Capabilities에 제출한 성명 중에서 발췌. www.darpa.mil/WorkArea/DownloadAsset.aspx?id=542.

330. 2012년 7월 레지나 더간과 저자들이 만나 나눈 대화 중에서.

331. Mark Mazzetti and Helene Cooper, "Detective Work on Courier Led to Breakthrough on bin Laden," *New York Times*, May 2, 2011, http://www.nytimes.com/2011/05/02/world/asia/02reconstruct-capture-osama-bin-laden.html; Bob Woodward, "Death of Osama bin Laden: Phone Call Pointed U.S. to Compound?nd to 'The Pacer,'" *Washington Post*, May 6,

2011, http://www.washingtonpost.com/wordl/national-security/death-of-osama-bin-laden-phone-call-pointed-us-to-compound-and-the-pacer/2011/05/06/AFnSVaCG_story.html.

332. "Al-Qaeda Data Yield Details of Planned" *Washington Post*, May 5, 2011, http://www.washingtonpost.com/security/al-qaeda-data-yields-details-of-planned-plots/2011/05/05/AFFQ3L2F_story.html.; Woodward, "Death of Osama bin Laden," http://www.washingtonpost.com/world/national-security/death-of-osama-bin-laden-phone-call-pointed-us-to-compound?nd-to-the-pacer/2011/05/06/AFnSVaCG_story.html.

333. 다음 자료 참조. "India Says Pakistan Aided Planner of Mumbai Attacks," *New York Times*, June 27, 2012, http://www.nytimes.com/2012/06/28/world/asia/india-says-pakistan-aided-abu-jindal-in-mumbai-attacks.html; Harmeet Shah Singh, "India Makes Key Arrest in Mumbai Terror Plot," CNN, June 26, 2012, http://articles.cnn.com/2012-06-26/asia/world_asia_india-terror-arrest_1_fahim-ansari-ujjwal-nikam-sabauddin-ahmed?_s=PM:ASIA; "Mumbai Attacks 'Handler' Arrested in India," Agence France-Presse (AFP), June 25, 2012, http://www.google.com/hostednews/afp/article/ALeqM5gydBxOlTFOjQ_gOjs278EF2DTvIQ?docId=CNG.1ec8f11cdfb59279e03f13dafbcd927a.01. 2008년 뭄바이 공격 때 기술의 역할을 보다 잘 이해하기 위해서 우리는 타지마할 호텔Taj Mahal Hotel을 운영하는 타지 호텔 리조트 앤 팰리스Taj Hotels Resorts and Palaces의 수석 부사장이자 최고정보책임자Chief Information Officer, CIO인 프라카시 V. 슈클라Prakash V. Shukla와 얘기를 나눴다. 그는 이렇게 설명했다. "CCTV에 찍힌 영상을 검토해본 결과 이 사람들은 우리 호텔에 와본 적이 없다는 게 아주 분명했다. 하지만 그들은 호텔에 무엇이 어디에 있는지 정확히 알고 있었고, 주변의 교통편 등도 속속들이 파악하고 있었다. 호텔의 낡은 부속 건물은 100년 전에 지어진 것이기 때문에 우리는 평면도를 갖고 있지 않았다. 타지 웹사이트를 통합시켜놓은 구글 맵스는 호텔의 레이아웃을 아주 잘 파악할 수 있게 해주었다. 타지 웹사이트는 또한 위층에 위치한 프리미엄 객실 위치를 알려주고 있다. 따라서 그들이 타지나 오베로이Oberoi 호텔이나 기차역 등 세간의 이목을 끄는 목표물들의 공격 계획을 아주 쉽게 짤 수 있었다. 이 웹사이트에다가 지난 2008년 인도 뭄바이에서 무차별 테러를 벌여 160여 명을 숨지게 한 '뭄바이 테러'에 가담한 데이비드 콜먼 헤들리David Coleman Headley가 발로 뛰며 구해놓은 정보를 보강하면, 테러리스트들은 장소들을 속속들이 파악할 수 있었다. 테러리스트들은 공격을 개시하자마자 즉시 호텔의 낡은 부속 건물로 이동한 후(프리미엄 객실들이 있는) 위층으로 올라가기 시작했다. 그들은 전자 자금 분배 시스템을 이용해서 몇몇 이체 자금과 함께 위성 라디오들을 압수했다. 또한 몇몇 선불 SIM 카드들도 압수했다."

상업용 호텔처럼 세간의 이목을 집중시킬 수 있는 대상을 겨냥한 테러리스트들의 공격은 관광 산업의 보안 대책에 중대한 의미를 안겨줄 것이다. 슈클라와 대화를 나누면서 우리는 다음과 같은 얘기를 들었다. "호텔 산업은 항공 산업과 같은 길을 걸을 것이다. 항공사들이 취했던 수화물 검색과 승객들의 이력 조회 같은 방법들이 호텔 산업에서도 똑같이 실시되고 있다. 타지에는 이런 식의 테러리스트들의 공격을 막기 위한 보안 아키텍처 구축 차원에서 지난 4년 동안 이스라엘 출신 팀이 우리와 같이 논의하며 활동 중이다. 2008년에도 우리에겐 보안팀이 있었지만, 비무장이었다. 우리는 경찰이 안타깝게도 이런 상황에 적절히 대처하지 못한다는 걸 깨달았고, 국가안보팀들과 인도해병특공대원들이 도착했을 때는 이미 12시간이 경과한 뒤였다. 보안 아키텍처는 전반적으로 몇 가지 요소들로 구성되어 있다. 우선 프로필 검사다. 투숙객들이 도착 예정자 명단에 있는지 프로필을 확인한 후, 보안요원들은 투숙객 도착 사실을 통보받는다. 보안요원들은 호텔로 들어오는 사람들의 동태를 파악할 수 있는 훈련을 받았고, 모든 수화물들을 검사한다. 또한 정기적으로 재난 방지 계획 훈련을 수행하고, 직원들에게 감시 훈련을 시켰다. 또한 민간인 복장을 한 무장 보안 요원들도 활동 중이며, 모든 호텔 보안 요원들은 이스라엘에서 화기 사용과 상황 대처 관련 훈련을 1개월 동안 받았다. 우리는 이런 방법들을 도입하기 위해 거액의 돈을 투자했으며, 테러범들은 다른 호텔들보다 우리를 공격하는 데 더 애를 먹을 것이다. 따라서 우리는 우리 호텔이 다시 공격 대상이 되지 않을 거라고 자신한다. 그러나 이렇게 말했지만 여전히 상황은 유동적이다. 우리가 철저히 대비하는 동안 우리의 적들도 마찬가지로 대비를 해놓을 것이기 때문이다. 따라서 우리는 계속해서 보안 시스템을 혁신적으로 개선하는 노력을 게을리하지 말아야 한다."

334. "Mumbai Terrorists Relied on New Technology for Attacks," *New York Times*, December 8, 2008, http://www.nytimes.com/2008/12/09/world/asia/09mumbai.html; Damien McElroy, "Mumbai Attacks: Terrorists Monitored British Websites Using Black-Berry Phones," Telegraph (London), November 28, 2008, http://www.telegraph.co.uk/news/worldnews/asia/india/3534599/Mumbai-attacks-Terrorists-monitored-coverage-on-UK-websites-using-BlackBerry-phones-bombay-india.html.

335. "Global Lessons from the Mumbai Terror Attacks," Investigative Project on Terrorism (IPT), November 25, 2009, http://www.investigativeproject.org/1539/global-lessons-from-the-mumbai-terror-attacks.

336. 2012년 2월 네이비실 6팀 대원이 저자들과 나눈 대화 중에서.

337. "Global Lessons from the Mumbai Terror Attacks," Investigative Project on Terrorism (IPT), November 25, 2009, http://www.investigativeproject.org/1539/global-lessons-from-the-mumbai-terror-attacks.

338. 2012년 7월 아만다 린드후트와 저자들이 나눈 대화 중에서.

339. Technology / Internet Trends October 18, 2007, Morgan Stanley (China Mobile 50K Survey), 7.

Posted on Scribd, http://www.scribd.com/doc/404905/Mary-Meeker-Explains-The-Internet.

340. Scott Shane, "Pornography Is Found in bin Laden Compound Files, U.S. Officials Say," *New York Times*, May 13, 2011, http://www.nytimes.com/2011/05/14/world/asia/14binladen. html.

341. Venu Sarakki et al., "Mexico's National Command and Control Center Challenges and Successes," 16th International Command and Control Research and Technology Symposium in Quebec, Canada, June 21-23, 2011, http://www.dtic.mil/dtic/tr/fulltext/u2/a547202.pdf.

342. Dr. John Poindexter, "Overview of the Information Awareness Office." Remarks as prepared for the DARPATech 2002 Conference, August 2, 2002. Posted by the Federation of American Scientists (FAS), http://www.fas.org/irp/agency/dod/poindexter.html.

343. Department of Defense Appropriations Act, 2004, S.1382, 108th Cong. (2003), see Sec. 8120 Department of Defense Appropriations Act, 2004, H.R.2658, 108th Cong. (2003) (Enrolled Bill), see Sec. 8131.

344. Associated Press (AP), "U.S. Still Mining Terror Data," *Wired*, February 23, 2004, http:// www.wired.com/politics/law/news/2004/02/62390_Michael_Hirsh; "Wanted: Competent Big Brothers," *Newsweek and Daily Beast*, February 8, 2006, http://www.thedailybeast.com/ newsweek/2006/02/08/wanted-competent-big-brothers.html.

345. "Mid-Year Population by Five Year Age Groups and Sex-orld, 2011," U.S. Census Bureau, International Data Base, accessed October 20, 2012, http://www.census.gov/population/ international/data/idb/informationGateway.php.

346. General Stanley McChrystal, interview by Susanne Koelbl, "Killing the Enemy Is Not the Best Route to Success," *Der Spiegel*, January 11, 2010, http://www.spiegel.de/international/ world/spiegel-interview-with-general-stanley-mcchrystal-killing-the-enemy-is-not-the-best-route-to-success-a-671267.html.

347. "Exclusive: You-Tube Hits 4 Billion Daily Video Views," *Reuters*, January 23, 2012, http:// www.reuters.com/article/2012/01/23/us-google-youtube-idUSTRE80M0TS20120123.

6장_ 갈등, 전투, 개입의 미래

348. Steven Pinker, *The Better Angels of Our Nature: Why Violence Has Declined* (New York: Viking, 2011), XXV.

349. 위 자료 참조.

350. Amnesty International (AI), "Romania Must End Forced Evictions of Roma Families," press release, January 26, 2010, http://www.amnesty.org/en/for-media/press-releases/romania-must-end-forced-evictions-roma-families-20100126. 집시들은 동유럽 전역에서 유사한 방식으로 박해를 받고 있고, 서유럽에서도 점차 더 박해를 받고 있다. 2010년 7월 당시 니콜라 사르코지 Nicolas Sarkozy 프랑스 대통령(2013년 현재는 전 대통령)은 프랑스 내 외국 집시들을 불가리아와 루마니아로 강제 송환하자는 운동을 전개했다. 그로부터 한달 내에 50개가 넘는 집시 캠프가 폐쇄됐고, 9월까지 1,000명이 넘는 집시들이 강제 추방됐다. 다음 자료 참조. "France Sends Roma Gypsies Back to Romania," BBC, August 20, 2010, http://www.bbc.co.uk/news/world-europe-11020429 "France: Renewed Crackdown on Roma: End Discriminatory Roma Camp Evictions and Removals," *Human Rights Watch* (HRW), News, August 10, 2010, http://www.hrw.org/news/2012/08/10/france-renewed-crackdown-roma; "French Ministers Fume After Reding Rebuke Over Roma," BBC, September 15, 2010, http://www.bbc.co.uk/news/world-europe-11310560.

351. 2012년 4월 크리스티앙 피치올리니가 저자들과 나눈 대화 중에서.

352. Julius Caesar, The Gallic Wars, translation by John Warrington with a preface by John Mason Brown and an introduction by the translator (Norwalk, Conn.: Easton Press, 1983); see also Dr. Neil Faulkner, "The Official Truth: Propaganda in the Roman Empire," BBC, History, last updated February 17, 2011, http://www.bbc.co.uk/history/ancient/romans/romanpropaganda_article_01.shtml.

353. @IDFSpokesperson 트윗, 2012년 11월 19일.

354. Thomas Erdbrink, "In Iran, a Woman Named Neda Becomes Opposition Icon in Death," *Washington Post*, June 23, 2009, http://www.washingtonpost.com/wp-dyn/content/article/2009/06/22/AR2009062203041.html.

355. Information obtained in Jared Cohen's research for his book *One hundred Days of Silence: America and the Rwanda Genocide* (Lanham: Rowman & Littlefield Publishers, 2007); see also Alison Liebhafsky Des Forges, *Leave None to Tell the Story: Genocide in Rwanda* (New York: Human Rights Watch, 1999).

356. Allan Thompson, ed., with a statement by Kofi Annan, *The Media and the Rwanda Genocide* (London: Pluto Press, 2007), 49, http://www.internews.org/sites/default/files/resources/TheMedia&TheRwandaGenocide.pdf.

357. Dan Verton, "Serbs Launch Cyberattack on NATO," Federal Computer Week, April 4, 1999, http://fcw.com/articles/1999/04/04/serbs-launch-cyberattack-on-nato.aspx.

358. Tom Downey, "China's Cyberposse," *New York Times Magazine*, March 3, 2010, http://www.nytimes.com/2010/03/07/magazine/07Human-t.html.

359. 위 자료 참조.

360. 위 자료 참조.

361. 위 자료 참조.

362. Scott Sayare, "French Council Strikes Down Bill on Armenian Genocide Denial," *New York Times*, February 28, 2012, http://www.nytimes.com/2012/02/29/world/europe/french-bill-on-armenian-genocide-is-struck-down.html.

363. "Turkey PM Says French Bill on Genocide Denial 'Racist,'" BBC, January 24, 2012, http://www.bbc.co.uk/news/world-europe-16695133.

364. P. W. Singer, *Wired for War*: The Robotics Revolution and Conflict in the 21st Century (New York: Penguin Press, 2009), 102.

365. DARPA, "About," accessed October 9, 2012, http://www.darpa.mil/About.aspx; DARPA, "Our Work," accessed October 9, 2012, http://www.darpa.mil/our_work/.

366. Singer, *Wired for War*, 63.

367. 위 자료 참조 21–23.

368. Amar Toor, "iRobot Packbots Enter Fukushima Nuclear Plant to Gather Data, Take Photos, Save Lives," *Engadget*, April 18, 2011, http://www.engadget.com/2011/04/18/irobot-packbots-enter-fukushima-nuclear-plant-to-gather-data-ta/.

369. Singer, *Wired for War*, 26.

370. 프레데터, 레이븐, 리퍼 드론에 대한 설명은 다음 자료 참조. Singer, *Wired for War*, 32-35, 37, 116.

371. Spencer Ackerman and Noah Shachtman, "Almost 1 in 3 U.S. Warplanes Is a Robot," *Danger Room* (blog), *Wired*, January 9, 2012, http://www.wired.com/dangerroom/2012/01/drone-report/.

372. 2012년 4월 해리 윙고와 저자들이 나눈 대화 중에서.

373. Singer, *Wired for War*, 29-32; Noah Shachtman, "First Armed Robots on Patrol in Iraq (Updated)," *Danger Room* (blog), *Wired*, August 2, 2007, http://www.wired.com/dangerroom/2007/08/httpwwwnational/.

374. 2012년 2월 네이비실 대원들과 저자들이 나눈 대화 중에서.

375. 2012년 4월 피터 워렌 싱어와 저자들이 나눈 대화 중에서.

376. Bob Brewin, "Pentagon Shutters Joint Tactical Radio System Program Office," Nextgov, August 1, 2012, http://www.nextgov.com/mobile/2012/08/pentagon-shutters-joint-tactical-radio-system-program-office/57173/; Matthew Potter, Defense Procurement News, "Joint Program Executive Office Joint Tactical Radio System (JPEO JTRS) Stands Down and Joint Tactical Networking Center (JTNC) Opens," press release, October 1, 2012, http://www.defenseprocurement_news.com/2012/10/01/joint-program-executive-office-joint-tactical-radio-system-jpeo-jtrs-stands-down-and-joint-tactical-networking-center-jtnc-opens-press-release/.

377. 2012년 4월 피터 워렌 싱어와 저자들이 나눈 대화 중에서.

378. 위 자료 참조.

379. Brian Ellsworth, "Venesuela Says Building Drones with Iran's Help," *Reuters*, June 14, 2012, http://www.reuters.com/article/2012/06/14/us-venezuela-iran-drone-idUSBRE85D14N20120614.

380. Robert Beckhusen, "Iranian Missile Engineer Oversees Chavez's Drones," *Danger Room* (blog), *Wired*, June 18, 2012, http://www.wired.com/dangerroom/2012/06/mystery-cargo/.

381. 2012년 7월 레지나 더간이 저자들과 나눈 대화 중에서.

382. 2012년 4월 피터 워렌 싱어와 저자들이 나눈 대화 중에서.

383. Singer, *Wired for War*, 265.

384. James Risen and Mark Mazzetti, "C.I.A. Said to Use Outsiders to Put Bombs on Drones," *New York Times*, August 20, 2009, http://www.nytimes.com/2009/08/21/us/21intel.html.

385. Somini Sengupta, "Who Is Flying Drones over America?," *Bits* (blog), *New York Times*, July 14, 2012, http://bits.blogs.nytimes.com/2012/07/14/who-is-flying-drones-over-america/.

386. Jefferson Morley, "Drones Invade Campus," *Salon*, May 1, 2012, http://www.salon.com/2012/05/01/drones_on_campus/.

387. Peter Warren Singer, quoted by Noah Shachtman, "Insurgents Intercept Drone Video in King-Size Security," *Danger Room* (blog), *Wired*, December 17, 2009, http://www.wired.com/dangerroom/2009/12/insurgents-intercept-drone-video-in-king-sized-security-breach/.

388. Scott Peterson, "Downed U.S. Drone: How Iran Caught the 'Beast,'" *Christian Science Monitor*, December 9, 2011, http://www.csmonitor .com/World/Middle-East/2011/1209/

Downed-US-drone-How-Iran-caught-the-beast.

389. Scott Peterson and Payam Faramarzi, "Exclusive: Iran Hijacked U.S. Drone, Says Iranian Engineer," *Christian Science Monitor*, December 15, 2011, http://www.csmonitor.comWorld/Middle-East/2011/1215/Exclusive-Iran-hijacked-US-drone-says-Iranian-engineer_Video.

390. Adam Rawnsley, "Iran's Alleged Drone Hack: Tough, but Possible," *Danger Room* (blog), *Wired*, December 16, 2011, http://www.wired.com/dangerroom/2011/12/iran–drone–hack–gps/.

391. Dan Murphy, "Obama Taking Heat for Asking for Drone Back? Pay Little Heed," *Christian Science Monitor*, December 15,2011, http:// www.csmonitor.com/World/Backchannels/2011/1215/Obama-taking-heat-for-asking-for-US-drone-back-Pay-little-heed.

392. Daniel Klaidman, Drones: How Obama Learned to Kill," May 28, 2012, *Newsweek and Daily Beast*, http://www.thedailybeast.com/newsweek/2012/05/27/drones-the-silent-killers. html; Jo Becker and Scott Shane, "Secret 'Kill List' Proves a Test of Obama's Principles and Will," *New York Times*, May 29, 2012, http://2012/05/29/world/obamas-leadership-in-war-on-al-qaeda.html; Sanger, Obama Order Sped Up Wave of Cyberattacks Against Iran," *New York Times*, June 1, 2012, http://www.nytimes.com/2012/06/01/world/middleeast/obama-ordered-wave-of-cyberattacks-against-iran.html; Charlie Savage, "Holder Directs U.S. Attorneys to Track Down Paths of Leaks," *New York Times*, June 8, 2012, http://www.nytimes.com/2012/06/09/us/politics/holder-directs-us-attorneys-to-investigate-leaks.html?pagewanted=all.

393. Siobhan Gorman, Yochi J. Dreazen and August Cole, "Insurgents Hack U.S. Drones," *Wall Street Journal*, December 17, 2009, http://online.wsj.com/article/SB126102247889095011. html.

394. 위 자료 참조.

395. 2012년 4월 피터 워렌 싱어와 저자들이 나눈 대화 중에서.

396. 2012년 7월 압둘 라힘 와즈닥과 저자들이 나눈 대화 중에서.

397. 2012년 4월 피터 워렌 싱어와 저자들이 나눈 대화 중에서.

398. 위 자료 참조.

399. Jayshree Bajoria, "Libya and the Responsibility to Protect," Counsel on Foreign Relations, analysis brief, March 24, 2011, http://www.cfr.org/libya/libya-responsibility-protect/p24480.

400. 2012년 6월 리비아 장관들이 저자들과 나눈 대화 중에서.

401. "Ranking of Military and Police Contributions to U.N. Operations," United Nations

Peacekeeping, Resources, August 31, 2012, http://www.un.org/en/peacekeeping/contributors/2012/august12_2.pdf.

7장_ 재건의 미래

402. "Apple's iPhone and Afghanistan's Taliban," Cellular-News (London), February 13, 2009, http://www.cellular-news.com/story/36027.php.

403. W. David Gardner, "For Sale: Iraq's Cell-Phone Franchises," *InformationWeek*, July 27, 2005, http://www.informationweek.com/news/166403218.

404. 2012년 6월 리비아 커뮤니케이션 정보과학부 관계자들이 저자들과 나눈 대화 중에서.

405. "Post-War Telecommunications Developments in Iraq," Office of Technology and Electronic Commerce, Research by Country/Region, accessed October 18, 2012, http://web.ita.doc.gov/ITI/itiHome.nsf/6502bd9adeb499b285256cdb00685f77/e781b255ae7a4f9a85256d9c0068abd9?OpenDocument.

406. 위 자료 참조.

407. 2011년 1월 임시정부연합 고위 관료가 저자들과 나눈 대화 중에서.

408. Afghanistan—elecoms, Mobile, Internet and Forecasts: Executive BuddeComm, 2012년 10월 18일 접속. http://www.budde.com.au/Afghanistan—Telecoms—Mobile—Internet—and—Forecasts.html. 이 사이트 자료는 2011년 현재 아프가니스탄에 이 네 곳의 대형 운영업체들에 가입된 모바일 서비스 가입자 수가 총 1,760만 명에 이르며, 이들의 전체 시장 점유율은 20퍼센트를 넘는다는 걸 보여주고 있다. 이 숫자를 우리는 보수적으로 잡아 '약 1,500만 명'이라고 제시했다.

409. Tim Large, "Cell Phones and Radios Help Save Lives After Haiti Earthquake," *Reuters*, January 25, 2010, http://www.reuters.com/article/2010/01/25/us-haiti-telecoms-idUSTRE60O07M20100125.

410. Suzanne Choney, "Firms Scramble to Repair Haiti Wireless Service," MSNBC, updated January 22, 2010, http://www.msnbc.msn.com/id/34977823/ns/world_news-haiti/t/firms-scramble-repair-haiti-wireless-service/#.UIBq5MVG-8B.

411. 2010년 1월 캐머런 R. 흄Cameron R. Hume 전 인도네시아주재 미국 대사와 제러드 코언이 나눈 대화 중에서.

412. Suzanne Choney, "Firms Scramble to Repair Haiti Wireless Service," MSNBC, updated January 22, 2010, http://www.msnbc.msn.com/id/34977823/ns/world_news-haiti/t/firms-scramble-repair-haiti-wireless-service/#.UIBq5MVG-8B.

413. "Statements?odafone Egypt," Vodafone, see January 29, 2011, and February 2, 2011, http://www.vodafone.com/content/index/media/press_statements/statement_on_egypt. html.

414. 2011년 8월 비토리오 콜라오와 저자들이 나눈 대화 중에서.

415. "Western Union and Roshan to Introduce International Mobile Money Transfer Service in Afghanistan," Roshan, News, February 27, 2012, -02-27/Western_Union_and_Roshan_to_ IntroduceInternational_Mobile_Money_Transfer_service_in_Afghanistan.aspx.

416. 위 자료 참조.

417. Russell Adams, "Carlos Slim Boosts Stake in New York Times Again," *Wall Street Journal*, October 6, 2011, http://online.wsj.com/article/SB1000142405297020338880457661512352815 9748.html.

418. 2011년 9월 카를로스 슬림이 저자들과 나눈 대화 중에서.

419. Abdi Sheikh and Ibrahim Mohamed, "Somali Mobile Phone Firms Thrive Despite Chaos," *Reuters*, November 3, 2009, Africa edition, http://af.reuters.com/article/investingNews/ idAFJOE5A20DB20091103; Abdinasir Mohamed and Sarah Childress, "Telecom Firms Thrive in Somalia Despite War, Shattered Economy," *Wall Street Journal*, May 11, 2010, http://online. wsj.com/article/SB10014240527487046081045752205701113266984.html.

420. "Somalia-elecommunications Overview," Infoasaid, accessed October 18, 2012, http:// infoasaid.org/guide/somalia/telecommunications-overview.

421. Sahra Abdi, "Mobile Transfers Save Money and Lives in Somalia," *Reuters*, March 3, 2010, http://www.reuters.com/article/2010/03/03/us-somalia-mobiles-idUSTRE6222BY20100303.

422. "U.S. Authority Tells Batelco to End Iraq Cellular Service," *Arab News* (Jeddah), July 27, 2003, http://www.arabnews.com/node/234902.

423. 2012년 10월 소말리아 정부 관리들이 저자들과 나눈 대화. 소말리아의 공식 통계는 가끔 더 낮은 비율을 보여준다는 사실에 주목할 필요가 있다.

424. Jama Deperani, "Somali Pirate Rules and Regulations," *Somalia Report*, October 8, 2011, http://www.somaliareport.com/index.php/post/1706.

425. Security Council Committee on Somalia and Eritrea Adds One Individual to List of Individuals and Entities, United Nations Security Council SC/10545, February 17, 2012, http:// www.un.org/News/Press/docs/2012/sc10545.doc.htm.

426. Ashraf Ghani and Clare Lockhart, *Fixing Failed States: A Framework for Rebuilding a*

Fractured World (New York: Oxford University Press, 2008), 124-166.

427. Work Package 7 on Reparations, Report of Workshop II: The Interactions between Mass Claims Processes and Cases in Domestic Courts, Impact of International Courts on Domestic Criminal Procedures in Mass Atrocity Cases (DOMAC) and Amsterdam Center for International Law, June 18, 2010. See section by Peter van der Auweraert, presenter of "Panel Three: Iraq Reparation Schemes," pages 27-31, http://www.domac.is/media/domac/Workshop-II-report-Final.pdf.

428. 위 자료 참조, Discussion of the Cassation Commission, pages 28 and 30.

429. 위 자료 참조, 29–31.

430. France Lamy, "Mapping Towards Crisis Relief in the Horn of Africa," Google Maps, August 12, 2011, http://google-latlong.blogspot.com/2011/08/mapping-towards-crisis-relief-in-horn.html.

431. Naomi Klein, *The Shock Doctrine*: The Rise of Disaster Capitalism (New York: Metropolitan Books/Henry Holt, 2007).

432. "Paul Farmer Examines Haiti 'After the Earthquake,'" NPR, July 12, 2011, http://www.npr.org/2011/07/12/137762573/paul-farmer-examines-haiti-after-the-earthquake.

433. "Haiti," *New York Times*, updated August 26, 2012, http://topics.nytimes.com/top/news/international/countriesandterritories/haiti/index.html.

434. Emily Troutman, "US Report Queries Haiti Quake Death Toll, Homeless," Agence France-Presse (AFP), May 27, 2011, http://www.google.com/hostednews/afp/article/ALeqM5jELhQRaW NNs56GOlifagC5F4DSZg?docId=CNG.699dc08a5f873f53071a317e008a7a5b.3a1.

435. Lindsey Ellerson, "Obama Administration Texting Program Has Raised $5 Million for Red Cross Haiti Relief," ABC News, January 14, 2010, http://abcnews.go.com/blogs/politics/2010/01/obama-administration-texting-program-has-raised-5-million-for-red-cross-haiti-relief/.

436. Elizabeth Woyke, "Yes, You Can Still Donate Money to Haiti via Your Cellphone," *Forbes*, January 12, 2011, http://www.forbes.com/sites/elizabethwoyke/2011/01/12/yes-you-can-still-donate-money-to-haiti-via-your-cellphone/.

437. Adele Waugaman, "Telecoms Sans Frontieres' Emergency Response," presentation to the U.S. Department of State, Haiti Earthquake, July 9, 2010, United Nations Foundation and Vodafone Foundation, http://www.unfoundation.org/assets/pdf/haiti-earthquake-tsf-emergency-response-1.pdf; Tom Foremski, "Telecoms Sans Frontieres?ow a Simple Phone Call Helps in Haiti," Silicon Valley Watcher, February 4, 2010, http://www.siliconvalleywatcher. com/mt.unfoundation.org/assets/pdf/haiti-earthquake-tsf-emergency-response-1.pdf; Tom Foremski, "Telecoms Sans Frontieres?ow a Simple Phone Call Helps in Haiti," Silicon Valley Watcher, February 4, 2010, http://www.siliconvalleywatcher.com/mt/archives/2010/02/ telecoms_sans_f.php.

438. Thomson Reuters, "Thomson Reuters Foundation Launches Free Information Service for Disaster-Struck Population in Haiti: Text Your Location to 4636 to Register," press release, January 17, 2010, http://thomsonreuters.com/content/press_room/corporate/TR_ Foundation_launches_EIS.

439. Jose de Cordoba, "Aid Spawns Backlash in Haiti," *Wall Street Journal*, November 12, 2010, http://online.wsj.com/article/SB10001424052702304023804575566743115456322.html; Ingrid Arnesen, "In Haiti, Hope Is the Last Thing Lost," *Wall Street Journal*, January 12, 2011, http://online.wsj.com/article/SB10001424052748704515904576076031661824012.html.

440. William Booth, "NGOs in Haiti Face New Questions about Effectiveness," *Washington Post*, February 1, 2011, http://www.washingtonpost.com/wp-dyn/content/article/2011/02/01/ AR2011020102030.html.

441. Paul Farmer, Haiti After the Earthquake (New York: PublicAffairs, 2012).

442. Jessica T. Mathews, "Power Shift," *Foreign Affairs*, January/February 1997, http://www. foreignaffairs.com/articles/52644/jessica-t-mathews/power-shift, about the rise of NGOs.

443. Aly Weisman, "Invisible Children Respond to #StopKony Viral Video Criticisms," *The Wire, Business Insider*, March 8, 2012, http://www.businessinsider.com/invisible-children-respond- to-stopkony-viral-video-criticisms-2012-3.

444. Sarah Grieco, "Invisible Children Co-founder Detained: SDPD," NBC 7 San Diego, March 17, 2012, http://www.nbcsandiego.com/news/local/jason-russell-san-diego-invisible- children-kony-2012-142970255.html.

445. 가이드스타GuideStar, 채러티네비게이터, 기브웰GiveWell, 채러티와치CharityWatch, 필란트로피디아 Philanthropedia, 그레이트논프로피츠GreatNonprofits 등은 예전부터 이런 일을 해왔다. 그들의 주된 존재 목적은 더 많은 정보를 바탕으로 한 '기부' 촉진이다. 그들은 NGO들의 세금신고서Form 990 같은 적절한 정보 수집(가이드스타GuideStar)에서부터 정보 수집과 영향 증거 분석을 위해 직접적으로 자선활동에 참가하는(기브웰GiveWell) 일 등을 한다. 이런 일들에는 엄청난 가치가 있지만, 우리 예감으론, 거액

의 돈을 기부하는 재단과 소수의 개인들만 그들을 이용할 수 있다. 〈선한 일에 쓸 돈Money for Good〉이란 제목의 보고서는 기부하는 개인들 중에 사전 조사를 실시하는 사람들은 35퍼센트밖에 안 되며, 사전 조사를 실시하는 사람들도 주로 기부 조직에 직접 가서 그 조직에 대한 정보를 얻는다는 걸 보여 준다. 결국 우리의 이런 예감이 옳았던 것이다. 다음 자료 참조. Money for Good II: Driving Dollars to the Highest Performing Nonprofits, Summary Report 2011, Hope Consulting, November 2011, 9-10, http://www.guidestar.org/ViewCmsFile.aspx?ContentID=4040.

이미 인터액션InterAction 같은 몇몇 상부mbrella지원 조직들이 존재하지만, 그런 곳들의 회원 수는 기껏 수백 명이다. 이 정도 숫자는 구호 작업에 참가하는 NGO 회원 수가 수만 명에 달한다는 점을 감안할 때 매우 적은 수준에 불과하다.

446. Jason Palmer, "Social Networks and the Web Offer a Lifeline in Haiti," BBC, January 15, 2010, http://news.bbc.co.uk/2/hi/8461240.stm; "How Does Haiti Communicate after the Earthquake?," BBC, January 20, 2010, http://news.bbc.co.uk/2/hi/technology/8470270.stm.

447. James F. Smith, "Tufts Map Steered Action amid Chaos," *Boston Globe*, April 5, 2010, http://www.boston.com/news/world/latinamerica/articles/2010/04/05/tufts_project_delivered_aid_to_quake_victims/?page=1; Jessica Ramirez, "'Ushahidi' Technology Saves Lives in Haiti and Chile," *Newsweek and Daily Beast*, March 3, 2010, http://www.thedailybeast.com/newsweek/blogs/techtonic-shifts/2010/03/03/ushahidi-technology-saves-lives-in-haiti-and-chile.html.

448. Ramirez, "'Ushahidi' Technology Saves Lives in Haiti and Chile," http://www.thedailybeast.com/newsweek/blogs/techtonic-shifts/2010/03/03/ushahidi-technology-saves-lives-in-haiti-and-chile.html.

449. Eltaf Najafi zada and James Rupert, "Afghan Police Paid by Phone to Cut Graft in Anti-Taliban War," *Bloomberg*, April 13, 2011, http://www.bloomberg.com/news/2011-04-13/afghan-police-now-paid-by-phone-to-cut-graft-in-anti-taliban-war.html.

450. 2011년 9월 폴 카가메가 저자들과 나눈 대화 중에서.

451. Aditi Malhotra, "The Illicit Trade of Small Arms," *Geopolitical Monitor* (Toronto), Backgrounder, January 19, 2011, http://www.geopoliticalmonitor.com/the-illicit-trade-of-small-arms- 4273/.

452. Michel Moutot, Agence France-Presse (AFP), "West's Intervention in Libya Tipped Mali into Chaos: Experts," *Google News*, April 5, 2012, http://www.google.com/hostednews/afp/article/ALeqM5hJtUvEGQfSOX5Lip5M2Z7MOJlgkw?docId=CNG.90655ad2d0483083880b2914c0 ec5599.251.

453. Reintegration Program: Reflections on the Reintegration of Ex-Combatants, Multi-Country Demobilization and Reintegration Program (MDRP), September?October 2008, http://www.mdrp.org/PDFs/MDRP_DissNote5_0908.pdf.

454. 2011년 9월 폴 카가메가 저자들과 나눈 대화 중에서.

455. 위 자료 참조.

456. 저자들이 두 차례에 걸쳐 콜롬비아 DDR 프로그램을 직접 방문해서 관찰한 결과.

457. 2012년 3월 니겔 스노아드가 저자들과 나눈 대화 중에서.

458. *Report of the International Criminal Court*, Sixty-Sixth Session, United Nations General Assembly, August 19, 2011, 6-7, http://www.icc-cpi.int/NR/rdonlyres/D207D618-D99D-49B6-A1FC-A1A221B43007/283906/ICC2011AnnualReporttoUNEnglish1.pdf.

459. Susana SaCouto, Katherine Cleary et al., "Expediting Proceedings at the International Criminal Court," American University, Washington College of Law, War Crimes Research Offi ce, International Criminal Court, Legal Analysis and Education Project, June 2011, http://www.wcl.american.edu/warcrimes/icc/documents/1106report.pdf.

460. *Reconciliation After Violent Conflict: A Handbook*, International Institute for Democracy and Electoral Assistance (International IDEA), 2003. See section by Peter Uvin, "The Gacaca Tribunals in Rwanda," 116?117, accessed October 19, 2012, http://www.idea.int/publications/reconciliation/upload/reconciliation_full.pdf.

461. 위 자료 참조.

맺음말

462. Ray Kurzweil, *The Age of Spiritual Machines: When Computers Exceed Human Intelligence* (New York: Viking, 1999), 32.

463. M. G. Siegler, "Eric Schmidt: Every 2 Days We Create as Much Information as We Did up to 2003," *TechCrunch*, August 4, 2010.

464. "The World in 2010: ICT Facts and Figures," *ITU News*, December 2010, http://www.itu.int/net/itunews/issues/2010/10/04.aspx.

465. "U.S. & World Population Clocks," U.S. Cesus Bureau, accessed October 26, 2012, http://www.census.gov/main/www/popclock.html.

에릭 슈미트
새로운 디지털 시대

2013년 4월 23일 초판 1쇄 발행
2013년 4월 30일 초판 4쇄 발행

지은이 | 에릭 슈미트·제러드 코언
옮긴이 | 이진원
발행인 | 전재국

발행처 | (주)시공사
출판등록 | 1989년 5월 10일(제3-248호)
브랜드 | 알키

주소 | 서울 서초구 사임당로 82(우편번호 137-879)
전화 | 편집(02)2046-2864·영업(02)2046-2800
팩스 | 편집(02)585-1755·영업(02)585-0835
홈페이지 | www.sigongsa.com

ISBN 978-89-527-6887-2 13320